D1665742

# Philosophische Gotteslehre heute

Ermenegildo Bidese/Alexander Fidora/Paul Renner (Hrsg.)

# Philosophische Gotteslehre heute

## Der Dialog der Religionen

Die Deutsche Nationalbibliothek verzeichnet diese Publikation
in der Deutschen Nationalbibliografie;
detaillierte bibliografische Daten sind im Internet über
http://dnb.d-nb.de abrufbar.

© 2008 by WBG (Wissenschaftliche Buchgesellschaft), Darmstadt
Die Herausgabe des Werkes wurde durch
die Vereinsmitglieder der WBG ermöglicht.
Einbandgestaltung: Martin Veicht, 2design Regensburg
Gedruckt auf säurefreiem und alterungsbeständigem Papier
Printed in Germany

Besuchen Sie uns im Internet: www.wbg-darmstadt.de

ISBN 978-3-534-21618-5

# Inhaltsverzeichnis

# Vorwort

Der Dialog der Religionen stellt in der gegenwärtigen Umbruchssituation eine große politische Herausforderung dar. Daraus ergibt sich auch und gerade für die Philosophie die Notwendigkeit, sich diesem Thema zu stellen und die systematische Bedeutung der philosophischen Gotteslehre für den öffentlichen Diskurs mit den Religionen neu zu bestimmen.

Im Zentrum steht hierbei die Frage nach der Reichweite und den Grenzen philosophischer Rede über Gott sowie nach der Rolle, die die philosophische Gotteslehre für den Dialog zwischen den verschiedenen religiösen Traditionen unter den Bedingungen der pluralistischen Gesellschaft spielen kann. Mit anderen Worten: Welchen Beitrag kann eine philosophische Vernunft, die die Wahrheitsansprüche der einzelnen Bekenntnisse an ihrem jeweiligen Gottesverständnis kritisch prüft, für das Gespräch zwischen Juden, Christen, Muslimen und anderen leisten und wie hilft sie möglicherweise dabei, einen Ausgleich zwischen den konkurrierenden Ansprüchen von Wahrheitseinsicht einerseits und Pluralismus bzw. Toleranz andererseits herbeizuführen?

Die 16 Beiträge dieses Bandes nähern sich dem skizzierten Problemzusammenhang von philosophischer Gotteslehre, religiösem Pluralismus und politischem Diskurs aus verschiedenen Richtungen: Der Frage nach den Möglichkeiten und Grenzen der philosophischen Gotteslehre in Bezug auf das religiöse Bewusstsein gehen die Beiträge von Thomas M. Schmidt, Thomas Rentsch, Carlo Sini und Winfried Löffler nach. Die Beiträge von Markus Enders, Hansjürgen Verweyen, Piero Coda und Vincenzo Vitiello führen diese Überlegungen fort, indem sie das Verhältnis zwischen der Vernunft einerseits und dem Anspruch auf Unbedingtheit und Unübertrefflichkeit der monotheistischen Gottesbilder andererseits kritisch beleuchten und in seiner Bedeutung für das Religionsgespräch würdigen. Yossef Schwartz, Massimo Campanini, Marcello Neri, Gianni Vattimo und Gabriel Motzkin verbinden diesen Ansatz mit einer Perspektive, die den Zusammenhang von philosophischer Gotteslehre, Religion und politisch-praktischem Handeln sowie die in den verschiedenen Religionen sich artikulierenden Geschichtsauffassungen in den Brennpunkt rückt. Die Beiträge von Silvano Zucal, Ermenegildo Bidese und Alexander Fidora widmen sich schließlich den prominenten philosophisch-theologischen Entwürfen von

María Zambrano, Jacques Derrida und Raimon Panikkar und ihren jeweiligen Implikationen für die Gotteslehre und das Gespräch zwischen den Religionen.

Aufs Ganze gesehen dokumentieren die hier versammelten Beiträge das Potential der philosophischen Gotteslehre, die sich als Raum der gemeinsamen Gründe erweist, der eine in besonderer Weise ausgezeichnete Plattform für das öffentliche Gespräch mit und zwischen den Religionen darstellt.

Der vorliegende Band geht auf eine Internationale Konferenz im Juli 2007 an der Philosophisch-Theologischen Hochschule Brixen (Südtirol) zurück. Die Tagung, die unter dem Titel „Philosophische Gotteslehre heute: Chancen und Probleme im Gespräch mit und zwischen der Religionen" stand, war eine Gemeinschaftsveranstaltung der genannten Hochschule, der Johann Wolfgang Goethe-Universität Frankfurt am Main und der Universitat Autònoma de Barcelona. Seit ihrer Gründung im Jahr 1607 – die Konferenz war Teil der Jubiläumsfeier zum 400-jährigen Bestehen der Philosophisch-Theologischen Hochschule Brixen – haben Forschung und Lehre der philosophischen und theologischen Fächer durch die Hochschule einen festen Platz in Tirol. Zu den Hauptaufgaben dieser Einrichtung gehört dabei die Förderung des wissenschaftlichen Dialogs mit Institutionen aus dem deutschen und italienischen Sprachraum. Die mit dem Institut für Religionsphilosophische Forschung der Frankfurter Universität organisierte Tagung, die in Zusammenarbeit mit der Universitat Autònoma de Barcelona durchgeführt wurde, steht in dieser Tradition.

Unser Dank gilt den drei beteiligten Institutionen ebenso wie den Herren Dr. Markus Krienke, Dr. Ashraf Noor und Dr. Leonhard Voltmer, die die Übersetzungen ins Deutsche für diesen Band besorgt haben.

Ferner danken wir Herrn Dr. Bernd Villhauer von der Wissenschaftlichen Buchgesellschaft (WBG) für seine engagierte Betreuung dieses Buchprojekts.

*Ermenegildo Bidese, Alexander Fidora und Paul Renner*

THOMAS M. SCHMIDT

# Religiöses Bewusstsein und philosophischer Gottesbegriff

Wenn wir heute über Möglichkeiten einer Gotteslehre in einer pluralistischen Welt nachdenken, so drängt sich zunächst der Eindruck auf, dass der philosophische Diskurs über Religion in der Regel unter bewusster Ausklammerung philosophischer Gottesbegriffe geführt wird. Seit Kant lautet die vorherrschende philosophische Auffassung, dass die Gotteslehre der metaphysischen Tradition durch eine Theorie des religiösen Bewusstseins abgelöst worden sei. Mit der Aufklärung tritt Religionsphilosophie an die Stelle der philosophischen Theologie. Wenn philosophische Gotteslehre in der Gegenwart noch betrieben wird, so scheint es sich dabei eher um Theologie zu handeln, um die Selbstvergewisserung bestimmter religiöser Bekenntnisse mit philosophischen Mitteln. Eine allgemeine Theorie der Religion scheint dagegen unter pluralistischen und säkularen Bedingungen auf einen Gottesbegriff ausdrücklich verzichten zu müssen. Gottesbegriffe sind etwas spezielles, gebraucht werde aber ein allgemeiner Religionsbegriff. Diese Diagnose verschärft sich durch die kulturwissenschaftliche Wende der Religionswissenschaften, die ebenfalls durch Erfahrungen des religiösen Pluralismus verursacht und beschleunigt wird. Die kulturwissenschaftlichen Religionswissenschaften nehmen grundsätzlich Abschied von Religionskonzepten, die in Bezug zu einem Gottesbegriff formuliert werden. Unter den pluralistischen und säkularen Bedingungen der Gegenwart herrscht in den Religionswissenschaften eine Skepsis gegenüber einem allgemeinen Begriff der Religion. Diese Skepsis wird verstärkt durch eine grundsätzliche Kritik an mentalistischen und phänomenologischen Ansätzen, die Religion als ein Bewusstseinsphänomen thematisieren. In einflussreichen Strömungen der Religionswissenschaft wird daher die Möglichkeit und Notwendigkeit eines allgemeinen Religionsbegriffs überhaupt geleugnet.

## 1. Philosophischer Begriff der Religion

Ein allgemeiner Begriff der Religion scheint allerdings unverzichtbar. Das zeigen gerade die Versuche, eine empirisch gehaltvolle Analyse religiöser Phänomene unter Bedingungen der Säkularisierung zu entwickeln. Angesichts der komplexen Wechselwirkungen zwischen Religion und Gesellschaft und angesichts der Ambivalenz des Säkularisierungsprozesses scheint es unmöglich, den Begriff der Säkularisierung auf eine definite Weise zu verwenden, ohne zugleich den Begriff der Religion genau zu bestimmen. Die Interpretation einer bestimmten historischen und gesellschaftlichen Entwicklung als Verlust, Veränderung oder Wiederbelebung religiöser Tradition ist in erheblichem Maße abhängig vom vorausgesetzten Begriff der Religion. Allerdings erschwert der kulturelle und religiöse Pluralismus die Formulierung eines solchen allgemeinen Religionsbegriffs, da religiöse Phänomene faktisch und legitim immer schon in der Mehrzahl auftreten. Vor diesem Hintergrund leuchtet die Skepsis vieler Religionswissenschaftler gegenüber einer allgemeinen philosophischen Religionsdefinition ein. Aber auch empirisch arbeitende Religionssoziologen beharren darauf, „dass der gänzliche Verzicht auf eine Begriffsklärung zur Übernahme unreflektierter Voraussetzungen in die religionswissenschaftliche Arbeit"[1] führe. Ein allgemeiner Religionsbegriff besitzt die Aufgabe, den Gegenstandsbereich der empirischen Religionswissenschaften abzugrenzen, die Vergleichbarkeit religiöser Phänomene zu sichern und die Identität und Unauflösbarkeit des Gegenstandes religionswissenschaftlicher Forschung und damit die Identität und Kontinuität der Religionswissenschaften zu garantieren. Diese drei Funktionen eines allgemeinen Religionsbegriffs gewinnen gerade heute, „im Zeitalter des intensiver werdenden Dialogs zwischen den Religionen, erhöhte Bedeutung".[2]

Aus philosophischer Sicht ist auf diese Unverzichtbarkeit eines allgemeinen Begriffs der Religion immer wieder von Richard Schaeffler hingewiesen worden. Nach Schaeffler erscheint es ohne einen allgemeinen philosophischen Begriff von Religion „nicht möglich, Phänomene, die als religiös angesehen werden, kritisch zu beurteilen, ohne sie einem sachfremden Maßstab zu unterwerfen"[3]. Diesem Plädoyer für die Unverzichtbarkeit eines allgemeinen Religionsbegriffs stehen wohlbekannte Schwierigkeiten gegenüber. Zu nennen ist hier vor allem die Spannung zwischen funktionalistischen und substantialistischen Religionskonzeptionen, zwischen Religionsbegriffen, die einerseits zu weit und zu unspezifisch, andererseits zu eng am Selbstverständnis einer bestimmten Religion angelehnt sind. Diese Spannung manifestiert sich häufig

---

[1] Detlef Pollack, *Säkularisierung – ein moderner Mythos? Studien zum religiösen Wandel in Deutschland*, Tübingen 2003, S. 29.
[2] Richard Schaeffler, „Auf dem Weg zu einem philosophischen Begriff der Religion", in: Walter Kern / Hermann J. Pottmeyer / Max Seckler (Hgg.), *Handbuch der Fundamentaltheologie. Band I. Traktat Religion*, Tübingen/Basel 2000, S. 34.
[3] *Ibid.*, S. 33.

als begriffliche Unterscheidung zwischen „Religion" und „Religiosität". „Religion" bezeichnet einerseits bestimmte gesellschaftliche Institutionen, andererseits eine individuelle Form von „Religiosität", die allgemein und schwer zu bestimmen scheint.[4] Die Aufgabe eines allgemeinen Religionsbegriffs hat so die Gestalt der Suche nach einer spezifischen Form von Religiosität angenommen. Gesucht wird eine Dimension, in der Religion sich gerade als unabhängig von allen anderen praktischen und theoretischen Vollzügen, also unabhängig von Politik und Recht, von Wissenschaft, Metaphysik und Moral erweist. Zugleich soll sie unabhängig sein von einer bestimmten, konfessionell geprägten Form von Religiosität. Diese gesuchte Dimension wird gerade in jener Individualität situiert, die durch die Prozesse der Säkularisierung und Ausdifferenzierung überhaupt erst freigesetzt und als eigenständige, sich selbst definierende Personalität konstituiert wurde. Mit Schleiermacher entspringt so ein breiter Strom der Religionsphilosophie, der diese eigene Dimension der Religion gerade in jenem radikal individualisierten modernen Bewusstsein sucht.[5] In zahlreichen Ansätzen zur Theorie der Religion unter Bedingungen der Moderne wird daher der Ansatz beim individuellen religiösen Bewusstsein gewählt. Genauerhin wird dieses Bewusstsein verstanden als das Verhältnis einer radikal endlichen, aber unbestimmten Individualität zur unendlichen Vielfalt in sich rein sachlogisch, d.h. religionsfrei bestimmter Teilsysteme und Handlungsmöglichkeiten. Individualisierung wird dann nicht als Prozess verstanden, der das religiöse Bewusstsein äußerlich tangiert oder gar als ein Zersetzungsprozess gefährdet, sondern gerade wesentlich konstituiert.

## 2. Begriff der Religion als Begriff des religiösen Bewusstseins

Der Ansatz bei der Unhintergehbarkeit des religiösen Bewusstseins erscheint religionsphilosophisch vorwiegend in Gestalt vermögenstheoretischer Versuche, das Spezifische religiöser Erfahrung im Rahmen einer allgemeinen Strukturtheorie von Erfahrung überhaupt zu bestimmen. Religion wird als Religiosität über die Bedingung der Möglichkeit der Konstitution von Sinn eingeführt. Damit erscheinen philosophische Religionsbegriffe dieser Art zugleich im besonderen Maße anschlussfähig an die moderne Soziologie. Die Religion der Moderne spezialisiert sich in dieser Perspektive auf Individualität. Dies ist kein

---

[4] Falk Wagner, „Religion der Moderne – Moderne der Religion", in: Wilhelm Gräb (Hg.), *Religion als Thema der Theologie. Geschichte, Standpunkte und Perspektiven theologischer Religionskritik und Religionsbegründung*, Gütersloh 1999.
[5] *Ibid.*, S. 16: „Im Zentrum dieser modernen Religion steht das als religiöses Bewusstsein verstandene individuelle Subjekt."

Plädoyer für Individualisierung der Religion im Sinne von Privatisierung und Innerlichkeit. Es geht um die individuelle Reflexion der Differenz zwischen Personalität, d.h. konkreter, bestimmter Individualität, und Sozialität. Die Religion der Moderne bietet sich „als ein sozialer Ort an, an dem die [...] Differenz zwischen Personalität und Sozialität in der Perspektive der Individuen reflektiert wird".[6] Damit ist der Anschluss an soziale Kommunikation gewahrt, ja die besagte Reflexion der Differenz zwischen Personalität und Sozialität kann nur als kommunikative Handlung, als sprachliches, d.h. reflexives und öffentliches Geschehen, nicht als rein mentales Ereignis verstanden werden. Daher ist mit „religiösem Bewusstsein" auch nicht reine Innerlichkeit im Sinne von gefühlsmäßigem Erleben gemeint. Es geht gerade um die begriffliche Leistung der Reflexion der Differenz von konkreter endlicher Wirklichkeit in einem logisch unendlichen Raum von Möglichkeiten.[7]

Mit der spezifisch modernen Eröffnung der Freiheitsräume für die Individuen entsteht zugleich der Zwang des Wählen- und Entscheidenmüssens. Da die Alternativen als gleichberechtigt erscheinen, mehrere Optionen als rational erscheinen, entsteht zugleich erhöhter Rechtfertigungsdruck für jede Wahl. Genau in dieser Situation eines spezifisch modernen Bewusstseins konstituiert sich Religiosität. Es besteht somit eine strukturelle Analogie zwischen dem religiösen und dem säkularen Bewusstsein. Das moderne säkulare Bewusstsein ist das Bewusstsein einer unvermeidlichen Wahl von legitimen Alternativen der Festlegung von Überzeugungen und Handlungsmöglichkeiten bei gleichzeitiger Pflicht zur Rechtfertigung dieser Wahl. Das religiöse Bewusstsein konkretisiert diese allgemeine Struktur notwendiger und rechenschaftspflichtiger Wahl, indem es die je konkreten Wahlmöglichkeiten auf einen letzten umfassenden Möglichkeitshorizont bezieht und seine endliche Existenz damit in ein bewusstes und ausdrückliches Verhältnis zu jener logischen und lebenspraktischen Unbedingtheit setzt.

Durch die existentielle Situation radikaler Wahl und Verantwortlichkeit ist das religiöse Bewusstsein also noch nicht hinreichend spezifiziert. Es gehört dazu der Ausgriff auf die Gesamtheit aller Möglichkeiten und die logische Totalität ihrer Bedingungen, das Unbedingte. Diese Spezifizierung des religiösen Bewusstseins durch den Begriff des Unbedingten erscheint notwendig, um es als eine bestimmte Dimension des Bewusstseins von anderen Strategien der

---

[6] *Ibid.*, S. 27.
[7] Ingolf U. Dalferth, *Die Wirklichkeit des Möglichen. Hermeneutische Religionsphilosophie*, Tübingen 2003. Siehe auch die von Hermann Schrödter analysierte religionsphilosophische Grundfigur der „modalen Transformation" in: Hermann Schrödter, *Erfahrung und Transzendenz. Ein Versuch zu Anfang und Methode von Religionsphilosophie*, Altenberge 1987.

Kontingenzbewältigung abgrenzen zu können. „Die Unbedingtheitsdimension von Sinn ist das eigentliche Lebenselement der Religion."[8]

Es handelt sich aber dabei um einen formalen Begriff des Unbedingten, der nicht durch eine bestimmte inhaltliche Erfahrung oder Lehre festgelegt wird. Der Ausgriff auf Unbedingtheit ergibt sich aus einer Strukturanalyse des religiösen Bewusstseins, nicht aus einer Reflexion auf die vorgängige Gegebenheit eines substantiell verstandenen Unbedingten. Dieser Begriff von Unbedingtheit kann als ein formaler philosophischer Gottesbegriff verstanden werden. Nachkritisch kann „Gott" als ein sinnvolles Thema der Philosophie nur im Ausgang von der Rekonstruktion der allgemeinen subjektiven Sinnbedingungen menschlichen Sprechens und Handelns eingeführt werden. So wird etwa bei Thomas Rentsch die Einsicht in die Unvermeidbarkeit einer philosophischen Thematisierung des Gottesbegriffs aus zwei Gründen notwendig: Das radikale Bewusst- und Reflexivwerden der Grenzen der menschlichen Vernunft führt zur Erkenntnis Gottes als absoluter Sinngrenze. Die praktischen Konsequenzen dieser Einsicht in die Sinngrenze bestehen in der Erkenntnis und Anerkennung unverfügbarer transpragmatischer Sinnbedingungen.[9]

## 3. Religiöses Bewusstsein als Bewusstsein Gottes

Ein herausragendes Beispiel, wie ein philosophischer Gottesbegriff über eine solche Strukturanalyse des religiösen Bewusstseins eingeführt werden kann, bietet die transzendentale Analyse religiöser Erfahrung bei Richard Schaeffler. Schaeffler hat eine weiter entwickelte Transzendentalphilosophie vorgelegt, welche Dasein und Wesen Gottes aus einer Strukturanalyse der religiösen Erfahrung gewinnt und legitimiert. Religiöse Erfahrung erhält so die Funktion, den Grund der Herkunft und Legitimation philosophischer Gottesbegriffe zu benennen. „Philosophische Begriffe können nur dann als Gottesbegriffe gelten, wenn sie sich als geeignet erweisen, die religiöse Erfahrung auszulegen."[10] Schaeffler gewinnt aus der „Strukturanalyse der religiösen Erfahrung" die Kriterien, „an denen entschieden werden kann, ob eine vermeintliche religiöse Erfahrung sich auf eine Wirklichkeit oder auf Fiktionen bezieht".[11] Die Aufgabe besteht nach Schaeffler darin, das Verhältnis der konstitutiven Leistungen und der erlebten Erfahrungsmomente im Subjekt *so* zu vereinen, dass Projektions-

---

[8] Ulrich Barth, *Religion in der Moderne*, Tübingen 2003, S. 14.
[9] Vgl. Thomas Rentsch, *Gott* (Grundthemen Philosophie), Berlin 2005.
[10] Richard Schaeffler, *Philosophische Einübung in die Theologie. Zweiter Band: Philosophische Einübung in die Gotteslehre*, Freiburg i. Br./München 2004, S. 328.
[11] *Ibid.*, S. 405–406.

verdacht ausgeschlossen ist. Zu diesem Zweck entwickelt Schaeffler Kants Transzendentalphilosophie hermeneutisch-dialogisch weiter.

Schaeffler hält zunächst an den Grundintuitionen der transzendentalen Reflexion Kants fest, dass es notwendige Strukturen und Bedingungen von Erfahrungen gibt, welche die Regeln der Objektivität und Nachprüfbarkeit jeder möglichen Erfahrung ausmachen. Die Anschauungsformen von Raum und Zeit, die Kategorien des Verstandes und die Ideen der Vernunft sind notwendig, „wenn subjektive Erlebnisse in Inhalte objektiv gültiger Erfahrung transformiert"[12] werden sollen. Diese Formen bieten somit Kriterien, um Überzeugungen, die sich auf religiöse Erfahrung stützen, beurteilen und illegitime, überschwängliche Geltungsansprüche zurückweisen zu können. Diese Kriterien der Gültigkeit von Erkenntnis sind nach Kant – in der Perspektive endlicher Vernunft – identisch mit den Bedingungen der Gegenstände der Erfahrung. Daher stehen die Regeln des korrekten Verstandesgebrauchs in einer internen Beziehung zu den Gegebenheitsweisen der Gegenstände der Erfahrung. Dieser in Kants allgemeiner Theorie der Erfahrung eher implizit enthaltene Aspekt muss nach Schaeffler durch eine hermeneutische Reflexion expliziert werden, die deutlich macht, dass Begriffe nicht nur Regeln der korrekten Urteilsbildung darstellen, sondern den phänomenologischen Gehalt von Erfahrung auslegen.

Kant hatte eingeräumt, dass sich der begreifende Verstand auf unterschiedliche Erfahrungsdimensionen unterschiedlich bezieht. Gerade wenn Transzendentalphilosophie als eine Kriterienlehre für eine legitime Berufung auf Erfahrung verstanden wird, ist zu berücksichtigen, dass unterschiedliche Erfahrungsarten unterschiedliche Arten von Kriterien für die Zuverlässigkeit der auf sie gründenden Urteile erfordern. Kant hat dies klassischerweise mit seiner Unterscheidung zwischen dem theoretischen und praktischen Verstandesgebrauch entwickelt. Diese Unterscheidung besitzt ja erhebliche religionsphilosophische Konsequenzen, denn während die Erkenntnis, dass Gott ist und was er ist, im theoretischen Verstandesgebrauch unmöglich ist, wird die Erkenntnis der Existenz und des Wesens Gottes im praktischen Verstandesgebrauch nicht nur zu einer Möglichkeit, sondern gerade zu einer Notwendigkeit eines Denkens, das sich über seine Grenzen kritisch reflexiv vergewissert. Damit zieht Schaeffler zufolge eine dialektische Spannung in das begreifende Denken im Ganzen ein. Diese Spannung muss gelöst werden, wenn die unterschiedlichen Arten menschlicher Erfahrung – z.B. Wissenschaft und Religion – sich nicht vollständig gegeneinander abschotten sollen. Wenn das Kontinuum menschlicher Erfahrung nicht zerfallen und zersplittern soll, dann ist stärker auf den Zusammenhang von theoretischem und praktischem Verstandesgebrauch zu achten.

---

[12] *Ibid.*, S. 158.

Für Schaeffler bietet Kants Postulatenlehre einen Weg, jene Dialektik der Vernunft im praktischen Verstandesgebrauch zu überwinden, welche im theoretischen Verstandesgebrauch gerade die Grenze gesicherten Wissens festlegt. Kant habe „nicht ausdrücklich" die Tatsache reflektiert, „dass von der Dialektik des praktischen Vernunftgebrauchs rückwirkend auch der theoretische mitbetroffen wird. Denn es ist ein und dieselbe Vernunft, die in beiden Weisen ihres ‚Gebrauchs' tätig wird. Wenn daher ‚Natur' und die ‚Welt der Zwecke' nicht mehr widerspruchsfrei als Teile der einen Welt gedacht werden können, dann zerfällt auch die Einheit des Aktes ‚Ich denke' in mehrere verschiedene Subjektivitätsweisen".[13] Um die speziell religiöse Dimension menschlicher Erfahrung begreifen zu können, muss daher zwischen einer allgemeinen und einer speziellen Transzendentalphilosophie unterschieden werden. „Religiöse Erfahrung" meint unter den Voraussetzungen einer speziellen Transzendentalphilosophie die Möglichkeit der Erfahrung Gottes oder einer höchsten transzendenten Wirklichkeit. „Religiöse Erfahrung" ist danach zu verstehen als Ausdruck eines autonomen Moments allgemeiner menschlicher Erfahrung und ist nicht auf Bekehrungs-, Bekenntnis- oder Meditationspraktiken einer bestimmten Religion zu reduzieren.

Religiöse Erfahrung besitzt spezifische Formen, die den Gehalt subjektiver religiöser Erlebnisse in den Inhalt objektiv gültiger Erfahrung transformieren. Daher sind die Formen der objektiven Gültigkeit religiöser Erfahrung nicht identisch mit denen der Wissenschaft. Religiöse Erfahrung ist aber andererseits nicht stumm, blind und ohne Kriterien. Zugleich wird deutlich, warum die Begriffe, welche diese Formen religiöser Erfahrung explizieren, ihre eigene Legitimation nur auf dem Weg des Nachweises ihrer Auslegungskompetenz konkreter religiöser Erfahrung erwerben können. Gerade unter einer transzendentalphilosophischen Perspektive wird deutlich, dass Erfahrungsinhalte kein Nebeneinander isolierter neutraler Daten darstellen, sondern immer schon ein begrifflich geordnetes Feld der Interpretation und Artikulation voraussetzen. Der Rekurs auf die erste Person Singular und ihre Deutungsleistungen bleibt unverzichtbar. Die Tatsache, dass ein bestimmtes Erlebnis etwas für meine Lebensorientierung bedeutet, lässt sich nicht vollständig in Analogie zum Informationsinput durch Sinnesdaten verstehen. Erfahrung ist zwar notwendige, aber nicht schon hinreichende Bedingung der Wahrheit oder Wirklichkeit des in ihr Erfahrenen. Allerdings ist festzuhalten, dass der Erfahrungsbezug ein notwendiges, wenn auch nicht hinreichendes Moment der Bestätigung und Rechtfertigung religiöser Überzeugungen darstellt.

---

[13] *Ibid.*, S. 233.

Religionsphilosophie als spezielle Transzendentalphilosophie betont somit die unverzichtbare Leistung des Subjekts, aber nicht nur im Sinne des empirischen Subjekts, der ersten Person Singular. Es geht dabei nicht nur um die Jemeinigkeit des Erlebten und die Interpretationsabhängigkeit von Erfahrung, sondern um die erkenntniskonstitutive Funktion von Subjektivität. Es geht um den Weg von der spezifischen Gegebenheitsweise des Gehaltes einer Erfahrung zum konstitutiven und legitimierenden Grund dieser Erfahrung. In religionsphilosophischer Hinsicht dreht es sich darum, wie die „Wirklichkeit Gottes" nicht nur als ein besonderer Gegenstand religiöser Erfahrung verstanden werden kann, sondern als ihr Grund. Dies ist genau das Anliegen von Transzendentalphilosophie, die Konstitutionsbedingungen und Erfahrungsqualitäten im Subjekt der religiösen Erfahrung so zu verbinden, dass sie als Einheit von Ermöglichungsgrund und Gegenständlichkeit der Erfahrung erscheinen. So wird das religiöse Bewusstsein als der Ort thematisiert, an dem Gottes Gegenwart gewusst wird und an dem zugleich die Differenz zwischen Gott und endlichem Subjekt, das Gegebensein des religiösen Inhalts für ein religiöses Bewusstsein gewusst wird. Die interne Selbstunterscheidung von individuellem Bewusstsein und Wissen von Gott wird vom religiösen Bewusstsein selbst vollzogen.[14]

# 4. Einwände

Ein erster, religionsphilosophischer Einwand gegen den hier behaupteten Konnex zwischen einer Theorie des religiösen Bewusstseins und einem formalen philosophischen Gottesbegriff lautet, dass eine philosophische Theorie des religiösen Bewusstseins sehr wohl ohne Gottesbegriff möglich sei (a). Ein zweiter, gewissermaßen säkular-philosophischer Einwand besagt, dass Gott als möglicher Grund und Inhalt des religiösen Bewusstseins kein Thema der zeitgenössischen, „methodisch agnostischen" Philosophie darstellt. Eine allgemeine philosophische Theorie der Religion müsse daher in logischer Unabhängigkeit von Gottesbegriffen entwickelt werden (b). Ein dritter Einwand stützt sich schließlich auf eine grundsätzliche Kritik an jeder Form von Subjektphilosophie

---

[14] „Der Glaube ist nicht etwas anderes als Religion, sondern er ist Religion in Gestalt eines religiösen Bewusstseins, das zwischen dem menschlichen Vollzug des Sich-auf-Gott-Beziehens und der Ermöglichung dieses Bezuges durch die sich ihm erschließende Gottheit unterscheidet. Es ist das religiöse Bewusstsein selbst, das nicht durch sich und seine unendlichen Wünsche, sondern durch eine außerhalb seiner selbst liegende absolute Realität, durch die Begegnung mit Gott, wahr sein möchte." Wilhelm Gräb, „Von der Religionskritik zur Religionshermeneutik", in: *id.* (Hg.), *Religion als Thema der Theologie. Geschichte, Standpunkte und Perspektiven theologischer Religionskritik und Religionsbegründung*, Gütersloh 1999, S. 126.

und bezweifelt die Tragfähigkeit religionsphilosophischer Ansätze, die unter solchen begriffstheoretischen Voraussetzungen operieren (c).

a) Der erste, religionsphilosophische Einwand kann in zwei Varianten auftreten, je nachdem ob Religion eher am Leitfaden des Begriffs der Überzeugung oder der Erfahrung konzeptualisiert wird. Im ersten Fall lautet der Einwand, dass religiöse Überzeugungen als Ausdruck von Einstellungen nicht als Behauptungen verstanden werden müssten. Der zweiten Variante zufolge bezeichnet Religiosität eine bestimmte menschliche Erfahrungsweise, nicht das Gegebensein eines bestimmten Gehaltes. Beiden Auffassungen zufolge kann religiöses Bewusstsein oder Religiosität daher ohne den konstitutiven Bezug zu einem bestimmten und ausgezeichneten Gehalt dieses Bewusstseins, wie etwa einem formalen Gottesbegriff, bestimmt werden.

Es ist offensichtlich, dass kein Begriff in der gegenwärtigen Religionsphilosophie so zentral erscheint wie der Begriff der religiösen Überzeugung. Religiöse Überzeugungen, so wird in diesen Debatten immer wieder eingeschärft, besitzen einen holistischen Charakter, sie können nicht wie einzelne Aussagen oder Hypothesen begründet oder falsifiziert werden. „Religiöse Überzeugungen haben einen existentiell bedeutsameren Status als wissenschaftliche Theorien oder Hypothesen. Wer glaubt und seine Glaubensaussagen etwa in Form von Überzeugungen in eine kognitiv und epistemisch fassbare Form bringt, der legt das Bild offen, in dem er sich bewegt, um sich in seiner Welt zu orientieren."[15] So Thomas Schärtl in seiner preisgekrönten Antwort auf die Frage nach dem spezifischen Charakter religiöser Überzeugungen. Dennoch bleibt der Bezug zum Wahrheitsproblem, die Frage nach der Gültigkeit, Allgemeinheit und Objektivität solcher Überzeugungen unausweichlich, gerade im Zeitalter von religiösem Pluralismus und Fundamentalismus. Wir benötigen Kriterien, „die uns helfen könnten, zwischen adäquaten und inadäquaten religiösen Überzeugungen zu unterscheiden".[16] Dazu ist strenge Allgemeinheit und Notwendigkeit erforderlich. Die subjektive Gewissheit der religiösen Überzeugung muss mit der objektiven Wahrheit vermittelt werden, der kognitiv-propositionale und der existentiell-pragmatische Aspekt religiöser Überzeugungen gehören untrennbar zusammen. Religiöse Überzeugungen dürfen weder auf ihre kognitiv-propositionalen noch auf ihre expressiv-regulativen Elemente reduziert werden.

Auch eine Konzeption der religiösen Erfahrung kann den Inhalt religiöser Erfahrung und damit die Frage nach der Objektivität des Gottesbegriffs nicht

---

[15] Thomas Schärtl, „Was sind religiöse Überzeugungen?" in: Hans Joas (Hg.), *Was sind religiöse Überzeugungen?*, Göttingen 2003, S. 18–53.
[16] *Ibid.*, S. 51.

unthematisiert lassen. Wenn man unter religiöser Erfahrung eine bestimmte Dimension allgemein menschlicher Erfahrung versteht, dann stellt sich nämlich die Frage nach dem Spezifikum dieser Erfahrungsart. Die Frage, was diese Erfahrung von anderen Erfahrungen, z.B. der ästhetischen Erfahrung, unterscheidet, lässt sich nicht ohne den Bezug auf bestimmte Inhalte klären. Religiöse Erfahrung mag zwar als unmittelbar erlebt werden, allerdings muss in der theoretischen Rekonstruktion dieser Erfahrung der phänomenologische Sinn von „Unmittelbarkeit" vom epistemologischen genau unterschieden werden. Phänomenologisch erscheint William James' Bestimmung zutreffend, dass „das Gefühl die tiefere Quelle der Religion ist und dass philosophische und theologische Formeln sekundäre Produkte sind".[17] Insofern religiöse Erfahrung aber als Grund der Rechtfertigung bestimmter Überzeugungen einer Person dient, besitzt sie notwendig einen kognitiven Aspekt und die epistemische Funktion der Rechtfertigung der betreffenden Überzeugungen. Dieser irreduzible Eigenwert der epistemischen Funktion religiöser Erfahrung wird auch nicht dadurch aufgehoben, dass man mit James davon ausgeht, dass es sich bei religiösen Überzeugungen um „interpretative und induktive Operationen" handelt, um „Operationen *nach* der Wirklichkeit, die dem religiösen Empfinden nachfolgen".[18] Da der spezifisch religiösen Erfahrungsweise auch eine veridische Funktion zugeschrieben wird, die Rolle einer Evidenzbasis für religiöse Überzeugungen, muss die Frage nach der begrifflichen Bestimmtheit und Objektivität des Gehaltes dieser speziellen Erfahrung gestellt werden können. Nur wenn im Rahmen einer Theorie religiöser Erfahrung der phänomenologische und der epistemologische Sinn von Unmittelbarkeit sorgfältig genug unterschieden werden, sind auf Dauer die zwei Extreme einer Konzeptualisierung religiöser Erfahrung vermeidbar: die Immunisierung religiöser Erfahrung gegenüber rationaler Kritik oder die vollständige Reduktion auf die explanatorische Basis nicht-religiöser Überzeugungen, wie es gegenwärtig vorzugsweise in Form naturalistischer Erklärungen[19] geschieht. Grund und Gehalt religiöser Erfahrung müssen also in einer allgemeinen philosophischen Begrifflichkeit expliziert werden, die nicht selbst schon vollkommen identisch ist mit der Selbstbeschreibung des religiösen Bewusstseins.

b) Der zweite, säkular-philosophische Einwand gegen die interne Verknüpfung von Religionsbegriff und Gottesbegriff lautet, dass Gott als möglicher Grund

---

[17] William James, *Die Vielfalt religiöser Erfahrung*, übers. von Eilert Herms / Christian Stahlhut, Frankfurt a. M./Leipzig 1997, S. 426.
[18] *Ibid.*, S. 428.
[19] Daniel C. Dennett, *Breaking the Spell. Religion as a Natural Phenomenon*, New York 2006.

und Inhalt des religiösen Bewusstseins kein Thema der zeitgenössischen Philosophie sein könne. Zu denken ist hier etwa an Habermas' Rede vom „opaken Kern der religiösen Erfahrung",[20] der von einer „agnostisch bleibenden Philosophie"[21] nur eingekreist, nicht aber mit den begrifflichen Mitteln der Philosophie durchdrungen werden könne. Religiöse Erfahrung entzieht sich Habermas zufolge „dem säkularisierenden Zugriff der philosophischen Analyse auf ähnliche Weise, wie auch die ästhetische Analyse dem rationalisierenden Zugriff trotzt".[22] Wenn Religion aber als mögliche Quelle der Motivation und Interpretation verstanden werden soll, als semantisches Potential, auf das die säkulare Vernunft stellvertretend zurückgreift, um neue Problemlagen und ethische Dilemmata überhaupt erst beschreiben zu können, dann kann die philosophische Vernunft den Kern der religiösen Erfahrung nicht nur umkreisen. Dabei geht es hier nicht darum, den Formunterschied zwischen philosophischer Argumentation und religiösem Erleben aufzuheben. Aber die den religiösen Traditionsbestand aneignende säkulare Vernunft muss über einen autonomen Begriff religiöser Erfahrung, mindestens einen formalen Strukturbegriff religiöser Erfahrung verfügen. Sie muss wissen können, welche Überzeugungen überhaupt als mögliche Kandidaten für den Inhalt authentischer religiöser Erfahrung gelten können, wenn sie sich die semantischen Ausdrucksgestaltungen solcher Erfahrung übersetzend *aneignen* will. Religiöse Überzeugungen erheben kognitive Ansprüche, die mit Geltungsgründen verknüpft sind. Religion enthält, anders als die Kunst, *eo ipso* kognitive Anteile. Anders als ästhetische Anschauung fungiert religiöse Erfahrung auch als Geltungsbasis von Überzeugungen. Mindestens dieses Verhältnis von Überzeugungen und ihrer Begründungsbasis scheint doch einer philosophischen Analyse zugänglich sein zu müssen.

Gerade die Aufgabe, das Phänomen Religion unter säkularen und pluralistischen, d.h. multikulturellen und multireligiösen, Bedingungen intellektuell angemessen zu erfassen, erfordert einen allgemeinen Begriff der Religion. Dieser Begriff muss philosophisch sein, da er die allgemeine begriffliche Struktur des Phänomens Religion erfassen muss. Zudem muss gerade angesichts legitimer religiöser Vielfalt die Frage nach der Rationalität und Wahrheit religiöser Überzeugungen sinnvoll gestellt und beantwortet werden können. Dies geht nicht ohne einen Strukturbegriff des religiösen Bewusstseins, der zu seiner

---

[20] Jürgen Habermas, „Religion in der Öffentlichkeit. Kognitive Voraussetzungen für den ,öffentlichen Vernunftgebrauch' religiöser und säkularer Bürger", in: *id., Zwischen Naturalismus und Religion. Philosophische Aufsätze*, Frankfurt a. M. 2005, S. 119–154, hier S. 150.

[21] *Ibid.*

[22] *Id.*, „Die Grenze zwischen Glauben und Wissen. Zur Wirkungsgeschichte und aktuellen Bedeutung von Kants Religionsphilosophie", in: *id., Zwischen Naturalismus und Religion, op. cit.*, S. 216–257, hier S. 251.

Bestimmtheit auf einen Gottesbegriff angewiesen ist. Der Gottesbegriff ist
dabei nicht nur Thema einer philosophisch argumentierenden theologischen
Selbstvergewisserung, sondern liegt in der Reichweite einer originären philosophischen Argumentation. Gerade unter pluralistischen und säkularen Bedingungen ist Religionsphilosophie auf eine philosophische Gotteslehre angewiesen, die nicht notwendig identisch sein muss mit religiöser Philosophie.

c) Es ist das Anliegen von Religionsphilosophie als spezieller Transzendentalphilosophie, die Konstitutionsbedingungen und Erfahrungsqualitäten im Subjekt
der religiösen Erfahrung so zu verbinden, dass sie als Einheit von Ermöglichungsgrund und Gegenständlichkeit der Erfahrung erscheinen. Ein erfah-
rungstheoretischer Begriff des religiösen Bewusstseins wird so mit einem formalen Gottesbegriff als Grund und Inhalt dieses Bewusstseins verknüpft. Wie
aber lässt sich in der Gegenwart die Idee von Transzendentalphilosophie und
damit die Idee von Religionsphilosophie als spezieller Transzendentalphilosophie im Horizont zeitgenössischer philosophischer Strömungen verteidigen?
Wie lassen sich die subjektivitätstheoretischen Einsichten Kants und Hegels,
der Gedanke, dass Bedeutung und Rationalität von Überzeugungen, die Objektivität von Erfahrungsgehalten, im Prinzip der Subjektivität fundiert sind, im ana-
lytisch geprägten Diskurs der gegenwärtigen Philosophie aufrecht erhalten? Um
am Projekt einer transzendentalhermeneutischen Verknüpfung einer Theorie des
religiösen Erfahrungsbewusstseins mit einem philosophischen Gottesbegriff
festhalten zu können, muss gezeigt werden können, dass das Prinzip der Subjektivität nicht nur eine psychologische, sondern eine erkenntniskonstitutive
Funktion besitzt.

Für eine philosophische Verteidigung des Subjektivitätsgedankens können
jene Strömungen in der analytischen Philosophie als Anknüpfungspunkt dienen,
in denen Themen und Argumente der Transzendentalphilosophie Kants und der
idealistischen Philosophie Hegels wieder aufgenommen werden. Dies lässt sich
am viel diskutierten Beispiel des „post-analytischen" Ansatzes von Robert
Brandom[23] zeigen, der auch in religionsphilosophischer Hinsicht nicht ohne
Relevanz ist. Brandom geht von jenen epistemologischen Fragen aus, die auch
im Zentrum der gegenwärtigen analytischen Religionsphilosophie stehen: Was
ist der spezifische Gehalt einer Überzeugung? Worin bestehen ihre Rechtferti-

---

[23] Robert Brandom, *Making It Explicit: Reasoning, Representing, and Discursive Commitment*,
Cambridge 1994. Dt.: *Expressive Vernunft: Begründung, Repräsentation und diskursive Festlegung*, übers. von Eva Gilmer / Hermann Vetter, Frankfurt a. M. 2000. *Id., Articulating Reasons:
An Introduction to Inferentialism*, Cambridge 2001. Dt.: *Begründen und Begreifen. Eine Einführung in den Inferentialismus*, übers. von Eva Gilmer, Frankfurt a. M. 2001.

gungsgründe? Von dort eröffnet sich der Weg zu einer Rehabilitierung subjektivitätstheoretischer Überlegungen im Kontext analytischer Epistemologie.

Überzeugungen gehören zur Klasse der propositionalen Einstellungen. Der propositionale Gehalt einer Überzeugung ist laut Brandom als begrifflicher Gehalt zu verstehen. Worin besteht dieser begriffliche Gehalt, worin besteht *Begrifflichkeit*? Zunächst legt Brandom Wert auf die Betonung der fundamentalen Differenz zwischen Wesen, die sich mit Hilfe von Begriffen auf etwas beziehen können, und solchen, die dazu nicht in der Lage sind – also Wesen, die sich nur fühlend auf ihre Umwelt beziehen können, aber nicht erkennend. Für eine begriffliche Bezugnahme auf etwas reicht die Fähigkeit, Stimuli klassifizieren und adäquat auf sie reagieren zu können, nicht aus. Denn dann würde bereits ein Thermostat über Begriffe verfügen, und wir müssten ihm Überzeugungen zuschreiben. Auch die antrainierte Fähigkeit eines Papageis, beim Anblick eines roten Gegenstandes das Wort „rot" zu rufen, ist nicht gleichbedeutend mit dem Verfügen über den Begriff ‚rot'. Denn über einen Begriff verfügen wir nach Brandom erst, wenn wir wissen, welche inferentielle Rolle er in einem semantischen Netz von Propositionen spielt. Begriffliche Gehalte sind bestimmt durch die Position, die sie als mögliche Prämissen oder Konklusionen in einem logisch-semantischen Netz innehaben. Der semantischen Erklärung der Inferenz räumt Brandom daher den Vorrang vor der Erklärung der Referenz sprachlicher Ausdrücke ein. Die inferentielle Semantik vertritt damit zugleich einen Bedeutungsholismus. Wir verfügen nie über bloß einen Begriff, sondern immer über ein Bündel von Begriffen.

Worin besteht nun aber der *Gehalt* von Begriffen? Was verleiht einem Begriff Bedeutung? Semantische Theorien begrifflicher Bedeutung versuchen diese Frage zu beantworten, indem sie den Begriff der Wahrheit als fundamental ansehen. Die Bedeutung eines sprachlichen Ausdrucks zu verstehen bedeutet, die Bedingungen zu kennen, unter denen er wahr ist. Eine formale Semantik, die eine Theorie der Wahrheitsbedingungen von Sätzen entwickelt, bildet nach diesem Verständnis den Ausgangspunkt und die Grundlage einer umfassenderen Theorie der Bedeutung. Pragmatistische Theorien sehen dagegen den *Gebrauch* sprachlicher Ausdrücke als fundamental an. Brandom teilt diese pragmatistische Grundthese. Um zu verstehen, wie sprachliche Ausdrücke Bedeutung erlangen, müssen die Handlungen untersucht werden, in denen sie gebraucht werden. Brandoms Ansatz kombiniert auf geschickte Weise inferentielle Semantik mit einem normativen Pragmatismus. Das Verfügen über einen Begriff bedeutet, sich auf eine bestimmte inferentielle Gliederung eines semantischen Gehalts festzulegen und festlegen zu lassen. Begriffe sind Normen, welche die Korrektheit von Zügen in einem diskursiven Spiel des Gebens und Forderns von Gründen bestimmen.

Begrifflicher Gehalt ist also primär von der Rolle her zu verstehen, die er im Prozess des Gebens und Nehmens von Gründen spielt, und nicht primär als „Repräsentation" außerbegrifflicher Gehalte. Brandom widerspricht damit einer weit verbreiteten Auffassung, die er als das „repräsentationale Paradigma"[24] bezeichnet. Das repräsentationale Paradigma besitzt Brandom zufolge noch heute die Vorherrschaft in der Epistemologie, der Semantik und der Philosophie des Geistes. So zielen die meisten naturalistischen und funktionalistischen Theorien des Geistes darauf, eine allgemeine Theorie des Bewusstseins auf der Basis eines Konzepts der begrifflichen Repräsentation zu entwickeln. Brandom fasst dagegen begriffliche Tätigkeit, den Gebrauch von Begriffen, als *Expression*, nicht als *Repräsentation*. Expression ist hier nicht als Beziehung eines inneren Gehalts zum äußerlichen Ausdruck zu verstehen, etwa in Gestalt einer Geste, sondern als Explizitmachen eines Impliziten. Expression meint nicht einen Prozess, in dem etwas Inneres zu etwas Äußerem transformiert wird, wie im Falle des Ausdruckshandelns, sondern eher Explikation, die ausdrückliche Artikulation eines impliziten Regelwissens. Begriffliche Gehalte explizieren Normen der impliziten Korrektheit, das Wissen, *wie* etwas funktioniert. Begriffe machen einen impliziten Gehalt korrekt ausgeführter Züge in einem diskursiven Spiel des Gebens und Forderns von Gründen explizit.

Einen Begriff so zu gebrauchen, dass ihm Bedeutung zukommt, heißt also, einer Norm zu folgen. Brandom entlehnt dieses pragmatistische Motiv nicht nur Wittgensteins Gebrauchstheorie der Bedeutung, sondern beruft sich ausdrücklich auch auf Kant. Auch Kant versteht den Gehalt von Begriffen nicht vorrangig als Repräsentation, sondern als Resultat der korrekten Anwendung von Normen des Verstandes. Begriffe sind Kant zufolge Regeln des Verstandes. Der Gebrauch des Verstandes, also die Tätigkeit des Urteilens, wird wie Handeln von impliziten Normen geleitet. Brandom interpretiert Kants Theorie des Begriffs daher als einen „normativen Pragmatismus". Das Problem der Begriffstheorie Kants besteht Brandom zufolge jedoch darin, dass sie mit einem Zwei-Stufen-Modell der begrifflichen Bedeutung arbeitet. Auf einer ersten Ebene werden Begriffe, unabhängig von konkreter Erfahrung, in ihrem Bezug zu einem möglichen Gehalt definiert, der dann in einem zweiten Schritt empirisch gegeben wird. Mit der Unterscheidung zwischen analytischen und synthetischen Urteilen trennt Kant die kategoriale Ebene der Festsetzung der Normen des korrekten Begriffsgebrauchs von der empirischen Ebene der Erzeugung des konkreten und bestimmten Gehalts von Begriffen. Es ist diese Trennung, die

---

[24] Brandom, *Begründen und Begreifen, op. cit.*, S. 17.

Hegels Kritik an Kant motiviert.[25] Kant übersieht nach Hegel, dass eine Untersuchung der Bedingungen korrekter Erkenntnis selbst bereits den Vollzug konkreter Erkenntnis darstellt und daher bereits immer schon bestimmte Normen des korrekten Begriffsgebrauchs akzeptiert sein müssen.

Ein strukturell ähnliches Konzept begrifflicher Bedeutung, das die logische Ebene der Festlegung der Normen der korrekten Begriffsverwendung und die empirische Ebene der konkreten Bestimmung von Begriffen separiert, sieht Brandom in jenen Positionen am Werk, die formale Semantik und empirische Verifikation trennen. Quine hat eine solche Trennung zwischen der analytischen Ebene der logischen Festlegung der möglichen Begriffsbedeutung und der synthetischen Ebene der Bestimmung dieses Gehalts durch die empirische Überprüfung von Theorien kritisiert. Hegels Kantkritik erinnert Brandom zufolge an Quines Kritik am dritten Dogma des Empirismus, der Trennung zwischen analytischen und synthetischen Sätzen. Die idealistische Position, die Hegel als Alternative zur Transzendentalphilosophie Kants entwickelt, ist daher in einem pragmatistischen Sinn zu verstehen. Auch sie vertritt eine vergleichbare Auffassung über begriffliche Bedeutung, in der die logische Bestimmung des Gehalts von Begriffen und ihre empirische Anwendung nicht getrennten Ebenen zugewiesen werden.

Hegels Position weist für Brandom jedoch nicht nur strukturelle Parallelen zu einer postanalytischen Philosophie der Bedeutung und der begrifflichen Erfahrung auf. Brandoms weitergehende These lautet, dass Pragmatismus und Hegelscher Idealismus sich gegenseitig erläutern. Die pragmatistische These, wonach der regelkonforme Gebrauch den Inhalt von Begriffen bestimmt, wird durch Hegels idealistische These ergänzt und unterstützt. Diese idealistische These besagt, dass der Raum der Begriffe die Struktur von Subjektivität besitzt. Struktur und Gehalt von Begriffen sind nach dem Muster der Selbstbeziehung eines Subjekts geformt. Brandom begründet die These von der wechselseitigen Verschränkung von Pragmatismus und Idealismus in folgenden Schritten: Begriffe machen einen impliziten normativen Gehalt korrekt ausgeführter Züge explizit. Dieser implizite normative Gehalt wird durch eine bestimmte soziale Praxis etabliert. Indem wir unser Handeln und das Handeln der anderen als sinnvoll, als begrifflich gehaltvoll interpretieren, nehmen wir eine normative Haltung der Bewertung und der Übernahme von Begründungspflichten ein. Dadurch entsteht aus einer gemeinsamen Praxis ein Netzwerk wechselseitiger normativer Verpflichtungen. Aufgrund des Gebrauchs von Begriffen wird der betreffenden

---

[25] Robert Brandom, „Some Pragmatist Themes in Hegel's Idealism: Negotiation and Administration in Hegel's Account of the Structure and Content of Conceptual Norms", in: *European Journal of Philosophy* 7/2 (1999), S. 164–189.

Person somit der normative Status diskursiver Rechte und Pflichten zugeschrieben. Durch die intersubjektive Anerkennung seiner diskursiven Verpflichtungen konstituiert sich zugleich die Identität eines vernünftigen Subjekts. Diese Konstitution von Identität durch die Zuschreibung eines normativen Status ist laut Brandom jenes Verhältnis, das Hegel „Anerkennung" nennt. In diesen reziproken Prozessen der Zuschreibung von Verantwortung bilden sich Wesen, die nicht nur eine Natur, sondern eine Geschichte haben, weil sie propositionale Einstellungen besitzen, für die sie Gründe angeben können. Die idealistische These erklärt, worin die Einheit von sozialen Prozessen der Ich-Bildung und logischen Prozessen der Begriffsbildung besteht.

Vollständige begriffliche Bestimmtheit besitzt Hegel zufolge nämlich die Struktur einer logischen Beziehung, die im strengen Sinn kein „Außen" besitzt. In einem solchen Verhältnis erscheint ein Inhalt, durch den ein Begriff Bestimmtheit erhält, nicht mehr als etwas diesem Begriff Äußerliches, sondern als die interne Differenzierung eines begrifflichen Gehalts. Jede Differenzierung zwischen Begriffsform und begrifflich erfasstem Inhalt erweist sich als eine Binnendifferenzierung im logischen Raum der Begriffe und Gründe. Diesem holistischen Netz von Begriffen, die ihre Bestimmtheit nicht mehr durch externe Gehalte gewinnen, sondern durch interne diskursive Differenzierung, schreibt Hegel die Struktur von Subjektivität zu. Subjektivität bezeichnet nämlich eine Struktur von Verhältnissen, in der jeder zunächst fremd und äußerlich erscheinende Erfahrungsgehalt, der für jede inhaltlich Bestimmtheit konstitutiv ist, letztlich ein internes Moment dieses Selbstbezugs darstellt. In diesem Sinn entspricht die Einheit des Begriffs dem Strukturmodell von Subjektivität.

Es sind diese Motive einer strukturellen Parallele von Begrifflichkeit und Subjektivität, mit denen Brandom seine Auffassung begründet, dass die idealistische These eine pragmatistische Gebrauchstheorie der Bedeutung erst funktionsfähig macht. Denn so wie Subjekte ihr Selbstbewusstsein erst in einem sozialen Prozess der wechselseitigen Anerkennung erwerben, so erhalten Begriffe ihre Bestimmtheit nur in einem diskursiven Verfahren des wechselseitigen Gebens und Forderns von Gründen. Der pragmatischen These, dass Bedeutung durch jene Verwendungsweisen von Begriffen etabliert wird, deren Korrektheit wechselseitig anerkannt ist, entspricht die idealistische Auffassung, dass die Identität von vernünftigen Subjekten durch die wechselseitige Anerkennung ihrer Ansprüche und Verpflichtungen konstituiert wird. Die Bedeutung von Begriffen kann sowenig unabhängig von ihrer Applikation bestimmt werden wie die Identität von Personen unabhängig von ihren Äußerungen und Handlungen. Wechselseitige Anerkennung markiert also jene Struktur menschlicher Erfahrung, durch die Begriffe ihre Bestimmtheit erhalten und Subjekte ihre Identität.

Die Prozesse der Konstitution des logischen Raums der Gründe, des semantischen Raums der Begriffe und des sozialen Raums von Normen besitzen eine strukturelle Verwandtschaft; sie werden verknüpft durch die Konstitution rationaler Subjektivität. Eine Konstitutionstheorie der Subjektivität fungiert somit als Verbindung von Rationalitätstheorie und Bedeutungstheorie.

Brandoms Rekonstruktion von Kant und Hegel erlaubt es, die Analyse des begrifflichen Gehalts und der rationalen Begründung religiöser Überzeugungen mit einer Konstitutionstheorie moderner Subjektivität zu verknüpfen. So kann der transzendentalphilosophische Grundgedanke rehabilitiert werden, dass die logische Struktur der Abhängigkeit der Erfahrung von Begriffen die Struktur von Subjektivität besitzt. Über diesen Aufweis der Anschlussfähigkeit Hegels an die analytische Religionsphilosophie bietet die Vermittlung von Pragmatismus und Idealismus die Möglichkeit, die Epistemologie religiöser Überzeugungen mit einer intersubjektiven Konstitutionstheorie von Subjektivität zu verbinden. Die Theorie der Anerkennung bietet zudem den Bezugspunkt einer Theologie der Moderne. Diese theologische Reflexion von Anerkennungsverhältnissen betont, dass sich die in intersubjektiven Verhältnissen erlebte wechselseitige Anerkennung einem unbedingten Grund verdankt, der zwischenmenschliche Verhältnisse transzendiert.[26] Zugleich lässt sich aufgrund des Vorangegangenen sagen, dass Anerkennung nicht nur einen sozialpsychologischen oder moralisch-praktischen Sinn besitzt. Auf diese Weise konstituieren sich auch die theoretischen Verhältnisse begrifflicher Bestimmtheit und vernünftiger Begründung. Der theologisch interpretierte Grund von Anerkennungsverhältnissen erscheint somit zugleich als Grund logischer Bestimmtheit und vernünftiger Geltung. Hegels Theorie der Anerkennung, die gegenwärtig in der praktischen Philosophie eine gewisse Renaissance erlebt, besitzt eben nicht nur einen sozialphilosophischen und subjektivitätstheoretischen Sinn, sondern auch eine logisch-semantische und rationalitätstheoretische Bedeutung.

Eine pragmatistische Rehabilitierung der idealistischen und transzendentalen Subjektphilosophie liefert so die methodische Voraussetzung für eine Rehabilitierung von Religionsphilosophie als spezieller Transzendentalphilosophie. So könnte, ohne in den Positivismus analytischer Neuscholastik zu verfallen, gezeigt werden, wie die göttliche Wirklichkeit nicht nur einen intendierten Gehalt religiöser Erfahrung bezeichnet, sondern den sie ermöglichenden und legitimierenden Grund. Diese Einheit zwischen dem subjektiven Gehalt religiöser Erlebnisse und dem objektiven Inhalt religiöser Erfahrungsurteile wird in dieser Perspektive durch Intersubjektivität expliziert, durch die gemeinsame Praxis des

---

[26] Markus Knapp, *Verantwortetes Christsein heute. Theologie zwischen Metaphysik und Postmoderne*, Freiburg i. Br. 2006.

Gebens und Nehmens von Gründen. Es ist nicht die gegenständlich gedachte
Beziehung eines religiösen Subjekts zu einem entgegengesetzten religiösen
Gehalt, die Gott als Grund der religiösen Erfahrung transparent macht, sondern
die zwischenmenschliche Praxis einer gemeinsam gestifteten und gedeuteten
Erfahrung. Die interne Verknüpfung eines formalen philosophischen Gottesbegriffs und einer philosophischen Theorie des religiösen Bewusstseins kann
somit auf der Basis einer pragmatistischen Rekonstruktion subjektivitätstheoretischer Überlegungen angemessen begründet und gerechtfertigt werden.

THOMAS RENTSCH

# Wie ist Philosophische Theologie heute möglich?

Lange Zeit schien die Frage nach Gott aus dem Zentrum des philosophischen Diskurses an den Rand gewichen zu sein. Religionsphilosophie und das Gespräch zwischen Philosophie und Theologie waren bis in die Mitte des vergangenen Jahrhunderts intensiv entwickelt. Dafür stehen Namen wie Karl Barth, Rudolf Bultmann, Karl Rahner, Ernst Bloch, Paul Tillich und Karl Jaspers. Nachdem aus vielen Gründen seit Mitte der 60er Jahre andere Themen in den Vordergrund rückten, ist mittlerweile die Wiederholung der expliziten systematischen Reflexion auf die Frage nach Gott in der Philosophie und im Blick auf gesellschaftliche und interkulturelle Diskurse nötig, ja unverzichtbar geworden.[1] Die Gründe für diese Unverzichtbarkeit sind, ganz kurz gefasst: Erstens das immense weltpolitisch bedeutsame Erstarken religiöser Fundamentalismen auf christlicher wie islamischer Seite, zweitens das von Habermas so genannte Phänomen des Postsäkularismus. Bei letzterem Phänomen handelt es sich um ein treffendes Schlagwort für die Tatsache, dass sich auf Dauer die existentiellen, ehemals metaphysischen Grundfragen nach dem Sinn des Lebens und nach Gott nicht abweisen und verdrängen lassen. Vor wenigen Jahren noch hatte derselbe Habermas das „nachmetaphysische" Zeitalter angekündigt, verkennend, dass es von den metaphysischen Grundfragen und ihrer Bedeutung für die Praxis keinen Abschied in der Reflexion geben kann, werden sie nun ontologisch, bewusstseinsphilosophisch oder sprachanalytisch behandelt, versuchsweise gelöst oder theoretisch für unsinnig erklärt.

Für die Beantwortung unserer Frage muss in Erinnerung gerufen werden, dass philosophische Theologie für weit über 2000 Jahre im Zentrum philosophischen Denkens steht: von Platon und Aristoteles bis zu Kant und Hegel. Und: weder weltgeschichtlich noch ideologiepolitisch haben sich säkulare Gesamtdeutungssysteme im 20. Jahrhundert dauerhaft an die Stelle von Weltreligionen setzen können, obwohl sie dies mit allen Mitteln versucht haben. Aber auch in

---

[1] Die im Folgenden entwickelten Grundgedanken finden sich umfassend ausgeführt in Thomas Rentsch, *Gott*, Berlin/New York 2005. Eine veränderte Fassung des Beitrags erschien in einer Festschrift zum 80. Geburtstag von Wolfgang Marcus: „Philosophische Theologie heute?", in: Mike Schmeitzner / Heinrich Wiedemann (Hgg.), *Vertrauen–Erkennen–Gestalten: Ein Leben voller Projekte*, Berlin 2007.

befriedeten rechtsstaatlichen Demokratien blieb bei vielen Menschen ein Bewusstsein davon erhalten, dass über letzte Fragen des Sinns und des Lebensverständnisses auch nach wissenschaftlicher und politischer Aufklärung noch eigener Klärungsbedarf besteht. Aus verdinglichungskritischer und entfremdungstheoretischer Perspektive ist viel eher zu konstatieren, dass die säkulare Moderne mannigfaltige Formen von Ersatzreligionen, von Kulten und quasimythischen Projektionen auf allen Ebenen: der Kulturindustrie, des Konsums, des Sports und der Lebensführung, hervorgebracht hat, deren irrationale Tendenzen religiösen Fetischismen und Entfremdungsphänomenen nicht nachstehen. Auf dem blühenden Markt der Esoterik und Magie berühren sich diese postsäkularen Phänomene denkbar konkret.

Zu den Prolegomena einer Erneuerung kritischer philosophisch-theologischer Reflexion zähle ich auch Substitute und Surrogate des Absoluten, wie sie in der Philosophie an entscheidenden Orten der Systematik bei den wichtigsten Philosophen der Moderne auftreten. Im Rückblick ist dies nicht weiter überraschend, wenn man sich die Struktur genuin philosophischer Sinngrenz- und Sinngrundreflexion vergegenwärtigt. Man könnte nach dem – mit Heidegger formuliert – modernen „Schwund" und „Fehl" Gottes, nach den prominenten Anti-Theologien von Feuerbach, Marx, Nietzsche und Freud von einem latenten Systemzwang sprechen, den Ort des Absoluten, Gottes, dennoch zu besetzen. Solche Substitute des Absoluten in der modernen Reflexion sind das „Sein" Heideggers, das „Mystische" und Unsagbare Wittgensteins, das „Nichtidentische" Adornos, die „ideale Kommunikationsgemeinschaft" bei Apel und Habermas, die „Differenz" und die „Spur" bei Derrida. Es lässt sich an diesen je eigentümlichen Basisbegriffen der philosophischen Reflexion bei näherer Betrachtung genau zeigen, dass und wie sie theologische, metaphysische Traditionen beerben und produktiv weiter denken, oft, ohne diese Kontinuität selbst kritisch in ihre Reflexion einzuholen. Das gilt im Kern für drei von mir transrational genannte unhintergehbare Aspekte der Sinnkonstitution einer menschlichen Welt, die ich auch als Transzendenzaspekte bezeichne: Dass überhaupt etwas ist, dass wir sprachlich Sinn artikulieren können, dass wir in Strukturen der Einmaligkeit existieren und selbst einmalige Individuen sind. Die Substitute des Absoluten in der Reflexion der Moderne artikulieren jeweils bestimmte Phänomene der Sinnkonstitution, die mit diesen Transzendenzaspekten verbunden sind. Sie gelangen jedoch nicht zu einer Perspektive, die die vorgängige Einheit und Ganzheit der Transzendenz (ihre Gleichursprünglichkeit) und die damit ermöglichte Einheit und Ganzheit einer menschlichen Welt denkt. Entweder wird die ontologische Differenz isoliert gedacht, oder die Transzendenz des Logos, oder die begrifflich unerfassbare Individualität. Aber: die Sinnkonstitution einer menschlichen Welt lässt sich nur dann begreifen und begrifflich erfassen, wenn die irreduzible Einheit und Gleichursprünglichkeit der genannten Transzendenzaspekte begriffen wird. Das bedeutet für die Philosophie auch: Grenzen und Einheit der Vernunft neu, in einer Transzendenzperspektive zu denken.

# 1. Philosophische Theologie I: Negative Theologie

Auf diesem Hintergrund kann die Erneuerung philosophischer Theologie in einem ersten grundlegenden Teil, einer *pars destruens*, als ein kritisches Unternehmen systematisch präzisiert werden. In diesem kritischen Teil werden alle sinnvollen religionskritischen Potentiale systematisch konzentriert und rekonstruiert, um eine neue negative Theologie zu entwickeln. Diese negative Theologie bereitet eine vernünftig erneuerte philosophische Theologie vor und enthält sie indirekt bereits. Denn wenn wir falsche, partiale und irreführende Formen, Gott zu denken, abweisen, dann erschließt sich im Ansatz bereits ein sinnvolles Gottesverständnis. Negative Theologie ist philosophisch ‚mehr als die halbe Miete‘.

Die in der Tradition und Moderne verbreiteten Missverständnisse lassen sich auf der Ebene der religiösen Praxis, auf der Ebene der Theologien wie auf der philosophischen Ebene ausmachen. Sie gehören so in gewisser Weise zum Verständnis der Gottesfrage hinzu. Ein erstes Missverständnis ist das theoretisch-wissenschaftliche Verständnis der Rede von Gott, z.B. auf der Ebene der Physik und der physikalischen Kosmologie. Die Rede von Gott und die Orientierung an Gott lassen sich nicht als fundiert in empirisch verifizierbarem oder falsifizierbarem wissenschaftlichen Tatsachenwissen verstehen. Die gegenwärtigen Bemühungen, die jüdisch-christliche Schöpfungstheologie wieder mit den Ergebnissen der physikalischen Kosmologie zu verbinden, sind irreführend und beruhen auf begrifflichen Konfusionen. Kurz: Jede Engführung Gottes und der Rede von Gott auf naturwissenschaftlich messbare Fakten in der Welt ist kategorial verfehlt. Ebenso verfehlt ist daher z.B. die biblizistisch-fundamentalistische Meinung, es sei religiös geboten, gegen die Ergebnisse der Evolutionstheorien zu Felde zu ziehen. Die philosophisch sinnvolle Orientierung an Gott steht gleichermaßen gegen bloß mythisch ‚fundierten‘ Aberglauben wie auch gegen Pseudo-Naturwissenschaften, die als Mythenersatz auftreten. Naive und primitive Gottesbilder bestimmen allerdings vielfach die Vorstellungen von Theisten wie Atheisten. Eine neue religiöse Aufklärung wäre erforderlich, um sie zu überwinden. Dabei muss bewusst sein, dass der Zustand der religiösen Kultur und Bildung vielfach aus verschiedenen Gründen (kulturelle Brüche, Traditionsverlust) sehr rückständig ist.

Daher überrascht es auch nicht, dass neben den oberflächlich-theoretischen, objektivistischen Gottesvorstellungen ebenso subjektivistische Vorstellungen verbreitet sind. Während die einen Gott für wissenschaftlich beweisbar halten, pochen die anderen auf Wunder, Mirakel, Visionen, besondere Eingebungen und exzeptionelle Erfahrungen. Die Gotteserkenntnis hat es in der Tat, so lehrt die Tradition, z.B. Augustinus, mit vertiefter menschlicher Selbsterkenntnis zu tun. Ferner bewegen sich religiöse Orientierungen in der Tat auf der Ebene von Einsichten von denkbar fundamentaler Tragweite und Lebensbedeutsamkeit. Aber existentielle Ernsthaftigkeit und persönliche Glaubensgewissheit lassen sich gerade nicht auf der Ebene des Subjektiven begreifen. „Ich glaube an Gott" – religiöser Subjektivismus ist außerstande, den Wahrheitsanspruch, den Wahrhaftigkeitsanspruch und den Geltungsanspruch solcher Sätze und ihres Lebensbezugs verständlich zu machen. „Ich habe das Gefühl, dass Gott die Welt erschaffen hat", „Ich spüre, dass es Gott gibt" – solche Sätze artikulieren nicht den in religiösen Bekenntnissen gemeinten Sinn. In modernen westlichen Demokratien ist die Meinung verbreitet, Religion sei Privatsache. Die damit verbundenen Konnotationen der Beliebigkeit verfehlen die eigentlich gemeinte Sache, die eine Sache existentieller, persönlicher Ernsthaftigkeit, eine Sache freier Wahl der Lebens- und Sinnorientierung ist. Es geht um höchst anspruchsvolle Lebensorientierungen, die nicht in subjektiven Gefühlen und privaten Vorlieben oder Gleichgültigkeiten gründen können, sondern nur in transsubjektiven Wahrheitsansprüchen, die, recht verstanden, eine tiefe Subjektivität erst ermöglichen.

Dieser Punkt lässt sich religionskritisch ebenfalls gegen Formen eines Offenbarungspositivismus oder die Beanspruchung privater Zugänge zu Gott durch besondere Erkenntniskräfte wenden. Vernunftkritisch betrachtet ist es genau umgekehrt: Um bestimmte Erfahrungen und Gefühle als relevant im Blick auf die Gottesfrage und die Erkenntnis Gottes überhaupt einschätzen, artikulieren und beurteilen zu können, sind bereits *Gedanken* über Gott mit Wahrheitsanspruch unbedingt nötig, die sich nur in ganzen Sätzen artikulieren können. Diese Sätze müssen allgemein verständlich und selbst beurteilbar sein. Die großen monotheistischen Buchreligionen bestätigen dies auf die denkbar eindrücklichste Weise. In den Texten der Propheten Israels, in den Predigten Jesu, in den Theologien des Paulus und Johannes, in den Suren des Koran wird eine komplexe Rede von Gott mit Wahrheits- und Geltungsanspruch auf höchstem kulturellen Niveau entwickelt. Diese Rede und der mit ihr praktisch und grammatisch verbundene Sinn ist die Basis für mit ihr verbundene religiöse Erfahrungen, und nicht etwa die Besonderheit oder die bloß subjektive Evidenz dieser Erfahrungen. Die intersubjektiv verständliche und mit der Alltagserfahrung verbundene religiöse Rede von Gott beansprucht intersubjektive Wahrheit und Gewissheit.

Es ist in diesem Zusammenhang besonders bezeichnend, dass gerade in Traditionen der Mystik, in denen außergewöhnliche Einsichten und Durchbruchserfahrungen zentral sind, eine öffentlich zugängliche, intersubjektive Sprache der Vermittlung solcher Einsichten verwendet wird – sogar, um den Sinn des Schweigens begreiflich zu machen. Das gilt für einen christlichen Mystiker wie Meister Eckhart, es gilt aber z.B. auch für islamische Mystiker der Sufi-Tradition. Sie lehren: „Sprich zu uns nicht von Visionen und Mirakeln / Denn solche Dinge haben wir lange hinter uns. Wir erkannten sie alle als Illusionen und Träume / Und tapfer, unentwegt, gingen wir an ihnen vorbei."[2] Bedenken wir, was eine solche inmitten einer großen Religion formulierte Religionskritik im Blick auf heute auch im Westen verbreitetes modisches Verlangen nach spirituellen, esoterischen, ekstatischen Sondererfahrungen bedeutet. Um den Gottesgedanken auf glaubwürdige Weise zurückzugewinnen, muss es aus philosophischer Sicht möglich sein, Aberglauben und Scharlatanerie der Sinnvermittlung von einem authentischen Gottesverhältnis zu unterscheiden. Das aber ist auf einer bloßen Gefühlsebene, im Medium des Subjektivismus, unmöglich.

Ein weiteres Missverständnis im Blick auf die Gottesfrage besteht in einem kulturellen Relativismus. Dieser liegt einem aufgeklärten und liberalen Selbstverständnis mit geschichtlicher Bildung und in einer Welt der Globalisierung natürlich besonders nahe. Und ist es nicht geradezu von überwältigender Evidenz, dass die Gottesvorstellungen der Religionen einer diachronen wie synchronen Relativität unterliegen, dass sie Produkt und Teil geschichtlicher Gesellschaftssysteme sind, ebenso wie aufgeklärter Atheismus oder profane Gleichgültigkeit in religiösen Dingen im modernen säkularen Staat? Aber diese Perspektive ist aus philosophischer Sicht unbefriedigend, unzulänglich und oberflächlich. In der Frage nach Gott und nach lebenstragender Wahrheit kann ich als Philosophierender nicht, wie der Ethnologe, der Soziologe, der Historiker, eine bloße Beobachterposition einnehmen. Relativismus ist nur ein Subjektivismus im großen Stil, ein Bild, das sich aus der Beobachterperspektive ergibt. In lebensbezogenen, praktischen Belangen – auch z.B. im Bereich der Ethik und der Moral – müssen wir in der philosophischen, kritisch-hermeneutischen Reflexion eine Teilnehmerperspektive, eine Perspektive persönlicher Betroffenheit und gerade darum eine Perspektive der Orientierung an Wahrheitsansprüchen, an allgemeiner Vernunft und Geltung einnehmen. Gottesverständnisse wie überhaupt religiöse Lebensformen lassen sich relativistisch nicht begreifen. Es ist unmöglich, sie von außen und objektivistisch zu rekonstruieren.

---

[2] Vgl. dazu Rentsch, *Gott, op. cit.*, S. 25.

Ebenso letztlich abzuweisen sind entfremdungstheoretische Analysen des menschlichen Gottesverständnisses, wie sie in den schon klassischen Ansätzen von Feuerbach, Marx, Nietzsche und Freud ausgearbeitet wurden. Der Glaube und die Orientierung an Gott lassen sich nicht einseitig als Wunschvorstellung, Symptom von Todesangst, Schuldkomplexen und Projektionen des Unbewussten, als Reflex ökonomischer Verhältnisse verstehen. Selbst wenn solche Aspekte bei der Religionsentstehung eine Rolle spielten, selbst wenn gegenwärtige Religionen starke Entfremdungstendenzen aufweisen – auf sie ist das Gottesverständnis nicht reduzibel. In diesem Zusammenhang ist es zunächst wichtig, grundsätzlich festzustellen, dass es Religion und Gottesglaube in der Tat von Beginn an auch mit den tiefsten Ängsten und Kümmernissen und mit der Todesangst zu tun haben – mit der Endlichkeit des Menschen, mit den unumstößlichen Gegebenheiten seiner Wirklichkeit: mit Schuld und Scheitern, mit irreversiblem Versagen, mit den Grenzen des Lebens. Die entfremdungstheoretischen Deutungen bezeugen wider Willen die Dignität der Gottesperspektive, wenn sie deren Verbindung mit Angst, Verfehlung und Tod hervorheben.

Die Geschichte der Abschaffung der Sklaverei, die Geschichte der modernen Emanzipationsbewegungen und z.B. der Befreiungstheologie in den armen Ländern der modernen Welt zeigen, wie stark Formen der Überwindung von Unterdrückung und Armut und Formen der Solidarität mit den Schwachen in den religiösen Traditionen selbst angelegt sind. Die Perspektive der Gleichheit aller vor Gott und die praktischen Konsequenzen des Gottesglaubens wurden in der Geschichte des Abendlandes in die gesellschaftliche Gestaltung des kulturellen und zivilisatorischen, rechtlichen und normativ urteilenden Bewusstseins aufgenommen und unabhängig von ihrer Entwicklungsgeschichte produktiv, ja revolutionär weiterentwickelt. Das biblische Bilderverbot und die Schöpfungslehre – der Mensch ist nach dem Bild Gottes geschaffen – begründen in eins mit der Botschaft von der Menschwerdung Gottes den unendlichen Wert der einzelnen, einzigartigen Personalität und Individualität jedes Menschen. Die irreversible weltgeschichtliche Bedeutung dieses universalistischen Prozesses steht im Zentrum der europäischen und mittlerweile globalen Entwicklung. Die Entfremdungstheorien der Moderne ignorieren diese Freiheitsgeschichte der Sinntraditionen auf holzschnittartige Weise.

Ein weiteres Missverständnis der Frage nach Gott und der damit gemeinten Lebensorientierung besteht in einer funktionalen Sicht. Religionen haben aus soziologischer Sicht stabilisierende Funktionen für die gesellschaftliche Praxis und das individuelle Leben. Insbesondere werden große Lebensereignisse: Geburt, Taufe, Erwachsenwerden, Heirat und Tod, in ihnen rituell begangen und so bewältigt. Diese funktionale Sicht ist wiederum als äußerlich und oberflächlich zu bezeichnen. Die Dimension, auf die die Gottesfrage weist, lässt sich nicht funktional einholen. Die Überwindung eines instrumentalistischen Gottesverständnisses gehört zum Kern einer glaubwürdigen religiösen Praxis. Man könnte paradox formulieren: Authentischer Sinn ‚funktioniert' erst dann, wenn er eben nicht um seiner Funktion willen, sondern *um seiner selbst willen* gesucht und begriffen wird. Bereits authentische interpersonale Verhältnisse – Freundschaft, Liebe, wechselseitige Achtung und Anerkennung – gelingen nur so. Auch tragfähige *moralische* Lebens- und Praxisformen sind ihrem Wesen nach nur nicht-instrumentalistisch zu verstehen. Um so mehr gilt für ein Gottesverständnis, dass in seinem Zentrum nicht-funktionale Welt- und Selbstverständnisse stehen. Die Gottesperspektive hat es demgegenüber mit unerklärlichem und ungeschuldetem Sinn zu tun, mit der Wahrnehmung des Unerklärlichen, das Geschenkcharakter besitzt.

Ein weiterer zu kritisierender Ansatz, Gott zu denken, denkt ihn in der Form einer Hypothese, einer Vermutung, einer Fiktion oder eines so genannten Postulats. Solche Ansätze konzentrieren sich in einer Religionsphilosophie des Als-ob, die im Anschluss an Kant entwickelt wurde. Insbesondere in Verbindung mit einer Kritik an der Leistungsfähigkeit der Gottesbeweise – nach Kant können wir weder Gottes Existenz theoretisch beweisen, noch sie widerlegen – lässt sich die Gottesperspektive als eine Art lebensdienliche, hilfreiche Annahme verstehen. Auch ein augenzwinkernder Agnostizismus: „Ich probiere es doch einmal, schaden kann es ja nicht", wird von manchen vertreten. Es gibt in der zeitgenössischen Religionsphilosophie sogar wahrscheinlichkeitstheoretische Ansätze, so den von Swinburne. Er gelangt bei seinen Untersuchungen zu dem Ergebnis, dass bei Würdigung aller bekannten Tatsachen hinsichtlich Schöpferkraft, Allmacht und Güte der Existenz Gottes eine Wahrscheinlichkeit von über 50% zukommt. Das genügt, um definitiv an ihn zu glauben. Auch solche Denkweisen halte ich für tiefgreifend verfehlt. Ich kann als Christ nicht sagen: „Ich lebe so, als gäbe es Gott, seine Liebe und Gnade." Oder als Moslem: „Ich vermute einmal, Allah sei der Allerbarmer." Es ist demgegenüber eindeutig, dass wir es bei der wahrhaftigen Orientierung an Gott mit letzter *Wirklichkeit* zu tun haben, dass die konkret mit dieser Orientierung verbundenen Geltungsansprüche unbedingt sind und sich weder als Fiktionen noch als Hypothesen verstehen lassen. Und es ist auch ganz klar, dass eine philosophische Theologie es im Zentrum mit unserem Wirklichkeitsverständnis zu tun haben muss. Sie muss auf die Frage antworten, wie sich unsere Wirklichkeit letztlich begreifen lässt.

Ebenso ist es verfehlt, der Rede von Gott einen nur praktischen, ethischen Sinn zu geben. Dies ist so rational wie verlockend. Können wir das Gottesverständnis auf vernünftige Praxis beziehen, dann können wir alles Übrige: Mythologie, Metaphysik, transzendente Illusionen, eliminieren. Aufklärung, Vernunft und praktische Frömmigkeit wären vereinbar bis zur Identität. Offenbarungspositivismus, Exklusivansprüche einzelner Religionen, theologischer Dogmatismus und klerikale Herrschaft wären überwindbar. Es ist für unsere Thematik zentral, dass dieses Wunschkind westlicher Zivilisation und Säkularisierung, wenn es auch Wahrheitsmomente enthält, dennoch verfehlt ist. Vielmehr ist im Folgenden zu zeigen, dass eine grundlegende Differenz von philosophischer Theologie und praktischer Philosophie, von Gott und dem Guten, Gott und dem Gerechten, Gott und dem Glück besteht. Mehr noch: Erst, wenn diese Differenz wirklich präzise deutlich wird, tritt die genuine Ebene des Transzendenzbezugs, des Absoluten und einer spezifisch philosophisch-theologischen Dimension von Wahrheit und Geltung in den Blick. Denn der Kern religiöser Sprache besteht nicht in ethischen Forderungen, sondern in *transethischen,* das Sein betreffenden Kategorien, die die ethische Dimension aber freisetzen. Die Frage nach Gott hat es mit Grenze, Grund und Sinn unseres Seins und mit unserem Welt- und Selbstverständnis im Ganzen zu tun.

Mit diesen sieben Schritten einer zeitgemäßen modernen negativen Theologie sind zunächst objektivistische, quasi-naturwissenschaftliche, subjektivistische, psychologische, relativistische, entfremdungstheoretische, funktionalistische, fiktionalistische und moralistische Zugänge zur Gottesfrage zurückgewiesen. Entscheidend ist, dass wir neben der Zurückweisung Vertreter dieser Verständnisse mit ihren Gründen und Motiven zugleich rekonstruieren und ihrerseits verstehen können sollten. Die zurückgewiesenen Auffassungen führen *Wahrheitsaspekte* mit sich, die in späteren Schritten im Hegelschen Sinne aufgehoben werden müssen, ohne dass man bei ihnen stehen bleibt. Es handelt sich um Partialaspekte. Um sie angemessen zu verstehen, benötigen wir eine philosophische Theologie, eine Theologie, die eine begründete Antwort auf die Frage nach Gott für die Gegenwart gibt.

## 2. Philosophische Theologie II: Transzendenz

In der philosophischen Theologie muss eine völlige Drehung und Umkehrung funktionaler und instrumenteller Sichtweisen erfolgen. Eine Orientierung an Gott im authentischen Sinne kann auch weder als ein Fürwahrhalten absurder Tatsachen begriffen werden noch als ein bloßes Vermuten, es könne ja vielleicht so sein. Eine solche Orientierung kann nur eine lebenstragende Grundgewissheit sein, ein sinneröffnendes und Hoffnung gewährendes Grundvertrauen. Die Tradition unterschied hier sehr präzise zwischen der Sicherheit, der *securi-*

*tas* in weltlich-empirischen, und der gewissmachenden Grundgewissheit, der *certitudo* in existentiellen, personalen, geistlichen Dingen.

Meine zentrale These lautet: *An der Grenze der philosophischen Vernunfterkenntnis beginnt das Verstehen der Rede von Gott.* Da, wie Hegel lehrt, eine Grenze zu denken, heißt, sie zu überschreiten, gelangen wir so zunächst zu einem Transzendenzverständnis inmitten der humanen Welt und ihrer Sinndimensionen. Dieses Transzendenzverständnis ist konstitutiv mit *unseren* Möglichkeiten des Transzendierens, des Überschreitens und somit auch des Vorgreifens auf Sinn verbunden.

### 2.1. Die Transzendenz des Seins (der Welt)<br>(Die ontologisch-kosmologische Transzendenz)

Ein erster, grundlegender Transzendenzaspekt, der sich uns bei solchem selbstreflexiven Transzendieren zeigen mag, ist die *Existenz der Welt*. Der Transzendenzaspekt ist keine Erfahrung, er kann sich nur *an* und *in* unseren alltäglichen Erfahrungen ‚indirekt‘ zeigen – wenn man auf ihn überhaupt jemals aufmerksam wird. Dass die Welt überhaupt ist, dass es überhaupt etwas gibt und nicht nichts – das kann man nicht direkt erfahren und nicht als normale Tatsachenbehauptung mitteilen. Direkt erfahren und mitteilen kann man Erlebnisse und Tatsachen *in der Welt*. Die Ebene des Dass der Welt ist auch nur behelfsmäßig als ‚Ebene‘ zu bezeichnen. ‚Ebenen‘ im wörtlichen Sinne lassen sich räumlich lokalisieren und einander zuordnen. Die Ebene des *Dass* der Welt, ontologisch die des Seins des Seienden, übersteigt, überschreitet alle solchen Ebenen. Das Sein der Welt, das Dass des Seins, übersteigt und überschreitet unsere Erkenntnis und Erfahrung völlig und grundsätzlich. Dass die Welt ist, können wir weder erklären noch von irgendwelchen innerweltlichen Tatsachen ableiten. Wenn wir selbst auf diese definitive Grenze unserer Erkenntnis und unserer eigenen Existenz stoßen, erreichen wir mit der *Sinngrenze* auch einen Aspekt des realen, konkreten *Sinngrundes* unserer Welt und unserer selbst. Die *Unerklärlichkeit* des Seins – dass überhaupt etwas ist, die völlige Unverfügbarkeit, die transpragmatische, weder räumlich noch zeitlich zu begreifende *Vorgängigkeit* des Seins und mithin auch des Universums mit Milliarden Galaxien – bildet einen Grund allen möglichen und allen wirklichen Sinns, faktisch und praktisch. Es gibt, anders gesagt, keine Immanenz ohne ontologisch-kosmologische Transzendenz.

Die Struktur der Transzendenz lässt sich als einzigartiger Prozess explizieren. Die traditionelle theologische und religiöse Sprache verwendet daher in unserem Zusammenhang aus guten Gründen den Begriff der Schöpfung. Unserer Analyse entspricht es, wenn nicht nur von einer Schöpfung aus Nichts (*creatio ex nihilo*) die Rede ist, sondern ebenso von einer permanenten Schöpfung (*creatio continua*). Denn so wird das authentische Wunder nicht auf irreführende Weise verortet, verräumlicht oder verzeitlicht. *Es zeigt sich die konstitutive Verbindung von (absoluter) Unerklärlichkeit, Unerkennbarkeit (Negativität) und Sinn*: Denn alle Ausmalungen des Schöpfungsvorgangs in realistischen Bildern oder auch in szientifischen Modellen (Urknall) unterlaufen auf simplifizierende, naive, innerweltlich-innerseiende Weise den völlig unerklärlichen ontologisch-kosmologischen Transzendenzprozess.

Transzendenz ist mithin nicht als ein abstraktes Jenseits im Himmel begreifbar, sondern als ein wahrhaft kreativer Prozess des Hervorgangs der unendlich komplexen und differenzierten Wirklichkeit allen Seins ‚aus Nichts'. Die Rede von der Schöpfung als einzigartigem Wunder und andauerndem Prozess – „Gott sah, dass es gut war" – ist eine diesem Aspekt absoluter Transzendenz gerecht werdende Vergegenwärtigungsweise. Bereits am Aufweis dieses Transzendenzaspektes wird im Übrigen sichtbar, wie reduktionistisch, um nicht zu sagen beschränkt, funktionale oder entfremdungstheoretische Religionsphilosophien oder Transzendenzverständnisse sind. *Dass* Seiendes ist, das hat keine noch irgend von uns zu eruierende ‚Funktion', *dass* die Welt überhaupt geworden ist und ständig wird, entspringt wohl kaum unseren Entfremdungserfahrungen oder illusionären Projektionen. Kurz: *ein Wunder im strengen Sinne ist schlechterdings nicht erklärbar und hat überhaupt keine Funktion.*

Der Begriff des authentischen Wunders lässt sich zwar in Beziehung zu bestimmten religiösen Sinntraditionen und auch zu existentiellen Erfahrungen des Einzelnen setzen. Der philosophisch-sinnexplikative Status des Begriffs hat aber zunächst *negativ-sinnkriteriale Bedeutung* im Kontext einer erkenntniskritischen Analyse der absoluten *Grenze* unseres Erkennens und Erklärens, einer Analyse mit Wahrheits- und Geltungsanspruch.

Wir können hier vom *unsagbaren Geheimnis der Wirklichkeit* erkenntniskritisch begründet sprechen und negativ-sinnkriterial den unausschöpflichen, unabschließbaren Charakter der Wirklichkeitserfahrung in jedem Augenblick mit Wahrheits- und Geltungsanspruch aufweisen. *Dass* diese Dimension in existentiellen Erfahrungen, in personalen Beziehungen, in Erfahrungen des Erhabenen in der Natur, in meditativer Praxis auf besondere, intensive Weise aufleuchtet, zugänglich wird und gestaltet werden kann, das zeigt nur, dass Transzendenz vorgängig ist und stets augenblicklich neu eröffnet wird, wenn man nur auf sie aufmerksam wird. Die Verstellung und Verdeckung authentischer Transzendenz durch eigene menschliche Gerätschaften und Vorrichtungen ist ein Thema, auf das ich hier nicht eingehen kann.

Es sind aber keine exzeptionellen Sondererfahrungen, in denen absolute Transzendenz der erläuterten Art gründet oder gar besteht. Vielmehr sind die Transzendenzaspekte des Seins der Wirklichkeit ganz fundamentale Züge all unserer Welterfahrung und der Alltäglichkeit unseres Lebens, die aufgrund ihrer übergroßen Nähe und Selbstverständlichkeit in diesem oft verdeckt und verborgen bleiben.

## 2.2. Die Transzendenz der Sprache (des Logos)

Die Sprache ermöglicht unsere Sinngrenzreflexion und in eins die Sinngrunderkenntnis. *Dass* – und *wie* – wir sprechen können, ist eine unerklärliche, uns vorgängige Bedingung der Möglichkeit und Wirklichkeit unserer humanen Welt. *Dass* wir Sätze verwenden können, wahre Behauptungen treffen und bestreiten, Urteile über gut und böse, schön und hässlich fällen können, das ist eine uns und unsere Welt einschließlich unserer Vernunft und Selbsterkenntnis *real ermöglichende* Dimension, die wir nicht erklären oder von anderem ableiten können, ohne sie selbst schon verwenden und in Anspruch nehmen zu müssen. Gleichwohl ist das Wunder der Sprache und der sprachlichen Erschlossenheit der Welt wiederum nichts außergewöhnlich oder übernatürlich Mysteriöses, sondern ebenso alltäglich, jedermann bekannt, universal zugänglich wie auch die Transzendenz des Seins und aller Wirklichkeit.

Den Hervorgang der Sinnbedingungen unserer Welt konnten wir bereits als kreativen Prozess charakterisieren. Der Prozess führte inmitten der materiellen Endlichkeit zur Entstehung des Lebens, des menschlichen Selbstbewusstseins und der Sprache. Das heißt: das kreative Transzendieren und seine realen Möglichkeiten setzen sich in die menschliche, kreative, Entwurfspraxis hinein fort. Die uns *real ermöglichende Transzendenz* des Seins und der sich prozessual auf einzigartige Weise ereignende Weltprozess führen zum Hervorgang sprach- und handlungsfähiger Wesen, der Menschen. Zur prozessualen Transzendenz des Seins und der Existenz der Welt tritt der Transzendenzaspekt des Logos.

Ohne die reale Möglichkeit, *ganze* Sätze in *ganzen*, als Einheit vorverstandenen Lebenssituationen zu formulieren und zu begreifen, ohne die reale Möglichkeit, Behauptungen aufzustellen, zu begründen und nach wahr oder falsch zu beurteilen, wäre unsere humane Existenz undenkbar. Weder ein Sinn von Sein noch eine humane Welt wäre *ohne kommunikative Selbsttranszendenz* auch nur möglich. Wie bereits die Analyse der ontologisch-kosmologischen Transzendenz, so erschöpft sich auch die Analyse der Transzendenz der Sprache nicht in der Unerklärlichkeit ihrer Existenz, sondern sie setzt sich fort in der uns und

unsere gesamte Weltwirklichkeit auch mit ermöglichenden, permanenten Sinneröffnung.

Auch das Wunder der Transzendenz der Sprache mit all ihren Sinneröff-
nungspotentialen ist in der Alltäglichkeit verborgen, anwesend-abwesend. Die
Verdeckung und Verstellung der Transzendenz geschieht in den vielen Formen
des Missbrauchs der Sprache, die als Täuschung und Lüge durch sie mit ermöglicht sind.

Wir benötigen zur Freilegung des sprachlichen Transzendenzaspekts keine
Mythisierung oder Idealisierung. Wohl jedoch müssen depotenzierende, unter-
bestimmte, reduktionistische, formalistische Verständnisse kritisch als partial
erkennbar werden. Dann wird einsichtig, dass die Sprache zum nicht objektivierbaren Sinngrund unseres gesamten Seins gehört, zu den transpragmatischen
Sinnbedingungen unserer Existenz.

## 2.3. Die anthropologisch-praktische Transzendenz
## (Existentiell-interexistentielle Transzendenz)

Wir sind Sinn entwerfende und Sinn antizipierende Wesen. Es sind kommunikative Lebensformen, die auch unser praktisches Selbstverhältnis konstituieren und formen: einem Anderen zuhören, jemandem helfen, sich miteinander
beraten, an jemanden denken, auf jemanden warten, jemandem etwas beibrin-
gen, Freundschaft und Liebe. Kommunikative praktische Lebensformen sind
durch Wahrhaftigkeit, Aufrichtigkeit, Vertrauen, gegenseitige Hilfe und die
Bemühung um Klarheit und Verständlichkeit möglich – die Verfehlungen und
defizienten Modi werden so mit ermöglicht.

Um uns zu den Transzendenzaspekten unseres Lebens bewusst zu verhalten,
ist ein vertieftes Verständnis von Transzendenz und ihrer Bedeutung für die
Sinnkonstitution unverzichtbar – ein Verständnis, welches traditionell in der
religiösen Erziehung vermittelt werden soll, das aber auch für jede Form eines
Lebens in konkreter Sittlichkeit und in moralischer Verantwortung nötig ist.
Sobald wir zu uns selbst werden – in kommunikativer Praxis –, stellt sich die
Frage nach einem grundsätzlichen Selbst- und Weltverständnis und nach der
selbst verantworteten Lebensführung. Es wird – mehr oder weniger explizit –
bewusst, dass nur ich meine Handlungen tun kann, dass mir letztlich niemand
meine Entscheidungen abnehmen kann, dass ich, anders gesagt, unbedingt
selbst verantwortlich bin.

Zu den transpragmatischen, auch transethischen Sinnbedingungen unseres
Lebens gehört, dass wir dessen singuläre Totalität nicht als ganze vergegen-
ständlichen, ,erkennen' oder gar in aller Tiefe seiner wenig oder kaum bewuss-

ten Schichten durchschauen können. Nur von unserer zeitlich-endlich-diskursiven, je gegenwärtigen Lebenspraxis aus, die wir von der antizipierten Zukunft her verstehen, können wir *Aspekte* unseres bisherigen Lebens erinnern, thematisieren, reflektieren und beurteilen. Unsere praktische Selbsterkenntnis ist endlich und begrenzt wie unsere empirischen und theoretischen Erkenntnismöglichkeiten. Es ist gerade diese pragmatische, konstitutive Nichtobjektivierbarkeit, die unsere personale Integrität und die Perspektive autonomen Transzendierens eröffnet und ermöglicht. Solange wir leben, sind wir augenblicklich noch im Entwurf einer konkreten Lebenssinngestalt begriffen, die aus nichts Vergangenem kausal determiniert gedacht oder abgeleitet werden kann. Selbsterkenntnis im praktischen Sinne, auch wenn sie Erfahrungen des Versagens, des Scheiterns und des Bösen aus der Vergangenheit einbezieht, steht in dieser offenen, nicht objektivierbaren Dimension. Unsere praktische Möglichkeit der Selbsttranszendenz beruht somit auf der Unerkennbarkeit unserer selbst bzw. unseres Wesens in einem objektivistischen, abschließbaren Sinne. Die Transzendenz unserer selbst und unserer eigenen Existenz erschließt uns die Potentiale ekstatischen Transzendierens unserer Selbst- und Situationsverständnisse.

Existentielle Transzendenz als Sinngrenze allen Erkennens bildet den Sinngrund personaler Freiheit und Würde. Der Sinngrund selbst ist nur negativ zu erfassen. Die Unableitbarkeit und Uneinholbarkeit der existentiellen Transzendenz lässt sich aber im Kontext *interexistentieller Transzendenz* in ihrer wirklichen Tragweite angemessen analysieren und begreifen. So wie wir uns selbst nicht objektivieren können, so ist uns auch der Andere nicht verfügbar und kann uns gerade so in seiner eigenen personalen Würde begegnen.

Wir stoßen mit diesen Analysen auf die sinnkonstitutiven Grenzen unserer Existenz und des Mitseins mit Anderen. Sie ermöglichen die unbedingte Achtung und Anerkennung der Mitmenschen als Personen mit irreduzibler Würde ebenso wie ein authentisches Selbstverhältnis in Freiheit und als Freiheit. Die transpragmatische und transethische Dimension der Nichtobjektivierbarkeit, der Unverfügbarkeit und Entzogenheit *gründet und trägt* personale und moralische Verhältnisse. Die Rede von der „Unantastbarkeit" des Menschen in seiner Würde artikuliert diesen Transzendenzaspekt.

Die praktische Anerkennung der existentiellen und interexistentiellen Transzendenz als der unbedingten Grenze und dem Grund unseres eigenen Transzendierens eröffnet erst die nahe, reale Möglichkeit eines freien, verantwortlichen und moralischen Selbstverständnisses. Transzendenz in der Immanenz bedeutet nicht, dass Transzendenz in Immanenz aufginge oder verschwände, auf sie reduziert oder von ihr abgeleitet werden könnte. *Vielmehr ist Immanenz in ihrer Tiefendimension nur aus der Transzendenz zu begreifen.* Transzendenz als bloß abstraktes Jenseits wird der Realität des Transzendenzgeschehens in unserem Leben ebenso wenig gerecht wie ein Lebensverständnis, das um das Wunder des unableitbaren, dennoch wirklichen Sinns des Seins der Welt, der Sprache und des eigenen Lebens gebracht würde.

## 3. Philosophische Theologie III: Die absolute Transzendenz Gottes und der Status des Wortes ‚Gott'

Dennoch ist der Aufweis der Transzendenzaspekte mitsamt ihrer dynamisch-prozessualen Struktur der Sinneröffnung, die auf Zukunft, Erfüllungsperspektiven und einen Horizont authentischen, integren Menschseins in der Wirklichkeit weist, nur der erste Schritt der Sinnexplikation einer philosophischen Theologie. Diese Theologie kann nicht, wie dogmatische Theologien einzelner Religionen, schon von Gott und seiner Offenbarung ausgehen. Entscheidend für die Explikation und Entfaltung einer genuin systematischen theologischen Perspektive ist im Blick auf die aufgezeigten Transzendenzaspekte die Einsicht in ihre *Gleichursprünglichkeit*. Diese führt zur Perspektive einer *Einheit*, genauer: der *Einzigartigkeit* des Seins des Sinnes. Der Artikulation dieser Perspektive dient die Rede von Gott, der Orientierung an dieser Perspektive dient der praktische Lebensbezug zu Gott.

Dieser Zugang wird möglich, wenn wir uns die *Gleichursprünglichkeit* der bisher explizierten Aspekte der Transzendenz vergegenwärtigen. Die unerklärliche, unfassbare, aber sich ständig realisierende Transzendenz des Seins, der Welt, der Sprache und unserer eigenen Existenz mitsamt ihrem prozesshaften Hervorgang und ihrer Gegenwart bildet eine für uns zwar intern differenzierbare und auch differenzierungsbedürftige, aber völlig untrennbare Einheit, die wir keinesfalls summativ oder additiv begreifen oder depotenzieren können.

Die Gleichursprünglichkeit der bisher aufgezeigten Aspekte der Transzendenz erweist sich in der vorgängigen Einheit jeder Lebenssituation und jedes praktischen Sinnentwurfs, in denen die Aspekte zusammenspielen und so konkreten Sinn überhaupt erst ermöglichen. Die Einheit ihres Zusammenspiels ermöglicht so unsere eigenen Sinnentwürfe, den Entwurf eines leitenden Selbstverständnisses und einer praktischen, existentiellen Sicht des ganzen Lebens. Das Sein der Welt, die Dimension sprachlichen Sinns und unser eigenes, aus dem Transzendenzprozess auf unbegreifliche Weise hervorgegangenes Sein und Selbstverständnis bilden eine unvordenkliche Einheit, die sich in jeder Lebenssituation zeigt und die unsere endliche, freie und vernünftige Praxis ermöglicht. Diese Einheit wurde traditionell ontologisch, metaphysisch, mystisch, transzendental- und bewusstseinsphilosophisch auf metasprachliche Weise zu artikulieren versucht. Mit Wittgenstein (und wohl auch Heidegger) können wir sagen, dass sich diese Einheit eigentlich auf unsagbare Weise *zeigt*.

Es lässt sich jedoch in praktischer Perspektive aufweisen, dass wir uns durch die Horizontbildung und die antizipierenden Sinnentwürfe als auf Einheit bezogene, auf Einheit angewiesene Lebewesen verstehen und verstehen müssen. Wir sind *Lebewesen singulärer Totalität*, einmaliger Ganzheit. Unser je individuelles Leben ist eine einmalige Ganzheit. Aber diese Ganzheit ist kein statischer, räumlich zu objektivierender ‚Käfig‘ der Identität, sondern ein dynamischer Prozess des *Werdens zu sich selbst*, der selbst in jeder Situation weit über sich hinaus weist in die Welt und in die kommunikative gemeinsame Praxis.

Die ursprüngliche und vorgängige Einheit dieser sinneröffnenden Transzendenz nannte die Tradition das Eine, das Absolute oder Gott. Es wird verständlich, dass Gott als namenloser Grund allen Seins sowohl negativ-theologisch in der Perspektive der absoluten Unerkennbarkeit und eher dem Nichts angenähert gedacht, andererseits mit maximalistischen Hyperformeln zu erfassen versucht wurde.

Philosophische Theologie kann diese traditionellen Versuche aufgreifen und in der Perspektive der sinnkritischen Grenzreflexion durchaus mit Vernunftanspruch reformulieren. Die sinnexplikative Analyse philosophischer Theologie kann auf dem Hintergrund des bisher Ausgeführten den Status des Wortes ‚Gott‘ genauer bestimmen und so auch zur Klärung der Grammatik der Rede von Gott beitragen.

Die außergewöhnliche Grammatik des Wortes ‚Gott‘ wurde immer wieder zu erfassen versucht. Ersichtlich handelt es sich nicht um ein gewöhnliches Prädikat wie ‚groß‘, ‚mächtig‘ oder ‚Liebe‘ – allerdings werden Gott solche Eigenschaften zu- oder abgesprochen (‚unsichtbar‘, ‚allgegenwärtig‘). Gleichwohl werden mit dem Wort ‚Gott‘ Unterscheidungen getroffen. So ist Gott nicht die Welt oder ein Teil der Welt, kein ‚Gegenstand‘ der Erfahrung. ‚Gott‘ ist aber auch kein gewöhnlicher Eigenname wie ‚Peter‘ oder ‚Paul‘. Das Wort bezeichnet kein Individuum im üblichen, innerweltlichen Sinne. Wenn wir Kern-Sätze religiöser Rede betrachten, die im Zentrum von Bekenntnissen stehen, z.B.: „Ich glaube an Gott, den Schöpfer der Welt" und „Ich glaube, dass Gott Schuld vergibt", dann wird deutlich, dass Gott als handelndes Subjekt vorgestellt wird, dem die Eigenschaften der Allmacht und der Liebe zukommen. Andererseits sind die bildlichen Vorstellungen anthropomorpher Art – Gott ‚sieht‘, ‚spricht‘, ‚handelt‘, ‚liebt‘ – stets dann missverständlich, wenn wir solche Ausdrucksformen zu eigentlichen und realistischen Vorstellungen etwa von einem großen Menschen verselbständigen.

Der praktische Geltungssinn der Ausdrucksformen ist dennoch sinnvoll und vernünftig verstehbar. So bedeutet „Gott sieht alles" z.B.: Ich bin stets unbedingt verantwortlich, mein ganzes Leben steht im Horizont von Vernunft und Freiheit, nur so kann ich ein authentisches Selbstverständnis entwickeln und zu mir selbst werden. Aber, wie schon Wittgenstein bemerkt, sind konkrete Vorstellungen von den „Augen" Gottes oder gar seinen „Augenbrauen" abwegig und irreführend.

Das darf weder zur Abwertung kindlichen Glaubens in seiner genuinen Authentizität noch zur hochmütigen Diskreditierung naiver Frömmigkeitsformen führen, die beide gelungene Lebensformen sein können als verbreitete Formen eines ‚aufgeklärten‘ Materialismus und Zynismus. Dennoch muss der philosophische Anspruch dahin gehen, die Rede von Gott so zu verstehen, dass wir auch die Wirklichkeit Gottes, die Dimension seines schöpferischen Wirkens, seines Handelns, und die Einzigkeit Gottes denken und explizieren können. Dies wird möglich, wenn wir das Wort ‚Gott‘ selbst als einzigartiges Wort verstehen – *als eigene Wortart mit nur einem Wort, das wie ein Name für den Grund des sinnerschließenden, sinneröffnenden Transzendenzgeschehens steht.* Damit ist verbunden, dass über die Grenze des Dass der Welt (des Seins des Seienden), des gleichursprünglichen Dass des Seins des Sinns der Sprache und des unerklärlichen Dass unserer eigenen, konkreten Existenz hinaus *nichts gedacht werden kann.* Alles jedoch, was wir sind und erfahren, ist nur möglich und wirklich in, mit und durch das einzigartige, vorgängige, prozessuale Transzendenzgeschehen, welches uns Vernunft und Freiheit, Wahrheit und Gutes eröffnet. Diese Stiftung, Eröffnung und Schöpfung aber, dieser Hervorgang ist real und konkret. Die Transzendenzdimension erschließt die innere Unendlichkeit der Wirklichkeit, sie ermöglicht unser eigenes Transzendieren – auf selbst unfassbare, unerklärliche Weise, denn alles Fassbare und alles Erklärliche wird durch sie erst möglich. Auf diese Weise wird deutlich: Der einzigartige Name ‚Gott‘ bezieht sich auf das unfassbare, authentische Wunder des Seins und des Seins des Sinns, welches den Ursprung des gesamten Universums ebenso einbegreift wie jeden konkreten, gelebten Augenblick in unseren je einzigartigen Lebensvollzügen.

Möglicherweise entspricht dieser Rekonstruktionsansatz einem Vorschlag von Hilary Putnam. Putnam hat in zwei Aufsätzen eine Sprachanalyse der Rede von Gott im Kontext des jüdischen Monotheismus und im Anschluss an die negative Theologie des Moses Maimonides und an Wittgenstein vorgelegt. Er geht davon aus, dass die religiöse Sprache zwar in das religiöse Leben eingebettet, aber zugleich auch offen ist für die gesamte nicht-religiöse Alltagswelt. Mit überzeugender Klarheit zeigt sich gerade an der religiösen Rede von Gott, dass die traditionellen Abbild- und Korrespondenztheorien der Sprache deren Komplexität völlig unterbestimmen. Denn worauf bezieht sich die Rede? Es gibt Worte wie ‚Gott‘, die sich auf etwas beziehen, das selbst unbestimmbar und jeder Beschreibung entzogen ist. Eigennamen sind solche Worte. Der Charakter der Nicht-Referenz des göttlichen Eigennamens wird nach Putnam begreiflich, wenn diese „non-reference" nicht sinnlos ist. Im Falle des göttlichen Namens führen die Negationen zum Geheimnis dieses Namens: Er ist unbestimmbar und doch als Ursprung aller Bedeutung nicht bedeutungslos. Somit wäre der Transzendenzbezug in dieser „non-reference" gerade gewahrt. Die Einzigkeit ist nur sie selbst – im Sinne der biblischen Selbstoffenbarung: „Ich bin der ich bin."[3]

Philosophische, kritisch-hermeneutische und sinnexplikative Theologie kann bis zu dieser einzigartigen Seins-, Sinn- und Schöpfungsdimension vorstoßen, von der wir, recht verstanden, in jedem Augenblick leben: Im Atmen und Fühlen, im Sehen und Hören, in den Erfahrungen der Erfüllung und Versagung, in den Modi kommunikativer Hilfe und wechselseitiger Anerkennung, in den Möglichkeiten des Denkens. Gott darf nicht mit unseren Vorstellungen, Gedanken, Erfahrungen identifiziert werden, die allesamt den absoluten Sinngrund schon voraussetzen. Deswegen ist auch die Rede von der Abwesenheit Gottes sehr berechtigt und sinnvoll. Wenn Menschen in ihrer durch Gott ermöglichten Praxis die Orientierung an Vernunft und Freiheit, an Wahrheit und Liebe verlieren oder bewusst in Lüge, Hass und Mord pervertieren, dann büßen sie die von Gott gegebene Sinnperspektive ein. Das böse Handeln ist bereits selbst die Strafe. Es ist identisch mit der Ferne Gottes für diejenigen, die den unbedingten Sinn ihres Seins verderben.

Indem wir ‚Gott‘ als Eigennamen des einzigartigen Dass des Seins des Sinns explizieren, können wir neben den negativ-theologischen Explikationstraditionen auch die Eminenztraditionen in ihrer Berechtigung verstehen. Insbesondere die Überstiegs- und Hyperformeln des Neuplatonismus artikulieren ja die erkenntniskritische Einsicht in die Grenze unseres Erkennens, die wir als Grenze und in eins als sinnermöglichenden, sinneröffnenden Grund unserer Welt, unserer Existenz und unserer eigenen Entwürfe expliziert haben. Auch die traditionellen theologischen Feststellungen über Analogien lassen sich sinnvoll verstehen. Gott ist „wie ein guter Vater" – ohne die uns real ermöglichenden Sinnbedingungen und ihre noch jetzt wirksame Macht wären wir gar nicht. Gott ist „wie das Licht" – der Grund, das Dass des Sinns des Seins ist selbst nicht sichtbar, aber alles wird sichtbar, erkennbar, wahrnehmbar, erfahrbar und kommuni-

---

[3] Vgl. dazu Rentsch, *Gott, op. cit.*, S. 88–89, sowie Hilary Putnam, „God and the Philosophers", in: *Midwest Studies in Philosophy* 21 (1997), S. 175–187. Ferner Hilary Putnam, „On Negative Theology", in: *Faith and Philosophy* 14 (1997), S. 407–422.

zierbar durch ihn, durch den sinneröffnenden Transzendenzprozess. Begreifen wir als wirklich nicht krude Gegenständlichkeit: Steine, Atome, Dinge, szientifisch reduzierte Quantitäten, sondern begreifen wir das Wirkliche als *die konkrete Lebenswirklichkeit*, in der Menschen im höchsten Maße vernünftige, freie, Sinn erfahrende und entwerfende Wesen sind und sein können, dann ist uns Gott nirgends *näher* als in authentischer existentieller und interexistentieller Praxis: wenn wir uns selbst transzendieren in Richtung auf authentische Sinn- und Geltungsansprüche in der gemeinsamen Wahrheitssuche, in Richtung auf Wahrhaftigkeit, Gerechtigkeit und Solidarität auch mit schwachen und hilfsbedürftigen Mitmenschen. Die uns mit diesen Richtungen erschlossene konkrete Lebenswirklichkeit lässt sich mit guten Gründen als die *wahre, eigentliche Wirklichkeit* bezeichnen, und somit Gott als *ens realissimum*.

Jede *Hoffnung*, jeder *Satz* und jede *Bewegung* – noch in der bösesten Absicht – lebt von dem sie tragenden, schon vorgängig erschlossenen Sein und Sinn der Welt, der Existenz und der Sprache und von der Antizipation des Gelingens und der Erfüllung. Haben wir die *Sinneröffnung durch absolute Transzendenz* erkannt – die transpragmatischen, transethischen und transrationalen Sinnbedingungen, die in ihrer einzigartigen Gleichursprünglichkeit unser eigenes Sein hervorgehen ließen und es in jedem Augenblick neu ermöglichen – dann haben wir uns selbst in unseren wesentlichen Möglichkeiten erkannt. Somit ist auch die christliche Lehre vom Menschen als Bild Gottes auf diesem Hintergrund neu und vernünftig verstehbar. Der sinnkonstitutive, einzigartige Transzendenzprozess reicht bis in die leiblich-sinnliche Konkretion menschlicher Existenz in ihrer Leidbedrohtheit, in die Wirklichkeit der Angst und der Sterblichkeit. Das entwickelte Gottesverständnis ist *universalistisch*. Es bezieht die Entstehung und Entwicklung des gesamten Universums ebenso ein wie die Entstehung und Geschichte der Erde, der Menschheit und jedes einzelnen Menschen. *Gott ist ein Gott aller Menschen* – er ist in *absoluter Transzendenz* völlig unverfügbar. Gott lässt sich so als Grund der *Wirklichkeit authentischer Interpersonalität* begreifen. Dieser Grund bleibt selbst unverfügbar, eröffnet und erschließt je konkret den Horizont freier und vernünftiger Praxis und so einen praktischen zukünftigen Sinnhorizont, aus dem her wir unsere gegenwärtigen konkreten Lebenssituationen verstehen und gestalten können. Da die Wirklichkeit Gottes als absoluter Transzendenz inmitten der Immanenz im erläuterten Sinne alle konkrete Wirklichkeit hervorgehen lässt und *trägt*, da nicht wir diese Wirklichkeit geschaffen haben, sondern da wir uns, recht verstanden, dieser Wirklichkeit mit allem, was wir haben und sind, verdanken, können alle Aspekte unserer Welt, unserer Existenz und unserer Praxis zu *Paradigmen der Transzendenz* werden. Religion und Theologie können wir auf diesem Hintergrund als Aufklärung über Transzendenz bzw. als *Aufklärung über sinnkonstitutive Unverfügbarkeit* definieren, insbesondere als praktische Einübung in angemessenes, sinnvolles Verhalten gegenüber bzw. angesichts absoluter Transzendenz. Der afunktionale Sinn des Heiligen lässt sich aus der Sicht philosophischer Theologie in seiner Tiefenrationalität begreifen und, wo dies nötig ist, rehabilitieren. Gerade weil kein funktionales, subjektiv oder objektiv vergegenständlichendes Verhältnis zu Gott, zum Absoluten, zur gleichursprünglichen Transzendenz möglich ist, sind diejenigen kulturellen Formen im Recht, die diese absolute Entzogenheit und Unverfügbarkeit bewusst machen und bewusst halten. Die Dimension absoluter, sinneröffnender Transzendenz ist kein Bereich der Beliebigkeit, sondern ein umfassender und grundlegender Bereich mit genuinen Geltungskriterien, eine Dimension, die sich allen eröffnet, die niemandem gehört und die niemand für sich funktionalisieren kann und darf.

An der Grenze philosophischer Vernunfterkenntnis, die bis zur Entfaltung einer Theologie der Transzendenz in der Immanenz – auch und gerade im Blick auf ihre lebensermöglichende und lebenssinnkonstitutive Wirklichkeit und Wirksamkeit – reicht, beginnt das Verstehen und Begreifen der Geschichtlichkeit und Sprachlichkeit der großen monotheistischen Weltreligionen und ihres authentischen, irreduziblen Wahrheitsgehaltes wie auch ihrer ideologischen und pervertierten Formen. Säkularisierung, westliche Moderne und technisch-wissenschaftliche Zivilisation sind solange sinnvoll, wie sie authentische religiöse Lebensformen freisetzen und nicht versuchen, sich auf illusionäre und ideologische Weise an ihre Stelle zu setzen. So können sich die gleichermaßen komplexen wie unverzichtbaren Traditionen des Verstandes, der Vernunft und der religiösen Tiefenaufklärung und Verkündigung erneut produktiv ergänzen. Die Dialektik von Vernunft und Transzendenz gehört zur Vernunft selbst und darf nicht in eine künstliche, dualistische Entzweiung von bloß säkularer Rationalität und bloß fundamentalistisch, fideistisch oder kirchenmystisch zugänglicher Offenbarung aufgespalten werden. Wo das produktive Ergänzungsverhältnis von religiöser und profaner Vernunftperspektive einseitig aufgelöst wird, muss es neu entwickelt und mit Leben erfüllt werden – auch durch wechselseitige Kritik.

CARLO SINI

# Der Gott der Philosophen

„Gott Abrahams, Isaaks und Jakobs, nicht der Philosophen und der Wissenschaftler …" Bekanntlich wurden diese Worte, auf einem Zettel notiert, in Pascals Herrenüberrock nach seinem Tode gefunden. Er hatte sie in der Nacht des 23. November 1654 auf dem Höhepunkt einer mystischen Krise niedergeschrieben, die von der Vision eines großen Lichtes begleitet wurde; hinzugefügt hatte er die Worte „Gewissheit, Gewissheit, Gefühl, Freude..." So begann Pascals Kampf gegen den Gott der Philosophen.

Um die Verschiedenheit der menschlichen Schicksale und Gedanken abzuwägen, ist es nicht unnütz, darauf hinzuweisen, dass genau in jenem Jahr 1654 der junge Spinoza den Vater verlor und sich mit den Brüdern zusammenschloss, um das väterliche Unternehmen weiterzuführen. Im Herzen trug er sicherlich bereits viele Zweifel am Gott Abrahams, Isaaks und Jakobs – dieselben Zweifel, die zwei Jahre später zu seinem Aufsehen erregenden Ausschluss aus der Synagoge führen sollten.

Der Gott der Philosophen war nicht erst derjenige Descartes'. Es gab ihn schon seit jeher, und er rief in Pascal wiederum die Zweifel der Pyrrhoniker wach, wie er oft wiederholte. Mit anderen Worten: Ein Gott, der nur den Argumenten der Vernunft überlassen wird, kann von dieser selbst auch widerlegt und zerstört werden. Die Kraft des Denkens reicht nicht aus, ihn zu schützen, und noch weniger, ihn zu definieren. Bekanntlich bedarf es laut Pascal dazu auch und vor allem der Kraft der Gefühle und der Argumente des Herzens.

Die Kraft des Denkens. Ohne Zweifel wurde der Gott der Philosophen zum ersten Mal so erdacht, wie es die berühmten Verse des Xenophanes bezeugen: Ein Gott, „der alles vollkommen sieht, alles vollkommen denkt, alles vollkommen hört, der mit der Kraft des Denkens mühelos alles bewegt". Dieser Gott besitzt weder Leib noch Menschengefühle, er ist weder rot noch schwarz, wie ihn sich Thraker und Äthiopier vorstellen, er ist weder in Palästina noch sonst irgendwo geboren. Er ist reines und ewiges Denken, mehr noch, Denken des Denkens, wie Aristoteles sagt. Es ist die Kraft seines Denkens, die erzeugt, leitet und alle Bewegungen des Universums und all dessen Phänomene bestimmt, hier auf Erden und oben im Himmel. Der Gott der Philosophen ist *automatos*: er bewegt sich selbst und alles andere.

So gesehen ist die Frage nach Gott sehr einfach – oder wenigstens könnte man das annehmen. Ein weiterer großer Heide hat sie wie folgt auf den Punkt gebracht: „Entweder stammen all diese Phänomene, die sich ständig ereignen, aus derselben intelligenten Quelle, dann geziemt es sich nicht, dass ein Teil für das, was dem Ganzen geschieht, aufbegehrt; oder umgekehrt sind alle diese Ereignisse nur Atome, nichts als Atome, außer dass sie sich ständig zusammenmischen und auseinandergehen. Kommen wir zu uns: Warum bist du so unruhig?" Dies stellte der edle Mark Aurel in seinem Militärzelt fest, nachdem er die Missgeschicke der Welt und des menschlichen Geschlechts schmerzvoll bedacht hatte. Auch er konnte auf seine Weise dadurch Ruhe finden, mitten in der Nacht.

Dass sich die Dinge von selbst bewegen, wissen alle, Gläubige und Ungläubige, Skeptiker und Dogmatiker, Wissende und Unwissende; das ist allgemeinmenschliche Erfahrung, niemand wird es je bestreiten können. Etwas ereignet sich immer, das steht außer Zweifel. Aber die Menschen sind daran interessiert, zumindest seit alter Zeit, nach dem Warum zu fragen. Warum das Seiende und nicht vielmehr das Nichts, fragte sich Leibniz und wiederholten auch Schelling und Heidegger. Auf der allgemeinen Ebene der Vernunft stellt die Frage nichts Besonderes dar, sie zeigt eindeutig, dass sie jenen Anspruch beinhaltet, den Mark Aurel für unzulässig hielt, dass sich nämlich der Teil, das Seiende eben, anschickt, das Ganze zu befragen und vielleicht gar zu beurteilen, und zwar ohne dabei zu bedenken, dass der Habitus des Fragens – im Sinne des Fragen-Stellens beispielsweise um zu ‚wissen' – selbst eine Gestalt des Seienden, also ein Ereignis der Welt, ist; der darin zum Ausdruck kommende Anspruch, die Welt von außen zu betrachten und von ihr eine Rechtfertigung zu verlangen, ist in der Tat unhaltbar und sinnlos. Und dennoch wohnt ihr eine gewisse Berechtigung inne, wenn man diese Frage als einen typischen Ausdruck des ‚Gefühls' betrachtet. Leibniz wünschte sich aufs Innigste, ein Argument zu finden, um Atheisten, Häretiker und Heiden zu widerlegen. Schelling fügte eigene Beweggründe und Gefühle hinzu; dasselbe tat Heidegger, der mit modernen Begriffen die alte Frage heraufbeschwor und damit zugleich die Absicht verfolgte, zwischen Philosophie und Theologie eine Grenze zu ziehen, wobei er in gewisser Weise jene legitimierte und diese als „hölzernes Eisen" ablehnte. Bei der hier gestellten Frage handelt es sich also vielmehr um das Ergebnis einer Autobiographie, das von den eigenen existentiellen Emotionen ausgehend vom philosophischen Denken Gebrauch macht.

Kehren wir zum Problem der Bewegung zurück. Es gibt Bewegung, das steht außer Frage (Kant würde formulieren, dass es Unterschiede zwischen den Eindrücken gibt). Im Allgemeinen bewegt sich *etwas*. Bewegt es sich ‚von selbst'?

Eine ambivalente Frage. Indem man ‚etwas‘ sagt, nimmt man zweifellos auf *etwas* Beschränktes oder Beschränkbares Bezug, d.h. auf ein *bestimmtes* Etwas. Dieses *etwas*, dieses Seiende oder Existierende, verfügt wohl über eine Palette möglicher Bewegungen und entscheidet sich jeweils für die eine oder die andere. In diesem Sinne behauptet man, dass es sich ‚von selbst bewegt‘, d.h. aus freien Stücken, und nicht so wie wir es gerne hätten. Aber ‚was‘ oder ‚wer‘ entscheidet da?

Wenn sich ein Blatt bewegt, hat das wohl der Wind verursacht; der Wind aber ist seinerseits vom meteorologischen Druck bestimmt usw. Auf der letzten Stufe dieser Skala stellt sich jemand Gott vor. Ein Sprichwort sagt: „Es bewegt sich kein Blatt, wenn Gott es nicht will.“ Dieser Gedanke ist in der Tat beeindruckend (auch wenn er erbarmungslos dem lieben Gott ein großes Arbeitspensum zuschreibt). Wenn man jedoch sagt, „etwas bewegt sich von selbst“, denkt man in der Regel weder an das Blatt noch an den Wind, nicht einmal an einen Gott, der über Winde und Stürme gebietet. Wir denken vielmehr an ein Lebewesen, und zwar in Analogie zu unserem Organismus und zu dessen Bewegungen. Das Blatt wählt nicht unter den möglichen Bewegungen. Es ist gezwungen, sich so zu bewegen, wie es sich bewegt. Ein Tier dagegen kann beispielsweise angreifen oder sich davon machen; dies kann es auf verschiedene, unvorhersehbare Weisen tun. Das verstehen wir unter Selbstbewegung. Es handelt sich also in Analogie zu unserer um eine Bewegung ‚in der Art‘ eines Lebewesens, wie die eines Hundes, einer Katze, eines Schimpansen usw.

*De facto* aber verfügen auch diese Wesen über eine sehr beschränkte oder – besser gesagt – eine verschwindend kleine Bewegungsfreiheit. Vielleicht kann sich nur das menschliche Wesen frei entscheiden; fast als ob es dazu verurteilt wäre – wie Sartre schreibt –, frei zu sein. Nur vom Menschen wäre es im Allgemeinen korrekt zu behaupten, dass er sich von selbst bewegt. Denn nur der Mensch zeigt, dass er in der Lage ist, Fragen zu stellen, und zwar nicht nur danach, ob es angebracht sei, sich zu bewegen oder nicht (womit er bereits eine höhere Reflexionsstufe als das Tier erreicht), sondern auch, ob es denn ‚richtig‘ sei, dies zu tun. Auf diese Art und Weise zeigt der Mensch, dass er zumindest um *die Idee* einer möglichen Freiheit weiß und diese auch erfährt. Eine Freiheit, welche die Natur und die Bewegung der Blätter oder der Tiere überragt, und all die einfachen „Schilfrohre“, die, wie Pascal sagte, offensichtlich nicht denken.

Ist etwa der Mensch Gott? Könnte man meinen: kein Mensch bewegt sich, ohne dass ein Mensch es will? Das ist die große Frage: Der Mensch ist frei, aber er ist es auch nicht, weil er letztendlich von der Freiheit seines Schöpfers abhängt. Nur Gott, Prinzip aller Dinge, ist wirklich frei. Vielleicht so frei, betonte Spinoza, dass in ihm Freiheit und Notwendigkeit zusammenfallen. Eine sich zwangsläufig ergebende Schlussfolgerung, die allerdings die unvorhergesehene Folge hat, dass sie eben den Begriff von Freiheit als Entscheidung, sich von selbst zu bewegen, zunichte macht. Für den Menschen würde sich die vermeintliche Freiheit höchstens auf ein ‚Gefühl' reduzieren. So wie es einem Stein ergehen würde, der in die Luft geworfen wird: sollte er auf einmal seine Bewegung im Raum wahrnehmen und ein reflektiertes Bewusstsein seiner Lage haben – bemerkte Spinoza –, so könnte sich der Stein vorstellen, sich von selbst zu bewegen, aufgrund seiner freien Entscheidung und nicht aufgrund der Hand, die ihn geworfen hat, oder des blinden Schicksals. Sein Freiheitsanspruch ist nichts als ein Traum, „ein exakter und wiederkehrender", um Leibniz' Begrifflichkeit zu verwenden (der sich allerdings gegen einen solchen Missbrauch seiner Terminologie zur Wehr setzen würde).

Dies ist eine Schlussfolgerung, die viel über die philosophische Vernunft und den Gott der Philosophen aussagt. Ein neuer Pascal-Anhänger könnte argumentieren: Dahin kommt man also durch die Philosophie; man sagt ‚Vernunft', man wiederholt ständig ‚Gott', aber in Wirklichkeit meint man den Zufall und das Nichts, d.h., man rechtfertigt den blindesten Nihilismus, heute scheinheilig als toleranter und tugendhafter Relativismus verkleidet. Dieser Pascal-Anhänger könnte sich auf das klassischste aller Argumente beziehen: Freiheit und Notwendigkeit sagt ihr; wenn sich aber der religiöse Mensch auf Gott als das Schöpferprinzip, den Grund des Ganzen, bezieht, handelt es sich nicht ursprünglich oder vor allem darum, sondern um die Liebe. Die Erschaffung des Geschöpfs ist ein Liebesakt und nicht der Obersatz in einem Syllogismus oder die ‚mentale' Ursache einer universalen ‚Erschütterung', wie die Heiden sagten und letztendlich auch der Libertin Descartes wiederholte. Ihr sagt ‚Gott', ihr redet von ‚Gott', aber man merkt an der Art und Weise, wie ihr von ihm sprecht, dass ihr ihm nie begegnet seid, dem Gott Abrahams, Isaaks und Jakobs, mit all dem, was folgt.

Die Liebe also. Welche Liebe? In welchem Sinne ‚Liebe'? Gott liebt dich, er liebt gerade dich, versichern die Graffitis, die unbekannte Hände auf italienische Autobahnbrücken gesprüht haben. Wirklich? Kann es sein, dass du es nie bemerkt hast?

Hume schrieb: Wir haben keine Argumente, um leugnen zu können, dass die Dinge dieser Welt, insbesondere die menschlichen Geschicke, von einer göttlichen Vorsehung geleitet werden, die den Geschöpfen in Liebe zugewandt ist; denn zu beschränkt und unsicher ist unsere Erfahrung vor dem ganzen Universum, vor seiner unendlichen Ausdehnung in Raum und Zeit. Und dennoch: *Auf der Basis* unserer Erfahrung zu behaupten, dass es eine solche Vorsehung gibt, nein, das kann man wirklich nicht beweisen. Um darauf Anspruch zu erheben –

kommentierte Voltaire –, müsste man entweder ganz dumm oder ganz schelmisch sein.

Die genialen Bemühungen Kants, die Theologie von diesen und anderen Verstrickungen zu befreien, sind bekannt. Vor allem mit Hilfe der Kategorie der Grenze; dann mit der Anwendung der Analogie; zuletzt mit dem Rückgriff auf das, was man bei Kant als symbolische Theologie bezeichnen könnte. In diesem Zusammenhang ist eine auch nur summarische Analyse des kantischen Vorschlags nicht möglich. Man kann allerdings mit einer gewissen Freiheit versuchen, auf seine Ergebnisse hinzuweisen.

Die menschliche Vernunft – sagt Kant – ist nicht auf die Welt der Phänomene beschränkt. Weil sie eine Funktion der Totalität und der Notwendigkeit des Unbedingten ist, berührt die Vernunft immer wieder einen äußersten Punkt, d.h. eine Schwelle, die nicht im Sinne einer Beschränkung geschlossen und auf ein Inneres bezogen ist, sondern die das Diesseits der phänomenalen Kontingenz und das Jenseits des Noumenalen schwellenartig verbindet. Im teleologischen Urteil wird diese Grenzstellung in paradigmatischer Weise sichtbar, und zwar als Notwendigkeit einer endgültigen und auf das Ende hin gerichteten Erklärung aller Natur- und Lebensphänomene durch den Rückgriff auf eine rationale und intentionale Ursache, die jenseits der Welt der phänomenalen Erfahrung liegt. Somit mündet die Teleologie unvermeidlich in eine Theologie, deren Inhalte allerdings nur ‚analogisch‘ sein können.

Es handelt sich um eine Analogie – präzisiert Kant –, die sich nicht zwischen „Dingen" konstituiert, da das „noumenale Ding" unbekannt ist und unerkennbar bleibt. Bereits ein solcher Bezug auf das noumenale „Ding", auf den Kant oft rekurriert, ist eigentlich nicht korrekt und stellt in seinen theologischen Argumentationen einen Schwachpunkt dar, wenn es denn wahr ist, dass derselbe Kant uns gelehrt hat, dass die ‚Substanz‘ eine Kategorie des Intellekts ist, d.h. eine die Phänomene vereinende Funktion und nichts ‚Dinghaftes‘ oder gar in sich ‚Existierendes‘. Keine Analogie unter Dingen also, sondern unter Verhältnissen, bei denen ein Teil unbekannt bleibt und doch eben durch Analogie mit dem entsprechenden bekannten Teil verglichen wird. Wenn man beispielsweise behauptet, dass die Objekte, welche die menschliche Fertigkeit herstellt, Ausdruck und Folge des vernünftigen Willens des Menschen sind, dann kann man durch Analogie auch behaupten, dass die ganze Natur das Ergebnis einer intentionalen Vernunft ist, die zwar x gleicht, und dennoch von der menschlichen Intentionalität her gedacht wird. So können wir auch von Gott reden als vom Vater seiner Geschöpfe, als liebevolle Vorsehung, so wie wir es von einem menschlichen Vater gegenüber seinen Kindern kennen.

Natürlich ist der Schwachpunkt solcher Argumente, wie Hume schon beklag-
te, der offenkundig abergläubische Anthropomorphismus. Kant versucht, sich
davon frei zu machen, indem er sich – wie er sagt – einen „symbolischen An-
thropologismus" vorstellt, der seine Analogien „allein auf die Sprache" beschränkt, ohne den Gegenstand zu berühren. Wenn man also sagt, dass die Sorge um das Wohlergehen der Kinder in einem Verhältnis steht zur Liebe der
Eltern, dann kann man auch sagen, dass das Wohl des Menschengeschlechts in
einem Verhältnis steht zu „jenem unbekannten Wesen", das man Gott nennt und
in dem wir das, „was wir Liebe nennen", vermuten. Das bedeutet nicht, Gott
eine wenn auch nur winzige Ähnlichkeit mit den menschlichen Neigungen zu-
zuschreiben; vielmehr vergleichen wir Gottes Verhältnis zur Welt mit dem, was
wir unter den Dingen der Welt bereits vorfinden. In diesem Sinne stimmt es
zwar, dass wir uns Gott mit einer Vernunft und einem Willen vorstellen, wenn
wir ihn als Schöpfer und Verursacher der Welt annehmen. In diesem Sinne stellen wir uns analog die Welt vor, als ob sie sowohl für ihre Existenz als auch für
ihre innere Bestimmung von einer vermeintlichen höheren Vernunft abhänge.
Aber diese Begriffe besitzen nur in Hinblick auf ihre ‚subjektive' Rückstrah-
lung einen Wert. Sie können und dürfen nicht den Anspruch erheben, etwas
‚Ge-eignetes' über das Objekt, das x gleicht und Gott ist und bleibt, zu behaupten. An Gott im eigentlichen Sinne wie an eine wirkende Ursache zu denken,
deren Wille beispielsweise von der Liebe oder Ähnlichem bewegt ist, stellt für
Kant nur eine „grobe Form von Aberglauben" dar.

Wir bleiben also auf dieser Schwelle. Was wir damit erreicht haben, erscheint
eigentlich nicht mehr als ein Trost des Herzens und eine Befriedigung des Gefühls, selbstverständlich nur für jene, die das ununterdrückbare subjektive Verlangen danach empfinden. Dass dieser Wunsch ‚universal' ist bzw. sein soll,
wenn auch nicht explizit anerkannt, ist eine gewagte Aussage, die außerdem
deswegen unzutreffend ist, weil sie auf unzählige Arten und in unzähligen Zeiten widerlegt wurde. Sie kennt darüber hinaus keine Nächstenliebe oder auch
nur irgendeine Form von Toleranz, da sie verlangt, dass die komplexe Vielfalt
der menschlichen Gefühle und Beweggründe ihrer ‚Logik' unterworfen wird.

Dagegen können die Vernunft der Philosophen und ihr Gott viel offener und
anpassungsfähiger sein; sie können diesbezüglich auch ein Beispiel und eine
günstige Grundlage darstellen, um einen fruchtbaren Dialog mit der Religion
und unter den Religionen zu ermöglichen. Wenn sie nicht ihrerseits in Aberglaube und dogmatische Ansprüche verfällt, kann die philosophische Vernunft
das lebendige ‚phänomenologische' Interesse gegenüber dem religiösen Gefühl
zeigen, groß und bedeutsam zu allen Zeiten und an allen Orten der Zivilisation.
Ich persönlich wünsche mir überhaupt nicht, dass dieses religiöse Gefühl ab-

handen kommt. Nur befürchte ich die immer wiederkehrende Versuchung, seine legitime Verkündigung in einen gewaltsamen Eingriff in das zivile, politische und soziale Zusammenleben zu verkehren. Das gehört eben nicht zum echten religiösen Gefühl, nur zu jener Degenerierung, die auch dem religiösen Leben schadet, da sie aus einem Willen zur Macht und zur Übermacht erwächst, der menschlich, allzumenschlich ist.

Wenn der Gott der Philosophen seinerseits nicht danach strebt, in leeren Beweisführungen, Deduktionen und Schlussfolgerungen, in abenteuerlichen Analogien und dergleichen herumzukreisen (wenn er also nicht vergisst, die tiefe Frage des Mark Aurel zu stellen: Warum bist du so unruhig?), bestreitet er nicht, sich wie alle in einer Art Suche nach jener Wahrheit zu befinden, zu der der Name Gottes wesentlich und nicht nur ungefähr passt. Denn jeder Weg des Denkens ist ein *itinerarium mentis in Deo*, der dann für einige auch zu einem *itinerarium mentis in Deum* wird. Darin besteht die immerwährende Versuchung jedes abergläubischen und idolatrischen Denkens, die Wahrheit nur von der Seite ihrer kontingenten Inhalte und vergänglichen Bedeutungen her zu erfassen. Ihr hingegen von der Seite ihres Ereignisses zu begegnen, von dem selbst die in unserem sterblichen Schicksal flüchtigen Bedeutungen Teil und Gestalt sind (da nur in Hinblick auf sie und auf nichts Weiteres behauptet werden kann, dass die Wahrheit eben Ereignis ist), das ist jene Begegnung mit dem Göttlichen, welche – glaube ich – der philosophischen Vernunft und der philosophischen Erfahrung eigen ist.

Auch die philosophische Vernunft begegnet Gott, und zwar auf ihre Art und Weise und in ihren relativen Formen; daraus kann auch sie Freude, Halt und Frieden gewinnen und diese schenken, so dass sie ihren so genannten ‚Relativismus' gar nicht zu bedauern und noch weniger sich dafür zu entschuldigen braucht; vielmehr sollte sie das bewusst mit einem Sinn für die Redlichkeit reflektieren. Außerdem sollte sie wirksam eine Art ‚genealogische Ursachenforschung' betreiben, indem sie zeigt, wie das Subjekt von seiner Lebens-, Wort- und Gedankenpraxis zutiefst geprägt ist, und zwar weit über seine Möglichkeit hinaus, sich dessen bewusst zu werden bzw. diese Praxis überhaupt zu hinterfragen. Diese Gewohnheiten halten das Subjekt gefangen, auch und vor allem weil diese Abhängigkeit größtenteils ungewollt und dennoch nicht weniger verhängnisvoll ist gegenüber der eigenen Idiosynkrasie und dem eigenen Aberglauben, die mit unveränderbaren Wahrheiten verwechselt werden, auf die man nicht verzichten will. In seiner falschen „Hartnäckigkeit" (wie Peirce sagte) merkt das Subjekt nicht einmal, dass es unbeabsichtigt gerade jene Veränderungen der Wahrheitsformen unterstützt, die es eigentlich vermeiden wollte. Es begreift nicht, dass das Werden der Wahrheit, im Vorbeiziehen der vergänglichen Formen, für uns alle deren tiefgründige Erfahrung ist: Wahrheit ergibt sich sozusagen ‚im Fehler‘, indem sie jedes Mal zum ewigen Leben ihres Ereignisses neu geboren wird.

Gegenüber all diesen Unzulänglichkeiten ist die ‚genealogische Ursachenforschung‘ des Philosophierens ein ‚ethischer‘ Befreiungsweg; ethisch, weil nie abgeschlossen, sondern – wie Husserl sagte – *immer wieder* neu zu gehen. Immer wieder muss auch die philosophische Vernunft den endlichen und vorübergehenden Charakter ihrer Formen und ihrer gesamten Praxis des Lebens und Denkens bekräftigen, und zwar im Geiste jener Nächstenliebe, die nicht notwendigerweise den Gott Abrahams, Isaaks und Jakobs braucht (aber auch nicht von ihm abzusehen verlangt), um die stärkste, großzügigste und unverzichtbarste Bindung unter den Menschen zu sein.

*Aus dem Italienischen von Ermenegildo Bidese*

Winfried Löffler

# Was müsste ein Argument für die Existenz Gottes eigentlich leisten?

## 1. Einleitung

Die Frage, der ich nachgehen möchte, scheint auf den ersten Blick gar keine philosophische zu sein, weil ihre Antwort ja auf der Hand zu liegen scheint. Ein Argument für die Existenz Gottes, so möchte man meinen, sollte ein möglichst stichhaltiges Argument sein, an dessen Konklusionsstelle eben der Satz „Gott existiert" steht. Dieser Anschein der Selbstverständlichkeit verfliegt allerdings sofort, wenn man den einzelnen Teilen dieser Wendung ein wenig auf den Zahn fühlt. Was heißt es z.B. ganz generell, dass ein Argument stichhaltig ist? Und was heißt Stichhaltigkeit hier in unserem Kontext? Mit strikten Beweisen, die jeden vernünftigen Adressaten sofort überzeugen, ist hier allem Anschein nach nicht zu rechnen, denn es gibt nicht nur jede Menge Agnostiker und Atheisten, denen man wohl nicht pauschal Unvernunft unterstellen möchte, sondern auch viele Theologen verschiedenster Konfession lehnen solche Argumente rundweg ab. Und weiterhin, was genau bedeutet der Satz „Gott existiert" und woher wissen wir um seine Semantik?

Ich möchte mein Thema in zwei Durchgängen erörtern, zuerst in allgemeiner Form, und danach anhand zweier konkreter Beispiele. Zuvor aber noch zwei Bemerkungen zum Status der Philosophischen Gotteslehre überhaupt.

### 1.1. Philosophische Gotteslehre als „metaphysische Religionsphilosophie" – und ein grundsätzlicher Einwand

Philosophische Gotteslehre, so könnte man etwas salopp definieren, ist die metaphysische Branche der Religionsphilosophie, jenes Teilgebiet also, das Möglichkeiten, Inhalt und Grenzen offenbarungsunabhängiger Aussagen von Gott als dem zentralen Objekt der theistischen Religionen untersucht. Philosophische Gotteslehre steht also gleichsam mit einem Bein in der Religionsphänomenologie (von dort her nimmt sie einen vagen Anfangsbegriff dessen, was die Gläubigen unter „Gott" verstehen), mit dem anderen in der Metaphysik. Dass eine solche Disziplin heute in vielen Augen einen prekären Status einnimmt, braucht nach gut 200 Jahren virulenter Metaphysikkritik und 300 Jahren Religionskritik nicht breiter erläutert zu werden. Ein grundsätzlicher Einwand gegen alles Folgende ergäbe sich also für all jene, die metaphysische Überlegungen generell als irrational ablehnen. Ich kann hier kein ausführliches Argument dafür entwickeln, dass manches davon, was traditionell als „metaphysische Prinzipien" gehandelt wurde, nach wie vor durchaus plausibel ist. Daher muss eine thesenartige Skizze genügen. Ich habe an anderer Stelle[1] die Ansicht verteidigt, dass eine aristotelische, lebensweltliche Ontologie der mesoskopischen, also mittelgroßen Alltagsobjekte wie Personen, Tiere und Werkzeuge einschließlich gewisser Prinzipien, wie das Kausalprinzip, jener theoretische Rahmen ist, in dem sich nicht nur unsere Alltagspraxis abspielt, sondern bei näherer Betrachtung auch unser Handeln in den Wissenschaften. Experimente mit variierten Randbedingungen etwa verlören ihren Witz, wenn man nicht an Ursachen-Wirkungs-Zusammenhänge glauben würde, Messungen sind nur möglich, wenn man Standard- und Non-Standard-Zustände des Messgeräts sowie ordentliche und unordentliche Ablesungen zu unterscheiden weiß, und gemeinsame Laborpraxis ist nur möglich, wenn man auch an Personen mit einem im Grunde ähnlichen geistigen Leben glauben würde. Insbesondere ist diese lebensweltliche Ontologie auch der Rahmen, der die Einführung speziellerer, regionaler Ontologien erst möglich macht. Anders gesagt, man kann Ontologien mit Photonen und Elektronen, Blutdrücken, Risikofaktoren und Bruttoinlandsprodukten erst dann einführen, wenn unser Reden z.B. über Personen, Tiere und Werkzeuge sowie die Weisen von deren Verhalten und deren Beeinflussung stabile Verständigungsleistungen erbringt. Es besteht also hier eine interessante Asymmetrie zwischen verschiedenen Ontologien, und ich schlage vor, diese Asymmetrie als Kriterium für ontologisch primäre und abgeleitete Entitäten zu verwenden. Wenn man nun Metaphysik als Explikation dieser aristotelischen Rahmen-Ontologie, ihrer Prinzipien und ihrer Zusammenhänge zu anderen, regionalen Ontologien versteht, so ist dies also eine durchaus respektable Betätigung der Rationalität.[2]

---

[1] Winfried Löffler, *Einführung in die Religionsphilosophie*, Darmstadt 2006, Kapitel 5; *id.*, „Über deskriptive und revisionäre Metaphysik", in: Matthias Lutz-Bachmann / Thomas M. Schmidt (Hgg.), *Metaphysik heute – Probleme und Perspektiven der Ontologie / Metaphysics Today – Problems and Prospects of Ontology*, Freiburg i. Br. 2007, S. 114–131; *id.*, „Alternativen zu Naturalismus und Monismus: Der Ansatz des Aristoteles", in: Ludger Honnefelder / Matthias Schmidt (Hgg.), *Naturalisierung des Menschen. Tragweite und Grenzen aktueller naturwissenschaftlicher Deutungen des Menschen*, Berlin 2007, S. 49–57.

[2] Sollte diese hier nur angedeutete Position philosophiehistorisch ein wenig verortet werden – sie ist weder neu noch originell –, dann wäre auf die Einflüsse u.a. von Peter F. Strawson, der Erlanger Schule des methodischen Konstruktivismus, von Peter Janichs Kulturalismus sowie natürlich von Aristoteles und den Scholastikern zu verweisen. Zur terminologischen Klärung sei

## 1.2. Zur Rolle der Religionsphänomenologie

Auch das zweite Standbein der philosophischen Gotteslehre, ihre Abhängigkeit von der Religionsphänomenologie, ist Zielscheibe der Kritik geworden. Pointiert und bedenkenswert hat sie Antony Flew in seinem Klassiker „The Presumption of Atheism" zusammengefasst, als einen Zirkularitätsverdacht und einen Vorschlag zur Beweislastverteilung.[3] Flew meint, nicht nur bezüglich der Existenz Gottes müsse man zunächst von der Nullhypothese seiner Nichtexistenz ausgehen, sondern auch bezüglich der Semantik der Gottesrede. Man solle sich nicht von unserer theistisch geprägten intellektuellen Kultur blenden lassen und meinen, es sei ohnehin klar, was Gottes Eigenschaften seien. Freilich gehen uns Wörter wie „allmächtig", „allwissend", „ewig", „Schöpfer" leicht von den Lippen. Der angemessene philosophische Ausgangspunkt sei aber, es auch als völlig unbekannt und daher erklärungsbedürftig anzusehen, was ein solches außerweltliches Wesen sei und mit welchen Gründen man ihm welche Eigenschaften zusprechen könne. Der von Flew als Ausgangshaltung empfohlene „Atheismus" ist also radikaler als der klassische, der zwar die Existenz Gottes leugnete, aber immerhin zu verstehen zugab, wovon die Rede war. Er ist wirklich ein „A-Theismus" im Sinne eines Denkens, in dem religiöse Vorstellungs- und Begriffswelten einfach nicht vorkommen.

Andererseits scheint eine gewisse Befragung der Religionsphänomenologie nicht völlig verzichtbar, schon aus rein heuristischen Gründen. Wenn man philosophisch von Gott reden will – wie auch immer es dann funktionieren mag –, so muss man zumindest einen vagen Anfangsbegriff von Gott haben, einen heuristischen Raster für das, was man philosophisch sucht. Man muss und darf z.B. wissen, dass Gläubige Gott nicht als Teil dieser Welt betrachten, sondern als weltbegründend, wirkmächtig und irgendwie personenähnlich, auch wenn ihm kein Körper und keine Raum-Zeit-Stelle zugeschrieben wird. Dieser religionsphänomenologisch erhobene Anfangsbegriff von Gott wird aber für das Folgende nicht als bereits hinreichend geklärt vorausgesetzt, sondern dient lediglich als eine Art Leitstern.

Flews Problem ist übrigens nicht ganz neu. Ein Vorbild, wie man mit dem Problem umgehen kann, findet sich bereits in den „Fünf Wegen" des Thomas von Aquin (*Summa Theologica* I, q. 2, a. 3), und zwar in den oft überlesenen und unterschätzten Wegendstücken dieser fünf Argumente. Wenn Thomas dort

---

nochmals erwähnt, dass ich mit „Ontologie" die jeweiligen Überzeugungen darüber meine, was es gibt, während ich mit „Metaphysik" die Reflexion über Ontologien bezeichne.
[3] Antony Flew, *The Presumption of Atheism and Other Essays*, London 1976. Der Aufsatz existiert in mehreren Versionen, wurde mehrfach in Sammelbänden abgedruckt und ist auch im Internet leicht auffindbar.

jeweils mit Worten endet wie „et hoc omnes dicunt Deum – und das nennen alle ‚Gott'", so beweist er damit sein Problembewusstsein. Es ist nicht trivial, dass das philosophisch erschließbare Objekt *x* – etwa der unbewegte Beweger – auch der Gott des Monotheismus ist. Es handelt sich vielmehr nur um einen Identifikations*vorschlag* zwischen dem philosophisch erschlossenen und dem religionsphänomenologisch als Bezugsobjekt der Gläubigen erhebbaren Gott. Diese Identifikation hat zwar gewisse Gründe für sich, ist aber keineswegs logisch zwingend. Wir kommen auf dieses Problem später nochmals zu sprechen. Vorher wende ich mich aber zum zweiten – und dem Hauptteil – meiner Überlegungen.

## 2. Allgemeine Anforderungen an Argumente für Gottes Existenz

Ich versuche hier so etwas wie ein „Pflichtenheft", eine Liste von allgemeinen Anforderungen zu erstellen, die an ein Argument für Gottes Existenz zu stellen wären. Leitlinie meiner Überlegungen sind dabei die Diskussionen um die bisher in der Philosophiegeschichte vorgeschlagenen Argumente und meine Einschätzung, dass am ehesten gewisse Varianten von Kontingenzargumenten Aussicht auf Akzeptanz haben könnten.

### 2.1. „Empirischer" Ausgangspunkt

Ein Argument für die Existenz Gottes müsste einen empirischen Ausgangspunkt haben, das heißt, an irgendwelchen Ausschnitten der Erfahrung anknüpfen. „Erfahrung" wird dabei im weiteren Sinne verstanden: Es ist nicht nur methodisch gesuchte, experimentell wiederholbare Erfahrung im Sinne der Natur- und Sozialwissenschaften gemeint, es kommen auch andere Formen von Erfahrung in Frage, sofern sie einigermaßen öffentlich ausweisbar sind. Bezüge auf rein private, anderen vielleicht sogar grundsätzlich nicht zugängliche Erfahrungsepisoden (wie das mitunter von gewissen religiösen Erfahrungsformen gesagt wird) eignen sich hingegen nicht als Ausgangspunkt – zumindest nicht als Argumentationsbasis für andere.

Die Gründe für diese Forderung scheinen mir dreifach zu sein: Erstens die überwiegende Einschätzung, dass nicht-empirische, ontologische[4] Argumente –

---

[4] Ob ontologische Argumente wirklich samt und sonders nicht-empirisch sind, ist allerdings nicht ganz unumstritten. Bei Anselm etwa könnte man es auch als empirische Prämisse verstehen, dass selbst der Tor den Ausdruck „Gott" versteht und, wenn er ihn hört, damit bestimmte Inhalte

von Anselm bis in die Gegenwart, etwa in ihren modallogischen Varianten bei Plantinga – bei allem intellektuellen Reiz letztlich nicht stichhaltig sind.[5] Zweitens ist im Hinblick auf den Vergewisserungszweck solcher Argumente ein möglichst öffentlicher und konsensualer Ausgangspunkt zu bevorzugen. Das gilt natürlich erst recht dann, wenn man sich von solchen Argumenten eine Hilfe für die interkulturelle Verständigung in religiösen Dingen erhofft. Drittens schließlich hat die eingangs erwähnte Kritik Flews gelehrt, dass die Verbindung der Rede von Gott mit anderen Rationalitätsbereichen keineswegs trivial ist. Auch diese Verbindung zu anderen Rationalitätsbereichen ist aber am ehesten dann zu klären, wenn Argumente für Gottes Existenz an möglichst öffentlichen Ausgangspunkten ansetzen, also an der Erfahrung.

## 2.2. Weltanschaulicher Rahmen der Argumentation

Argumente für Gottes Existenz bewegen sich in einem Rahmen, den man als weltanschaulich bezeichnen könnte. „Weltanschauung" meint dabei nicht etwa nur eine religiöse oder politische Präferenz oder ein persönliches Wertesystem, sondern ein (meist unausgesprochenes und gar nicht bewusst reflektiertes) Bündel lebenstragender Überzeugungen, die allgemeinsten und selbstverständlichsten Überzeugungen über die Wirklichkeit. Zur Weltanschauung gehören grundlegende Überzeugungen darüber, was es gibt, ebenso wie jene über die Reichweiten und Grenzen verschiedener Theoriebildungen sowie über ihr gegenseitiges Verhältnis.[6] Ich hatte bereits oben in Abschnitt 1.1. skizziert, dass metaphysische Überlegungen eine durchaus respektable Form rationaler Betätigung sein können und dass die Grundstruktur, die unser Denken und Handeln faktisch leitet, die aristotelische Ontologie sein dürfte. Ich könnte jetzt als Konnex der Begrifflichkeiten von Metaphysik, Ontologie und Weltanschauung vorschlagen, dass das Ausgangsobjekt von metaphysischen Überlegungen *weltanschauliche Überzeugungen* sind und dass im Kern jeder tragfähigen, ihre

---

verbindet (Paul Weingartner, „Wie schwach können die Beweismittel für Gottesbeweise sein?", in: Friedo Ricken (Hg.), *Klassische Gottesbeweise in der Sicht der gegenwärtigen Logik und Wissenschaftstheorie* (Münchener philosophische Studien, Neue Folge 4), Stuttgart u.a. [2]1998, S. 34–59, hier S. 35). Ich weise auf dieses Problem hier nur hin, für meine weiteren Überlegungen hat es keine große Bedeutung: Denn dass ontologische Argumente die erfahrungsfernsten Argumente für Gottes Existenz sind, dürfte außer Zweifel stehen.

[5] Siehe dazu etwa Löffler, *Einführung*, op. cit., S. 52–59; id., „Anselm von Canterbury: Das ontologische Argument für die Existenz Gottes", in: Ansgar Beckermann / Dominik Perler (Hgg.), *Klassiker der Philosophie heute*, Stuttgart 2004, S. 120–142.

[6] Zu dieser Konzeption von Weltanschauung siehe Otto Muck, *Rationalität und Weltanschauung. Philosophische Untersuchungen*, Innsbruck/Wien 1999, sowie (aufbauend darauf) Löffler, *Einführung*, op. cit., Kapitel 5.

Orientierungsleistung erbringenden Weltanschauung eine aristotelisch geprägte Ontologie stecken dürfte. Kennzeichnend für Weltanschauungen ist, dass sie großräumiger sind als einzelne wissenschaftliche Theorien. Zu den wesentlichen Funktionen einer Weltanschauung gehört es ja gerade, uns zu sagen, welche Einzeltheorien zu welchen Problemstellungen passen und welche Antworttypen auf welche Fragen angemessen sind.

Allein aus dem religionsphänomenologischen Befund ist klar, dass die Frage nach der Existenz Gottes in einem weltanschaulichen Rahmen abzuhandeln ist und nicht innerhalb einer der einzelnen Wissenschaften. Religiöse Gläubige schreiben Gott typischerweise eine welt-begründende oder sonstwie zentrale Stelle in ihrer Weltanschauung zu, und sie gehen normalerweise nicht davon aus, dass es mit den Methoden der einzelnen Wissenschaften etwas Interessantes über die Existenz Gottes auszumachen gibt. An irgendeiner Stelle eines Arguments für die Existenz Gottes muss also von innerweltlichen, lokalen Erklärungstypen auf einen anderen Erklärungstyp umgeschaltet werden. Es ist unter anderem dieser weltanschauliche Rahmen der Fragestellung, der Argumentationen für einen bloßen „Lückenbüßer-Gott" so unplausibel erscheinen lässt: Wer die Existenz Gottes zur Füllung von Erklärungslücken in den Wissenschaften, z.B. in der Biologie postuliert, der muss sich nicht nur auf ein Rückzugsgefecht angesichts biologischen Fortschritts gefasst machen, er zieht Gott vor allem auf die Ebene eines Faktors in der Welt herunter. Das ist mit dem erwähnten Anfangsbegriff von Gott schwer vereinbar.

## 2.3. Plausibler Abbruch des Erklärungsregresses

Als ein drittes Merkmal eines potentiell plausiblen Arguments für die Existenz Gottes ist zu fordern, dass es den drohenden unendlichen Regress der Erklärungsforderungen an einer plausiblen Stelle abzubrechen vermag. Es war unter anderem John Mackie, der diesbezüglich einen Einwand vorgebracht hat: Warum sollte bezüglich eines als letzte Erklärung der Welt angesetzten Gottes nicht wiederum die Frage erlaubt sein, wie seine Existenz zu erklären ist, wer oder was nun ihn verursacht haben könnte, und so weiter?[7] – Es liegt nahe, auf Fragen wie diese mit folgendem Hinweis zu kontern: Wer so fragt, wer diese Frage noch für sinnvoll hält, der spricht eben noch nicht von Gott. Er hat vielmehr nur an irgendeine innerweltliche Zwischeninstanz gedacht, einen Demiurgen oder sonst etwas, wo die Frage nach weiterer Erklärung durchaus sinnvoll ist. Ein adäquater Gottesbegriff dagegen muss immer ein Grenzbegriff sein, das

---

[7] John L. Mackie, *Das Wunder des Theismus*, Stuttgart 1985, S. 147.

dadurch ausgezeichnete Objekt muss so sein, dass weitere Erklärungsforderungen darüber hinaus nicht mehr sinnvoll sind. Ein Anzeichen dafür, dass man wirklich von Gott spricht, ist das Verschwinden jeglicher Anschaulichkeit. Mit diesem Gedankengang ist das Problem natürlich noch nicht völlig gelöst, und ich vermute überhaupt, dass zum Regressproblem noch einiger religionsphilosophischer Forschungsbedarf besteht, weil der hier virulente Erklärungsbegriff nicht leicht zu explizieren ist. Aber für unsere Frage, was ein Argument für Gottes Existenz leisten müsste, können wir doch zumindest einen Teilertrag mitnehmen: Das philosophische „Gotteskonstrukt", das im Argument vorkommt und als existent erwiesen wird, darf nicht so geartet sein, dass es nur an einen bislang übersehenen innerweltlichen Faktor erinnert.

## 2.4. Klärung der Eigenschaften Gottes

Ein viertes und ganz wesentliches Leistungsmerkmal von Argumenten für Gottes Existenz wurde am Rande bereits mehrfach gestreift. Argumente für Gottes Existenz dienen nicht etwa nur dem Existenzbeweis eines Objekts, dessen Charakteristika von vornherein klar sind. Beweise dieses Typs gibt es natürlich auch, aber eher in anderen Gebieten: Wer die Existenz einer Primzahl zwischen 90 und 100 oder die Existenz eines römischen *municipium* an der Stelle einer heutigen Ortschaft beweist, der weiß genau, wovon er redet und wonach er sucht. Bei Argumenten für Gottes Existenz ist dies grundsätzlich anders, und es empfiehlt sich, die eingangs erwähnte Kritik Antony Flews hier sehr ernst zu nehmen. Trotz 2000 Jahren christlicher Einflüsse auf unsere Kultur ist die Semantik der Rede von Gott keine triviale Frage. Niemand hat Gott je gesehen, so wusste schon das Neue Testament (Joh 1,18a), aber nach mehreren Jahrhunderten der Religionskritik ist die Klärung der Semantik der Gottesrede natürlich besonders ernst zu nehmen. Argumente für Gottes Existenz, das ist das vierte Leistungsmerkmal, müssen also auch dazu beitragen, die Eigenschaften zu klären, die man in einer philosophisch verantwortbaren Weise auf Gott übertragen kann. Ein historisches Beispiel für diese Klärungs-Leistung bieten erneut die „Fünf Wege" des Thomas von Aquin: Im Verlauf eines jeden dieser fünf Argumente (man mag von ihnen halten, was man will) wird ausgehend von einem Erfahrungsphänomen eine Eigenschaft konstruiert und präzisiert, z.B.: erster, unbewegter Beweger, erste, unverursachte Ursache, notwendiger Grund aller kontingenten Sachverhalte usw. Wir haben in Abschnitt 1.2. bereits erwähnt, dass diese Eigenschaften dann mit den Eigenschaften des religionsphänomenologisch erhobenen Anfangsbegriffs von Gott hinreichende Parallelen aufweisen, so dass die Identifikation des Gottes der Philosophen mit dem Gott der Religi-

on, wenn schon nicht zwingend, aber doch plausibel wird. Einem Gesprächspartner, der mit grundsätzlichem Unverständnis für religionsphilosophische
Überlegungen in die Debatte eintritt, kann auf diesem Wege zumindest angedeutet werden, wovon in der Theologie überhaupt die Rede ist.

Ich verweise auf dieses Merkmal der Eigenschaftsklärung u.a. auch deshalb,
weil es gerade in der neueren analytischen Religionsphilosophie Argumente
gibt, die dieses Klärungsunternehmen weitgehend beiseite lassen. Richard
Swinburnes inzwischen recht bekannte Wahrscheinlichkeitsargumente[8] etwa
setzen schon zu Beginn einen religionsphänomenologisch erhobenen Gottesbegriff voraus, der lediglich in manchen Punkten logisch präzisiert und „zurechtge-
stutzt" wird, um logisch widerspruchsfrei zu sein. Erst nachträglich werden
dann Wahrscheinlichkeitsargumente gesucht, um die Existenz dieses so defi-
nierten Gottes als beste Erklärung für die Welt wahrscheinlich zu machen. Dieses Unternehmen ist ohne Zweifel interessant, aber meines Erachtens in zwei
Punkten defizitär. Erstens wird ein Kritiker, der jedwede religiösen Vorstel-
lungswelten als irrational oder unverständlich abtut, durch Swinburnes Strategie
kaum berührt werden. Denn im Laufe der Argumentation wird ihm ja nicht
erklärt, wie der Gottesbegriff in Zusammenhang mit anderen, ihm plausibleren
Begriffen stehen könnte. Zweitens bleibt Swinburnes Gott als beste Erklärung
immer nur ein wahrscheinlicher und damit prinzipiell austauschbarer Faktor.
Werden die Eigenschaften Gottes dagegen erst im Lauf des Arguments eingeführt und geklärt, dann fungiert Gott als eine notwendige und damit nicht aus-
tauschbare Erklärung. Dies scheint dem religiösen Bewusstsein von Gott ange-
messener zu sein.

## 2.5. Die Einzigkeit des erwiesenen Gottes

Ein fünftes und oft übersehenes Leistungsmerkmal, das ein Argument für Gottes Existenz erbringen müsste, ist der Nachweis der Eindeutigkeit des Gottesbegriffs. Soll das Argument als Argument für den Monotheismus tauglich sein,
so muss gesichert sein, dass der im Lauf des Arguments geklärte Begriff Gottes
nur auf maximal ein Objekt zutreffen kann und nicht auf mehrere. Aus den bisherigen Merkmalen folgt das *nota bene* noch nicht. Ein Argument, das sich in
einem weltanschaulichen Rahmen bewegt, einen plausiblen Regressabbruch
vorschlägt und im Lauf des Argumentationsgangs sogar eine Eigenschaft Gottes
präzisiert, kann immer noch mit der Existenz mehrerer solcher Götter vereinbar

---

[8] Richard Swinburne, *The Existence of God*, Oxford ²2004 (deutsche Übersetzung der Erstauf-
lage 1979: *Die Existenz Gottes*, Stuttgart 1987).

sein. Dementsprechend besteht ein bekannter Einwand gegen solche Argumente darin, ob diese Argumente nicht einen simplen prädikatenlogischen Fehler beinhalten, nämlich den Fehler der Quantorenvertauschung: Aus „für alles gibt es eine erste Ursache" folgt nicht „es gibt eine erste Ursache für alles". (Ebenso wenig wie aus „es gibt für jeden Menschen eine Zeitung, die er liest" folgen würde „es gibt eine Zeitung, die jeder Mensch liest.") Warum sollte es also nicht mehrere letzte Erklärungen geben? In der Tat bieten viele der historisch fassbaren Argumente in diesem Punkt eine offene Flanke; besonders deutlich ist das etwa am fünften Weg des Thomas, wo es der Text völlig offen lässt, warum aus „alles hat einen Lenker" folgen sollte „es gibt einen Lenker für alles". Wie solche einzigkeitstiftende Zusatzprämissen aussehen könnten – nennen wir sie „henologische Prinzipien" – ist ebenfalls ein Punkt, der mehr Aufmerksamkeit der religionsphilosophischen Forschung verdienen würde.

## 2.6. Logische Schlüssigkeit, wenngleich nicht „Beweisbarkeit"

Eine sechste und letzte Forderung ist, dass ein solches Argument einem angebbaren und akzeptablen Logiksystem folgen und darin als logisch schlüssig erscheinen sollte. Heißt das nun, es müsste sich um Beweise handeln? Vermutlich nicht, denn zu einem Beweis ist es auch nötig, dass die Prämissen jeglichen Zweifels enthoben sind. In meinen bisherigen Ausführungen habe ich das traditionelle Wort „Gottesbeweis" nach Kräften vermieden, und dies nicht ohne Grund. Wörter wie „Beweis" und „Beweisbarkeit" könnten in unserem Kontext Erwartungen wecken, die aus einfachen Gründen nicht einlösbar sind. „Ein Beweis ist verbindlich für jedermann, oder es ist überhaupt kein Beweis", so hat Heinrich Scholz einmal die Bedeutungsintuitionen wiedergegeben, die wohl viele Menschen mit dem Wort „Beweis" verbinden.[9] Wo es „Beweise" gibt, dort scheint ein Sachverhalt auch jenen Dialogpartnern quasi andemonstrierbar zu sein, die sich anfangs sehr widerspenstig verhalten. In der Philosophie ist das schon grundsätzlich sehr selten der Fall. Und erst recht wird in einem weltanschaulich und biographisch so aufgeladenen Thema wie der Gottesfrage nicht mit „Beweisen" in diesem starken, intersubjektiven Sinne zu rechnen sein. Diese Einsicht ist natürlich keineswegs neu, und daher wurden zuweilen Sprachregelungen wie „Hinweis" oder „Aufweis" statt „Gottesbeweis" vorgeschlagen. Ich halte diese Vorschläge allerdings für noch viel irreführender und vermeide sie daher erst recht: „Hinweis" weckt die Assoziation von unvollständigen Indi-

---

[9] Heinrich Scholz, „Der Anselmische Gottesbeweis", in: *id., Mathesis Universalis: Abhandlungen zur Philosophie als strenger Wissenschaft*, Darmstadt ²1969, S. 64.

zienargumenten, und das wollen die wenigsten dieser Argumente sein. „Aufweis" ist im Deutschen reserviert für Gegebenheiten, die man quasi vorzeigen oder vorweisen kann – und das trifft im Falle Gottes gerade nicht zu. Ich schlage also vor, am besten von „Argumenten für Gottes Existenz" zu sprechen.

Unabhängig von dieser terminologischen Frage ist also zu konstatieren, dass bei solchen Argumenten mit dem sofortigen „Mitgehen" eines andersdenkenden Gesprächspartners nicht zu rechnen ist, auch wenn die Logik klar ist. Ein Moment dessen, was man traditionell die „certitudo libera" nannte, d.h. die freie, nicht erzwingbare Zustimmung zu einem Argument, dass man zwar nachvollziehen kann, dessen Konklusion man sich aber nicht automatisch zu eigen macht, ist hier unverzichtbar. Das ist übrigens nicht bereichstypisch für die Religionsphilosophie, sondern ist auch in anderen Bereichen der Philosophie so – man denke etwa an Fragen der allgemeinen und angewandten Ethik. Das ist mitunter auch in den Einzelwissenschaften so, und zwar umso mehr, je näher man sich an die Grundlagen der jeweiligen Disziplin annähert. Dispute zwischen Vertretern verschiedener Interpretationen der Quantenphysik, zwischen Platonisten und Nicht-Platonisten in der Mathematik oder zwischen Vertretern verschiedener physikalischer Kosmologien haben eine ähnliche Struktur wie weltanschauliche Debatten: Man versteht zwar die Argumente der Gegenseite, hält sie in vielen Fällen auch für ganz vernünftig, versagt ihren Konklusionen aber dennoch aus irgendwelchen Gründen die freie Gewissheit.

Wenn es sich also auch nicht um einen „Beweis" handelt, so ist, wie gesagt, dennoch zu fordern, dass das Argument einer angebbaren, akzeptablen Logik folgt und darin logisch gesehen schlüssig ist. Dass Argumente für die Existenz Gottes nicht zur sofortigen Überzeugung Andersdenkender führen, sollte also nichts mit unklaren logischen Strukturen oder Fehlschlüssen zu tun haben, sondern eben mit den angegebenen Gründen. Welches Logiksystem dabei zum Tragen kommt, ist grundsätzlich offen. Es kann sich um eine deduktive Logik ebenso wie um eine Wahrscheinlichkeitslogik handeln; sobald irgendwelche Modalbegriffe wie „notwendig" oder „kontingent" ins Spiel kommen, wird sich eine taugliche Modallogik empfehlen, und wenn einzigkeits-präsupponierende Ausdrücke wie „dasjenige $x$, welches ..." ins Spiel kommen, wird sich eine Logik mit Kennzeichnungen nahe legen. All das betrifft zunächst die formallogische *Überprüfung* solcher Argumente, und es impliziert nicht, dass ein natürlichsprachlich formulierender Denker nicht auch ein scharfsinniges und taugliches Argument für die Existenz Gottes vorbringen kann. Auch die natürliche Sprache folgt jedoch impliziten logischen Regeln, die mitunter – man denke an Modalbegriffe – recht komplex sind und die in der formallogischen Analyse eben expliziert werden.

Mit welcher Logik ein Argument arbeitet, ist also grundsätzlich offen. Dennoch seien – im Blick auf aktuelle religionsphilosophische Debatten – zwei Bemerkungen angefügt. Erstens: Im Zweifel sollten möglichst schwache und gewöhnliche logische Mittel benutzt werden, und zwar sowohl dann, wenn man fremde Argumente interpretiert, als auch dann, wenn man selbst Argumente für Gottes Existenz formulieren will. Der Grund dafür ist, dass manche extravagantere Logiksysteme selbst metaphysische Voraussetzungen machen, die durchaus umstritten und für ihren Anwendungszweck unwillkommen sein können. Ein Beispiel sind etwa die zeitgenössischen modallogischen Varianten des ontologischen Arguments. Sie arbeiten allesamt mit einem modallogischen Kalkül namens S5, der zwar den Vorteil großer Einfachheit hat und genau die Modalschlüsse zulässt, die man für das Argument gerne vollziehen möchte. Allerdings passt dieser Kalkül nur auf logische und nicht auf metaphysische Modalitäten, denn er macht die Voraussetzung, dass Möglichkeit und Notwendigkeit in allen möglichen Welten gleich sind. So etwas wie metaphysische Kontingenz ist in diesem logischen Rahmen eigentlich nicht formulierbar.[10] Meine zweite Bemerkung: Grundsätzlich spricht nichts gegen die Anwendung einer Wahrscheinlichkeitslogik, wie dies etwa Richard Swinburne tut. Wahrscheinlichkeitslogiken funktionieren allerdings dort am besten, wo wir auch verlässliche Grundlagen für unsere Wahrscheinlichkeitsurteile haben, und gerade dies scheint mir bei Swinburne ein Problem zu ergeben. Die Anfangswahrscheinlichkeit der Existenz Gottes ist ebenso schwer einzuschätzen wie jene eines Universums ohne Gott. Auch ist es kaum verlässlich zu beurteilen, mit welcher Wahrscheinlichkeit Gott ein Universum wie das unsere schaffen wird, wenn man nicht das Wissen Gottes hat. Sofern man sich hier überhaupt zu Wahrscheinlichkeitsurteilen hinreißen lässt, besteht die Gefahr, dass diese nur die Weltanschauung des jeweils Argumentierenden widerspiegeln und keine intersubjektive Kraft entfalten.[11]

---

[10] Winfried Löffler, „Argomento ontologico: analisi logica", in: *Enciclopedia Filosofica Bompiani*, vol. I, Mailand 2006, S. 653–658.
[11] Näheres dazu in Winfried Löffler, *Einführung*, op.cit., S. 85–87, sowie in *id.*, „Gott als beste Erklärung der Welt: Richard Swinburnes probabilistischer Gottesbeweis", in: Rudolf Langthaler / Wolfgang Treitler (Hgg.), *Die Gottesfrage in der europäischen Philosophie und Literatur des 20. Jahrhunderts*, Wien u.a. 2007, S. 99–117.

# 3. Ein Test an zwei Anwendungsbeispielen

Abschließend will ich an zwei kleinen Anwendungsbeispielen zeigen, dass die vorgeschlagenen Kriterien mehr als Selbstverständlichkeiten widerspiegeln und tatsächlich eine gewisse Trennschärfe haben.

## 3.1. Das Argument aus dem kosmologischen Standardmodell

Als ersten Probierstein nehme ich ein prominentes Argument aus der jüngeren Diskussion, nämlich das Argument aus dem kosmologischen Standardmodell der Astrophysik, wie es vor allem William Lane Craig[12] verteidigt. Das kosmologische Standardmodell besagt, stark vereinfacht, Folgendes: Wir leben in einem expandierenden Universum, das etwa 15 Milliarden Jahre alt ist. Es ist nicht so, dass das Universum im Raum expandieren würde (wie etwa ein Kuchen im Backofen), sondern dass der Raum selbst expandiert, aus einem Punkt unendlicher Dichte, Temperatur und Raumkrümmung heraus, in einem Ereignis, das wir im Deutschen Urknall nennen. Dieses Ereignis hat aus physikalischer Sicht eine peinliche Facette, es ist eine sogenannte Singularität: Erst zur sogenannten Planck-Zeit ($5.4 \times 10^{-44}$ sec) beginnen die Naturgesetze zu gelten, erst hier gibt es ein Vorher und ein Nachher, vorher herrschte ein regelloser, der physikalischen Erklärung *prinzipiell* nicht mehr zugänglicher Zustand. Mit der sonstigen Annahme, dass die Naturgesetze immer und überall gelten, steht diese Anfangssingularität natürlich im Konflikt. Andererseits ist das Modell empirisch derart gut abgestützt (etwa durch die Rotverschiebung und die 3-Kelvin-Hintergrundstrahlung), dass es eben zum Standardmodell geworden ist – vorgeschlagene Alternativen sind über das spekulative Stadium bisher nicht hinausgekommen. Craig lädt nun ein, diesen physikalischen Befund in folgendes Argument einzubetten:

(1) Was einen zeitlichen Anfang hat, hat eine Ursache seiner Existenz. *(Craig betrachtet diese Prämisse als evidentes Prinzip, die in verschiedensten Bereichen, im Alltag ebenso wie in der Wissenschaft, Anwendung findet)*
(2) Das Universum hat einen zeitlichen Anfang. *(Empirische Prämisse, sie ergibt sich aus dem kosmologischen Standardmodell)*

---

[12] Diskussionen Craigs mit dem Agnostiker Quentin Smith enthält deren Band *Theism, Atheism and Big Bang Cosmology*, Oxford u.a. 1993; eine kurze, aber ältere Zusammenfassung von Craigs Denken ist auf Deutsch erschienen: *Die Existenz Gottes und der Ursprung des Universums*, Wuppertal 1989. Zahlreiche neuere Artikel Craigs sind auch über Internet leicht im Volltext auffindbar.

(3) Also hat das Universum eine Ursache seiner Existenz. (*Folgt aus 1, 2*)

(4) Wenn das Universum eine Ursache seiner Existenz hat, muss diese personenartig sein und einige weitere Eigenschaften haben: anfanglos, mächtig etc. (*Craig entwickelt zur Rechtfertigung dieser Prämisse detaillierte Argumente, deren Grundidee jeweils ähnlich ist: die Ursache des Universums darf dessen Eigenarten und dessen Beschränktheiten nicht teilen*)

(5) Also gibt es eine personenartige Ursache mit diesen Eigenschaften. (*Folgt aus 4, 3*)

Zu den einzelnen Schritten gäbe es etliches zu sagen, auch hat das Argument natürlich viele Kritiker auf den Plan gerufen. Ich muss dies hier ausklammern und möchte nur skizzieren, inwiefern das Argument den oben erörterten sechs Forderungen gehorcht. Die zuletzt genannte Anforderung der logischen Schlüssigkeit dürfte problemlos erfüllt sein, das Argument ist auch in seinen Details mit einer einfachen Prädikatenlogik rekonstruierbar. Das Problem liegt, wenn, dann bei der Akzeptierbarkeit der Prämissen. Unproblematisch erfüllt ist weiterhin Forderung 2.1., jene nach einem empirischen Ausgangspunkt: Er wird vom kosmologischen Standardmodell und dem Faktum des expandierenden Universums bereitgestellt. Das Argument bewegt sich ferner in einem weltanschaulichen Rahmen, wie es unsere Forderung 2.2. war, denn es handelt sich hier – anders als etwa beim *Intelligent Design*-Argument – nicht um eine klassische Lückenbüßerstrategie. Es geht nicht darum, Erklärungslücken *innerhalb* der Physik durch den Rekurs auf Gottes Eingriff zu stopfen, es geht vielmehr um ein Zurückfragen in einen Bereich, in dem die Physik eingestandenermaßen nichts mehr sagen kann. Eine solche weltanschauliche Einbettung kann durchaus plausibel und legitim sein, solange man nicht behauptet, es sei ein *Resultat* der modernen Astrophysik, dass am Beginn des Universums das Tun eines personalen Handelnden stehe. Ob man die Dinge so sehen will wie Craig, ist eine Frage der freien Gewissheit, die sich allerdings auf gewisse Gründe stützen kann. Wer dem Argument allerdings die Zustimmung versagt und es lieber mit einer nicht weiter zu erklärenden Singularität hält, dem sollte deshalb noch nicht Irrationalität unterstellt werden. In einigermaßen plausibler Weise wird auch Forderung 2.3., die Vermeidung eines unendlichen Erklärungsregresses, erfüllt. Dass die innerweltlichen physikalischen Erklärungen am Beginn des Universums ihr Ende finden, das bringt das Modell mit sich; dort erfolgt der Umstieg auf eine andere Form der Erklärung. Für eine davor liegende Kette oder Mehrzahl solcher außerweltlichen Erklärungsfaktoren spricht aber eigentlich nichts, dies wäre eine unbegründete Vermehrung der Explananta. Forderung 2.4., die Klärung von Eigenschaften Gottes, wird von dem Argument eben-

falls erfüllt, in einer wesentlich detaillierter ausgearbeiteten Form, als ich dies
hier dargestellt habe, und übrigens recht ähnlich zu klassischen Überlegungen.
Einen besonderen Vorzug hat das Argument bezüglich Forderung 2.5. Die Einzigkeitsforderung bezüglich der erklärenden Ursache, die bei anderen Argumenten oft eine Achillesferse dargestellt hat, wird hier in ziemlich problemloser
Weise durch das kosmologische Standardmodell erfüllt. Am Anfang des Universums laufen sämtliche innerweltlichen Erklärungsketten in einem einzigen
Punkt zusammen, und es ist durchaus plausibel, diesen Beginn auch nur auf
eine außerweltliche Ursache zurückzuführen. Insgesamt schneidet das Argument aus dem kosmologischen Standardmodell also nicht schlecht ab und dürfte
wohl zu den plausibelsten gegenwärtig verfügbaren Argumentationsformen
zählen.

### 3.2. Zum Vergleich: das *Intelligent Design*-Argument

Vergleichen wir damit zum Abschluss kurz ein anderes Argument, das auch in
einem Naheverhältnis zu den Naturwissenschaften steht. Es handelt sich um das
schon einmal kurz erwähnte *Intelligent Design*-Argument, eine salonfähigere
Variante des Kreationismus, die aber weithin – evangelikale Kreise einmal aus-
genommen – in eher schlechter Reputation steht. Vereinfacht gesagt besteht
dieses Argument darin, dass aus den eingestandenen Erklärungslücken der momentanen Evolutionsbiologie auf einen Faktor namens *Intelligent Design* geschlossen wird, ohne den die Komplexitätssprünge an bestimmten Stellen der
Evolution nicht erklärbar seien. Aus einer quasi ingenieurwissenschaftlichen
Perspektive sieht es nämlich so aus, dass an solchen Stellen plötzlich Bauele-
mente zusammentreten, die bislang evolutionär niemals verbunden gewesen
waren, die allein aber auch keinen Sinn ergeben hätten. So ein Zusammentreffen schreie nach einer Erklärung, eben nach intelligenter Planung.[13]
Hinsichtlich der Forderungen 2.1. und 2.6. schneidet dieses Argument noch
ähnlich gut ab wie das Argument aus dem Urknall. Es hat einen klaren empirischen Ausgangspunkt und auch seine Logik dürfte nicht allzu komplex sein,
vermutlich eine Wahrscheinlichkeitslogik. Gewisse Abstriche müssen bereits

---

[13] Siehe – neben einer Unzahl von teilweise höchst einseitigen Internet-Quellen – zur Orientierung z.B. die folgenden Sammelbände: William Dembski / Michael Ruse (Hgg.), *Debating
Design. From Darwin to DNA*, Cambridge 2004; Mary K. Cunningham (Hg.), *God and
Evolution. A Reader*, London 2007. Ein „Klassiker" der *Intelligent Design*-Auffassung ist inzwischen auch auf Deutsch erhältlich: Michael J. Behe, *Darwins Black Box. Biochemische Einwände
gegen die Evolutionstheorie*, Gräfelfing 2007.

bei den Anforderungen 2.3. und 2.4. gemacht werden. Warum man nicht nach weiteren Erklärungen für das anscheinende *Intelligent Design* zurückfragen darf, liegt nämlich nicht auf der Hand. Vielleicht ist es ja bloß ein biologischer Effekt höherer Ordnung, den wir momentan noch nicht kennen, vielleicht auch eine innere Naturfinalität. Die Regressgefahr ist also noch nicht gebannt, indem man an *Intelligent Design* appelliert. Dementsprechend wird in diesem Argument auch wenig über die Eigenschaften Gottes geklärt; denn wenn man nicht absehen kann, wo ein Erklärungsregress endet, weiß man auch wenig über die Entität, die man als Ende aller Erklärungen ansieht. Alles, was man aus dem Argument über Gott und seine Weisheit als „Designer" zu erkennen meint, stammt in Wahrheit nicht aus dem Argument, sondern aus den schöpfungstheologischen Hintergrundüberzeugungen seiner Vertreter.

Die größten Mängel hat das Argument aber hinsichtlich der Forderungen 2.2. und 2.5. Betrachten wir zunächst die Einzigkeitsforderung. Den Anschein intelligenter Planung gibt es an zahllosen Stellen im Tier- und Pflanzenreich, wie sich Vertreter des *Intelligent Design* ja eben nachzuweisen bemühen. Warum aber sollte hinter diesen einzelnen Planungsphänomenen gerade eine einzige, einheitliche Intelligenz stehen und nicht beliebig viele? Freilich neigt man dazu, die Einzigkeit der planenden Intelligenz spontan vorauszusetzen, wenn man vom Schöpfungsdenken der abrahamitischen Religionen her geprägt ist. Aber im Kontext eines philosophischen Arguments wäre das natürlich eine *petitio principii*. Auch an Forderung 2.2., jener der Situierung in einem weltanschaulichen Rahmen, spießt es sich beim *Intelligent Design*-Argument. Insgesamt verbleibt dieses Denken nämlich im Rahmen der Biologie, auch wenn die *Intelligent Design*-Hypothese weder testbar noch falsifizierbar ist und daher gemeinhin als pseudowissenschaftlich eingeschätzt wird. Sie nimmt eine bloße Lückenbüßer-Funktion ein, die mit biologischen Hypothesen auf einer Ebene steht und durch eine bessere biologische Theorie jederzeit hinfällig werden kann. *Intelligent Design* wäre ein zusätzlicher biologischer, also innerweltlicher Faktor, dessen religionsphilosophische Signifikanz völlig offen ist.

Von allen wissenschaftstheoretischen Problemen abgesehen, schneidet das *Intelligent Design*-Argument im Vergleich mit dem vorher erörterten Argument aus dem kosmologischen Standardmodell also deutlich schlechter ab. Zwei der sechs Forderungen sind zwar erfüllt, zwei andere aber eindeutig nicht, und zwei weitere nicht in plausibler Weise.

Vielleicht hätte man meine Ausgangseinschätzung geteilt, dass das *Intelligent Design*-Argument als Argument für die Existenz Gottes sicher untauglich ist, während das Argument aus dem kosmologischen Standardmodell zumindest diskutabel erscheint. Anhand der oben erörterten Forderungsliste lässt sich diese

Ausgangseinschätzung nun begründen und wohl auch erhärten. Wenn das so ist, dann haben wir mit dieser Liste vielleicht wirklich einen plausiblen Vorschlag in der Hand, was ein Argument für die Existenz Gottes leisten müsste.

MARKUS ENDERS

# Das Unübertreffliche im Verständnis der monotheistischen Weltreligionen – zur interreligiösen Relevanz des ‚ontologischen Gottesbegriffs'

Der Titel der folgenden Überlegungen ist in hohem Maße erklärungsbedürftig. Denn ihm gemäß soll die interreligiöse Relevanz des ‚ontologischen Gottesbegriffs' für die drei monotheistischen Weltreligionen von Christentum, Islam und Judentum aufgezeigt werden. Dabei soll mit dem ‚ontologischen Gottesbegriff' ein bestimmter philosophischer Gottesbegriff bezeichnet werden, dessen Gehalt und dessen Extension von dem Erkenntnisvermögen der menschlichen Vernunft bestimmt wird. Doch der Ausdruck eines ‚ontologischen Gottesbegriffs' findet sich in diesem Wortlaut bekanntlich weder in der abendländischen Philosophiegeschichte noch in der christlichen Tradition und noch viel weniger im Gott-Denken der jüdischen und der islamischen Religion, in denen sich meines Wissens nicht einmal sprachliche Äquivalente zu diesem Ausdruck identifizieren lassen. Im Bewusstsein dieser Schwierigkeit müssen wir daher zunächst innerhalb der Tradition des philosophischen Denkens im Abendland nach dem hier mit dem Ausdruck ‚ontologisch' gekennzeichneten Gottesbegriff suchen und diesen in einer Nominaldefinition so präzise wie möglich zu bestimmen versuchen. Erst dann kann dessen Relevanz für das christliche Gottesverständnis festgestellt sowie nach sachlichen Äquivalenten dieses Gottesbegriffs in jüdischen und islamischen Kontexten gefragt und dessen interreligiöse Bedeutsamkeit begründet werden. Aus dieser Einsicht ergibt sich der Aufbau der folgenden Überlegungen: In einem ersten Schritt (1.) wird der Ausdruck ‚ontologischer Gottesbegriff' einer Nominaldefinition unterzogen, dann soll nach einem kurzen Blick auf dessen philosophiegeschichtliche Vorstufen im Platonismus und Neuplatonismus (2.) dessen Ur- und Vollform im sogenannten *unum argumentum* Anselms von Canterbury analysiert werden, um die inhaltliche (3.) und die formale (4.) Normativität dieses Vernunftbegriffs zu begründen, der etwas schlechthin Unübertreffliches bezeichnet. Nach einer kurzen Betrachtung der neuzeitlichen Entwicklungsgeschichte des ‚ontologischen Gottesbeweises' (4.2.) soll die philosophiegeschichtliche Präzisierung der schlechthinnigen Unübertrefflichkeit Gottes als dessen aktuell unendliche Vollkommenheit im Denken insbesondere des lateinischen Mittelalters nachgezeichnet werden (5.), bevor der systematische Ertrag der vorgetragenen Überlegungen zum ‚ontologischen Gottesbegriff' kurz zusammengefasst wird (6.).

Als Inbegriff absoluter, d.h. in jeder möglichen Hinsicht, bestehender Unübertrefflichkeit kann der ‚ontologische Gottesbegriff' nur ein einziges Referenzobjekt besitzen, so dass Gott als dieses Referenzobjekt *einer*, mithin *einzig* sein muss. Aus dieser Erkenntnis aber ergibt sich die Einsicht, dass dieser Gottesbegriff das Gottesverständnis der drei monotheistischen Weltreligionen, die an einen einzigen, schlechthin unübertrefflichen Gott glauben, philosophisch hinreichend legitimiert. Diese These ist für das Christentum spätestens von Anselm von Canterbury selbst verifiziert worden. Im Folgenden soll diese Annahme auch für die jüdische (7.) und die islamische Religion (8.) zumindest exemplarisch nachgewiesen, d.h. gezeigt werden, dass auch nach jüdischem und nach islamischem Verständnis der Gottesname eine Wirklichkeit bezeichnet, die schlechthin unübertrefflich sein soll. Schließlich soll die christliche, die jüdische und die islamische Fassung des ‚ontologischen Gottesbegriffs' noch einmal knapp zusammengefasst werden, um die interreligiöse Relevanz des ‚ontologischen Gottesbegriffs' abschließend sichtbar zu machen (9.).

# 1. ‚Ontologischer Gottesbeweis' und ‚ontologischer Gottesbegriff'

Als ein wissenschaftlich akzeptierter Fachterminus ist seit Immanuel Kant nur der Ausdruck ‚ontologischer Gottesbeweis', bzw. ‚ontologisches Argument', nicht aber der Ausdruck des ‚ontologischen Gottes*begriffs*' geläufig. Unter einem ‚ontologischen Gottesbeweis' versteht Kant ausdrücklich jenen Typ eines Beweises der realen Existenz Gottes, der von aller Erfahrung abstrahiert und „gänzlich *a priori* aus bloßen Begriffen auf das Dasein einer höchsten Ursache"[1] schließt, d.h. ohne Rückgriff auf Erfahrung und damit rein apriorisch das Dasein Gottes zu beweisen sucht. Bei diesem sogenannten ‚ontologischen Gottesbeweis' handelt es sich also um ein Argument, in dem die bloße Begriffsbestimmung des bezeichneten Gegenstandes, also Gottes, die Erkenntnis seiner wirklichen Existenz einschließt. Dabei weist der Ausdruck ‚ontologisch' darauf hin, dass sich der Beweis „auf Grundbegriffe der Ontologie – nämlich ‚Seiendes', ‚Existenz', ‚Wesenheit' (*essentia*), ‚Vollkommenheit' (*perfectio*) bzw. gleichbedeutend ‚Realität' (*realitas*) – sowie auf ontologische Grundsätze" stützt, „z.B. die These, daß ‚Existenz' eine Vollkommenheit sei oder dass sich

---

[1] Immanuel Kant, *Kritik der reinen Vernunft* B 619, A 591 (Gesammelte Schriften III), hg. von der Königlich Preußischen Akademie der Wissenschaften, Berlin 1911, S. 396.

das Wirklichsein gegenüber dem Gedachtsein durch einen Seinsüberschuss auszeichne".[2] Unter einem ‚ontologischen Gottesbegriff' soll hier ein solcher Gottesbegriff verstanden werden, der alle für die Beweiskraft des erläuterten ‚ontologischen Gottesbeweises' erforderlichen Prämissen in sich enthält.

## 2. Vorstufen des ‚ontologischen Gottesbegriffs' im (Neu-)Platonismus

Anselm von Canterbury, der die Vollform des ‚ontologischen Gottesbegriffs' in seiner Schrift *Proslogion* entwickelt hat, kleidet diesen rein rationalen[3] Gottesbegriff in die sprachliche Formel *aliquid quo maius nihil cogitari potest*, die im Folgenden der Kürze halber einfach mit Q bezeichnet werden soll.[4] Anselm identifiziert den lateinischen Komparativ *maius* innerhalb von Q wiederholt mit *melius* und versteht daher Gott zugleich als etwas, über das hinaus nichts Besseres, gemeint ist: nichts im Sein Vollkommeneres gedacht werden kann.[5] Dabei nimmt er mit seinem ‚ontologischen Gottesbegriff' einen Begriff von Sein als uneingeschränkter Vollkommenheit auf, den, im Ausgang von Platon, zuerst Plotin entwickelt hatte und den Anselm aus Augustinus und Boethius kannte.[6] Die diesbezügliche boethianische Formel für den rationalen Gottesbegriff, „dass nichts Besseres als Gott gedacht werden kann",[7] steht bei Boethius im Kontext eines Beweises für die Existenz Gottes, als dessen Fundament sich der neuplatonische Seinsbegriff ausweisen lässt. Boethius übernimmt wie schon Augustinus die neuplatonische Konzeption eines schlechthin vollkommenen Seins in allerdings modifizierter Form, insofern er das vollkommene Sein des absoluten Geistes als der zweiten Hypostase im System des philosophischen Neuplatonismus mit dessen

---

[2] Wolfgang Röd, *Der Gott der reinen Vernunft. Die Auseinandersetzung um den ontologischen Gottesbeweis von Kant bis Hegel*, München 1992, S. 21.

[3] Zur Klärung des epistemischen Status von Q als eines rein rationalen Gottesbegriffs vgl. Markus Enders, „Denken des Unübertrefflichen", in: *Jahrbuch für Religionsphilosophie* 1 (2002), S. 57–60.

[4] Anselm von Canterbury, *Prosl.* 2 (S. Anselmi Cantuariensis Archiepiscopi Opera omnia I), ad fidem codicum recensuit Franciscus Salesius Schmitt O.S.B., Stuttgart/Bad Cannstatt 1968, S. 101, 4–5: „Et quidem credimus te esse aliquid quo nihil maius cogitari possit."

[5] Vgl. Enders, „Denken des Unübertrefflichen", *op. cit.*, S. 60.

[6] Vgl. dazu Klaus Kremer, *Die Neuplatonische Seinsphilosophie und ihre Wirkung auf Thomas von Aquin*, Leiden ²1969, S. 135; Jens Halfwassen, „Sein als uneingeschränkte Fülle. Zur Vorgeschichte des ontologischen Gottesbeweises im antiken Platonismus", in: *Zeitschrift für philosophische Forschung* 56 (2002), S. 497–516.

[7] Vgl. Boethius, *De consolatione philosophiae* III, pr. 10 (CChrSL XCIV), hg. von Ludwig Bieler, Turnhout 1957, S. 53,22–23: „[...] nam cum nihil deo melius excogitari queat, id quo melius nihil est bonum esse quis dubitet?"

erster Hypostase, dem geist- und seinstranszendenten Einen als dem in sich relationslos Einfachen, in eine einzige Wirklichkeitsstufe zusammenfasst. Erst durch diese schon von Porphyrius vorgenommene und von Marius Viktorinus und von Augustinus verständlicherweise begeistert aufgenommene Zusammenführung der beiden ersten neuplatonischen Hypostasen (des geist- und seinslosen und des seienden Einen) in dem ersten und einzigen Prinzip aller Wirklichkeit wurde es christlicherseits möglich, den platonisch-neuplatonischen Seinsbegriff in dieser modifizierten Gestalt auch auf den trinitarischen Gott des christlichen Glaubens zu beziehen. Denn dieser ist in sich zugleich dreifaltiger Geist, höchstes, vollkommenes Sein und in seinem Wesen differenzlos einfach. Erst in dieser christlich adaptierten Gestalt konnte der neuplatonische Seinsbegriff zu einer unmittelbaren Voraussetzung für Anselms ‚ontologischen Gottesbegriff' werden.

# 3. Die inhaltliche Normativität des ‚ontologischen Gottesbegriffs' (Q)

## 3.1. Der affirmativ-theologische Gehalt von Q

Anselm ersetzt ab dem fünften Kapitel des *Proslogion* bei seiner Wiedergabe von Q den lateinischen Komparativ *maius* durch den lateinischen Komparativ *melius*, versteht also Gott zugleich als etwas, über das hinaus Besseres von einem geschaffenen Intellekt nicht gedacht werden kann.[8] Daher bezeichnet Q die Gesamtheit der göttlichen Seinsvollkommenheiten, zu denen nicht nur die drei im Denken der Griechen entwickelten klassischen Gottesprädikate der (vollkommenen) Macht, Weisheit und Güte, sondern auch die der realen und nur als real denkbaren, d.h. der seinsnotwendigen Existenz, gehören und die als Wesensbestimmungen Gottes in einem widerspruchsfreien Verhältnis zueinander stehen müssen. Diese Seinsvollkommenheiten Gottes werden in den Kapiteln 5 bis 23 des *Proslogion* aus Q insofern abgeleitet, als Q vorschreibt, Gott alle jene Bestimmungen zuzusprechen, deren Besitz ihren Träger im Sein vollkommener machen als ihr Nichtbesitz. Diese aber sind im Einzelnen: Gerechtigkeit und zugleich Barmherzigkeit,[9] ferner Wahrhaftigkeit, Glückseligkeit,[10] Allmacht, Wandlungsunfähigkeit und damit Körperlosigkeit,[11] Lebendigkeit, ja das Leben

---

[8] Vgl. Anselm von Canterbury, *Proslogion* 5, *op. cit.*, S. 104, 14–15
[9] Vgl. *ibid.*, 9, S. 106, 15 – 110, 3.
[10] Vgl. *ibid.*, 5, S. 104, 15–17.
[11] Vgl. *ibid.*, 6, S. 104, 20–25.

selbst zu sein, ferner höchste Güte,[12] Ewigkeit als zeitfreie Gegenwart und damit als Nichtübergänglichkeit,[13] folglich auch Unbegrenztheit im Sinne von zeit- und ortloser Allgegenwart;[14] höchste Schönheit,[15] immanente Ungeteiltheit, d.h. vollkommene Einfachheit des Wesens,[16] universelle Immanenz und Transzendenz,[17] vollkommene Unbedürftigkeit, mithin Selbstbestimmung,[18] Identität von Existenz und Essenz[19] und nicht zuletzt seine Geistnatur und deren vollkommenes Wissen; denn es ist besser, Geist, und zwar allwissender Geist, zu sein, als keinen Geist zu besitzen.[20] Anselm leitet dabei aus seinem ontologischen, mit der Seinsvollkommenheit argumentierenden Gottesbegriff sowohl die Geistnatur als auch die wesenhafte Einfachheit Gottes ab. Mit anderen Worten: Die vollkommene Einfachheit Gottes geht aus seiner Seinsvollkommenheit hervor und nicht umgekehrt – ein Gedanke, der die Differenz zwischen Anselms Fassung des ‚ontologischen Gottesbegriffs‘ und dessen Vorstufen in der Geist- und Seinsmetaphysik des antiken Platonismus und spätantiken Neuplatonismus deutlich hervortreten lässt: Denn der absolute Geist ist in der platonischen, altakademischen und neuplatonischen Geistmetaphysik gegenüber dem Einen als dem Ersten Prinzip aller Wirklichkeit deshalb inferior, weil er einen geringeren, schwächeren Grad an Einheit besitzt, sofern er als die geeinte Vielheit des gesamten Ideenkosmos nicht vollkommen einfach, sondern All-Einheit ist.[21]

---

[12] Vgl. *ibid.*, 12, S. 110, 5–8. Anselm will hier vor allem zeigen, dass alle göttlichen Eigenschaften Wesensbestimmungen Gottes und damit keine Akzidenzien sind.

[13] Vgl. *ibid.*, 13, S. 110, 12–18, insbes. 17–18; *ibid.*, 19, S. 115, 6–15.

[14] Vgl. *ibid.*, 13, S. 110, 12–15. Zur Geschichte der Gottesprädikate der Allgegenwart und Unendlichkeit in der lateinischen Patristik, bei Boethius und Eriugena bis einschließlich ihrer Erörterung in Anselms *Proslogion* sowie in seiner Kontroverse mit Gaunilo vgl. Markus Enders, „Allgegenwart und Unendlichkeit Gottes in der lateinischen Patristik sowie im philosophischen und theologischen Denken des frühen Mittelalters", in: *Bochumer Philosophisches Jahrbuch für Antike und Mittelalter* 3 (1998), S. 43–68.

[15] Vgl. Anselm von Canterbury, *Prosl.* 17, *op. cit.*, S. 113, 6–15.

[16] Anselm leitet auch die immanente Teillosigkeit bzw. Einfachheit des Wesens Gottes aus dessen unübertrefflicher Seinsvollkommenheit ab, vgl. *ibid.*, 18, S. 113, 17 – 115, 4.

[17] In den Kapiteln 19 und 20 des *Proslogion* zeigt Anselm, dass alles Geschaffene in Gott gleichsam enthalten ist, d.h. von ihm erhalten wird (vgl. *ibid.*, 19, S. 115, 6–15), und dass er alle, auch die ohne Ende existierenden Entitäten (wie etwa die Engel), transzendiert (vgl. *ibid.*, 20, S. 115, 17 – 116, 3).

[18] Vgl. *ibid.*, 22, S. 117, 1–2.

[19] Die Identität von Dass- und Was-Sein Gottes schließt Anselm aus der wesenhaften Einfachheit und zeitfreien Gegenwart Gottes (vgl. *ibid.*, 22, S. 116, 15).

[20] Vgl. *ibid.*, 6, S. 104, 24–25.

[21] Zur platonischen und zur altakademischen Geistmetaphysik vgl. vor allem Hans Joachim Krämer, *Der Ursprung der Geistmetaphysik, Untersuchungen zur Geschichte des Platonismus zwischen Platon und Plotin*, Amsterdam ²1967; zu Plotins Begriff des absoluten Geistes vgl. auch Werner Beierwaltes, *Das wahre Selbst. Studien zu Plotins Begriff des Geistes und des Einen*, Frankfurt a. M. 2001, insbes. S. 16–30; Jens Halfwassen, *Der Aufstieg zum Einen. Untersuchun-*

### 3.2. Der negativ-theologische Gehalt von Q

Mit dieser Interpretation des affirmativ-theologischen Gehalts von Q ist die inhaltliche Normativität des ‚ontologischen Gottesbegriffs' allerdings noch nicht hinreichend ausgewiesen. Denn von der negativen sprachlichen Formel „etwas, über das hinaus Größeres *nicht*" bzw. „*nichts* Größeres gedacht werden kann" wird nicht nur Gottes vollkommenes Sein, sondern zugleich auch negativ-theologisch Gottes Über-Sein, d.h. seine Transzendenz über alle von einem endlichen Intellekt denkbaren begrifflichen Gehalte, ausgesagt. Der Gott des christlichen Glaubens ist zwar das für jeden geschaffenen Intellekt denkbar Größte, d.h. der Inbegriff aller von ihm prinzipiell denkbaren Seinsvollkommenheiten – dies bezeichnet der affirmativ-theologische Begriffsgehalt von Q; darüber hinaus aber muss er gerade *als* das für uns denkbar Größte zugleich größer, und zwar unendlich größer sein als von uns, genauer als von einem endlichen Intellekt, überhaupt gedacht werden kann.[22] Denn es liegt im natürlichen Vermögen des endlichen Intellekts, sich gleichsam fiktiv etwas als wirklich existierend auszudenken, dessen Seinsweise die Reichweite seiner intellektuellen Anschauung prinzipiell übersteigt.[23] Daher gilt im Umkehrschluss: Wäre Gott nicht etwas Größeres, als von uns gedacht – im Sinne von intellektuell angeschaut – werden kann, dann wäre er nicht das für uns denkbar Größte. Zur inhaltlichen Normativität des ‚ontologischen Gottesbegriffs' gehört also nicht nur seine begrifflich affirmative Bestimmtheit als die Summe aller denkbaren Seinsvollkommenheiten, sondern auch seine begrifflich negative Bestimmtheit als das unser Erkenntnisvermögen schlechthin übertreffende Sein, welches in seiner unendlichen Vollkommenheit erhaben ist über jede mögliche Steigerungsreihe begrifflicher Wertsetzungen des endlichen Intellekts.[24] Die negative Formulierung *maius nihil* bzw. *maius non cogitari potest* aber ist geeignet, Gottes Erhabenheit über jeden möglichen Begriff eines endlich-geschaffenen Intellekts mitauszusagen. Der (dem) Gott (des christlichen Glaubens) inhaltlich angemessenste Vernunftbegriff muss daher sowohl einen affirmativ-theologischen als auch einen negativ-theologischen Gehalt besitzen. In dieser doppelten Gestalt als affirmativ-theologischer und zugleich negativ-theologischer Gottesbe-

---

*gen zu Platon und Plotin*, München ²2006, S. 130–149; *id., Hegel und der spätantike Neuplatonismus. Untersuchungen zur Metaphysik des Einen und des Nous in Hegels spekulativer und geschichtlicher Deutung* (Hegel-Studien, Beiheft 40), Bonn 1999, S. 328–365.

[22] Vgl. Anselm von Canterbury, *Proslogion* 15, *op. cit.*, S. 112, 14–17.

[23] Vgl. Anselm von Canterbury, *Quid ad haec respondeat editor ipsius libelli* 4 (S. Anselmi Cantuariensis Archiepiscopi Opera omnia I), ad fidem codicum recensuit Franciscus Salesius Schmitt O.S.B., Stuttgart/Bad Cannstatt 1968, S. 134, 8–10.

[24] Vgl. *ibid.*, 5, S. 135, 8 – 136, 2.

griff bringt daher der ‚ontologische Gottesbegriff' das prinzipielle Paradox des Gottdenkens zumindest der abendländischen Metaphysik- und weitgehend auch der christlichen Theologiegeschichte am reinsten zum Ausdruck: Gott als das denkbar Beste und zugleich als größer als alles von einem endlichen Intellekt Denkbare annehmen zu müssen.

# 4. Die formale Normativität des ‚ontologischen Gottesbegriffs'

## 4.1. Q als eine Denkregel der Unübertrefflichkeit

Q besitzt den Charakter einer negativen Denkregel, genauer einer Denkregel der Un- oder Nichtübertrefflichkeit, die negativ vorschreibt, wie über Gott nicht gedacht werden darf, wenn man ihn rational angemessen denken will. Man darf sich gemäß dieser Regel Gott nicht als etwas vorstellen, das in seinem Wert noch von etwas anderem übertroffen werden könnte; dies aber bedeutet, affirmativ gewendet: Wenn sich ein endlicher Intellekt mit seinem Vernunftvermögen Gott angemessen denken will, dann muss sein Gottesbegriff die Form eines absoluten Superlativs besitzen, dann muss er sich Gott als das unübertrefflich Beste vorstellen. Wer also Gott nicht bereits rein formal als das schlechthin Unübertreffliche begreift, der denkt sicher nicht Gott, sondern etwas anderes, dessen Gottesgedanke ist schon formal und damit auch inhaltlich falsch. Auch diese formale Normativität[25] des ‚ontologischen Gottesbegriffs', die nur einen präskriptiven Gebrauch zulässt,[26] hat eine sie einschränkende Bedingung. Diese kann zwar nicht mit mathematischer Präzision bewiesen, wohl aber sowohl mit Blick auf die faktische Religionsgeschichte der Menschheit als auch auf die innere Finalität der endlichen Vernunft höchst wahrscheinlich gemacht werden: nämlich die Annahme, dass der Gottesbegriff Inbegriff des schlechthin Unübertrefflichen ist und damit einen singulären epistemischen Status besitzt und folglich nur ein einziges Referenzobjekt bezeichnen kann; mit anderen Worten: Weil absolute Unübertrefflichkeit nur ein einziges Mal verwirklicht sein kann, *wenn* sie überhaupt verwirklicht ist, muss Gott als Inbegriff dieser Unübertrefflichkeit *einer*, mithin *einzig* sein. Philosophisch legitimierbar ist daher nur ein monotheistischer Gottesbegriff. In dieser formalen Normativität aber liegt ein

---

[25] Der Normbegriff wird hier nicht in seiner rechtswissenschaftlichen, sondern in seiner philosophischen Bedeutung eines Begriffs für ein bestimmtes, objektiviertes Maß genommen; zu diesem Normbegriff vgl. ausführlich Hermann Krings, Art. „Norm I. Philosophie der Norm", in: *Staatslexikon*, Bd. III, Freiburg i. Br. u.a. [7]1988, S. 62.

[26] Zu dieser Möglichkeit eines präskriptiven Gebrauchs eines Normbegriffs vgl. *ibid.*, S. 63.

weiterer Vorzug des ‚ontologischen Gottesbegriffs' gegenüber vielen anderen Gottesbegriffen der klassischen Metaphysik, denen in ihrer expliziten Gestalt diese formale Normativität fehlt, da sie den formalen Charakter von Gegenstandsbestimmungen besitzen. Im Unterschied hierzu macht der ‚ontologische Gottesbegriff' Gott zu einer in Relation zum prinzipiellen Denkvermögen der endlichen Vernunft bestimmten Größe und hat damit nicht nur einen ontologischen, sondern ebenfalls einen noologischen Charakter.

### 4.2. Der ‚ontologische Gottesbeweis' in der Philosophie der Neuzeit

Die frühneuzeitliche und neuzeitliche Geschichte des ‚ontologischen Gottesbeweises' (Descartes, Malebranche, Spinoza, Leibniz, Hegel) steht zwar wie schon dessen Grundlegung bei Anselm von Canterbury sowie dessen mittelalterliche Tradition[27] in der Wirkungsgeschichte des platonisch-neuplatonischen Verständnisses von Sein als der Totalität aller (möglichen) Vollkommenheiten, zu denen auch die reale und die seinsnotwendige Existenz gehören. Aber zwischen Anselms eigenem Gottesbeweisargument und der neuzeitlichen Geschichte des ‚ontologischen Gottesbeweises' besteht vor allem folgende fundamentale Differenz: Anselms eigener ‚ontologischer Gottesbegriff' (Q) wird von der neuzeitlichen Geschichte des ontologischen Gottesbeweises'[28] genau genommen nicht adäquat rezipiert. Vielmehr gehen die neuzeitlichen Vertreter des ‚ontologischen Gottesbeweises' bereits von einem Begriff Gottes als des vollkommenen Wesens aus. Damit jedoch fällt sowohl der negativ-theologische Gehalt von Q als auch dessen formale Normativität für die neuzeitliche Geschichte des ‚ontologischen Gottesbeweises' schlicht aus. Denn diese reduziert den ‚ontologischen Gottesbegriff' Anselms auf dessen affirmativ-theologischen Gehalt seiner inhaltlichen Normativität, indem sie dessen noologischen Charakter, d.h. dessen begriffliche Bestimmung Gottes in Relation zum prinzipiellen Denkvermögen der endlichen Vernunft, unberücksichtigt lässt. Damit aber verliert der ‚ontologische Gottesbegriff' des neuzeitlichen Denkens, welcher Gott einfach als das schlechthin vollkommene Wesen versteht, gerade jene Bedeutungsdimension, die den ‚ontologischen Gottesbegriff' Anselms gegenüber an-

---

[27] Vgl. hierzu Augustinus Daniels, *Quellenbeiträge zur Geschichte des ontologischen Gottesbeweises im dreizehnten Jahrhundert, mit besonderer Berücksichtigung des Arguments im ‚Proslogion' des Hl. Anselm*, Münster 1909.

[28] Zu dieser Geschichte vgl. Markus Enders, Art. „Gottesbeweis", in: *Enzyklopädie der Neuzeit*, Bd. IV, Stuttgart 2006, Spp. 1024–1032; Gunnar Hindrichs, *Das Absolute und das Subjekt. Untersuchungen zum Verhältnis von Metaphysik und Nachmetaphysik. Erster Teil* (unveröffentlichte Habilitationsschrift, Philosophische Fakultät Heidelberg), S. 10–127.

deren Gottesbegriffen des klassischen abendländischen Denkens, welche den formalen Charakter von Gegenstandsbestimmungen besitzen, auszeichnet. Schließlich trifft Kants Kritik des ‚ontologischen Gottesbeweises' dessen ursprüngliche Form (Q) nicht, weil sie reale Existenz nicht als eine Seinsvollkommenheit, sondern nur noch als die raum-zeitliche Position eines Gegenstandes versteht.[29]

## 5. Die schlechthinnige Unübertrefflichkeit Gottes als seine aktuell unendliche Vollkommenheit

Eine präzisierende Bestimmung hat der ‚ontologische Gottesbegriff' Anselms durch dessen spätere Verbindung mit dem Unendlichkeitsbegriff erfahren. Zu einem Attribut eines Ersten Prinzips aller Wirklichkeit ist Unendlichkeit bzw. Unbegrenztsein bereits in der vorsokratischen (Anaximander, Melissos) und dann besonders in der platonischen, altakademischen (Speusipp) und neuplatonischen (Plotin, Proklos) Einheitsmetaphysik geworden: Verstand bereits Anaximander unter dem Unendlichen (*apeiron*) die Unbegrenztheit der hervorbringenden und erhaltenden bzw. steuernden Wirkmacht eines selbst welttranszendenten Prinzips,[30] so wurde altakademisch (Platon, Speusipp) und neuplatonisch (Plotin, Porphyrios, Proklos) das Unbegrenztsein als die uneingeschränkte Bestimmungs- und Wirkmacht (als absolute Grenze) des Einen, ferner als dessen Prinzipialität und als dessen Transzendenz auch über den Begriff der Einheit[31] sowie (bei Speusipp[32] und Proklos[33], nicht jedoch bei Platon, Plotin[34] und Porphyrios[35]) zugleich mathematisch-limitativ als der quantitativ unbestimmte, daher unmessbare und folglich unendliche Minimumcharakter des Einen verstanden, welches als solches zugleich das *maximum absolutum* und damit übergegensätzlich sein muss. Diesen limitativen Unendlichkeitsbegriff rezipiert später die Unendlichkeitsspekulation des Cusanus mit ihrer Minimum-Maxi-

---

[29] Vgl. Kant, *Kritik der reinen Vernunft* B 626–627, *op. cit.*, S. 401.

[30] Vgl. Markus Enders, *Natürliche Theologie im Denken der Griechen*, Frankfurt a. M. 2000, S. 32–34. DK 12 A 14. 15.

[31] Vgl. Platon, *Parmenides*, 137d7–8.

[32] Vgl. das Speusipp-Referat bei Proklos, *In Parm.* I, 24–31, in: *Porphyre et Victorinus*, 2 Bde., hg. von Pierre Hadot, Paris 1968, Bd. II, S. 66; ebenso das Speusipp-Testimonium bei Proklos, *In Parm.*, hg. von Victor Cousin, Paris 1864, S. 1118, 10–19. Dazu auch (mit ausführlichem Belegmaterial) Jens Halfwassen, „Speusipp und die Unendlichkeit des Einen", in: *Archiv für Geschichte der Philosophie* 74 (1992), S. 43–73; vgl. auch Hans Krämer, *Der Ursprung der Geistmetaphysik*, *op. cit.*, S. 352–355.

[33] Vgl. Proklos, *In Parm.*, *op. cit.*, S. 1123, 15 – 1124, 15.

[34] Vgl. Plotin, *Enneade* VI, 9, 6–15.

[35] Vgl. das Porphyrios-Testimonium bei Proklos, *In Parm.*, *op. cit.*, 1123, 22 – 1124, 15.

mum-Dialektik sowie ihrer Konzeption einer Koinzidenz aller Formen von Ge-
gensätzlichkeit in der unendlichen All-Einheit Gottes. Diese versteht Cusanus
als eine ‚negative Unendlichkeit'[36] und unterscheidet sie von der ‚privativen Unendlichkeit'[37] der raum-zeitlichen Welt, insofern von ihr jede Einschränkung
oder Begrenzung ihrer alle Seinsmöglichkeiten bzw. Seinsvollkommenheiten
überhaupt umfassenden Aktualität verneint wird.[38] Sowohl mit dieser Unterscheidung als auch mit seiner Verbindung zwischen der Unendlichkeit und der
Vollkommenheit Gottes folgt Cusanus einer bereits hochmittelalterlichen Tradition: Denn schon Thomas von Aquin unterscheidet zwischen der negativen Unendlichkeit als dem wesenhaften Unbegrenztsein Gottes und der privativen Unendlichkeit der geschaffenen Materie, die wesensmäßig dazu bestimmt ist, eine
Grenze zu haben, sie aber faktisch nicht hat.[39] Seinen Begriff göttlicher Unendlichkeit leitet Thomas aus der vollkommenen Unendlichkeit der Form gegenüber der unvollkommenen Unendlichkeit der Materie und somit aus dem Begriff formal-wesentlicher Vollkommenheit ab: Weil jede Vollkommenheit der
Form entspringt und weil Gott als das subsistierende Sein selbst reine Form
oder Akt ist, muss seine formal-wesentliche Unendlichkeit höchste Vollkommenheit bedeuten. Gott besitzt ein absolutes, von nichts anderem aufgenomme-
nes und daher gänzlich uneingeschränktes Sein, mit dem er selbst identisch ist.
Deshalb ist sein Wesen und sind daher auch seine Vermögen schlechthin oder
absolut unbegrenzt.[40] Dieses thomanische Konzept der formal-wesenhaften Unendlichkeit Gottes hat Heinrich von Gent unter Rekurs auf den averroischen Begriff eines prozessual oder progressiv Unendlichen, das alles Begrenzte übersteigt, rezipiert und zur Bestimmung der göttlichen Unendlichkeit als einem
vollendenden Ziel und einer entgrenzenden Grenze, die alle Vollkommenheiten
im unendlichen Wesen Gottes koinzidieren lässt, hin modifiziert.[41] Auch Bona-

---

[36] Vgl. Cusanus, *De doc. ign.*, II, 1: h I, 64, 14 (n. 97): „Solum igitur absolute maximum est
negative infinitum."
[37] Vgl. *ibid.*, 64, 15–65, 10 (n. 97).
[38] Vgl. *ibid.*, 64–65; vgl. hierzu Markus Enders, „Unendlichkeit und All-Einheit. Zum Unend-
lichkeitsgedanken in der philosophischen Theologie des Cusanus", in: Martin Thurner (Hg.),
*Nicolaus Cusanus zwischen Deutschland und Italien*, Berlin 2004, S. 383–441, insbes. 410–412;
zur „negativen Unendlichkeit" Gottes vgl. auch Albertus Magnus, *Comm. In Sent.* I, 15 (Opera
Omnia XXV), hg. von Auguste Borgnet, Paris 1890ff., S. 36, unter Bezug auf Johannes Damas-
cenus, *De fide orth.* I, 13 (MPG 94, S. 849–851).
[39] Vgl. Thomas von Aquin, *Comp. theol.* 18, hg. von Friedrich Abert, Würzburg 1896, S. 41.
[40] Vgl. Thomas von Aquin, *Summa theol.* I q. 7, a. 1 und 2; *id.*, *In Sent.* d. 43 q. 1 a. 1; *id.*,
*Comp. theol.* 18 und 20, *op. cit.*, S. 41–44; hierzu Leo Sweeney, *Divine Infinity in Greek and
Medieval Thought*, New York 1992, S. 432–437.
[41] Vgl. Heinrich von Gent, *Summa* art. 35 q. 1–8, ed. 1520 I, fol. 221rI–232rX. Dazu auch
Ludwig Hödl, „Der Begriff der göttlichen Unendlichkeit in der *Summa* des Heinrich von Gent
(†1293)", in: Ingrid Craemer-Ruegenberg / Andreas Speer (Hgg.), *Scientia und Ars im Hoch- und*

ventura bestimmt die Unendlichkeit Gottes als dessen vollständigen Besitz aller Vollkommenheiten und sieht in ihr darüber hinaus auch den seinsmäßigen Grund für die Dreifaltigkeit Gottes.[42] Damit wurde die fundamentale Bedeutung der Unendlichkeit in der Gotteslehre des Duns Scotus vorbereitet, durch die eine präzisere Bestimmung des ‚ontologischen Gottesbegriffs‘ vorgenommen wurde.[43] Scotus weist zunächst die Widerspruchsfreiheit zwischen den Begriffen ‚seiend‘ und ‚unendlich‘ nach, um die Möglichkeit eines unendlich Seienden zu sichern.[44] Dann zeigt er in einem zweiten Schritt, dass in der Ordnung des Vorrangs nur ein solches Seiendes unübertrefflich sein kann, welches unendlich ist.[45] Denn eine Unendlichkeit in der Vollkommenheit, die zugleich besteht (*in perfectione simul essendo*[46]), widerspricht nicht der Seiendheit und ist daher möglich. Mit diesem Begriff eines aktuell unendlich vollkommenen Seienden interpretiert Scotus Anselms ‚ontologischen Gottesbegriff‘ (Q), den er als das höchste (widerspruchsfrei) Denkbare (*summum cogitabile sine contradictione*[47]) versteht und aus dessen realer Möglichkeit er auf dessen notwendigerweise reale Existenz schließen zu können glaubt. Denn das *summum cogitabile* wäre als ein bloßes *ens rationis* eine von einem anderen, dem endlichen Intellekt, abhängige Größe und somit nicht unendlich, mithin nicht es selbst.[48] Dadurch

---

*Spätmittelalter* (Miscellanea Mediaevalia 22/2), Berlin/New York 1994, S. 548–68, insbes. S. 555–558.

[42] Vgl. Bonaventura, *In I Sent* d. 43 a. unicus q. 2 (Opera omnia I), ed. Quaracchi 1883, S. 769–770; *De myst. trin.* q. 4 a. 2 concl. (Opera omnia V), ed. Quaracchi 1891, S. 85–86.

[43] Ähnlich zentral für das Gottesverständnis in der christlichen Tradition war die aktuale Unendlichkeit nur etwa bei Gregor von Nyssa (vgl. hierzu Ekkehard Mühlenberg, *Die Unendlichkeit Gottes bei Gregor von Nyssa*, Göttingen 1969, und Thomas Böhm, *Theoria – Unendlichkeit – Aufstieg. Philosophische Implikationen zu ‚De Vita Moysis‘ von Gregor von Nyssa*, Leiden/New York/Köln 1996, insbes. S. 137–189); zur antiken und mittelalterlichen Geschichte der (aktuellen) Unendlichkeit als Gottesprädikat vgl. Sweeney, *Divine Infinity in Greek and Medieval Thought*, op. cit.; Enders, „Allgegenwart und Unendlichkeit Gottes“, op. cit.; id., „Zur Begriffsgeschichte der Allgegenwart und Unendlichkeit Gottes im hochmittelalterlichen Denken“, in: Jan A. Aertsen / A. Speer (Hgg.), *Raum und Raumvorstellungen im Mittelalter* (Miscellanea Mediaevalia 25), Berlin/New York 1998, S. 335–347.

[44] Vgl. Duns Scotus, *Ord.* I nn. 74–147 (Opera Omnia II), hg. von Charles Balic, Civitas Vaticana 1950, S. 56–98.

[45] Vgl. *ibid.*, S. 206–208; *Ord.* I d. 3 p. 1 q. 1–2 nn. 38–40 (Opera Omnia III), hg. von Charles Balic, Civitas Vaticana 1954, S. 25–27; *Lect.* I d. 3 p. 1 q. 1–2 n. 83 (Opera Omnia XVI), hg. von Charles Balic, Civitas Vaticana 1960, S. 84; *De primo princ.* C 4 concl. 9 n 78, hg. von Wolfgang Kluxen, Darmstadt 1974, S. 102.

[46] Vgl. Duns Scotus, *Ord.* I n. 134 (Opera Omnia II), op. cit., S. 208; *Lect.* n. 85 (Opera Omnia XVI), op. cit., S. 142; *De primo princ.* C 4 concl. 9 n. 78, op. cit., S. 104.

[47] Duns Scotus, *Ord.* I n. 137 (Opera Omnia II), op. cit., S. 208–209: „Deus est quo cognito sine contradictione maius cogitari non potest sine contradictione.“

[48] *Ibid.*, S. 209: „Non est autem hoc sic intelligendum quod idem si cogitetur, per hoc quod sit maius cogitabile existat, sed, omni quod est in intellectu tantum, est maius aliquod quod existit.“

gelangt Scotus zu der Einsicht, dass die intensive Unendlichkeit bzw. unendliche Vollkommenheit das Wesen Gottes konstituiert und damit dessen Eigenschaften wie die der notwendigen Existenz, der Einfachheit und der Einzigkeit zwar nicht *formaliter*, aber in ihrem Vollkommenheitsgrad bestimmt. Denn die unendliche Vollkommenheit stellt kein einzelnes Gottesattribut, keinen Formalinhalt in Gott dar, sondern sie ist selbst nichts anderes als der höchste Vollkommenheitsgrad aller Wesensattribute Gottes.[49] Als solche aber bedingt sie die reale Identität aller göttlichen Wesensbestimmungen (ohne diese in ihrem je eigenen formalen Was aufzuheben) und damit auch die Einfachheit des göttlichen Wesens. Damit hat Scotus den begrifflichen Gehalt des anselmischen Gottesbegriffs der schlechthinnigen Unübertrefflichkeit als intensive Unendlichkeit bzw. genauer als aktuell unendliche Vollkommenheit präzisiert.

Es nimmt daher nicht wunder, dass sowohl aufgrund dieser Konzeption einer intensiven Unendlichkeit als auch der der negativen Unendlichkeit bei Cusanus Unendlichkeit und Vollkommenheit in das Zentrum der philosophischen Gotteslehre der frühen Neuzeit (Descartes, Spinoza, Leibniz) rücken, während im Deutschen Idealismus das absolute Sein und Wissen (Fichte), die absolute Subjektivität und Geistwirklichkeit (Hegel) sowie die absolute Indifferenz – von Subjektivität und Objektivität – und die absolute Freiheit (Schelling) zu den maßgeblichen Wesensbestimmungen des Göttlichen avancieren. Als je besondere Unübertrefflichkeiten lassen sich diese Gottesprädikate aus dem zugrunde gelegten Gottesbegriff einer stets ganz verwirklichten, unendlichen Seinsvollkommenheit ableiten, welche bedingt, dass Gott alle widerspruchsfrei denkbaren, mithin begrifflich möglichen, Qualitäten zugesprochen werden müssen, und zwar in ihrem jeweils unübertrefflich größten Vollkommenheitsgrad.

## 6. Der systematische Ertrag des ‚ontologischen Gottesbegriffs‘: Gott als Inbegriff absoluter Unübertrefflichkeit

Zusammenfassend betrachtet, sollte deutlich geworden sein, dass es meines Erachtens die Verbindung zweier Vorzüge ist, die den mit Duns Scotus als aktuell unendliche Seinsvollkommenheit präzisierten ‚ontologischen Gottesbegriff‘ Anselms von Canterbury gegenüber allen anderen Gottesbegriffen der endlichen Vernunft zumindest im Bereich des abendländischen Denkens auszeichnet: zum einen seine inhaltliche Normativität, die in seinem affirmativ-theologischen und zugleich in seinem negativ-theologischen Gehalt begründet liegt; d.h. darin,

---

[49] Duns Scotus, *Ord.* I, d. 8 p. 1 q. 4 n. 192 (Opera Omnia IV), hg. von Charles Balic, Civitas Vaticana 1956, S. 261.

dass er mit einer einzigen sprachlichen Formel (Q) sowohl die allumfassende Seinsvollkommenheit als auch die Transzendenz Gottes, d.h. seine Erhabenheit über das intellektuelle Anschauungsvermögen der endlichen Vernunft, auszusagen vermag. Zum zweiten – und dieser Vorzug ist meines Erachtens der für die geistige Situation unserer Zeit entscheidende – seine formale Normativität. Denn der ‚ontologische Gottesbegriff‘ ist so geartet, dass man selbst dann, wenn man seine inhaltliche Bestimmung bzw. seinen begrifflichen Gehalt ablehnt, dennoch seiner Form zustimmen muss, sofern man ihm überhaupt eine referentielle Funktion zusprechen, d.h. ihn als einen vernunftgemäßen Gottesbegriff verstanden wissen will. Diese formale Normativität von Q aber setzt ein grundsätzliches Verständnis der Bedeutung des Gottesbegriffs als eines Begriffs mit dem qualitativ bestmöglichen Gehalt und damit eine wertende Hierarchisierung begrifflicher Gehalte voraus. Wer sich jedoch Gott nicht einmal formal als den höchsten Gedanken seines eigenen Vernunftvermögens, als das vernünftigerweise denkbar Beste, vorstellen will, sondern als etwas anderes, suspendiert den Vernunftcharakter des Gottesgedankens. Mit anderen Worten: Wer in Gott überhaupt etwas Reales und nicht etwa eine Projektion des eigenen Bewusstseins sehen will, der weiß sich durch sein Vernunftvermögen verpflichtet, sich unter Gott das denkbar Größte und Beste vorstellen zu sollen. Damit aber dürfte alleine im Falle von Q als desjenigen, über das hinaus Größeres nicht gedacht werden kann, eine Verbindung von inhaltlicher und formaler Normativität des Gottesbegriffs gegeben sein. Denn selbst ein Philosoph, der das axiologische Seinsdenken der klassischen Metaphysik, welches den begrifflichen Gehalt auch des *unum argumentum* Anselms bestimmt, *de facto* ablehnt und dennoch Gott rational denken will, wird von seiner Vernunft dazu verpflichtet, der bloßen Form des ‚ontologischen Gottesbegriffs‘ zuzustimmen, d.h. sich unter Gott zumindest formal das denkbar Größte und Beste vorzustellen, auch wenn er sich durch eine nicht mehr vernunftgemäße inhaltliche Bestimmung des Gottesbegriffs in einen performativen Widerspruch begibt. In dieser seiner Verbindung von inhaltlicher *und* formaler Normativität aber liegt der Vorrang des ‚ontologischen Gottesbegriffs‘ gegenüber anderen Gottesbegriffen der abendländischen Philosophiegeschichte, die den Charakter von Gegenstandsbestimmungen besitzen, sowie seine besondere Aktualität gerade für die geistige Situation unserer Gegenwart, die nicht zuletzt auf Grund eines prinzipiell anderen Scins- und Realitätsverständnisses den von Q verwahrten inhaltlich normativen Seinsbegriff nicht mehr akzeptieren zu können glaubt.[50] Gemäß dieser formalen Normati-

---

[50] Deshalb ist Gott auch für jene postmodernen Denker, die das klassische Verständnis von (unendlicher) Seinsvollkommenheit ablehnen, das für sie Höchste und Größte, etwa für Emmanu-

vität des ‚ontologischen Gottesbegriffs' ist daher der folgende Umkehrschluss gültig: Wer sich Gott als etwas denkt, welches gemäß seinem eigenen Urteil noch von etwas anderem übertroffen werden könnte, hat sicher kein vernunftgemäßes und daher auch kein angemessenes Gottesverständnis, weil er den singulären epistemischen Status des Gottesbegriffs als eines Inbegriffs absoluter, d.h. in jeder möglichen Hinsicht bestehender, Unübertrefflichkeit nicht realisiert hat.

Abschließend sei der systematische Ertrag der vorausgegangenen Überlegungen auf die folgende Kurzformel gebracht: Gott muss, wenn es ihn gibt, schlechthin unübertrefflich sein.

# 7. Eine Anmerkung zum negativ-theologischen Charakter der unübertrefflichen Vollkommenheit Gottes in der Religionsphilosophie des Maimonides

Das spezifisch jüdische Verständnis der unübertrefflichen Vollkommenheit Gottes kann im Rahmen dieses Vortrags auch nicht annähernd behandelt werden. Wir müssen uns hier auf eine kurze Anmerkung zu diesem Thema im Hauptwerk des bedeutendsten jüdischen Religionsphilosophen Maimonides beschränken, dessen exemplarischer Charakter für einen Grundzug des jüdischen Denkens im Ganzen daher vorausgesetzt wird.

Im 26. Kapitel des ersten Buches seines *Führers der Unschlüssigen* führt Maimonides aus, dass die Menschen Gott jede Art von Vollkommenheit zuschreiben, und zwar sowohl solche Vollkommenheiten, die sie sich vorstellen können, als auch solche, welche das menschliche Vorstellungsvermögen überschreiten.[51] Als einem vollkommenen Seienden[52] müsse Gott auch alles Leiden

---

el Levinas das Gute schlechthin oder für Jacques Derrida das bzw. der ganz Andere oder für Jean-Luc Marion die sich gebende Liebe.

[51] Vgl. Mose Ben Maimon, *Führer der Unschlüssigen*, ins Deutsche übertragen und mit erklärenden Anmerkungen versehen von Dr. Adolf Weiss, Leipzig 1923, S. 74–75: „Ebenso wird Gott alles zugeschrieben, was bei uns, den Menschen, als Vollkommenheit gilt, um auszudrücken, daß er jede Art der Vollkommenheit besitzt und daß keine Mangelhaftigkeit und keine Beraubung bei ihm vorhanden ist. Daher wird alles, was die Menge als Mangelhaftigkeit oder Defekt denkt, von Gott nicht ausgesagt. So wird von ihm weder Essen, noch Trinken, noch Schlaf, noch Krankheit, noch Unrecht oder, was dem ähnlich ist, ausgesagt. Alles aber, was die Menschen als Vollkommenheiten ansehen, wird von Gott ausgesagt, obgleich dies nur Vollkommenheiten in Beziehung auf uns sind, in Beziehung auf Gott aber alles, was wir für eine Vollkommenheit halten, die höchste Mangelhaftigkeit wäre. Nach ihrer Meinung aber wäre es eine Mangelhaftigkeit in Beziehung auf Gott, wenn sie sich vorstellen sollten, daß diese menschlichen Vollkommenheiten bei ihm nicht vorhanden sind."

abgesprochen werden, „jede Privation, jedes Nichtvorhandensein einer Formbe-stimmtheit [...], wie auch daß irgendeine Vollkommenheit bei ihm nicht einmal nicht vorhanden und ein andermal vorhanden sein kann".[53] Gott könne nämlich nicht nur dem Vermögen nach, sondern müsse stets auch aktuell vollkommen sein, sonst wäre er nicht wahrhaft vollkommen.[54] Demnach setzt Maimonides einen Begriff von unübertrefflicher Vollkommenheit zumindest implizit voraus, den er für Gottes Sein in Anspruch nimmt. Dem noologischen Charakter des ‚ontologischen Gottesbegriffs' Anselms näher kommt Maimonides im 53. Kapitel des ersten Buches seines Hauptwerkes, wenn er auf vier Wesenseigenschaf-ten Gottes nach Auffassung einer nicht genauer gekennzeichneten Personen-gruppe zu sprechen kommt, die sich „aus dem Denken ergeben", und zwar auf das Leben, die Allmacht, die Allwissenheit und den Willen Gottes. Diese Per-sonen nähmen an, dass es undenkbar sei, „daß auch nur das Geringste von die-sen verschiedenen Dingen [sc. den gcnannten vier Wesenseigenschaften Gottes] und Vollkommenheiten in Gott nicht vorhanden sei, ebenso wie es unmöglich ist, daß diese zu seinen Wirkungen gehören".[55] Auch wenn Maimonides diese Denkunmöglichkeit des Nichtvorhandenseins aller Vollkommenheiten in Gott *expressis verbis* nicht als seine eigene Meinung, sondern als die einer anderen Personengruppe vorträgt,[56] so erwähnt er diese Überzeugung doch im Gestus

[52] Vgl. *ibid.*, S. 110: „Es gibt ein vollkommenes Seiendes, das kein Körper und keine Kraft in einem Körper ist; dieses ist Gott, der von keiner Art Mangel behaftet ist und somit nicht einer Einwirkung unterworfen sein kann."

[53] *Ibid.*, S. 185–186.

[54] Vgl. *ibid.*, S. 186: „Denn gesetzt, dies [sc. dass irgendeine Vollkommenheit bei Gott einmal nicht vorhanden sein kann] wäre möglich, dann wäre Gott dem Vermögen nach vollkommen. Mit dem Vermögen muß aber notwendig eine Beraubung verbunden sein. Was aber aus einem Mögli-chen zu einem Wirklichen wird, kann dies nur durch ein anderes wirklich Seiendes werden, das es zu einem Wirklichen macht, und daraus folgt, daß in Gott alle seine Vollkommenheiten in Wirk-lichkeit vorhanden sein müssen und er in keiner Hinsicht etwas nur dem Vermögen nach besitzen kann."

[55] *Ibid.*, S. 174–175.

[56] Nach einem freundlichen Hinweis von Herrn Kollegen Yossef Schwartz vom Cohn Institute for the History and Philosophy of Science and Ideas der Tel Aviv Universität könnte die Diskus-sion der Wesensattribute Gottes im zweiten Abschnitt von Saadja Gaons Werk *Emunot we Dëot* eine Quelle für diese Annahme sein, wobei ich allerdings eine genaue inhaltliche Entsprechung leider nicht feststellen konnte; immerhin spricht Saadja im 47. Kapitel des zweiten Abschnitts dieser Schrift von der „Erhabenheit, Größe und Unübertrefflichkeit" Gottes (Saadja Fajjumi, *Emunot we-Dëot oder Glaubenslehre und Philosophie*, aus dem Hebräischen mit theilweiser Be-nutzung des Arabischen übersetzt von Julius Fürst [Die jüdischen Religionsphilosophen des Mit-telalters oder Übersetzungen der seit dem zehnten Jahrhundert verfaßten jüdischen Religionsphi-losophen. Mitgetheilt von Julius Fürst, Erster Band], Hildesheim/New York 1970, S. 191). Damit dürfte Saadja höchst wahrscheinlich ein Gottesprädikat der Mutakallimūn, d.h. der islamischen Theologen der Mu'atazillāh, wiederholen, auf die sich auch Maimonides in diesem Zusammen-hang beziehen dürfte. Dem freundlichen Hinweis von Herrn Kollegen Yossef Schwartz, dass auch

der Zustimmung und Befürwortung. Denkunmöglich ist nach Auffassung dieser
Personen auch die Annahme, dass die Vollkommenheiten Gottes zu seinen
Wirkeigenschaften gehören, mit anderen Worten: Es sei denknotwendig, dass
sie Wesenseigenschaften Gottes darstellen. Insbesondere darin unterscheiden
sich nach Maimonides die Vollkommenheiten Gottes von den menschlich vor-
stellbaren Vollkommenheiten, die als Fähigkeiten, d.h. als Vermögen zu bestimmten Tätigkeiten,[57] bei den menschlichen Trägern, die sie besitzen, nicht
immer vorhanden sind und damit auch nicht zu ihrem Wesen gehören können.[58]
Denn nach Maimonides sind die Eigenschaften, die den Menschen als Vollkommenheiten gelten, in Bezug auf Gott durchgehend Unvollkommenheiten,[59]
da er nur eine Namens-, nicht aber eine Sachgleichheit zwischen menschlichen
und göttlichen Eigenschaften annimmt.[60] Gott ist also nach Maimonides auch
und gerade in der schlechthinnigen Vollkommenheit seines Seins wesenhaft
verschieden von und daher unvergleichbar mit allem anderen. Maimonides kann
daher sachlich durchaus als ein Vertreter des ‚ontologischen Gottesbegriffs‘
eines schlechthin unübertrefflich vollkommenen Seins betrachtet werden, auch
wenn er diesen wörtlich nicht zum Ausdruck bringt. Während der negativ-
theologische Gehalt des ‚ontologischen Gottesbegriffs‘ von ihm besonders ein-
dringlich und radikal vertreten wird, hält er den affirmativ-theologischen Gehalt
dieses Gottesbegriffs für menschlich unvorstellbar, nimmt also an, dass Gott
zwar alle Vollkommenheiten zukommen müssen, dass aber die göttlichen

---

die Diskussion der Attribute Gottes in Abraham Ibn Daūds um 1160 in Toledo verfasstem philosophischem Hauptwerk *Der erhabene Glaube* eine Quelle für Maimonides gewesen sein könnte,
konnte ich mangels einer für mich zur Zeit verfügbaren Textausgabe dieser Schrift leider nicht
nachgehen.

[57] Vgl. *ibid.*, S. 205: „Alle Arten der Vollkommenheiten sind nämlich Fähigkeiten.“

[58] Vgl. *ibid.*, S. 205–206: „Und von diesem Gesichtspunkte aus ist es erforderlich, seiner Erkenntnis näher zu kommen und ihn durch Untersuchung und Forschung zu erkennen, so daß die
Undenkbarkeit alles dessen erkannt werde, was ihm fälschlicherweise zugesprochen wird, nicht
aber positiv zu behaupten, daß Gott etwas in dem Sinne zukomme, daß es zu seinem Wesen hin-
zutritt, oder daß dies in Gott als Vollkommenheit vorhanden ist, weil du bemerkst, daß es in
Beziehung auf uns eine Vollkommenheit ist. Alle Arten der Vollkommenheiten sind nämlich
Fähigkeiten. Aber nicht alle Fähigkeiten sind bei denen, die sie besitzen können, immer vorhanden. Wenn du also von Gott etwas bejahend aussagst, entfernst du dich von ihm in zweifacher
Hinsicht, erstens, weil alles, was du ihm beilegst, in uns eine Vollkommenheit ist [sc. und somit
nicht in Gott eine Vollkommenheit sein muss], und zweitens, weil er nicht der Besitzer eines
anderen Dinges ist, weil vielmehr, wie wir gezeigt haben, seine Vollkommenheiten sein Wesen
sind.“

[59] Vgl. *ibid.*, S. 213: „Dies bedeutet aber, daß die Eigenschaften, die uns als Vollkommenheiten
gelten, in Beziehung auf Gott nichts dieser Art sind, sondern durchgehends Unvollkommenheiten“.

[60] Vgl. *ibid.*, S. 191: „Dies ist also ein entscheidender Beweis, daß die Gott zugesprochenen Eigenschaften keine wie immer geartete Übereinstimmung der Bedeutung mit den uns bekannten
haben können, höchstens eine Namensgemeinschaft, sonst aber keine.“

Seinsvollkommenheiten für die Menschen überhaupt nicht – auch nicht mehr analog – vorstellbar seien. Diese Überzeugung des Maimonides aber liegt in der Radikalität seiner negativ-theologischen Vorentscheidung begründet, dass es zwischen Gott und seinen Geschöpfen keine substantielle oder wesenhafte Ähnlichkeit gebe, dass also Gott der ganz Andere sei.[61]

# 8. Eine Anmerkung zum Gedanken der Unübertrefflichkeit Gottes in der islamischen Religion

Mehr als eine Anmerkung können und sollen auch die folgenden Überlegungen zum Gedanken der Unübertrefflichkeit Gottes in der islamischen Religion nicht sein. Denn dieses Thema, dessen einigermaßen angemessene Durchführung nicht einmal im Rahmen einer Monographie geleistet werden könnte, kann hier nur in exemplarischer Verkürzung und damit gleichsam *en miniature* behandelt werden. Entsprechend soll dies an einem einzigen Text vorgeführt werden, und zwar an einer in der westlichen Gelehrsamkeit relativ unbekannten Schrift Ahmad al-Ghazzalis, des jüngeren Bruders des großen islamischen Gelehrten Muhammad al-Ghazzali (gest. 1111 n. Chr.), die der kürzlich verstorbene Jesuit Richard Gramlich, nach Annemarie Schimmel der wohl bedeutendste Kenner der islamischen Mystik im deutschen Sprachraum, unter dem Titel *Der reine Gottesglaube. Das Wort des Einheitsbekenntnisses* eingeleitet, übersetzt, kommentiert und herausgegeben hat.

Ahmad al-Ghazzali hieß mit vollem Namen Abu l-Futuh Maǧd ad-din Ahmad b. Muhammad at-Tusi al-Ghazzali (gest. 1126 n. Chr.). Er war kein so großer Lehrer und Autor wie sein berühmter Bruder, aber ebenso ein Sufi, dessen Stärke die Predigt war[62] und über dessen Aufsehen erregendes Ekstaseverhalten viele Geschichten erzählt wurden. Ahmad al-Ghazzali hat neben seiner bekannter gewordenen, in persischer Sprache verfassten Schrift *Sawānih*, die ins Deutsche unter anderem von Helmut Ritter und Richard Gramlich unter dem Titel *Aphorismen über die Liebe* sowie *Gedanken über die Liebe* übersetzt und (von Gramlich) auch kommentiert worden ist, ein kleines arabisches Werk mit dem Titel *At-taǧrīd fī kalimat at-tawhīd*, d.h. „Reinigung der Gottesvorstellung von

---

[61] Zur negativen Theologie des Maimonides vgl. Yossef Schwartz, „Zwischen Einheitsmetaphysik und Einheitshermeneutik: Eckharts Maimonides-Lektüre und das Datierungsproblem des *Opus tripartitum*", in: Andreas Speer / Lydia Wegener (Hgg.), *Meister Eckhart in Erfurt* (Miscellanea Mediaevalia 32), Berlin/New York 2005, S. 259–279.

[62] Vgl. Richard Gramlich, „Einleitung", in: Ahmad al-Ghazzali, *At-taǧrīd fī kalimat at-tawhīd. Der reine Gottesglaube. Das Wort des Einheitsbekenntnisses*, eingeleitet, übersetzt und kommentiert von Richard Gramlich, Wiesbaden 1983, S. 3.

allen fremden Elementen. Das Wort des Einheitsbekenntnisses"[63] verfasst, das keinen theologischen Traktat über den einen Gott, sondern eine Anleitung darstellt, „durch den rechten Gebrauch der Glaubensformel *Es gibt keinen Gott außer Gott* zu einem geläuterten, lebendigen und gelebten Glauben an den Einen zu finden. Das Wort *Es gibt keinen Gott außer Gott* hat einen Rechtsanspruch (3), dem man zu entsprechen hat und dem man nicht nachkommt, wenn man es nur mit der Zunge (3, 1; 3, 3) und mit gleichgültigem Herzen (16) ausspricht, wenn man sich an anderes als Gott hält (2, 2–3) und anderes als ihn – sein Geld, seine Lust – sucht, anstrebt, anbetet (2, 1; 25)".[64] Worin liegt dieser „Rechtsanspruch", von dem Richard Gramlich mit den zitierten Worten in seiner Einleitung zu seiner Übersetzung dieser Schrift spricht, letztlich begründet? Mit anderen Worten: Warum kann nach Auffassung Ahmad al-Ghazzalis, der damit nur eine für die Sufik im Ganzen charakteristische und darüber hinaus zumindest in monotheistischer Mystik allgemein verbreitete Überzeugung artikuliert, warum also kann Gott für sich zu Recht den Anspruch erheben, ausschließlich um seiner selbst willen vom Menschen erstrebt bzw. gewollt und geliebt zu werden?

Ahmad al-Ghazzali fragt im ersten Abschnitt dieser Schrift nach dem Inhalt bzw. dem Kern des *tawḥīd*,[65] des Bekenntnisses zur Einzigkeit Gottes,[66] welches der erste und grundlegende Bestandteil der islamischen Bekenntnisformel, der *šhahadāh*, ist und deren Aussprechen in Anwesenheit von 10 männlichen Muslimen den Akt des Übertritts zum islamischen Glauben besiegelt. Das Einheits- bzw. genauer Einzigkeitsbekenntnis stellt daher das Kernelement des islami-

---

[63] Vgl. hierzu Sure 112, die auch als „Surat at-tawhīd" bezeichnet wird:
Sprich: Gott ist Einer, Ein ewig reiner, Hat nicht gezeugt und ihn gezeugt hat keiner, Und nicht ihm gleich ist einer. (*Der Koran*, in der Übersetzung von Friedrich Rückert, hg. von Hartmut Bobzin, mit erklärenden Anmerkungen von Wolfdietrich Fischer, Würzburg 2000, S. 480). An dieser Stelle möchte ich mich ganz herzlich bei meinem ehemaligen Mitarbeiter, Herrn Mag. Art. der Philosophie Ahmad Milad Karimi für seine zahlreichen wertvollen Ergänzungs- und Korrekturvorschläge bedanken, die ich von ihm für diesen islambezogenen Teil meines Beitrages erhalten und berücksichtigt habe.

[64] Gramlich, *Der reine Gottesglaube, op. cit.*, S. 7–8; wie Sure 37, 35 vermuten lässt, war die Glaubensformel „lā ilāha illā llāhu" schon zu Muhammads Lebzeiten gebräuchlich.

[65] *Tawḥīd* ist abgeleitet aus dem Verb: „wahhada", „vereinigen", obgleich der Begriff *tawḥīd* im Koran *expressis verbis* nicht vorkommt, vgl. hierzu Rudolf Macuch, „Zur Vorgeschichte der Bekenntnisformel *lā ilāha illā llāhu*", in: *Zeitschrift der Deutschen Morgenländischen Gesellschaft* 128 (1978), S. 20–38; Daniel Gimaret, Art. „Tawḥīd", in: *Encyclopaedia of Islam*[2] X (2000), S. 389.

[66] Vgl. Gramlich, *Der reine Gottesglaube, op. cit.*, S. 12–13: „Das Wort ist eine Nußschale, der Inhalt ein Kern. Das Wort ist eine Muschelschale, der Inhalt eine Perle. Was kann einer mit der Nußschale anfangen, wenn kein Kern darin ist? Der Inhalt dieses Wortes ist wie der Geist gegenüber dem Leib. Wie man vom Leib keinen Nutzen hat ohne den Geist, so hat man von diesem Wort keinen Nutzen ohne seinen Inhalt."

schen „Credos" (*īmān*) dar. Ahmad al-Ghazzali unterscheidet zwischen zwei
Gruppen von Personen, die dieses Bekenntnis zur Einzigkeit Gottes aussprechen: Zwischen den „Leuten der Gerechtigkeit", die den *tawḥīd* äußerlich korrekt aussprechen, d.h. die äußere Form dieses Bekenntnisses wahren, sich aber
nicht seinen Kern bzw. seinen Inhalt zu eigen machen; diese Personen bezeichnet er daher als Lügner und Heuchler, ja sogar als Ungläubige;[67] von ihnen unterscheidet er die „Leute der Huld", die das Einheitsbekenntnis sich auch in
seinem Inhalt zu eigen machen und dadurch sowohl das wahre Gute im Diesseits als auch im Jenseits für sich gewinnen. Worin aber besteht der Sinngehalt
des Einzigkeitsbekenntnisses *Es gibt keinen Gott außer Gott*, welches als Zeuge
für oder gegen den Gläubigen beim Jüngsten Gericht auftreten wird?[68] Um diese
entscheidende Frage korrekt beantworten zu können, müssen wir der Analyse
des Sinngehalts des Einzigkeitsbekenntnisses folgen, die Ahmad al-Ghazzali
selbst vornimmt: Dafür unterscheidet er im *tawḥīd*, der rein sprachlich gesehen
aus genau vier Worten besteht, nämlich aus *lā ilāha illa llāh* (wörtlich: „Nicht
gibt es einen Gott außer Gott") zwei Sinneinheiten: Die erste dieser beiden
Sinneinheiten, die aus den beiden ersten Wörtern, also aus *lā ilāha*, besteht,
wird mit der Negationspartikel *lā* eingeleitet und daher von al-Ghazzali als eine
reine Verneinung aufgefaßt, weil, wie al-Ghazzali ausdrücklich sagt, der von
ihr bezeichnete Sinngehalt („es gibt nicht einen Gott") keinen Sachverhalt bezeichnet, dessen Bestehen oder Vorhandensein auch nur denkbar wäre.[69] Demnach ist es für al-Ghazzali nicht einmal denkmöglich, dass es irgendeinen Gott
außer dem wahren, dem einzigen Gott gibt. Wer diese Position des Gegeben-

---

[67] Vgl. *ibid.*, S. 13: „Die Leute der Gerechtigkeit [...] ergreifen dieses Wort in seiner Form,
nicht aber in seinem Inhalt. Sie schmücken ihr Äußeres mit dem Sprechen und ihr Inneres mit
dem Unglauben, und ihre Herzen sind schwarz und finster. Sie schützen mit diesem Wort ihren
guten Ruf und erreichen damit ihre Ziele, doch morgen trifft sie ein Wind aus der Richtung der
Allmacht, der jenes Licht auslöscht, so daß sie in der Finsternis ihres Unglaubens bleiben. *Gott
nahm ihr Licht weg und ließ sie in Finsternissen zurück, so daß sie nichts sahen.* Das Zeugnis der
Anfanglosigkeit erscheint ihnen, gegen sie zeugend, daß sie lügen: *Und Gott bezeugt, daß die
Heuchler lügen.*"
[68] Vgl. *ibid.*, S. 14: „Hüte dich, mit der Zunge gläubig zu sein, nicht aber mit dem Herzen, so
daß dieses Wort auf den Gefilden der Auferstehung gegen dich den Ruf erhebt: ‚Mein Gott, ich
war soundso viele Jahre sein Gefährte, doch er hat mein Recht nicht anerkannt und meine heilige
Würde nicht geachtet!' Denn dieses Wort wird Zeugnis für oder gegen dich ablegen. Gehörst du
zu den Leuten der Huld, so zeugt es für dich, gehörst du zu den Leuten der Gerechtigkeit, so zeugt
es gegen dich. Den Leuten der Huld bezeugt es ihre Ehrerbietung, um sie schließlich ins Paradies
eingehen zu lassen, den Leuten der Gerechtigkeit bezeugt es ihre Sündhaftigkeit, um sie schließlich ins Höllenfeuer zu bringen."
[69] Vgl. *ibid.*, S. 17: „*Lā ilāha* (Es gibt keinen Gott) ist eine reine Verneinung; denn die Sache
wird nicht so verneint, daß von ihr ein Bestehen oder Vorhandensein denkbar wäre, und die Parti-
kel *lā* dient nicht dazu, eine Sache so zu verneinen, daß von ihr ein wirkliches Bestehen und
Vorhandensein denkbar wäre."

seins eines solchen Gottes außer dem wahren, dem einzigen Gott dennoch annimmt, den nennt al-Ghazzali einen „Polytheisten"[70]. Die Denkunmöglichkeit eines anderen Gottes außer bzw. neben dem wahren Gott begründet al-Ghazzali *expressis verbis* mit der heiligen Erhabenheit des urewigen, mithin anfang- und endelosen Gottes über alles andere, so dass es für ihn keinen „Partner oder Gleichartigen oder Widerpart oder Ebenbürtigen" geben könne.[71] Diese schlechthinnige Erhabenheit Gottes bringt al-Ghazzali auch mit den Termini der „Alleinheit" bzw. „Zweitlosigkeit" Gottes zum Ausdruck, wenn er etwa im 29. Abschnitt dieser Schrift ausführt, dass der Nutzen des *tawḥīd* die Erkenntnis der Alleinheit Gottes und dass seine Frucht das Bekenntnis seiner Zweitlosigkeit sei.[72] Die Denkunmöglichkeit der Existenz eines anderen Gottes liegt demnach, auch wenn al-Ghazzali diese Schlussfolgerung nicht mehr explizit macht, in der Denkunmöglichkeit einer Zweiheit des wahren Gottes und damit in dessen schlechthinniger Nichtzweiheit oder Einzigkeit begründet. Diese aber kann und muss als eine sachliche Entsprechung zum negativ-theologischen Gehalt des ‚ontologischen Gottesbegriffs' im abendländischen Denken verstanden werden, da sie nichts anderes bedeutet, als dass es in keiner möglichen Hinsicht und damit auch nicht für unser Denken etwas zu Gott Gleichwertiges und Gleichartiges geben könne. Folglich müssen wir uns den wahren Gott stets als etwas schlechthin Nichtübertreffliches denken. Dieses unübertreffliche Sein Gottes aber kann als solches nur einmal verwirklicht sein, wie bereits im Kontext des abendländischen Denkens gezeigt wurde. Daher impliziert die Denknotwendigkeit der Einzigkeit (des wahren) Gottes sachlich seine Nicht- oder Unübertrefflichkeit.

Doch kehren wir zu al-Ghazzalis ausdrücklicher Deutung der ersten Sinneinheit des ersten Satzes der *šhahadāh* zurück. Er bezeichnet die Aussage *Es gibt keinen Gott* auch als ein Gift, zu dem die zweite Sinneinheit des *tawḥīd*, d.h. die Formel *außer Gott* das, so wörtlich, „Gegengift" darstelle, welches den, der von ihm trinke, vor dem Tod seiner Seele bewahre.[73] Während Iblīs[74] als das erste

---

[70] Vgl. *ibid.*, S. 17: „Wer diese Vorstellung hegt, ist ein Polytheist."

[71] Vgl. *ibid.*, S. 17: „Gott ist in der Urewigkeit seiner Urewigkeiten und in der Endewigkeit seiner Endewigkeiten heilig erhaben darüber, daß es für ihn einen Partner oder Gleichartigen oder Widerpart oder Ebenbürtigen gäbe."

[72] Vgl. *ibid.*, S. 30: „Der Ertrag dieses Wortes ist die Erkenntnis der Alleinheit, seine Frucht das Bekenntnis der Zweitlosigkeit."

[73] Vgl. *ibid.*, S. 15: „*Es gibt keinen Gott* ist ein Gift, *außer Gott* ist ein Gegengift. Wie einer, der das Gift pur trinkt, ohne ein Gegengift dazu zu trinken, umkommt, so kommt um, wer das Gift *Es gibt keinen Gott* trinkt, ohne das Gegengift *außer Gott* zu trinken. (Wer aber das Gegengift gegen das Gift trinkt, gewinnt die Herrschaft). Welch' ein Unterschied zwischen dem, der umkommt, und dem, der die Herrschaft gewinnt!"

unter den Wesen, denen auf Grund ihres Unglaubens die göttliche Gerechtigkeit widerfahren sei, das Gift des *Es gibt keinen Gott* ohne Einnahme des Gegengiftes getrunken habe und so zum exemplarischen Leugner der Einzigkeit Gottes geworden sei, sei Adam zum ersten wahren Monotheisten (*muwaḥḥid*) und damit zum ersten Wesen der Huld, d.h. derer, denen die Barmherzigkeit Gottes zuteil wird, durch die Einnahme des Gegengiftes *außer Gott* geworden.[75] Den *tawḥīd*, d.h. den ganzen ersten Satz der *šhahadāh*, bezeichnet al-Ghazzali auch als eine Burg (des Glaubens), die sich aus ihren beiden Sinneinheiten konstituiert und damit aus den vier Wörtern mit insgesamt zwölf Buchstaben *lā ilāha illa llāh* („Nicht gibt es einen Gott außer Gott") zusammensetzt. Diese Burg des *tawḥīd* hat aber nicht nur äußerlich, sondern „auch dem geistigen Inhalt nach vier Stützmauern, nämlich das Ritualgebet, das Almosengeben, das Fasten und die Wallfahrt. Das Wort ist das Fünfte. Der Islam ist auf fünf Dingen aufgebaut".[76] Nach einem der im Islam meistzitierten Prophetenworte ist der Islam auf diesen fünf Säulen aufgebaut, von denen die erste die *šhahadāh* ist, die ihrerseits auf dem Fundament des *tawḥīd*, des monotheistischen Einzigkeitsbekenntnisses, steht. Dieses ist daher die Burg und damit der innere Kern bzw. der zentrale Gehalt des islamischen Glaubens. Diese Burg befindet sich, wie Ahmad al-Ghazzali im siebten Abschnitt dieser Schrift über das Wort des Einheitsbekenntnisses ausführt, im Herrschaftsbereich des menschlichen Herzens, dessen Befehlsgewalt alle Sinneswahrnehmungsorgane und Glieder des Menschen unterstellt sind.[77] Es befindet sich also im zentralen Steuerungs- und Len-

---

[74] Vgl. Koran, Sure 38, 71–85; der Name „iblīs" ist abgeleitet von „balasa" bzw. „talbīs", was Verwirrung oder auch Verlegenheit bedeutet und 9-mal im Koran Erwähnung findet; der zweite, häufigere (52-mal) koranische Name für den Teufel ist „šaytān"; dieser Name ist von dem arabischen Wort „šatn", „Widerspruch", abgeleitet. „Iblīs" bezeichnet den Teufel im Hinblick auf seine Verwirrung stiftende Wirkweise – analog zu διάβολος in der Bibel –, während „šaytān" – wie der griechische Ausdruck ὁ σατανᾶς – den Teufel unter dem Aspekt seiner verneinenden Wirkweise bezeichnet.

[75] Vgl. Gramlich, *Der reine Gottesglaube, op. cit.*, S. 15: „Der erste, der unter den Wesen der Gerechtigkeit in den Unglauben von *Es gibt keinen Gott* gestürzt ist, ist der aus der Herrschaft Verstoßene, der verfluchte Iblīs. Der erste, der unter den Wesen der Huld in den Glauben von *außer Gott* eingetreten ist, ist der Erwählte des Hofes Adam. So wurde der verfluchte Iblīs zum Obersten im Verzeichnis derer, denen die Gerechtigkeit zuteil wird, und Adam zum Obersten im Verzeichnis derer, die die Huld erfahren. Darum sieh zu, ob du in den Unglauben von *Es gibt keinen Gott* gestürzt bist und dich Iblīs angeschlossen hast, oder ob du weitergegangen bist zum Glauben von *außer Gott* und dich Adam angeschlossen hast!"

[76] Vgl. *ibid.*, S. 16.

[77] Vgl. *ibid.*, S. 16: „Wisse: Diese Burg ist fest gebaut in der Stadt deines Menschseins im Herrschaftsbereich des Herzens. Alle in dieser Stadt, Gehör und Sehkraft und Hand und Fuß, sind seine Untertanen und Diener. Sie sind ihm unterworfen mit Gewalt und Zwang, in seinen Dienst gestellt unter Gebot und Verbot, geschaffen, ihm zu willfahren, und gebildet, ihm nicht zuwiderzuhandeln. Befiehlt es dem Auge zu schauen, so schaut es, befiehlt es dem Ohr zu hören, so hört

kungsorgan aller selbstgesteuerten Tätigkeiten und Bewegungen eines Menschen. Doch kehren wir zu al-Ghazzalis Analyse der beiden sprachlichen und Sinn-Einheiten des *tawḥīd* zurück: Denn es drängt sich die Frage auf, warum die erste Sinneinheit des polytheistischen Unglaubens (*Nicht gibt es einen Gott*) ein integraler Bestandteil des monotheistischen Einzigkeitsbekenntnisses ist. Welche göttliche Absicht steht hinter diesem „Gift" als dem ersten Element der islamischen Bekenntnisformel? Darauf antwortet al-Ghazzali mit unmissverständlicher Klarheit:

> Solange du noch vom Schauen auf das Nichtgöttliche besudelt bist, bedarfst du unbedingt der Verneinung *Es gibt keinen Gott*. Solange du dich noch auf den Besitz des Vorrangs des Wissens und des Ansehens stützt, bedarfst du unbedingt der Verneinung *Es gibt keinen Gott*. Solange du im Sein noch anderes siehst als Gott, bedarfst du unbedingt der Verneinung *Es gibt keinen Gott*. Wenn du aber in der Schau des Herrn aller Dinge abwesend bist von allen Dingen, bist du der Verneinung *keinen* ledig und bei der Bejahung *außer* angelangt.[78]

Der Reinigung und Entäußerung des menschlichen Herzens von allem, was nicht Gott selbst ist,[79] insbesondere in der Absicht und Zielsetzung des menschlichen Willens sowie in dessen Verständnis des Seins dient demnach die reine Verneinung des *Es gibt keinen Gott*. Die Alleinwirklichkeit Gottes im Sein und damit die Transparenz und der Bekenntnischarakter alles raum-zeitlich Erscheinenden für seinen Schöpfer wird nur demjenigen offenbar, der sein Herz von allem Nichtgöttlichen abgewandt und auf Gott allein ausgerichtet hat.[80] Erst dann wird der Mensch zum wahren Einzigkeitsbekenner, zum wahren Monotheisten (*muwaḥḥid*), der sieht, dass jedes Seiende zeichenhaft Gottes Einzigkeit bekennt.[81]

---

es, befiehlt es der Hand zuzugreifen, so greift sie zu, befiehlt es dem Fuß zu gehen, so geht er. Und wenn es ihnen das Gegenteil davon befiehlt, so tun sie es. Sie gehorchen seinem Befehl und halten sich fern von den Orten seiner Zurechtweisung."

[78] *Ibid.*, S. 17–18.

[79] Vgl. *ibid.*, S. 18: „Wenn du von dem Gedanken an die, die nicht waren, frei geworden und mit dem Gedanken an den, der immer war, beschäftigt bist, sagst du: Gott! Dann bist du des Nichtgöttlichen ledig." Vgl. auch S. 17: „Indessen dient das Wort *Es gibt keinen Gott außer Gott* als Besen, der den Staub des Nichtgöttlichen von der Oberfläche des Geheimnisses wegfegt, damit es dazu tauge, ein Thron zu sein für Gottes Selbstenthüllung auf ihm und ein Ort für Gottes Blick auf es. ‚David, reinige mir ein Haus, worin ich wohnen kann! Weder meine Erde kann mich fassen noch mein Himmel, aber das Herz meines gläubigen Dieners kann mich fassen.'"

[80] Vgl. *ibid.*, S. 18: „Öffne das Auge deines inneren Gesichtssinnes! Denn es gibt im Sein nichts als ihn. Er sagt: *Es gibt keinen Gott außer Gott. Und es gibt nichts, was ihn nicht lobpreise. Gott wird gepriesen von allem, was im Himmel und auf Erden ist.* Es beweist durch sein Dasein seinen Hervorbringer und durch sein Geschaffensein seinen Erschaffer."

[81] Vgl. *ibid.*, S. 18: „In jedem Ding ist ihm ein Zeichen eigen, das zeigt, daß er einer ist." Zur Herkunft dieses Zitats vgl. *ibid.*, Anm. 4.

Die zweite sprachliche und Sinn-Einheit des *tawḥīd* besteht in diametralem Gegensatz zum Negationscharakter der ersten Sinneinheit in einer reinen Bejahung, in dem reinen Einzigkeitsbekenntnis ohne jede Verneinung. Diese pure Affirmation sieht al-Ghazzali in dem arabischen Wort für Gott, nämlich *Allāh*, ausgesprochen.[82] Dieses zentrale Wort des affirmativen Teils des Einzigkeitsbekenntnisses wird von al-Ghazzali einer genauen Analyse unterzogen: Zunächst stellt er fest, dass es aus vier bzw. genauer aus drei Buchstaben besteht, dem A, dem L und dem H. Das *alif* deutet er sowohl als einen Hinweis darauf, dass „Gott in seinem Wesen Bestand hat und abgesondert ist von seinen Werken. Denn das A ist mit nichts anderem verknüpft, und Gott ist mit nichts anderem verknüpft".[83] Zudem sieht er in dem *alif* einen Hinweis auf die freundliche Zuneigung Gottes zu allen Geschöpfen, „indem er Gnadengaben und Unterhalt in reichem Maß schenkt".[84] Das L im Gottesnamen ist für al-Ghazzali sowohl ein Hinweis auf das herrscherliche Königtum Gottes über alle Geschöpfe als auch auf den Tadel Gottes für diejenigen Geschöpfe, die sich von ihm abwenden.[85] Schließlich deutet er das H sowohl als einen Hinweis auf die rechtleitende Wirkweise Gottes als auch „auf die Verwirrtheit der Freunde Gottes in der Liebe und Leidenschaft", d.h. auf den ekstatischen Zustand derer, die sich Gott restlos überlassen und ergeben haben.[86] Beständigkeit des eigenen, abgesonderten Wesens, herrscherliches Königtum über alle seine Geschöpfe, der rechtleitende Umgang Gottes mit seinen Geschöpfen, infolge dessen der Tadel Gottes für diejenigen vernunftbegabten Geschöpfe, die sich von ihm abwenden, und schließlich Gottes vollständige Selbstmitteilung an diejenigen, die sich ihm restlos übergeben, diese Wahrheiten sieht al-Ghazzali im Gottesnamen *Allāh* zum Ausdruck gebracht.[87] Die im Gottesnamen enthaltene Eigenschaft der Gött-

---

[82] Vgl. *ibid.*, S. 17: „*Allāh* (Gott) ist eine pure Bejahung und ein reines Einheitsbekenntnis ohne Verneinung und Leugnung."

[83] *Ibid.*, S. 18; al-Ghazzali spielt dabei nach Gramlich auf die Schreibregelung des Buchstabens *alif* an: Beginnt nämlich im Arabischen ein Wort mit *alif*, so bleibt dieser Anfangsbuchstabe getrennt vom nachfolgenden Buchstaben.

[84] *Ibid.*: „Das A ist die freundliche Zuneigung zu allen Geschöpfen."

[85] Vgl. *ibid.*, S. 18: „Das L ist ein Hinweis, daß er der Beherrscher (*mālik*) aller Geschöpfe ist. [...] Das L ist ein Hinweis auf den Tadel (*lawm*) der Geschöpfe, weil sie sich von Gott abwenden."

[86] Vgl. *ibid.*, S. 18: „Das H bedeutet: Der Rechtleitende (*hādī*) derer im Himmel und auf der Erde, das Licht des Himmels und der Erde. [...] Das H ist ein Hinweis auf die Verwirrtheit (*hayamān*) der Freunde Gottes in der Liebe und Leidenschaft. [...] Das H ist das H eines in seiner Liebe Sinnverwirrten, Eines dem Einen, Angebeteten gänzlich Ergebenen."

[87] Im Koran werden die Namen Gottes insbesondere erwähnt in den Suren 7, 180; 17, 110; 20, 8 und 59, 24 mit den Worten: „Ihm (d.h. Gott) stehen die schönsten Namen zu." Sure 59, 22–24 enthält eine längere Aufzählung einiger Namen Gottes, die in der späteren islamischen Frömmigkeit zu einer Liste von 99 schönen Namen Gottes erweitert wurde, vgl. hierzu Daniel Gimaret, *Les noms divins en Islam: Exégèse lexicographique et théologique*, Paris 1988.

lichkeit und der Alleinheit aber besteht unabhängig von seiner Bezeugung durch einen anderen.[88] Gott braucht daher auch nicht die Bezeugung seiner einzigartigen Göttlichkeit durch die Menschen; die Menschen aber bedürfen dieser Bezeugung, um Anteil zu gewinnen an Gottes eigenem Sein.[89] Wem das Einzigkeitsbekenntnis und damit der reine Gottesglaube zum Fundament all seines Tuns und zur Nahrung und alltäglichen Wegzehrung seines Herzens geworden ist, der hat deshalb alles gewonnen, weil ihm das alles Erstrebenswerte überhaupt umfassende Gut Gottes selbst zu eigen geworden ist.[90] Al-Ghazzali vergleicht das Einzigkeitsbekenntnis des wahrhaft gläubigen Menschen mit einem Baum, der weder östlich noch westlich steht,[91] weil er weder die Wonne des Diesseits noch die des Jenseits, sondern einzig und allein Gottes Antlitz will.[92] Dieser Baum bringt Frucht, wenn „du ihn auf der Pflanzstätte der Glaubenszustimmung pflanzt, mit dem Wasser der Aufrichtigkeit begießt und mit guten Taten umsorgst".[93] Das Glück der ewigen Seligkeit und das der ewigen Unseligkeit der Menschen entscheiden sich an ihrem Verhalten zu diesem Baum des

---

[88] Vgl. Gramlich, *Der reine Gottesglaube, op. cit.*, S. 18: „Haben wir euch etwa aus der Eingeschlossenheit des Nichtseins in den offenen Raum des Seins gebracht und euch die Dienstbarkeit und das Einheitsbekenntnis befohlen, weil das Attribut der Göttlichkeit euer Sein nötig hätte und die Eigenschaft der Alleinheit von eurem Glaubenszeugnis abhinge? Mitnichten! Die Eigenschaft der Göttlichkeit und der Alleinheit ist von niemandes Zeugnis abhängig und wird von keines Leugners Widersetzlichkeit zugedeckt."

[89] Vgl. *ibid.*, S. 18: „Ich bin der Eine, Einzige in der Urewigkeit und Endewigkeit, ob ihr bezeugt oder leugnet, wollt oder nicht wollt. Wenn ihr bezeugt, so ist das euer Anteil an der Eigenschaft der Anfanglosigkeit. Wenn ihr leugnet, so ist doch das Sein der Anfanglosigkeit nicht vom Sein des zeitlichen Entstehens abhängig, sondern das Sein des zeitlichen Entstehens gründet auf dem Sein der Anfanglosigkeit, und das Sein des zeitlich Entstandenen bedarf des Seins des Anfanglosen. *Ihr seid die, die Gottes bedürfen, Gott aber ist der Bedürfnislose, Lobwürdige.*"

[90] Vgl. *ibid.*, S. 20: „Mache das Einheitsbekenntnis zum Grundkapital deiner Ware und den reinen Gottesglauben (*taǧrīd*) zum Fundament und zur Zuflucht deiner Sache! Mache dein Bedürfen zu deinem Reichtum, deine Zerknirschung zu deiner Stärke, dein Gedenken zu deinem Unterkleid, deine Liebe zu deinem Überkleid, deine Frömmigkeit zu deinem Schurz! Brauchst du Wegzehrung, ein Reitkamel und einen Beschützer, so mache das Bedürfen zu deiner Wegzehrung, die Zerknirschung zu deinem Reittier, das Gedenken zu deinem Beschützer, die Liebe zu deinem Vertrauten, die Nähe zum Ziel deiner Reise! Wenn du in dieser Ware Gewinn machst, hast du alles gewonnen, wenn du darin Verlust erleidest, hast du alles verloren."

[91] Hiermit spielt al-Ghazzali auf Sure 24, 35–36 an: „Gott ist das Licht des Himmels und der Erde. Das Gleichnis seines Lichtes ist wie eine Nisch', in welcher eine Leuchte. Die Leuchte ist in einem Glase, das Glas ist wie ein funkelnder Stern, der angezündet ist vom Segensbaume, dem Oelbaum nicht aus Osten noch aus Westen; das Oel fast selber leuchtet, wenn's auch nicht berührt die Flamme; Licht über Licht – Gott leitet zu seinem Licht, wen er will: Gott aber prägt die Gleichnisse den Menschen, und Gott ist jedes Dinges bewußt" (*Der Koran, op. cit.*, S. 163–164).

[92] Vgl. Gramlich, *Der reine Gottesglaube, op. cit.*, S. 27.

[93] Vgl. *ibid.*, S. 29.

Einzigkeitsbekenntnisses,[94] d.h. an dem reinen, dem im strengen Sinne des Wortes monotheistischen Charakter ihres religiösen Glaubens. Al-Ghazzali geht in der Bestimmung der Bedeutsamkeit des Einzigkeitsbekenntnisses und damit des reinen Gottesglaubens des Menschen sogar noch einen Schritt weiter. Denn er hebt hervor, dass der Mensch um dieses Einzigkeitsbekenntnisses willen erschaffen worden sei, alle anderen Geschöpfe aber um des Menschen willen erschaffen worden seien, so dass die Erkenntnis der Alleinheit Gottes und das Bekenntnis seiner Zweitlosigkeit die Ziel- und Zweckbestimmung der ganzen Schöpfung seien.[95] Denn der Nutzen des Einheitsbekenntnisses sei die Erkenntnis der Alleinheit und damit der Göttlichkeit Gottes, seine Frucht sei das Bekenntnis seiner Zweitlosigkeit.[96] Die Erkenntnis der Einzigkeit und damit implizit auch der Göttlichkeit Gottes ist also der Nutzen des Einzigkeitsbekenntnisses. In dieser Erkenntnis des einzigen, des wahren Gottes erfüllt sich der Daseinszweck der ganzen Schöpfung. Doch warum hat derjenige alles, dem Gott zu eigen ist, und fehlt demjenigen alles, dem Gott fehlt?[97] Warum ist der Rang Gottes ungleich höher als der eines Geschöpfes?[98] Warum sollen daher die Auserwählten, die Freunde Gottes, ihr eigenes Ich aufopfern und das ihnen eigene Sein auslöschen, damit Gottes Sein ihnen zu eigen und er das Subjekt ihrer

---

[94] Vgl. *ibid.*, S. 29: „Wer im Schatten dieses Baumes Schutz findet, erlangt Gewinn, wer nicht, erleidet Verlust. Wer sich an diesem festhält, erlangt das Glück der ewigen Seligkeit, wer nicht, gerät in das Unglück der ewigen Unseligkeit. Wer sich an einem seiner Zweige festhält, den erhebt Gott zu den höchsten Höhenstufen, wer nicht, der wird in die tiefsten Tiefenstufen versetzt.“

[95] Vgl. *ibid.*, S. 30: „Mein Knecht! Ich habe dich um des Einheitsbekenntnisses willen erschaffen, und ich habe alle Dinge um deinetwillen erschaffen [...]. Alles wurde erschaffen um deinetwillen, du aber wurdest erschaffen um des Einzigkeitsbekenntnisses willen. Die gesamte Schöpfung wurde also nur um der Erkenntnis der Alleinheit und des Bekenntnisses der Zweitlosigkeit willen erschaffen. ‚Ich war ein verborgener Schatz, den man nicht kannte. Da erschuf ich die Geschöpfe, damit man mich erkenne.‘“ Diese Aussage ist zwar nicht koranisch, zumindest nicht wörtlich. Es dürfte sich dabei nach Auskunft von Herrn Ahmad Milad Karimi aber um ein „Hadith al-qudsi“ handeln, d.h. um ein außerkoranisches, durch den Propheten geoffenbartes Wort Gottes. Diese Vermutung kann man aus dem Umstand schließen, dass das Subjekt dieser Aussage nur Gott selbst sein kann, zumal deren letzter Teil „ich war ein verborgener Schatz [...]“ sicher ein „Hadith al-qudsi“ ist.

[96] Vgl. *ibid.*, S. 30: „Der Ertrag dieses Wortes [sc. des Einzigkeitsbekenntnisses] ist die Erkenntnis der Alleinheit, seine Frucht das Bekenntnis der Zweitlosigkeit. Das ist der Zweck im Sein alles Seienden und im Dasein alles Daseienden. Wäre nicht die Erkenntnis der Alleinheit und das Bekenntnis der Zweitlosigkeit, so wäre über kein Seiendes der Gewandsaum des Seins geschleift worden und wäre kein Nichtvorhandenes aus der Verborgenheit des Nichtseins herausgetreten. *Ich habe die Ǧinn und die Menschen nur dazu geschaffen, daß sie mir dienen.*“

[97] Vgl. *ibid.*, S. 31: „Wenn du mich hast, hast du alles, wenn ich dir fehle, fehlt dir alles.“

[98] Vgl. *ibid.*, S. 33.

Bewegungen werde?[99] Gottes Sein ist, wie al-Ghazzali hier ausdrücklich festhält, am erhabensten von allem, während das Ich geringer als alles ist.[100] Der
Tausch des Ich gegen das göttliche Sein in der mystischen Vereinigung kann
nur dann den Gewinn von allem bedeuten, wenn das Sein Gottes alles erstrebenswerte Gute in sich in aktuell unendlicher Vollkommenheit vereinigt, mithin
schlechthin unübertrefflich ist.

Im Folgenden unterteilt al-Ghazzali den mystischen Weg in die Erfahrung
einer unmittelbaren Anwesenheit des Menschen bei Gott in die drei Stationen
der Welt des „Entwerdens" (*fanā*) durch das Einzigkeitsbekenntnis, der Welt
des „Hinangezogenseins", in der der Sufi nur noch das Wort *Gott, Gott* ausspricht, und der Welt des „Ergriffenseins", in der der Sufi bei dem Wort *Er, Er*
verharrt.[101] Doch nicht diese Stufung des mystischen Weges interessiert uns hier
primär, sondern al-Ghazzalis Bestimmung der vollkommenen Einheit Gottes in
seinem Wesen und in seinen Eigenschaften[102] sowie dessen daraus resultierende
Anfang- und Endelosigkeit, dessen Unwandelbarkeit und Ortlosigkeit,[103] ferner
dessen Erhabenheit sowohl über körperliche Formen und Gestalten, über sub-
stanzielles und akzidentelles Sein[104] als auch über die Reichweite jeder ge-

---

[99] Vgl. *ibid.*, S. 35–36: „Du mußt also dein Ich opfern und dein Sein auslöschen. Entweder wir
oder du. Dein Ich ist deine Trennwand, und das Sein ist deine Trennwand. Solange die Trennwand nicht entfernt wird, sind weder wir noch du, und bist du nicht unser und wir nicht dein.
Wenn ein Sein, das durch dich war, von dir geschwunden ist, lassen wir dich bestehen durch ein
Sein, das durch uns ist. Wenn einer in Gott seinen Untergang findet, obliegt Gott sein Ersatz."

[100] Vgl. *ibid.*, S. 36: „Dein Ich ist geringer als alles, dein Gewollter erhabener als alles. Wenn
du daher nicht alles für das Erhabenste von allem aufgibst, wie kannst du da Suchender sein, wie
kannst du da Wollender sein? Opfere dein Ich und biete das Innerste dar, dann bietet man vor
deinem geheimen Flehen eine Spende dar! Das ist die Hochzeitsgabe der Vereinigung."

[101] Vgl. *ibid.*, S. 39–41.

[102] Vgl. *ibid.*, S. 44: „Er [sc. Gott] ist unberührt von Vielheit, Vielartigkeit und Wandelbarkeit.
Denn er ist einer in seinem Wesen und seinen Eigenschaften. Sein Wissen ist eines und umfaßt
alles Wißbare, seine Macht ist eine und umfaßt alles Machbare. Das Wissen ist eines, das Gewuß-
te vieles. Die Macht ist eine, das Machbare vieles, sein Schalten und Walten mit dir ist eines, dein
Schalten und Walten ist vieles."

[103] Vgl. *ibid.*, S. 45: „Er war vor allem Seienden, und er ist jetzt wie ehedem. Er hört nicht auf
zu sein, indes Äonen und Zeiten dahingehen. Seine Nähe ist ohne Verbindung, seine Ferne ist
ohne Trennung, sein Handeln geschieht ohne Organe und Glieder. Er ist unberührt und frei von
Verharren und Einwohnen in Orten."

[104] Vgl. *ibid.*, S. 45: „Doch er [sc. Gott] ist heilig erhaben darüber, Körper oder Substanz oder
Akzidens zu sein. Er ist vielmehr der Schöpfer der Körper und Substanzen und Akzidenzien.
Wäre er ein Körper, so wäre er zusammengesetzt; doch er ist zusammensetzend, nicht zusammengesetzt. Wäre er ein Körper, so hätte er ein Wie; doch er hat kein Wie. Wäre er ein Körper, so
hätte er eine Form, doch er hat keine Form. Wäre er zusammengesetzt, so bedürfte er eines Zu-
sammensetzenden, hätte er ein Wie, so bedürfte er eines das Wie Bestimmenden, hätte er eine
Form, so bedürfte er eines Formgebers. Er ist der Hervorbringer von Zusammensetzung und Wie
und Formung. [...] Wäre er ein Akzidens, so bedürfte er eines Ortes, worin er Bestand hat. Doch
er ist unberührt davon, daß er in etwas einwohnt oder in etwas Bestand hat."

schöpflichen Vorstellungs- und Einbildungskraft, welche die schlechthinnige Unvergleichbarkeit der Größe bzw. analogielose und grenzenlose Erhabenheit des Wesens Gottes zeigt.[105] Gerade mit den beiden zuletzt genannten Gottesprädikaten kommt al-Ghazzali dem ‚ontologischen Gottesbegriff‘ eines Wesens, über das hinaus Größeres nicht gedacht werden kann und das als solches zugleich größer sein muss, als von einem endlichen Intellekt überhaupt gedacht werden kann, zumindest nahe. Dabei dürfte die spezifisch islamische Fassung des ‚ontologischen Gottesbegriffs‘ eines unübertrefflich vollkommenen Wesens in al-Ghazzalis Begründung dieses Gottesverständnisses mit der vollkommenen Einfachheit des göttlichen Wesens liegen, auf die er daher einige der grundlegenden Eigenschaften Gottes wie die des Wissens und der Macht auch zurückführt. In der Einfachheit des Wesens Gottes aber liegt zugleich dessen Einzigkeit begründet, denn Gott ist nur deshalb einer und einzig, weil er vollkommen einfach ist. Das Einzigkeitsbekenntnis zu Gott ist daher implizit zugleich ein Bekenntnis zu seiner Einfachheit, in der der Islam die Göttlichkeit Gottes primär und grundlegend verwirklicht sieht.

Nicht nur am Anfang des mystischen Weges zu Gott steht nach al-Ghazzali das Einzigkeitsbekenntnis, sondern auch am Ende dieses Weges. Denn die natürliche Unfähigkeit des Menschen zu einer angemessenen Gotteserkenntnis wird am Ende dieses Weges in die Erfahrung einer unmittelbaren Anwesenheit des Menschen bei Gott von Gottes eigener Selbsterkenntnis ersetzt, in der al-Ghazzali die in Sure 3, 18 ausgesprochene Selbstbezeugung Gottes vollkommen verwirklicht sieht, dass es keinen Gott gibt außer Gott.[106] So ist das Einzigkeitsbekenntnis sowohl der Anfang als auch das vollendende Ende des menschlichen Weges zu Gott.[107] Dieses Ende aber ist zugleich die Rückkehr zum An-

---

[105] Vgl. *ibid.*, S. 45: „Es gibt keinen Gott außer ihm, *dem Großen und* über Einbildungskraft, Sinneswahrnehmung und Vorstellungskraft *Erhabenen.*" Die kursiv hervorgehobenen Worte sind dem Koran, Sure 13, 9, entnommen; vgl. auch Gramlich, *ibid.*: „Er hat nicht Gestalt und nicht Form, nichts Gleiches und nichts Ähnliches, keinen Helfer und keinen Beistand, keinen Minister und keinen Ratgeber. *Es gibt nichts, was ihm gleichkäme. Er ist der der (alles) hört und sieht*" (zitiert nach Sure 42, 11); vgl. Gramlich, *ibid.*: „Es gibt nichts, was ihm ebenbürtig wäre, und nichts, was ihn begrenzte. Keine Seiten umgeben ihn, und keine Zustände verändern ihn. Die Wesenheiten gleichen nicht seinem Wesen, die Eigenschaften sind seinen Eigenschaften nicht ähnlich. Heilig erhaben ist sein Wesen über die Merkmale alles Seienden und seine Eigenschaften über die Eigenschaften alles Entstehenden. Unberührt vom Entstehen ist die Anfanglosigkeit, heilig erhaben der Anfanglose über das Entstandene."

[106] Vgl. *ibid.*, S. 48: „Da aber Gott erkannt hat, daß seine Geschöpfe nicht fähig sind, seinem Recht bezüglich des wirklichen Alleinheit und Zweitlosigkeit nachzukommen, hat er für sich selber in Wahrheit für die Wahrheit Zeugnis gegeben: *Gott bezeugt, daß es keinen Gott gibt außer ihm*" (das Zitat nach Koran, Sure 3, 18).

[107] Vgl. *ibid.*, S. 48: „Der Einheitsglaube ist der Anfang und er ist das Ende. [...] Mit ihm fängt man an und zu ihm kehrt man zurück. Das Wort *Es gibt keinen Gott außer Gott* ist der Anfang, und es ist das Ende. Mit ihm fängt man an und zu ihm kehrt man zurück. Es ist das gute Wort, das

fang,[108] weil Gottes schöpferische Selbsterkenntnis der Anfang allen und so auch des menschlichen Seins ist.

## 9. Der schlechthin Unübertreffliche – zur interreligiösen Relevanz des ‚ontologischen Gottesbegriffs'

Fassen wir zusammen: Der ontologische Begriff Gottes als eines schlechthin unübertrefflichen Wesens, welches alle von der menschlichen Vernunft widerspruchsfrei denkbaren Seinsvollkommenheiten in sich vereinigt und diese zugleich noch unendlich überragt, bringt das spezifische Gottesverständnis des Christentums auf einen ihm völlig angemessenen Vernunftbegriff. Das Judentum teilt sachlich dieses grundsätzliche Verständnis Gottes als eines schlechthin unübertrefflichen Wesens, welches als solches nur ein einziges Mal verwirklicht sein kann. Es betont in der Gestalt des großen jüdischen Religionsphilosophen Maimonides jedoch sehr viel stärker als die abendländisch-christliche Tradition den negativ-theologischen Gehalt dieses Gottesbegriffs, den es selbst allerdings weder eigenständig entwickelt hat noch ausdrücklich verwendet. Durch seine Annahme der gänzlichen Unvorstellbarkeit des affirmativ-theologischen Gehalts eines solchen Gottesverständnisses für uns Menschen schließt Maimonides eine affirmative Theologie der Gott zukommenden Seinsvollkommenheiten im Grunde aus. Im Unterschied zur philosophischen Theologie im jüdischen und christlichen Kontext steht im islamischen Denken nicht der Gottesbegriff eines schlechthin vollkommenen, mithin unübertrefflichen Wesens im Vordergrund, obschon er der Sache nach geteilt wird. Vielmehr wird dieses Gottesverständnis dort, wo es zumindest sachlich, wenn auch nicht dem Wortlaut nach vertreten wird, wie etwa von Ahmad al-Ghazzali in seiner oben interpretierten Schrift, begründend zurückgeführt auf die im Einzigkeitsbekenntnis des Islam (*tawhīd*) implizit bezeugte Einfachheit des göttlichen Wesens, in der der Islam die Göttlichkeit Gottes grundlegend und vorrangig verwirklicht sieht.

Unbeschadet dieser unterschiedlichen Akzentsetzung im Gottesverständnis expliziert der ‚ontologische Gottesbegriff' das Gottesverständnis aller drei monotheistischen Weltreligionen, denn auch die Einfachheit des göttlichen Wesens, die für das islamische Gottesverständnis grundlegend ist, wie auch Gottes Transzendenz und Erhabenheit über das intellektuelle Anschauungsvermögen der menschlichen Vernunft, die von Maimonides in das Zentrum seines Gottes-

---

treffende Wort, das richtige Wort, das Wort der Gottesfürchtigkeit, (das Wort des Ausgleichs), das wahre Gebet, das rechte Tun, das Versprechen, die gute Tat, das gute Handeln."
[108] Vgl. *ibid.*, S. 48: „Das Ende ist die Rückkehr zum Anfang."

verständnisses gerückt werden, lassen sich, wie gesehen, als Implikate des ontologischen Begriffs Gottes als eines schlechthin unübertrefflichen Wesens ausweisen. Dieser Umstand aber erweist die Bedeutsamkeit genau dieses vernunftbegründeten, philosophischen Gottesbegriffs für das Gottesverständnis der drei monotheistischen Weltreligionen, die sich gemäß ihrem jeweiligen Selbstverständnis auf diesen gemeinsamen Vernunftbegriff von Gott als einem schlechthin unübertrefflichen Wesen unter Wahrung der je spezifischen Akzente in ihrem jeweiligen Gottesverständnis einigen könnten. Unter dieser Voraussetzung ließe sich dann im gemeinsamen Religionsgespräch zwischen philosophisch geschulten Vertretern von Christentum, Judentum und Islam nach weiteren vernunftgemäßen Implikaten dieses gemeinsamen ontologischen Gottesverständnisses fragen, etwa nach der Vernunftgemäßheit oder Vernunftwidrigkeit einer trinitarischen Seinsweise des schlechthin unübertrefflichen Gottes oder nach der Vernunftgemäßheit oder -widrigkeit des christlichen Inkarnationsglaubens und der Christologie, um nur die aus christlicher Sicht wichtigsten diesbezüglichen Themen anzusprechen. Warum sollte das, was Gegenstand zahlreicher literarisch fingierter Religionsgespräche wie etwa derjenigen von Abaelard, Lull und Cusanus sowie einiger wirklicher Religionsgespräche insbesondere im mittelalterlichen Spanien bereits war, nicht in naher Zukunft wieder wirklich werden können? Die größte prinzipielle Schwierigkeit hierfür sehe ich in dem Fehlen eines den drei Religionen gemeinsamen Vernunftverständnisses, das aber schon den postmodern geprägten christlichen Religionsvertretern unserer Zeit im Verhältnis zu- und untereinander abgeht, sofern es überhaupt noch vorhanden ist. Die Wiedergewinnung eines zumindest den drei monotheistischen Weltreligionen gemeinsamen Verständnisses der menschlichen Vernunft und ihrer Erkenntnisvermögen sowie die universelle Anerkennung der Autorität von Vernunfterkenntnissen als einer unbedingt gültigen Wahrheitsinstanz scheint mir daher auch und gerade aus interreligiöser Sicht ein Gebot der Stunde zu sein.

HANSJÜRGEN VERWEYEN

# Unbedingtheitsansprüche monotheistischer Religionen vor dem Forum philosophischer Vernunft

## 1. Das Sonderphänomen philosophischer Glaubensverantwortung

Der Gedanke an eine radikale Verantwortung des eigenen Glaubens vor der philosophischen Vernunft ist allein in den drei monotheistischen Weltreligionen Judentum, Christentum und Islam aufgekommen. Für diese Tatsache dürften die folgenden Gründe von wesentlicher Bedeutung sein. *Zum einen* glauben sich diese Religionsgemeinschaften durch die Offenbarung eines Gottes erwählt, der sie als alleiniger Herr über Himmel und Erde zu unbedingtem Gehorsam auffordert. Ein den Menschen unbedingt in Anspruch nehmendes Wort ruft aber unmittelbar zu einer entsprechenden Verantwortung auf. Die Erfahrung radikaler Verantwortlichkeit ist in diesen Religionen also eine wesentliche Mitgift. *Zum anderen* ist den drei genannten Religionen trotz des Bewusstseins einer besonderen Erwählung der Glaube gemeinsam, dass die an sie ergangenen Weisungen grundsätzlich jeden Menschen verpflichten und sie selbst diese Weisungen darum auch universal zur Geltung bringen müssen. Eine Verpflichtung kann aber nicht durch Feuer und Schwert als sittlich verbindlich durchgesetzt werden. Die Erfahrung radikaler Verantwortung vor Gott führte daher in dem Maße, wie sie selbst tiefer bedacht wurde, schließlich auch dazu, den eigenen Glauben rational gegenüber Andersdenkenden zu vertreten.

Diese beiden Momente reichen aber nicht zur Erklärung der Annahme aus, dass sich der Glaube vor dem Forum *philosophischer* Vernunft zu verantworten habe. Die Einsicht, seinen Glauben Andersdenkenden gegenüber rational vertreten zu müssen, impliziert nur eine universale Verantwortlichkeit im extensiven Sinne, nämlich eine Bereitschaft zum ernsthaften Dialog mit allen Andersdenkenden, die dem Glaubenden je konkret begegnen. In der Geschichte von Judentum, Christentum und Islam stoßen wir jedoch auch – und, was die christliche Theologie angeht, vor allem – auf ein davon wesentlich verschiedenes Verständnis universaler Verantwortlichkeit, das sich nicht aus der inneren Struktur dieser Religionen herleiten lässt.

Die Erfahrung, dass die mythische Welterklärung im Sinne der Epen Homers nichts zur Erkenntnis der Gesetze des Kosmos beitrug und letztlich nur der Verherrlichung von im Prinzip überholten aristokratischen Anschauungen diente, hatte in den Kolonien Griechenlands ein weltgeschichtliches Novum wachgerufen: Gegenüber religiösen Annahmen jedweder Art entwickelte sich eine kritische Instanz, die sich nicht selbst wieder auf Glauben, sondern auf eine im Prinzip säkulare Rationalität stützte.[1] Der hier entwickelte Vernunftbegriff hatte keinen dialogischen Charakter, war nicht offen für geschichtliche Begegnungen, die zu einer Revision von bislang für wahr Gehaltenem führen können. Er erwuchs vielmehr aus der wissenschaftlichen Erkundung der elementarsten Kräfte der Natur und der Reflexion auf die keinem Werden und Vergehen unterworfenen ewigen Gesetze der Mathematik. Die griechische Philosophie trat daher bereits von Anfang an mit dem Anspruch auf *schlechthin* universale Gültigkeit ihrer Aussagen auf den Plan. Sie bot sich als ein im Prinzip aller menschlichen Vernunft von ihrem eigenen Grunde her zugängliches Gefüge von Begriffen dar, das durch geschichtliche Ereignisse nicht angefochten werden kann.

Wie ist es dann zu erklären, dass sich die drei genannten Religionen alle – wenn auch in verschiedener Weise und Intensität – auf diese philosophische Rationalität einließen, um ihren eigenen, ausschließlich auf dem in der Geschichte ergangenen Wort Gottes basierenden Glauben darzustellen? Ich denke, dass man zu einer angemessenen Beantwortung dieser Frage stärker als bisher die politischen Situationen in den Blick nehmen muss, in denen eine Begegnung zwischen dem monotheistischen Offenbarungsglauben und der auf griechischem Boden erwachsenen, übergeschichtlich-universal ausgerichteten Rationalität der Philosophie erfolgte. An dieser Stelle können natürlich nur einige Stationen dieser heiklen Beziehung angesprochen werden. Für meine Auswahl leitend ist eine doppelte Frage: *Wie konnte es, erstens, zu dem Verhältnis zwischen Glaube und Philosophie kommen, das wir in der heutigen globalen Situation beobachten? Und, zweitens, könnte ein Überdenken der geschichtlichen Entwicklung jener Beziehung vielleicht zur Klärung einiger Probleme unserer Gegenwart beitragen?*

---

[1] Vgl. hierzu und zu dem folgenden geschichtlichen Überblick insgesamt Hansjürgen Verweyen, *Philosophie und Theologie. Vom Mythos zum Logos zum Mythos*, Darmstadt 2005.

# 2. Der Logos-Begriff in Philosophie und Theologie

## 2.1. Philon von Alexandrien

Der jüdische Gelehrte Philon von Alexandrien (ca. 20 v. Chr. – 45 n. Chr.) hat als Erster einen systematischen Versuch unternommen, den in der Geschichte Israels erwachsenen Offenbarungsglauben mit den Mitteln der griechischen Philosophie auszulegen. Philon wollte auf einem jedem Gebildeten zugänglichen Niveau die universale Verbindlichkeit der göttlichen Tora nachweisen, die sich in der Schöpfungsordnung und dem an Israel ergangenen Gesetz zur Geltung bringt. Dabei kam ihm zugute, dass der von Heraklit stammende und im stoischen Denken weiterentwickelte Begriff eines göttlichen ‚Logos‘ als die höchste Ordnungskraft in der Natur und die oberste Instanz für das sittliche Verhalten damals auch im platonischen Philosophieren eine herausragende Stelle einnahm.

Bei dem Versuch Philons spielten politische Aspekte eine Rolle. Die jüdische Diasporagemeinde Alexandrias genoss in dieser Metropole hellenistischer Kultur schon unter der Herrschaft der Ptolemäer besondere Privilegien, die zunächst auch von den Römern anerkannt worden waren. Etwa zu der gleichen Zeit, als in Jerusalem Jesus als politischer Revolutionär hingerichtet wurde, verschlechterte sich auch in Alexandria zusehends das Verhältnis zwischen Juden und Römern. Nach dem Tode Philons spitzten sich die Dinge immer mehr zu. Der Krieg mit den Römern in den Jahren 115–117 ließ die jüdische Restgemeinde Alexandrias schließlich zur politischen wie kulturellen Bedeutungslosigkeit herabsinken.

In der jüdischen Theologie der Folgezeit wurde das Denken Philons kaum noch beachtet, wohl aber von christlichen Theologen Alexandrias, die in Philons philosophischer Auslegung des göttlichen Logos ein großes Vorbild erblickten. Von hier führt die Linie unmittelbar in die christologischen Kämpfe auf den ersten ökumenischen Konzilien.

## 2.2. Die *Apologien* Justins des Märtyrers

Gegen Ende des ersten Jahrhunderts verfasst der vierte Evangelist seine große Eingangsrede über Jesus, den fleischgewordenen Logos. Etwa um die gleiche Zeit ergeht im Ersten Petrusbrief die Mahnung an alle Christen, stets bereit zu sein zur Verantwortung (*apologia*) jedem gegenüber, der von ihnen einen *logos* fordert über die Hoffnung, die in ihnen ist (vgl. 1 Petr 3,15). Hier hat der Begriff *logos* sicher nicht die christologische Bedeutung wie im Johannesevangelium. Aber auch die übliche Übersetzung von *logos* mit ‚Rechenschaft' greift wohl zu kurz. Aufgrund des hohen Stellenwerts, den dieser Terminus damals bei allen Gebildeten im römischen Imperium genoss, dürfte der Satz in dem Sinne zu lesen sein, dass die christliche Hoffnung auf einem vernünftigen Grund (*logos*) beruht, der vor Gericht durchaus in rational triftiger Argumentation, in einer *apo-logia* geltend gemacht werden kann.

Diese Gedankenführung liegt jedenfalls der Verteidigungsrede zugrunde, die Justin um 150 verfasst hat. Inhaltlich setzt er dabei aber den Logos-Begriff in seiner höchsten theologischen wie auch philosophischen Bedeutung voraus. Er spricht als Christ vom fleischgewordenen Logos Gottes zu angesehenen Römern, bei denen er eine Vertrautheit mit dem göttlichen Charakter des Logos im Sinne der führenden philosophischen Systeme voraussetzen durfte. Anders als der Jude Philon schreibt Justin in einer für seine Religionsgemeinschaft günstigen Stunde der Geschichte. Denn zu seiner Zeit gab es im Römischen Reich selbst im Raum führender Politiker bis hinauf zu einigen Kaisern herausragende Männer, die sich ernsthaft von philosophischem Denken bestimmen ließen. Justin weiß dies zu nutzen. „Ihr selbst", so beginnt Justin seine Rede an die Kaiser, „bezeichnet euch als Gottesfürchtige und Philosophen (*eusebeis kai philosophoi*). Damit unterstellt Ihr Euch aber derselben höchstrichterlichen Instanz, der auch wir in unserer Apologie unterstehen. *Wir* sind verpflichtet aufzuweisen, dass unser Leben und unsere Lehren dem Logos entsprechen. *Eure* Sache aber ist es, uns anzuhören, wie der Logos es fordert, und euch als gute Richter zu erweisen. Denn seid ihr einmal unterrichtet, so werdet ihr in Zukunft vor Gott unentschuldbar dastehen, wenn ihr nicht Gerechtigkeit übt" (vgl. *Apol.* I, 3, 4–5).

Zusätzlich zu dem Terminus *apo-logia* greift Justin hier einen weiteren von dem Wort *logos* abgeleiteten Begriff auf, den Paulus zu Beginn des Römerbriefs (vgl. 1,20) denen entgegenschleudert, die – trotz besseren Wissens aufgrund der allgemeinen Menschenvernunft – Gott nicht die Ehre geben: Sie seien „unentschuldbar" (*an-apo-logetoi*). Justin spricht hier als Theologe sozusagen auf gleicher Augenhöhe mit Philosophen, ohne Rücksicht auf ihre Person oder ihr Amt; sie alle sind letztlich nur ein und derselben Instanz unterstellt: dem göttlichen Logos.

# 3. Das Verhältnis von Theologie und Philosophie nach Konstantin

## 3.1. Von Konstantin bis zu Karl dem Großen

Als das Christentum Staatsreligion im Römischen Reich wurde, änderte sich das Verhältnis der Theologie zur Philosophie. Die Begrifflichkeit griechisch-römischer, vor allem der platonischen Philosophie blieb zwar, durch die Spekulation der Kirchenväter vermittelt, weiterhin das kategoriale Gewebe, in dem die biblische Tradition zur Sprache gebracht wurde – bis in die dogmatischen Entscheidungen der frühen Konzilien über das Verhältnis des Sohnes zum Vater und das Wesen der göttlichen Dreifaltigkeit hinein. Aber die Theologie begann nun entschiedener als bisher, die Philosophie den Erfordernissen des Glaubens anzupassen. Die auf die Offenbarung des *fleischgewordenen* Logos gegründete Kirche betrachtete sich als Erbin auch dessen, was einst der *Logos spermatikos*, der „Samen ausstreuende Logos", an wahren Gedanken in der heidnischen Antike ausgestreut hatte. Darum durfte sie mit diesen Fragmenten göttlicher Wahrheit umgehen wie einst die Israeliten, die beim Verlassen des „Hauses der Knechtschaft" Gold und Silber aus den Schätzen der Ägypter mitnahmen (vgl. z.B. Ex 11,2). Am schärfsten bringt diese Haltung Augustin in seiner Schrift *De doctrina christiana* zum Ausdruck. Das Studium der weltlichen Wissenschaften wird hier nicht nur auf seine Brauchbarkeit für die Bibelauslegung reduziert. Auch dieser gelegentliche Nutzen erscheint aufs äußerste minimalisiert. Gerade dieses Werk Augustins wird in den folgenden Jahrhunderten zum wichtigsten Handbuch für das Studium der Theologie.

Innerhalb dieser Entwicklung kam es allerdings zu einem unerwarteten Intermezzo. Theoderich der Große stützte sich in seiner Italienpolitik auf Nachkommen alteingesessener römischer Familien wie Boethius und Cassiodor. Ihnen ist eine Renaissance der *artes liberales*, der alten ‚enzyklopädischen' Wissenschaften zu verdanken: Grammatik, Rhetorik, Dialektik als formale Voraussetzung für ein effizientes Auftreten des ‚freien Mannes' im politischen Leben, und, in einem zweiten Studiengang, Arithmetik, Geometrie, Musik und Astronomie als Einübung in die Grundstrukturen aller Wissenschaften überhaupt. Vor allem das Studium der ersten drei *artes*, der ‚Redekünste', war ansatzweise bereits bei den Sophisten, den ersten Vertretern einer öffentlich-bürgerlichen Pädagogik, entwickelt worden. Karl der Große erkannte den Wert dieser ‚Propädeutik' für die Heranbildung fähiger Staatsmänner. Er gründete und förderte Klosterschulen, wo die Mönche des heiligen Benedikt das Unter-

richtsmaterial in diesen weltlichen Disziplinen neben den Grundtexten der
Theologie zu vervielfältigen hatten.

### 3.2. Die partielle Emanzipation der ‚Magd der Theologie'

Im 11. Jahrhundert begann die Ablösung der Feudalwirtschaft durch eine Ökonomie des freien Bürgertums. Der Vorrang der Klosterschulen für die Wissens-
vermittlung ging auf die in den Städten als Knotenpunkten des Handels ange-
siedelten Kathedralschulen über. Hier genossen die umherziehenden ‚Magister'
und ‚Scholaren' Schutz vor Überfällen und eine weitgehende Freiheit von
kirchlicher Zensur. Aus der Dialektik entwickelte sich im Raum der Kirche erst-
malig eine Philosophie, die theologischen Grundaussagen kritisch gegenüber-
trat.

Mit der Gründung der Pariser Universität Anfang des 13. Jahrhunderts erfolgte ein weiterer Schritt in dieser Richtung. Die Professoren der *artes liberales*
wurden in einer eigenen ‚Artistenfakultät' angesiedelt. Diese spielte eine größe-
re, aber auch gefährlichere Rolle als vergleichbare Einrichtungen an anderen in
dieser Zeit gegründeten Universitäten, weil gerade in Paris der Beziehung zwischen Philosophie und Theologie ein besonderes Gewicht beigemessen wurde.
Ein freies Gegenüber von Philosophie und Theologie *innerhalb einer kirchli-*
*chen Institution* hatte es in diesem Ausmaß noch nirgends in der Christenheit
gegeben. 1277 fand dieses Verhältnis einer beide Seiten befruchtenden Spannung mit der Verurteilung von Thesen, die vor allem von ‚Averroisten' an der
Artistenfakultät vertreten wurden, ein jähes Ende. Das Stichwort ‚Averroisten'
legt es nahe, an dieser Stelle wenigstens einen kurzen Blick auf die Rezeption
griechischen Denkens im Islam und ihren Einfluss auf das christliche Abendland zu werfen.

## 4. Die Rezeption griechischer Philosophie im Islam

Das Christentum wurde bei seinem Eintritt in das römische Imperium zunächst
nur als eine jüdische Sekte wahrgenommen. Um sich in der Welt der Gebildeten
als eine selbständige Religion Geltung zu verschaffen, musste es den spezifisch
christlichen Wahrheitsanspruch im Dialog mit den damals anerkannten Philosophien rechtfertigen. Der Islam ist im Unterschied zum Judentum und Christentum von Anfang an als politische Großmacht in Erscheinung getreten. Wie kam
es dann, dass diese Weltmacht, die den Koran als für alle Zeiten festgeschriebe-

ne Wahrheit mit sich führte, sich dem religionskritischen Denken der griechischen Philosophie aussetzte?

Diese Frage geht an der geschichtlichen Wirklichkeit vorbei. Schon sehr früh erwiesen sich die muslimischen Herrscher als aufgeschlossen für die in den von ihnen besetzten Gebieten heimischen Traditionen. Das ‚erkenntnisleitende Interesse‘ war allerdings in erster Linie auf den praktischen Nutzen des sich neu darbietenden Wissens gerichtet. Bei den abbasidischen Kalifen etwa waren die ostsyrischen wie auch die persischen und indischen Gelehrten wegen ihrer naturwissenschaftlichen, insbesondere medizinischen Kenntnisse gefragt. Auch die griechischen Autoren wurden vor allem im Blick auf ihre praktische Verwendbarkeit gelesen.

Die Situation einer im Blick auf herrschaftlichen Nutzen und Glanz geförderten Gelehrsamkeit änderte sich auch nicht grundsätzlich, als sich über das Studium platonischer und aristotelischer Schriften im Islam eine eigenständige Philosophie entwickelte und insbesondere bei Avicenna (Ibn Sina) und Averroes (Ibn Ruschd) zu einer Meisterschaft reifte, von der das abendländische Denken noch heute zehrt. Auch diese Philosophen kamen vor allem dadurch zu Ehren, dass sie ihren Herren zugleich als Leibärzte und/oder Juristen wertvolle Dienste leisteten. Darum ist die theologische Rezeption griechischer Philosophie im Unterschied etwa zur christlichen Dogmenbildung nie zum Gemeingut muslimischen Denkens geworden. Die Kluft zwischen einer (am Hofe geförderten) ‚Theologie der Philosophen‘ und einer ‚Theologie des Volkes‘ hat eher zur Verhinderung einer dem Glauben gerecht werdenden ‚Aufklärung‘ beigetragen. Wenn den Herrschern die Macht entglitt, war die Versuchung groß, sich der Philosophen zu entledigen, die fundamentalistischen Führern des Volkes schon immer ein Dorn im Auge waren. Dieses Schicksal traf besonders hart Averroes, der den wohl großartigsten Versuch im Islam gewagt hat, den universalen Geltungsanspruch geoffenbarter Wahrheit mit den Mitteln der Vernunft zu verteidigen.

Am Werk des Averroes lassen sich gut Gemeinsamkeiten und Unterschiede bei der Rezeption griechischer Philosophie in den drei monotheistischen Religionen ausmachen. In allen drei Religionen stellt die textnahe Interpretation der aristotelischen Werke durch Averroes einen Höhepunkt dar. Als vor allem aufgrund komplexer politischer Umstände das Studium des Averroes im *Islam* verboten wurde, wagten selbst seine zahlreichen Schüler nicht mehr, etwas zu seiner Verbreitung beizutragen. Im *Judentum* stand die Philosophie des Moses Maimonides der des Averroes am nächsten. Nicht zuletzt dank jüdischer Übersetzungen von Averroes' Schriften ins Hebräische ist der lateinische Westen mit seinem Werk vertraut geworden. Aber auch über die Lehren des Maimonides

kam es nach dessen Tod zu einem heftigen Streit um die philosophische Ausrichtung seiner Theologie. Erst im Zeitalter der Aufklärung fand er im Judentum die Anerkennung, die er verdiente.

Merkwürdig ist die Averroes-Rezeption im *christlichen* Mittelalter verlaufen.
Thomas von Aquin, der Aristoteles als „den Philosophen" bezeichnet, nennt den
von ihm intensiv studierten Averroes schlichtweg „den Kommentator". Vor der
von Aristoteles gelehrten Sterblichkeit der einzelnen Geistseelen, die in der Tat
mit der christlichen Lehre unvereinbar ist, schreckt Thomas im Unterschied zu
Averroes aber zurück. Die ‚averroistische' Aristotelesinterpretation wurde zwar
1277 verurteilt. Eine Reihe der davon betroffenen Professoren ließ sich dann
aber an den Universitäten von Bologna und Padua nieder. Vielleicht darf man
darin den Beginn von einem kritischen zu einem feindlichen Gegenüber der
Philosophie zur Theologie im Abendland betrachten, zu einer Konfrontation,
die im Zeitalter der Aufklärung zum Ausbruch kam. Dieser möchte ich mich
nun, drei Jahrhunderte überspringend, direkt zuwenden.

# 5. Was ist Aufklärung?

So sehr auch im Blick auf das *Wesen* von Aufklärung die berühmte Frage Kants
noch immer in seinem Sinne zu beantworten sein dürfte, wird sich die Philosophie im Disput um die drängenden Probleme der Gegenwart doch vor allem auf
den regional äußerst divergenten geschichtlichen *Verlauf* der Aufklärung konzentrieren müssen. ‚Aufklärung' in der religionskritischen Bedeutung dieses
Wortes hat es nur in jenen Ländern Europas gegeben, die sich im Zuge der Reformation durch Glaubensspaltung bedroht sahen bzw. daraus multikonfessio-
nell hervorgingen. Spanien, Habsburg, die lutherisch gewordenen skandinavi-
schen Länder und erst recht die von der griechisch-orthodoxen Tradition
geprägten Länder des Ostens wurden nie ernsthaft davon berührt. Ich werfe
zunächst einen kurzen Blick auf das wesentliche Ziel der Aufklärung generell
und gehe dann näher auf den Verlauf bzw. den Einfluss der Aufklärung in
Frankreich, den USA und Deutschland ein.

## 5.1. Das Hauptziel der Religionskritik im Zeitalter der Aufklärung

Im „Augsburger Religionsfrieden" von 1555 kam man überein, dass der Lan-
desherr die Konfession seiner Untergebenen zu bestimmen habe. Diese ‚Frie-
densregelung' führte dazu, dass Menschen, die sich alle auf denselben Christus
beriefen, aufgrund eines verschiedenen Verständnisses seiner göttlichen Gnade

gnadenlos übereinander herfielen. Im Flickenteppich der deutschen Länder bedeutete dies schließlich, dass eine bestimmte Glaubenstradition hier für absolut
verbindlich erklärt, wenige hundert Meter davon entfernt aber als ketzerisch
gebrandmarkt wurde. Damit wurde der dem Wort Gottes zugeschriebene Absolutheitscharakter jedem zum Gespött, der mit dem Glauben nicht das Denken
verlernt hatte. Schon früher gab es oft genug eine Forderung von Glaubensgehorsam unter Berufung auf göttliche Autorität bei gleichzeitigem Verzicht oder
gar Verbot, das zum Glauben Verpflichtende auf seinen vernünftig einsehbaren
Sinn zu hinterfragen. Jetzt wurde die grundsätzliche Absurdität dieser Forderung unübersehbar, unmittelbar evident aber auch das Recht der Gegenforde-
rung der Aufklärer: Alles, was dem religiösen Menschen als sittlich verpflichtend vorgelegt wird, habe sich vor dem Forum der Vernunft zu verantworten.
Auf diese Weise kam erstmals im Inneren einer Offenbarungsreligion das ganze
Gewicht der griechischem Denken entsprungenen Philosophie zur Geltung:
Nicht nur die Götterwelt des Olymps, sondern auch jede Behauptung geschichtlich ergangener Offenbarung sollte sich grundsätzlich Wahrheitskriterien stellen, für deren universale Gültigkeit die menschliche Vernunft selbst bürgte.
Sieht man allerdings auf den regional verschiedenen Verlauf der Aufklärung, so
bemerkt man doch mit einigem Erstaunen, wie leicht ein prinzipiell berechtigter
Kampf gegen absurde Zustände selbst wieder in absurde Situationen führen
kann.

### 5.2. Von der Aufklärung zum Laizismus in Frankreich

Schon vom Mittelalter her war Frankreich vom ‚Gallikanismus‘ geprägt, d.h.
von einem Zusammenspiel zwischen Königtum und Papsttum, in dem mit Zustimmung Roms die weltliche Gewalt in wachsendem Maß auch das kirchliche
Leben bestimmte. Der Versuch der Calvinisten, dieses Land für den reformierten Glauben zu gewinnen, konnte nicht gelingen. Im Grunde trug dieser Versuch sogar zur Entstehung der hässlichsten Form bei, die der Katholizismus je
aufzuweisen hatte: der Verschmelzung von Thron und Altar im Zeitalter des
Absolutismus. Die Vertreter der Aufklärung in anderen Ländern Europas, zunächst vor allem in England, mühten sich ernsthaft um die Unterscheidung zwischen berechtigten und unberechtigten Glaubensforderungen. Die zum willfäh-
rigen Instrument französischer Königsmacht gewordenen kirchlichen Institutionen hingegen schienen im Endeffekt nur noch Anlass zu der Frage zu geben,
wie dieses Missgebilde von Religion am besten zu zermalmen sei (vgl. Vol-
taires „Écrasez l'infâme!"). Aufgrund des raschen Wechsels zwischen republi-
kanischen und royalistischen Regierungen im Jahrhundert nach der Revolution

boten sich der Kirche manche Gelegenheiten, Anschluss an das geistige Leben der Neuzeit zu finden und damit auch zur Mitgestaltung des modernen Frankreichs einen positiven Beitrag zu leisten. Sie wurden fast alle vertan. Die Kirche sank zunehmend zu einem Reservat für intellektuell zurückgebliebene Fromme in einer laizistisch bestimmten Gesellschaft herab. Von diesen brutalen Fakten der Geschichte her lassen sich die Schwierigkeiten besser verstehen, die, mehr noch als in anderen europäischen Staaten, nicht nur führende Politiker, sondern auch ein großer Teil der Bevölkerung im heutigen Frankreich generell im Umgang mit Religionsgemeinschaften haben, die engagiert für den Absolutheitscharakter ihres Glaubens eintreten.

### 5.3. Fundamentalismus und ‚Civil Religion‘ in den USA

Die Ära Busch hat uns plastisch vor Augen geführt, wie schwierig es ist, das US-amerikanische Verständnis von Religion nachzuvollziehen. Wegen der wachsenden globalen Bedrohung, die nicht zuletzt von der politischen Funktionalisierung von Religion durch die Regierenden dieser Großmacht ausgeht, möchte ich auf einige Hintergründe dieses Phänomens etwas näher eingehen.[2]

Auf den ersten Blick gesehen, bieten die Vereinigten Staaten die eleganteste Lösung dar, einen Pluralismus von Religionen nahezu konfliktfrei in ein politisches Ganzes zu integrieren. Die an ihrem Anfang stehende ‚Revolution‘ und die strikte Trennung von Staat und Kirche haben hier durchaus keinen religionsfeindlichen Klang wie die gleichen Begriffe in Frankreich. Sie sichern vielmehr in hohem Maße den religiösen Nährboden, in dem die US-amerikanische Gesellschaft ihre Wurzeln hat.

Die treibende Kraft in der Entwicklung der USA ging zunächst von calvinistisch orientierten Gruppen aus, denen selbst protestantische Institutionen in Europa zu eng geworden waren. Ein ungestörtes Nebeneinander ihrer divergierenden religiösen Überzeugungen war auf Dauer nur durch ein geordnetes gesellschaftliches Miteinander zu sichern. Von dem Wunsch nach gegenseitiger Toleranz waren ursprünglich zwar weder die Katholiken spanischer Herkunft in den späteren Südstaaten noch deren von Kanada aus südlich vordringende französische Konkurrenten beseelt, ebenso wenig aber auch die protestantischen Siedler an der Ostküste. Sie alle wurden jedoch durch die ‚normative Kraft des Faktischen‘ darüber belehrt, was als Grundprinzip für ‚das Neue Jerusalem‘ taugte. Dieses Prinzip fand seinen wichtigsten Ausdruck in dem Ersten Zusatz

---

[2] Ausführlicher hierzu: Hansjürgen Verweyen, „‚Civil Religion‘ und Weltpolitik. Zur Funktionalisierung Gottes in den USA", in: *IKZ Communio* 36 (2007), S. 205–214.

zur Verfassung (1791), der allen Bürgern des nach der Loslösung von England neu gegründeten Staatsgebildes Religionsfreiheit garantiert. Der Grundtext dieses „First Amendment" stammt aus der Feder eines keiner bestimmten Denomination angehörenden ‚Deisten', der Hauptverfasser der Unabhängigkeitserklärung von 1776 war und von 1801–1809 als Präsident der Vereinigten Staaten amtierte: Thomas Jefferson.[3] Die wichtigste Quelle für seine politischen und religiösen Ansichten fand Jefferson bei John Locke (1632–1704), dem wirkungsgeschichtlich bedeutendsten unter den englischen Aufklärern. Ein Blick auf die philosophische Theologie Lockes kann zu einem besseren Verstehen des Verhältnisses von Staat und Religion in den USA beitragen.

Im Unterschied zu anderen Aufklärern wie Herbert von Cherbury oder John Toland fragte der Empirist Locke nicht nach apriorischen Kriterien dafür, ob der *Inhalt* einer behaupteten Offenbarung sich der Vernunft als *sinnvoll* erschließt. Er beschränkte sich – darin der Theologie eines Thomas von Aquin näher als neuzeitlichen Denkern – auf die Frage, ob die Autorität, die uns auf eine göttliche Offenbarung verpflichten will, sich als hinreichend glaubwürdig ausweist – z.B. durch Wunder. Darum ließ Locke behauptete Offenbarungen solange gelten, wie sie empirisch gesicherten Erkenntnissen nicht widersprachen. Dieser Anforderung genügen am ehesten religiöse Annahmen von empirisch nicht nachprüfbaren, geheimnisvollen Sachverhalten.

Auf diesem philosophischen Fundament eines Vertreters der Aufklärung konnte sich ein friedliches Nebeneinander von Gläubigen entwickeln, die keinen Anlaß dafür sahen, über den Umkreis der eigenen Religionsgemeinschaft hinaus Andersdenkenden oder gar der öffentlichen Gesellschaft ihre Überzeugungen mit rationalen Argumenten anzusinnen. Auf diese Weise wurde man immun gegen jede auf das Prinzipielle gerichtete Religionskritik und gewöhnte sich daran, weder dem anderen noch sich selbst jemals zu nahe zu treten. Das heißt aber, man wurde pluralistisch und fundamentalistisch zugleich – wobei ‚Fundamentalismus' hier nicht als eine zur Gewalttätigkeit neigende Haltung zu verstehen ist, sondern einfach als grundsätzlicher Verzicht auf das Hinterfragen religiöser Anschauungen.

Diese für die USA typische Religiosität dient noch immer in hohem Maße der ‚Kontingenzbewältigung'. Sie hilft, den Kontakt zu einer heilen Mitte aufrechtzuerhalten, von der im Alltag nur wenig spürbar wird. Ein Glaube, für den der Rückzug in die Privatsphäre konstitutiv ist, kann aber kein kritisches Ferment der Gesellschaft sein. Dazu wird er nur im Durchgang durch eine harte öffentliche Diskussion fähig. Darüber hinaus führt der Verzicht auf ein kritisches Über-

---

[3] Der zweite und bisher letzte Präsident, der sich zu keiner bestimmten Religion bekannte, war Abraham Lincoln!

denken der eigenen Traditionen dazu, dass religiöse Symbole, Riten und Feste allmählich ihre klaren Konturen verlieren und sich mit von anderswoher geborgten Zeichen für eine heile Welt vermischen. Dadurch werden sie eine leichte Beute für Marketingexperten, die alte Feste und Kulte konsumorientiert künstlich am Leben erhalten, oder für Politiker, die sie im Dienste höherer Ziele neu inszenieren.

Ein wichtiger Faktor für das Verständnis von Religion in den USA ist die Prägung durch calvinistische Gruppen mit einer im Wesentlichen gleichen Infrastruktur. Ob von einem ‚Ältestenrat' geleitet (wie die ‚Presbyterianer') oder (wie die ‚Kongregationalisten') in noch weniger organisierten ‚Zusammenschlüssen' vereinigt: den eigentlichen Ort von Kirche bildeten die Einzelgemeinden. Als spirituell selbstgenügsame Kleinzellen waren diese am besten zur Kolonisierung eines weiten, kulturell unerschlossenen Landes in der Lage, konnten sie doch ihre innere Mitte wahren, ohne sich an eine hierarchische Zentrale zwecks religiöser Weisung wenden zu müssen. Mit dieser frei gewählten Form von ‚Diaspora' verband sich allerdings die Gefahr, immer weniger einen inhaltlich ‚gemeinsamen Nenner' finden zu können. Hinzu kam, dass die Mehrheit reformierter Gemeinden, aus denen die Vereinigten Staaten von Amerika emporwuchsen, wie Calvin dem Glauben an eine zweifache Prädestination anhing: Gott bestimmt souverän, wen er zum Heil erwählt und wen er auf ewig verdammt. Wie konnte man sich dann aber vergewissern, zu den Erwählten zu gehören? Auf diese beiden Fragen nach einem für das ‚Wir' der Glaubenden entscheidenden Credo und nach der Heilsgewissheit auf der Basis eines strengen Prädestinationsglaubens fand man eine Antwort, zu deren Hauptkomponenten die verschiedenen Erweckungsbewegungen zählen, die das Land immer wieder aus einer erstarrten Religiosität aufrütteln sollten. Um als Glied einer vom göttlichen Geist geleiteten Gemeinde anerkannt zu werden, wurde zumeist die Erfahrung eines persönlichen Erweckungserlebnisses (‚revival') gefordert. Doch wie ließ sich dieses als tatsächlich erfolgt verifizieren? Dafür waren insbesondere evangelikale Großveranstaltungen geeignet, auf denen charismatisch begabte Prediger die versammelten Christen zu einem solchen Höhepunkt religiösen Eifers führten, dass die Anwesenheit des Heiligen Geistes von allen zugleich erlebt wurde.

Diese Art der Verkündigung vermag eine auf den unmittelbaren Geistkontakt bauende Religiosität zu festigen. Sie hat aber den gefährlichen Aspekt, dass dabei rhetorisch begabten Predigern die spontane Anerkennung einer Autorität zufließt, wie sie nicht einmal dem Papst zukommt. Das ist um so mehr der Fall, wenn Massenmedien bei solcher Glaubensauslegung effizient genutzt werden, und zwar nicht allein um des Seelenheils willen. Hier wäre z.B. auf die Karriere

Billy Grahams zu verweisen. Seit Dwight Eisenhower (1953–1961) konnte kein Präsident der USA mehr ohne ihn als ‚geistlichen Berater' auskommen. Graham nahm sozusagen das höchste weltliche Amt auf Erden in seinen geistlichen Dienst, indem er sich ihm zur Verfügung stellte.

In diesem Zusammenhang ist ein weiteres Phänomen zu bedenken. Wir können hier nicht auf Einzelerscheinungen wie den Aufdruck „In God we trust" auf jeder Dollarnote oder das seit 1953 jährlich stattfindende „presidential prayer breakfast" eingehen. Die Frage lässt sich aber kaum umgehen, wie es im Rahmen einer strikten Trennung von Staat und religiösen Institutionen zu der für die USA typischen Form von ‚Civil Religion' kommen konnte.

Als Antwort bietet sich zunächst eine Projektionstheorie an: Die Duldung einer Vielzahl unterschiedlicher religiöser Überzeugungen mag zwar von jedem als Voraussetzung für ein friedliches Zusammenleben akzeptiert werden. Je intensiver aber seine Religiosität und zugleich sein Engagement als Staatsbürger ist, umso mehr wird er danach verlangen, dass Gott, an den *alle*, aber alle *anders* glauben, Verehrung auch in einer Form erfährt, in die alle einstimmen können. Diese psychologisch plausible Begründung reicht aber kaum zur Erklärung der für die USA spezifischen Gestalt von ‚Civil Religion' aus. Ein erneuter Blick auf die Philosophie John Lockes könnte hier weiterhelfen.

In die Tolerierung aller Religionsgemeinschaften, wie sie das „First Amendment" zur Verfassung festschreibt, sind Atheisten nicht ausdrücklich einbeschlossen.[4] Bei Locke werden Atheisten sogar ausdrücklich *nicht* einbeschlossen, weil ihm zufolge nur der Glaube an eine göttliche Vergeltung Menschen zur freien Bejahung der Gesetze motivieren kann. Diese Auffassung eines ‚Deisten' teilte auch der Mitbegründer des evangelikalen Puritanismus, Jonathan Edwards (1703–1758), der nicht nur zu den bedeutendsten Theologen Amerikas zählt, sondern auch intensiv die Werke Lockes studiert hat. Lockes Ansichten über eine aller Vernunft mögliche Gotteserkenntnis dürften die angelsächsischen Siedler als evident betrachtet haben, so unterschiedlich ihr Glaube an den Inhalt der christlichen Offenbarung auch war. Dass ein ‚natürlicher' Gottesglaube allen Menschen zuzumuten sei, lehrte ja bereits der Apostel Paulus in den beiden ersten Kapiteln des Römerbriefs. Die Philosophie Lockes, aus der die Bürger der USA wesentliche Züge in ihre Verfassung einbrachten, galt ihnen dann als willkommene Bestätigung dafür, dass Gott nicht nur nach Maßgabe ihrer verschiedenen religiösen Überzeugungen, sondern auch von ihnen allen als eine ‚Nation unter Gott' zu preisen war.

---

[4] „Congress shall make no law respecting an establishment of religion, or prohibiting the free exercise thereof [...]."

Das Problem liegt darin, dass diese ‚natürliche Religion' – im Unterschied etwa zu deren Verständnis bei Thomas von Aquin – in den USA ebenso wenig einer kritischen Reflexion unterliegt wie die Glaubensansichten der einzelnen Denominationen. Hinsichtlich ihrer inhaltlichen Bestimmung ist sie der rhetorischen Begabung großer Persönlichkeiten ähnlich ausgesetzt, wie es die autonomen Einzelgemeinden den Erweckungskampagnen charismatischer Prediger gegenüber sind. Schon immer war den Präsidenten der USA damit ein beträchtlicher Spielraum gegeben, Gebete, Gesänge, Riten und Symbole der nationalen Religion ihren jeweiligen politischen Zielen entsprechend zu interpretieren und zu inszenieren. Gerade das letzte halbe Jahrhundert des Zusammenwirkens von ‚weltlicher und geistlicher Gewalt' hat aber gezeigt, welche Gefahren durch eine ‚Civil Religion' erwachsen können, die unter Zuhilfenahme der modernsten Massenmedien politisch instrumentalisiert wird. Ich nenne hier nur einige Aspekte:

– Die ‚weltliche Gewalt' kann ihre unrechtmäßig ausgeweitete Macht dann am wenigsten bemerkt entfalten, wenn sie sich des Vokabulars und der Rituale bedient, die bei einer ‚Nation vor dem TV' in erfolgreichen Erweckungskampagnen am meisten Anklang gefunden haben.

– Dabei spielt die Frage nach dem religiösen Gehalt der politisch funktionalisierten Äußerungen im Verhältnis zu den gemessenen ‚Einschaltquoten' eine verschwindend geringe Rolle. Das heißt aber, dass diese über Satelliten global bis in die Hütten von Slumbewohnern ausgestrahlte ‚Religion' in den Augen wirklich religiös engagierter Menschen die Züge von Gottlosigkeit annimmt.

– Die ‚nationale Religion' der USA wird weitgehend noch immer als so etwas wie eine ‚natürliche' Religion, d.h. als Mindestmaß eines prinzipiell jedem Menschen zumutbaren Gottesglaubens betrachtet. Das heißt heute aber, dass nicht etwa ein bestimmter Offenbarungsglaube, sondern eine postmoderne Karikatur von ‚natürlicher Religion' anderen Kulturen als etwas entgegengehalten wird, an dem sie sich von Rechts wegen zu orientieren hätten.

– Diese Beobachtung führt unmittelbar zu dem wohl gefährlichsten Aspekt des für die Mehrzahl der US-Amerikaner, zumindest der gesellschaftlich einflussreichsten unter ihnen, spezifischen Religionsverständnisses. Im Verbund mit christlichen Missionaren haben europäische Kolonisatoren die einst bestehenden politischen wie religiösen Infrastrukturen in den heutigen Entwicklungsländern zerstört. Nach erlangter Unabhängigkeit geriet die politische Macht in die Hände von neuen Herren, die das Verhaltensmuster der alten übernahmen. Diese Herren bieten sich, entsprechend honoriert, Großkonzernen bei der Ausbeutung der heimischen Rohstoffe als willfährige Helfershelfer dar – auf Kosten einer immer mehr verarmenden, ungebildeten Bevölkerung. Hier treten nun seit geraumer Zeit evangelikale Missionare US-amerikanischer Prägung auf den Plan, deren Heilsverheißung um so leichter Glauben findet, als sie die neu Bekehrten auf dem Stand ihrer Unfähigkeit zur Kritik, insbesondere an bestehenden politischen Verhältnissen, erhalten. Nur dort, wo der Islam feste Wurzeln geschlagen hat, scheinen die Menschen gegen die Verführung durch solche Gottesboten noch weitgehend immun zu sein.

Stehen wir heute nicht vor einem Scherbenhaufen der Aufklärung, derer sich die westliche Welt fanatisierten Muslimen gegenüber rühmt? Statt eines vor dem Forum der Vernunft verantworteten christlichen Glaubens ist ein Zerrbild von Glaube *und* Vernunft erwachsen, das als solches in den östlichen Ländern auch durchaus wahrgenommen wird. Das Aufeinanderprallen der globalen Mächte in Ost und West wird sich nicht auf politischem Wege mildern lassen, wenn nicht zugleich die jeweiligen religiösen Selbstverständlichkeiten einer gründlichen Prüfung unterzogen werden. Dafür müssten aber überhaupt erst einmal Orientierungshilfen im Sinne einer neu reflektierten Aufklärung bereitstehen. Wäre diese Hilfestellung nicht am ehesten aus dem ‚Land der Dichter und Denker‘ zu erhoffen?

### 5.4. Aufstieg und Niedergang des ‚deutschen Geistes‘

In diesem Abschnitt werde ich mich auf einige knappe Bemerkungen beschränken. ‚Aufklärung‘ als ein gesamtdeutsches Phänomen hat es nie gegeben. Sie ist im Wesentlichen eine Angelegenheit des protestantischen Preußens gewesen und kam auch dort erst wirklich zum Zuge, nachdem Friedrich der Große der freien Diskussion zwischen Gelehrten der verschiedensten Disziplinen einen großen Spielraum zugestanden hatte. Blickt man auf das Verhältnis der Philosophie zur Theologie speziell, so kann man tatsächlich von einer ‚kopernikanischen Wende‘ sprechen, die Kant in seiner *Kritik der reinen Vernunft* (1781) vollzogen hat. Viel zu wenig beachtet wurde dabei, dass er mit seiner Zurückweisung einer Gotteserkenntnis aus der rein theoretischen Vernunft zumindest implizit die Tradition griechischer Philosophie auf das biblische Denken hin aufsprengte, demzufolge Erkennen nie eine Sache der bloßen *ratio* ist. Eben diesen entscheidenden Schritt nahm Hegel zurück. Mehr noch: Er ließ der sittlich-praktischen Vernunft letztlich keinen eigenständigen Raum, sondern zwängte sie zusammen mit dem ganzen Verlauf der Geschichte in ein theoretisch-spekulatives Konstrukt, das ihm zufolge die Spitze aller Gotteserkenntnis darstellt.

Nicht zuletzt dank des Spottes, den Hegel über Kant, Fichte und schließlich auch seinen Freund Schelling ausgegossen hat, galten in der Folgezeit diese

Philosophen tatsächlich weithin nur als seine Steigbügelhalter. Für die ‚Hegel-
sche Linke' bedeutete dies, dass die bei Hegel *de facto* bereits gegebene Auflösung des christlichen Glaubens jetzt nur noch konsequent als Atheismus auszu-
falten war. Politisch bestimmend blieb aber der sich vom späten Hegel her nahe
legende Gedanke, dass Glaube und Vernunft im preußischen Staat an ihren genuinen Ort gelangt seien. Von diesem Gefühl blieb jedenfalls der ‚liberale Pro-
testantismus' getragen. Er wurde darin um so mehr bestärkt, als die Blütezeit
deutschen Geistes in Weimar-Jena und bald darauf in der Humboldtschen Universität weltweit Bewunderung genoss und ein Seitenblick auf den ins intellektuelle Abseits geratenen französischen Katholizismus so etwas wie eine Nega-
tivfolie dazu bot.

Gegen diese hybride Verbindung zwischen Theologie, säkularen Wissenschaften und Preußentum zog nach dem Ersten Weltkrieg Karl Barth mit seiner
‚Dialektischen Theologie' zu Felde. Da er jede Verantwortlichkeit des Glaubens
vor dem Forum der säkularen Vernunft verneinte, erreichte er aber nur zum
geringeren Teil die führenden Geisteswissenschaftler Deutschlands. Blickt man
nach 1945 auf die Werke der bekanntesten Fichte- und Hegel-Interpreten während der 20er Jahre zurück, so erschrickt man über das Ausmaß, in dem hier die
sprachlichen Mittel für den Missbrauch bereitgestellt wurden, den dann der
Nationalsozialismus mit dem Erbe der großen Denker des deutschen Volkes
trieb. Nach dem Zusammenbruch des Dritten Reichs ließ sich nicht verheimli-
chen, dass die in mühsamem Ringen zwischen Philosophie und Theologie präzisierten Begriffe von dem, was als unbedingt verpflichtend anerkannt werden
darf, verschlissen waren. In zunehmendem Maße hielt man es für unverantwort-
lich, die Frage nach einem Absoluten und Unbedingten überhaupt noch philosophisch zu thematisieren. Die intensive Rezeption analytischer Sprachphiloso-
phie und der philosophischen Hermeneutik im Sinne Hans-Georg Gadamers
oder Paul Ricœurs verstärkte das Grundgefühl der unbedingten Abneigung gegenüber allem Unbedingten.

# 6. Schlussbemerkungen

Das ‚siècle des lumières' hat trotz seiner regional sehr unterschiedlichen Ausprägungen schließlich zu einem ziemlich einhelligen, allerdings den Zielen der
Aufklärer völlig zuwiderlaufenden Ergebnis geführt. Zunächst und vor allem
gilt die Basisannahme griechischer Philosophie, dass die Vernunft zu universal
gültigen Erkenntnissen fähig sei, nur noch einer kleinen Zahl von Unbelehrba-
ren als diskutabel. Damit hängt aber unmittelbar zusammen, dass die zur Zeit
dominierende philosophische Vernunft eine über den Binnenraum der eigenen

Religionsgemeinschaft hinausreichende rationale Verantwortung des Glaubens an die unbedingte Gültigkeit eines von Gott ergangenen Wortes nicht für möglich hält. In der gegenwärtigen Weltpolitik resultiert hieraus eine äußerst gefährliche Situation. Es stehen sich hier nicht mehr wie noch während des sogenannten ‚Kalten Kriegs' vor allem zwei Großmächte gegenüber, die aufgrund ihrer militärischen Potenz relativ klar zu bestimmen waren. Der Terminus ‚Großmacht' scheint überhaupt immer weniger dazu geeignet, politische Machtkonstellationen zu umschreiben – und dies nicht nur aus Gründen der wachsenden Abhängigkeit politischer Handlungen von immer weniger überschaubaren Zusammenballungen globaler Wirtschaftskonzerne. Die größte Bedrohung dürfte heute vielmehr von einem gänzlich neuartigen Gegenüber von Mächten ausgehen. Auf der einen Seite stehen die USA als ein Kraftzentrum, das trotz aller globalen Verwicklungen noch einigermaßen in seinen Umrissen zu beschreiben und in seinen kriegerischen Aktionen zu berechnen ist. Auf der anderen Seite agiert im Untergrund sehr verschiedenartiger staatlicher Gebilde eine Macht, die sich nicht einmal in groben Konturen umgreifen lässt. Als gemeinsame Identifikationsmerkmale lassen sich allenfalls angeben, dass sich ihre Akteure für Vertreter des wahren Islam halten, ihren größten Feind in den USA sehen und zu weltweiten Maßnahmen von Gewalt und Terror bereit sind, die sich allen Kriterien von Recht – auch den im Koran niedergelegten – entziehen.

Der gefährlichste Aspekt dieser gegenwärtigen Frontenbildung scheint mir jedoch in einer frappanten Gemeinsamkeit zwischen den verbissen einander bekämpfenden Mächten zu liegen. *Zum einen* lässt sich bei beiden ein Zusammenspiel unterschiedlicher Glaubensannahmen zu einer nicht näher bestimmten ‚Civil Religion' beobachten. Auch die zum Terror bereiten, selbsternannten Verteidiger des Islam gehören verschiedenen Konfessionen an. Das, was die Schiiten und Sunniten unter ihnen zu einer Art ‚Civil Religion' eint, ist der gemeinsame Kampf gegen die Gottlosigkeit, die sie in den USA am stärksten verkörpert sehen – wegen der pseudoreligiösen Aura, mit der sich die dort Regierenden umgeben, sogar mit einem gewissen Recht. (Die nachchristlichen Christen Europas bilden aus dieser Perspektive eine *quantité négligeable*. Der bei ihnen zu findende Restglaube lasse sich kaum von Gottlosigkeit unterscheiden, und politisch seien sie überdies dem Umfeld der USA zuzurechnen.)

*Zum anderen*, und hierin liegt der entscheidende Punkt im Rahmen unserer Thematik, sehen die Vertreter beider sich religiös verstehenden Mächte keinen Grund dafür gegeben, ihre Absolutheitsansprüche vor dem Forum einer für alle Menschen verbindlichen Rationalität zu verantworten. In dieser Haltung werden sie durch die heute philosophisch vorherrschende Betonung der durchgehend sprachlich-geschichtlichen Prägung der Vernunft bestärkt. Des Anreizes zu einer kritischen Selbstüberprüfung durch religiöse Vorurteile, und zusätzlich nun auch durch die *philosophie du jour* beraubt, lässt sich die religiöse Motivation ihres Handelns noch leichter zu politisch fragwürdigen Unternehmungen instrumentalisieren.

Gibt es einen Ausweg aus diesem erbärmlichen Zustand einer wider Willen als Magd fundamentalistischer Theologie fungierenden Philosophie, die damit zugleich in den Dienst einer irrationalen Politik tritt? In meinem eigenen fundamentaltheologischen, an Kant und Fichte anknüpfenden Ansatz[5] vertrete ich ein energisches „Ja!". Aber eine Diskussion der damit verbundenen systematischen Fragen überstiege den Rahmen meines hier vorgelegten, auf eine historische Analyse konzentrierten Beitrags.

---

[5] Vgl. bes. Hansjürgen Verweyen, *Gottes letztes Wort*, Regensburg [3]2000, Kap. 6–7.

PIERO CODA

# Vernunft und Offenbarung vor der Gegenwart Gottes: Eine Perspektive im Lichte des gekreuzigten Christus

## 1.

Die Frage, zu der ich mich bemühen werde, ein Wort zu sagen, betrifft die Natur und die Qualität der Gotteserkenntnis von Seiten des Menschen im eng verzahnten oder sogar, wie ich meine, untrennbaren Zusammenspiel von Vernunft und Offenbarung. Es handelt sich daher um eine Überlegung epistemischer Natur.

Ich bin mir dabei der notwendigen und fruchtbaren Beziehung sehr wohl bewusst, die sich zwischen der Methode – im epistemischen Sinne des Wortes –, die dem Erkennen (in seinen zahlreichen und verschiedenen Ausdrucksformen) eigen ist, und dem ihr entsprechenden Objekt ergibt; so wie ich auch um den Ausgangspunkt und die spezifische Perspektive meiner Überlegungen weiß, die gleichzeitig die des *intellectus quaerens fidem* und der *fides quaerens intellectum* ist.

Gerade darum sieht der epistemische Diskurs, den ich vorschlage, nicht von den Differenzierungen der Hermeneutik ab, vielmehr setzt er diese voraus und betont sie, weil sich in ihnen das kritische Bewusstsein um die geschichtlich und existenziell bestimmte Situiertheit artikuliert, von der ausgehend und in deren Horizont allein dieser Diskurs *für mich* bestehen kann.

## 2.

Von hier aus – und damit setzen meine Überlegungen an – ergibt sich die Angemessenheit des Zugangs, den ich jetzt verfolgen werde. Es handelt sich nicht um ein erneutes Aufwerfen der müßigen Frage – die meiner Ansicht nach falsch gestellt wird – nach der Beziehung zwischen Vernunft und Glaube, sondern um die ursprüngliche und immer aktuelle Frage der Beziehung zwischen Vernunft und Offenbarung.[1]

Es wäre langwierig – obwohl sehr lohnenswert –, wollte man den kulturellen Prozess nachvollziehen, der die Gestaltung des abendländischen Denkens bestimmt und uns dahin geführt hat, dass man die Unterscheidung, wenn nicht die Trennung, zwischen *ratio* und *fides* als selbstverständlich und fast unüberwindbar betrachtet.[2] Es genügt mir hier zu behaupten, dass diese Unterscheidung, die freilich eine gewisse Plausibilität innerhalb eines genau und klar begrenzten epistemischen Horizontes aufweisen kann, von sich aus – vor allem heutzutage – eine ganze Reihe von Missverständnissen mit sich bringt. Sie soll daher *ab imis* neu durchdacht werden.

Die *ratio* nämlich, gemeint in der weitestmöglichen und integralsten Bedeutung, ereignet sich nie ohne *fides* – ihrerseits auch in einem weiten und integralen Sinne begriffen.[3] Und umgekehrt. Darin liegt, wenn man es näher betrachtet, die – sowohl theoretische wie auch historische – Möglichkeit ihres gegenseitigen Verweisens. Auf genau dieser Überzeugung gründet der epistemische Ansatz, der es dem antiken und mittelalterlichen Denken erlaubte, ein Zweifaches zu denken und miteinander zu verbinden: einerseits die innere Offenheit der *ratio* für die Offenbarung; andererseits die innere und zugleich asymptotische Permeabilität des veritativen Inhaltes der *fides* von Seiten der *ratio*. Dabei muss natürlich dem nicht aufhebbaren Bruch und der Überhöhung Rechnung getragen werden, die in die Bestimmung der Form dieses Verhältnisses unwiderruflich durch das Ereignis Jesus Christus eingebracht wurden (καὶ ὁ λόγος σὰρξ ἐγένετο, Joh 1,14) bzw., eschatologisch gewandt, durch das, was Paulus ikastisch als den λόγος τοῦ σταυροῦ bezeichnet (vgl. 1 Kor 1,18).

Innerhalb dieses epistemischen Rahmens ist die *ratio* in jedem Fall von sich aus befähigt und darauf ausgerichtet, sich der Offenbarung zu nähern, und, hat

---

[1] Vgl. „La fede, il lógos, la croce" in meinem Aufsatzband: *Il lógos e il nulla. Trinità, religioni, mistica*, Rom [2]2004, S. 158–190. Unter Vernunft verstehe ich hier, synthetisch und symbolisch ausgedrückt, die ursprüngliche und zugleich freie Offenheit des Menschen vor der Gabe des Seins; ich schließe in diese Bedeutung auch die verbundenen Dimensionen der Empfindsamkeit, der Geistigkeit und der Entscheidung ein. Unter Offenbarung verstehe ich hingegen das Sich-Sagen und Sich-Geben des Geheimnisses als eines solchen an den Menschen, in der Abfolge der Vielheit seiner Formen und Etappen (vgl. *ibid.*, S. 435–521).

[2] Ich erlaube mir, auf mein Buch zu verweisen: *Teo-logia. La parola di Dio nelle parole dell'uomo*, Rom [2]2005.

[3] *Fides* ist, in diesem Sinne, nicht nur – nach ihrer theologischen Bedeutung – die Entsprechung zum offenbarenden Ereignis des personalen (und letztendlich trinitarischen) Gottes, sondern die bewusste und freie Hingabe des Menschen an das Geheimnis, das sich ihm als solches offenbart.

sich diese Begegnung erst einmal glücklich vollzogen, so wird die *ratio* innerhalb des Raumes der Offenbarung selbst darauf eingestellt und dazu befähigt, in einer anderen Form jenes *quaerere Deum* fortzusetzen, wofür sie bestimmt ist. Der heilige Augustinus von Hippo schrieb: „Quaeramus inveniendum, quaeramus inventum. Ut inveniendus quaeratur, occuluts est; ut inventus quaeratur, immensus est."[4] Man könnte diese Aussage mehr oder weniger so übersetzen: „Wir suchen, was wieder gefunden werden soll. Wir suchen, was schon gefunden wurde. Gerade weil es verborgen ist, soll das gesucht werden, was gefunden werden soll; und da es unendlich ist, soll man weiterhin das suchen, was man schon gefunden hat."

Die Vernunft ist daher im christlichen Denken nicht nur dazu berufen, im Raum der Offenbarung zu überleben, sondern darin ein neues Leben zu erfahren. Man könnte sagen, bezugnehmend auf die paulinische Formulierung vom λόγος τοῦ σταυροῦ, dass sie dazu berufen ist, wieder aufzuerstehen, nachdem sie gekreuzigt wurde. Es handelt sich um das, was die theologische Tradition als *ratio fide illustrata* bezeichnet, um es mit den Worten des Thomas von Aquin zu sagen, die nach ihm fast kanonisch geworden sind. Selbst wenn die eigentlich noetische Bedeutung des Gekreuzigten (und zugleich auch des Auferstandenen!), trotz der franziskanischen Intuition eines Bonaventura, unergründet im Hintergrund blieb. Das wird provokativ – aber eben ohne die epistemischen Implikationen zu leugnen – Martin Luther in den Thesen 19 und 20 der Disputation zu Heidelberg unterstreichen:

19. Non ille digne theologus dicitur, qui invisibilia Dei per ea, quae facta sunt, intellecta conspicit (Es darf nicht in würdiger Weise Theologe genannt werden, wer die unsichtbaren Vollkommenheiten Gottes durch die geschaffenen Dinge als über die Vernunft erschlossen betrachtet).

20. Sed qui visibilia et posteriora Dei per passiones et crucem conspecta intelligit (Sondern derjenige, der durch den Intellekt die Realität der sichtbaren Dinge, wie sie sich in der Passion und im Kreuz erschließen, betrachtet – jener Dinge, die sich [in Gottes Offenbarung] wie von hinten zeigen).[5]

---

[4] *In Johannis Evangelium*, LXIII, I, PL 35, Sp. 1805.

[5] *Heidelberger Thesen* (1518), in: WA I, S. 354, 17–20, wo die *invisibilia* der Gegenstand einer abstrakt intellektualistischen Schau sind, während die *visibilia et posteriora* sich auf das beziehen, was von Gott sichtbar geworden ist am gekreuzigten Fleisch des Sohnes (der Ausdruck erinnert an die Episode im Buch Exodus, wo Moses JHWH bittet, ihm seine Herrlichkeit zu zeigen, aber der Herr ihm zur Antwort gibt: „Videbis posteriora mea (meinen Rücken), faciem autem meam non videbis" [Ex 33,23]).

# 3.

Hier muss man Halt machen. Denn vor dem Hintergrund dessen, was wir dargelegt haben, zeichnen sich zwei gewichtige Aussagen ab. Zwei Aussagen, die letztlich beide aus dem Ernstfall hervorgehen, welchen für die Vernunft jene spezifische Form der Offenbarung darstellt, die sich im Ereignis Jesus Christus vollzieht. Diese Form nämlich impliziert nicht nur, dass das Wort Gottes – oder, um mit dem Vorwort des vierten Evangeliums zu sprechen, das Wort, welches Gott ist (Joh 1,1) – sich in den Worten des Menschen sage und gebe, die daher ihrerseits befähigt werden, Gott in der Welt des Menschen auszusagen; sondern diese Form impliziert auch – in einer Art ‚Aufhebung', die ersetzt, ohne auszulöschen, und in transsubstantiierter Weise wiedergibt –, dass dieses gottgebärende menschliche Wort, das als Fleisch (σάρξ) bleibt, was es ist (καὶ ὁ λόγος σὰρξ ἐγένετο), dazu berufen ist, ein Werkzeug des Geistes (πνεῦμα) zu werden:

> τὸ πνεῦμά ἐστιν το ζῳοποιοῦν, ἡ σὰρξ οὐκ ὠφελεῖ οὐδέν· τὰ ῥήματα ἃ ἐγὼ λελάληκα ὑμῖν πνεῦμά ἐστιν καὶ ζωή ἐστιν (Der Geist ist es, der lebendig macht; das Fleisch nützt nichts. Die Worte, die ich zu euch gesprochen habe, sind Geist und sind Leben, Joh 6,63).

Die erste der zwei so explizierten Aussagen rechtfertigt die Möglichkeit und sogar die Notwendigkeit, Gott zu sagen, im Sich-Aussagen Gottes in Jesus Christus: und dies ist jene Form des Denkens, die sich als christliche Theologie etabliert. Wäre dem nicht so, landete die Vernunft (an sich und gegenüber der Offenbarung) schließlich bei der Apophasie: die Vernunft erkennt, sich vor Gott zu befinden, den sie eben als Gott anerkennt, und sie schweigt, da sie ihr Ziel erreicht und ihre Aufgabe erfüllt hat. Die Spannung der christlichen Einsicht in die Offenbarung besteht ganz in dieser Tatsache: in der Möglichkeit (die zugleich Gnade und Verantwortung ist) diese Schwelle zu überqueren oder nicht.

Wir können Dionysius Areopagita und Thomas von Aquin emblematisch als die Meister der zwei Wahlmöglichkeiten vor dieser Schwelle betrachten. In der Quaestio 12 der *Prima pars* der *Summa Theologiae* („Quomodo Deus a nobis cognoscatur") fragt Artikel 13: „Utrum per gratiam habeatur altior cognitio Dei quam ea, quae habetur per rationem naturalem." Thomas setzt bei einem starken Einwand an, den er mit Blick auf *De mystica Theologia* des Dionysius formuliert. Der Areopagit meinte, dass in diesem Leben derjenige am meisten mit Gott vereint sei, der mit ihm als dem vollkommen (*omnino*) Unbekannten vereint ist. Dies gilt selbst von Moses – behauptete Dionysius –, obwohl er einen hohen Grad der Gotteserkenntnis durch Offenbarung erhalten habe. Aber – hier kommt der Einwand des Thomas zum Tragen – mit Gott so vereint zu sein, dass man sein *quid sit* nicht kennt, sein Wesen, ist dasselbe, was auch durch die natürliche Vernunft am Gipfelpunkt ihrer Ausübung geschieht. Dann aber würde Gott durch die Offenbarung von uns nicht vollkommener erkannt als durch die Vernunft *sic et simpliciter*!

Der Einwand ist gut überlegt, da er bewusst die zentrale Frage der Gotteserkenntnis berührt. Thomas weiß sehr wohl, dass man die Gotteserkenntnis im Sinne des „nicht bekannt", von der Dionysius spricht, nicht einfach mit der Nicht-Erkenntnis Gottes gleichsetzen kann, bei der die Vernunft von sich aus landet. Im ersten Fall handelt es sich um eine „mystische" Einheit, welche die Fähigkeit der Vernunft übersteigt; im zweiten Fall um das Stehen-Bleiben der Vernunft auf der Schwelle der absoluten Transzendenz Gottes. Und dennoch, trotz seines großen Respekts vor Dionysius, scheut Thomas es nicht, die Inkonsistenz aufzuzeigen, die daraus entstehen kann, dass man die Finsternis der Nicht-Erkenntnis mit dem höchsten Grad des Aufstiegs zu Gott verwechselt, den die Offenbarung ermöglicht.

Wäre es denn so, hätte man letztendlich keinen Gewinn bei der Erkenntnis des Geheimnisses Gottes durch die Offenbarung im Vergleich zur Erkenntnis, die durch die Vernunft erreichbar ist. Die Einigung mit Gott, die im *pati divina* präsent ist, d.h. in der „mystischen" Erkenntnis Gottes, für die Dionysius eintritt, hätte keine Folgen für die Ebene der rationalen Gotteserkenntnis und die Mitteilung derselben. Nach Thomas kann die apophatische Mystik die Gnadengabe der Offenbarung nicht ausschöpfen, und zwar gerade wegen jenes Prinzips, das die Gnade der Offenbarung charakterisiert: *gratia perficit naturam.*[6] Gegenüber dem Primat der Apophasie der dionysischen Tradition bricht sich so ein bewusstes und heiteres Vertrauen in die Möglichkeit der Erkenntnis und der Kommunikation durch die *ratio* Bahn, das im Ereignis der Offenbarung selbst gründet. Entsprechend antwortet Thomas auf den Einwand:

---

[6] Vgl. die folgenden Texte des Thomas von Aquin: „Cum enim gratia non tollat naturam, sed perficiat, oportet quod naturalis ratio subserviat fidei" („Da die Gnade die Natur nicht ersetzt, sondern sie vollendet, ist es notwendig, dass die natürliche Vernunft sich in den Dienst des Glaubens stelle") (*S. Th.*, I, q. 1, a. 8, ad 2); „Per lucem divini Verbi non evacuatur mens hominis, sed potius perficitur" („Durch das Licht des göttlichen Wortes wird der Verstand des Menschen nicht ausgeleert, sondern eher vervollständigt") (*S. Th.*, III, q. 5, a. 4, ad 1). Bekannt, und bedeutsam, ist die Antwort, die Thomas indirekt denen gegeben hat, die ihm vorwarfen, den Wein der Offenbarung mit dem Wasser der (aristotelischen) Vernunft zu verdünnen: „Weshalb jene, die philosophische Schriften in der Heiligen Lehre benutzen, indem sie diese zum Glaubensgehorsam zurückbringen, nicht Wasser mit Wein mischen, sondern Wasser in Wein verwandeln." (*Kommentar zum Trinitätstraktat des Boethius I*, übers. von Peter Hoffmann in Verbindung mit Hermann Schrödter, Freiburg i. Br., 2006, S. 119); vgl. auch Antonio Piolanti (Hg.), *San Tommaso Teologo*, Vatikanstadt 1995, 1. Sektion „Ragione e fede".

Licet per revelationem gratiae in hac vita non cognoscamus de Deo quid est, et sic ei quasi ignoto coniungamur; tamen plenius ipsum cognoscimus, inquantum plures et excellentiores effectus eius nobis demonstrantur; et inquantum ei aliqua attribuimus ex revelatione divina, ad quae ratio naturalis non pertingit, ut Deum esse trinum et unum.[7]

Dieser Text ist sehr dicht und, meiner Ansicht nach, entscheidend. Als erstes betont Thomas, dass man – wie er selbst schon behauptet und argumentativ entwickelt hat[8] – in diesem Leben das *quid est* Gottes nicht erkennen kann, obwohl man durch die Offenbarung mit ihm als mit dem *quasi Unbekannten* verbunden ist. Es gilt hier vor allem die außerordentliche Spannung zu betonen: Mit Gott ist man durch die Offenbarung wirklich verbunden („fides non terminatur ad enuntiabile, sed ad rem", hält der Aquinate andernorts fest[9]), aber ohne ihn schon „von Angesicht zu Angesicht" (vgl. 1 Kor 13,12) zu erkennen. So dass er *quasi* – und nicht *omnino*, ganz, wie für Dionysius, sondern nur *fast* – unbekannt bleibt. Es handelt sich nicht um eine quantitative Feststellung (einiges ist uns von ihm bekannt, anderes nicht), sondern um eine qualitative: die reale Erkenntnis, durch den Glauben, ist nämlich noch nicht die Erkenntnis, die durch die Schau enthüllt wird. Dies zugestanden, präzisiert Thomas, dass die Erkenntnis, die durch die Offenbarung ermöglicht wird, anders ist als eine rein negative Erkenntnis. Dass man wirklich mit Gott vereint ist, in der Gnade der Offenbarung, kann nicht ohne Folgen bleiben auf der Ebene der Gotteserkenntnis: man wird, mitsamt der Vernunft, über die Schwelle des Geheimnisses geführt, in dem sich das *quid est* und das *qui est* Gottes selbst verbergen.

---

[7] *S. Th.*, I, q. 12, a. 13, ad 1: „Obwohl wir durch die Offenbarung der Gnade in diesem Leben das Wesen Gottes nicht erkennen können und wir uns in diesem Sinne mit ihm quasi als mit einem Unbekannten verbinden, erkennen wir ihn trotzdem in einer volleren Weise, weil sich uns zahlreichere und hervorragendere Werke von ihm offenbaren; und weil wir ihm kraft der göttlichen Offenbarung Vollkommenheiten zuschreiben, welche die natürliche Vernunft nicht erreichen kann, wie z.B. dass Gott drei und einer ist."

[8] Vgl. meine Beiträge: „Metafisica e Trinità. Il contributo metodologico di san Tommaso d'Aquino", in: *Hermeneutica*, N. S. (2005), S. 87–106, und: „Competenza e rilevanza ontologica della rivelazione in san Tommaso d'Aquino", in: *PATH* 5 (2006), S. 365–381.

[9] Vgl. *S. Th.*, II–II, q. 1, a. 2, ad 2.

# 4.

Das reicht aber nicht. Das Gleichgewicht, das Thomas etabliert, hält am Ende nicht. Man muss einen weiteren Schritt machen; es gilt, eine weitere Schwelle – wenn man so will – zu überqueren, zu der das Überschreiten der ersten Schwelle hinführt. Die Vernunft, die in den Raum des Glaubens und der Offenbarung eingeladen und geführt wird, soll bis dorthin weiter geführt werden, wo sich die Offenbarung vollendet: zum Osterereignis des Kreuzes und der Auferstehung, wo der λόγος / σάρξ zum πνεῦμὰ ζῳοποιοῦν wird. Wie könnte sonst das menschliche Wort halten und realistisch das Wort Gottes mitteilen, das Wort, welches Gott ist, durch das, was es ist?

Es liegt meines Erachtens am nicht erfolgten Überschreiten dieser Schwelle, die dem Denken durch das Ereignis des Gekreuzigten/Auferstandenen angeboten/aufgegeben wird, dass die Unterscheidung zwischen *ratio* und *fides* in der Moderne zur Trennung wird. Ist erst einmal der Abgrund gegraben worden, weil man den Horizont vergessen hat, innerhalb dessen die Frage nach dem Verhältnis beider stand, und man die entscheidende Verbindung, vor der man sich befand, nicht vollzogen hat, so gehen die jeweiligen Wege auseinander. Und die Sprachen, die irgendeine Form von wiedergefundener Beziehung anbieten wollen, laufen auf beiden Wegen unvermeidlich in die Gefahr der Einseitigkeit und der Missverständlichkeit.

Aus diesem Stillstand kommt man nicht heraus, außer durch jenes Nadelöhr (vgl. Mt 19,24), welches bisher nahezu gänzlich unerforscht geblieben ist. Auf ihre Weise, als Philosophen, die mit Interesse auf die Offenbarung schauen, begreifen das Problem Hegel in *Glauben und Wissen*, vor ihm Fichte im *Versuch einer Kritik aller Offenbarung* und nach ihm Schelling in der *Philosophie der Mythologie und der Offenbarung*. Langsamer greift dieses Problembewusstsein auch im Denken jener Theologen Platz, die mit Interesse auf die Philosophie schauen: so wie es bei Rosmini, Blondel, Rahner und von Balthasar der Fall ist.

Die Frage kann somit wieder auf ihre Beine gestellt werden, in einer angemessenen und ursprünglichen Form. Dies wird umso dringender, da sich das abendländische Denken – in seiner unauflösbaren bipolaren Identität von Philosophie und Theologie – in einer neuen Weise für den Dialog mit den Weisheiten (rationaler und religiöser Natur) öffnet, die in anderen kulturellen Milieus aufgeblüht und ausgearbeitet worden sind.

# 5.

Der epistemische Rahmen muss daher neu überlegt und ausgeweitet werden. Neu überlegt, ausgehend von der bislang nicht durchdachten zentralen Verbindung zwischen *ratio* und *fides* vor dem und im Horizont der Offenbarung des Gekreuzigten (der ein solcher ist, weil er zugleich untrennbar der Auferstandene ist); ausgeweitet vor dem und im Horizont des multipolaren Dialogs mit religiösen Wahrheiten außerhalb der christlichen: nicht nur mit der jüdischen und islamischen, sondern auch mit der hinduistischen, taoistischen, buddhistischen und so weiter. Wie?

Ich begnüge mich damit, in einer eher evokativen als argumentativen Weise einen Weg vorzuschlagen, im Wissen um die Schwierigkeit der Landschaft, in die ich mich begebe, und daher auch des Versuches, welchen dieser Weg darstellt.

Was wird der Apostel Paulus gemeint haben mit jener provokativen Passage des Ersten Korintherbriefs (vgl. 1 Kor 2,9–16), wo er mit Gewissheit bezeugt, dass es nunmehr möglich – ja letztlich wirklich – ist, im eigenen Denken den νοῦς Christi zu beherbergen? Das ist die *ratio*, in der die Tiefen des Geheimnisses nicht mehr, in Unzugänglichkeit und Sehnsucht, in eine unüberwindbare Entfernung gerückt sind, sondern sich einem Erkennen anbieten, das sie nicht eingrenzt, indem es sie aussagt, und ihre Natur ändert, sondern dabei etwas Echtes und Schmackhaftes genießt, in der Tischgemeinschaft eines immer neuen und immer anders sich gestaltenden Austausches. Ist das vielleicht jenes Denken und Erkennen λόγοις πνευματικοῖς πνευματικά (vgl. 1 Kor 2,13) – die Wirklichkeiten des Geistes in spirituellen Worten/Begriffen –, von dem Paulus selbst bezeugt, dass wir endlich seine Erben geworden sind im *Logos*, der Fleisch geworden ist und gekreuzigt wurde?

Die paulinische Rede ist stringent. So wie nur der menschliche Geist – erklärt er – wirklich erkennen kann, was in seinem Herzen und in seinem Kopf geschieht, so vermag der Geist Gottes allein τὰ βάθη τοῦ θεοῦ zu ergründen (1 Kor 2,10). Gott wohnt nämlich in nicht aufzuhebender Weise getrennt in der „Wolke des Nicht-Erkennens" für jene, die anders sind als er. Außer wenn er selbst – und darin liegt das Unerhörte des *logos* Jesu, oder besser des *Logos*, der Jesus ist – ihnen seinen Geist verleiht und übergibt. So wie es im gekreuzigten Fleisch Jesu geschieht, der in seinem als Agape erlebten Sterben παρέδωκεν τὸ πνεῦμα („den Geist aufgab", vgl. Joh 19,30). Es ist gerade wegen dieser Aufgabe – schließt Paulus –, dass „wir den νοῦς Christi haben".

Das heißt, die „Wolke des Nicht-Erkennens" wurde aufgebrochen, endgültig: so wie es mit dem Schleier des Tempels zu Jerusalem geschehen ist (vgl. Mt

27,51), im verlassenen Sterbeakt des fleischgewordenen *Logos*. Aus der Kammer des *sancta sanctorum* eilt die Gegenwart Gottes zu den Zelten der Menschen: denn nun hat der gekreuzigte *Logos* sein Zelt unter ihnen aufgestellt (vgl. Joh 1,14), mitten unter den Letzten, den Ausgegrenzten, den Ausgeschlossenen. Auf dem Kalvarienberg.

Alle, niemand ausgeschlossen, sind wir daher in Gott und Gott ist in uns, aber diese Gabe – *charis*, Gnade – verwirklicht sich nicht, d.h., sie wird nicht zu einer historisch wahrgenommenen und auch im Denken mitgeteilten Wirklichkeit, außer wenn die Form des gekreuzigten *Logos* zu jener Form wird, gemäß der man Gott dort denkt, wo er sich jetzt befindet: in jenem „mitten unter uns", zu dem man immer wieder aufs Neue Zugang findet, indem man sich gegenseitig entgegenkommt und sich damit gegenseitig annimmt: *im Dia-log*. Das heißt, durch das radikale Risiko eines Redens und Zuhörens, welches aus vorbehaltloser und unbedingter Gegenseitigkeit besteht. Dort erreicht und beherbergt man den *Logos*, der sich im Geist zu *unserem* Fleisch macht. Die Wahrheit des *Deus*, der *Trinitas* ist – Vater, Sohn/*Logos* und Heiliger Geist – ereignet sich (bemisst und richtet) in der Wahrheit, die so entsteht, in unserem Sein und in unserem Denken.[10]

Mir scheint, dies ist der „Ort des Denkens", der entsteht, wenn die Vernunft die Schwelle der Offenbarung εἰς τέλος– bis ans Ende, das ohne Ende ist – überquert, eine Offenbarung, die sich im Gekreuzigten vollendet. Es ereignet sich dann ein Exodus der Vernunft zum unerforschten und verheißenen Land, zu dem sie durch das Ereignis der Offenbarung gerufen wird und in dem die Vernunft nun ihre eigene Wohnstätte wieder erkennt. Das Ergebnis des *quaere-re* der Vernunft ist daher keine beruhigende Antwort, sondern die schärfste und zerreißendste Frage, in der sich das „Warum" des verlassenen Christus wiederholt: letztes und endgültiges Wort, durch das sich der gekreuzigte *Logos* ausdrückt, in seiner Hingabe an den *Abba*. Der Widerspruch der Geschichte (wiederholt und immer neu) ist weder gelöst noch versöhnt: er wird in der *Agape* bewahrt. Er wird ihr anvertraut. Wenn überhaupt, so findet er eine Antwort in jenem Geist, der ihn, vom Vater kommend, von innen heraus im verantwortungsvollen *dia-logos* lebendig macht. Er lässt jene Grundfrage „auferstehen", die aus der Wurzel unseres Seins schreit, unwiderruflich verwundet durch die Präsenz des Anderen (mit großem und kleinem „A"). Er lässt sie „auferstehen"

---

[10] Ein Beispiel hierfür findet sich in dem kürzlich erschienenen Buch von Piero Coda / Massimo Donà (Hgg.), *Dio-Trinità tra filosofi e teologi*, Mailand 2007.

als neu und erfüllt, aber in der unermüdlichen Bewegung des Begehrens, das sucht, im ständig erneuerten Ereignis der Agape.

Der Weg des Denkens – der sich durch einen solchen δια-λόγος behauptet – entdeckt erneut durch die Gnade der Offenbarung seinen Ort dort, wo er – der jetzt woanders lebt und sucht – in sich die eigene Wohnstätte findet.

*Aus dem Italienischen von Paul Renner*

VINCENZO VITIELLO

# Religion und Nihilismus

## 1. Über die Zweidimensionalität des Religiösen

Gleichviel ob er sich etymologisch von *legere* (Cicero) oder von *ligare* (Laktanz) herleitet, bezeichnet der Begriff *religio* in jedem Fall jenes Zusammen-Sein, das dem *Sammeln-Gesammeltseins* eigen ist. Denn obwohl die Herkunft von *legere* das Handeln desjenigen bezeichnet, der sammelt und zusammenhält, die Ableitung von *ligare* dagegen die Passivität des Zusammen-Seins und die Abhängigkeit von Anderem betont, so ist dennoch festzuhalten, dass die von den beiden Etymologien herausgestellten Charakteristika nur zusammen und vereint auftreten können. Wer sammelt, sammelt gemäß einem Prinzip, einem Kriterium, das sich in gewisser Weise und in gewissem Maß an die ‚Sache‘ angleichen muss, an das, was gesammelt und zusammengehalten wird. Genauso muss die Passivität des Zusammen-Seins, des Gebunden-Seins an den Anderen, *gefühlt* werden, d.h. von dem wahrgenommen werden, der gebunden ist, damit überhaupt von Abhängigkeit gesprochen werden kann – von jener Abhängigkeit, die nicht zwischen trägen Dingen, sondern unter Lebendigen herrscht. Kurzum: Die Aktivität des *legere* und die Passivität des *ligare* bezeichnen ein einziges Verhältnis – jenes nämlich, das die *religio* charakterisiert. Macht man einen Sprung um mehrere Jahrhunderte von Cicero und Laktanz zu Schleiermacher, so kann man sagen, dass das „Gefühl der schlechthinnigen Abhängigkeit“,[1] das die Religion in ihrem Wesen beschreibt, die Einheit der Passivität der Abhängigkeit (*ligare*) und der Aktivität des ‚Gefühls‘ (*legere*) ist. Diese Einheit von Passivität und Aktivität durchdringt beide Momente des Verhältnisses: die Abhängigkeit ist eine solche, weil sie gefühlt wird, und das Gefühl ist eben das Gefühl schlechthinniger Abhängigkeit. Einzig diese Einheit von Passivität und Aktivität macht aus dem Band ein religiöses Band, das die Form der *ob-ligatio* hat.

Die Einheit von *legere* und *ligare* – das Faktum also, dass *legere* bereits *ligare* ist und umgekehrt – erlaubt es uns, eine andere Eigenschaft der religiösen

---

[1] Friedrich Schleiermacher, *Der christliche Glaube*, 2 Bde., Berlin 1960, Bd. I, § 4; vgl. auch *id.*, *Über die Religion. Reden an die Gebildeten unter ihren Verächtern*, Hamburg 2004, „Zweite Rede“.

Erfahrung näher zu beleuchten, nämlich ihre doppelte Richtung, die ich mit einem räumlichen Bild beschreiben möchte, der Horizontalen und der Vertikalen. Wenn nämlich das Sammeln nur aufgrund eines Prinzips oder Kriteriums möglich ist, das Prinzip oder Kriterium aber nicht auf derselben Ebene liegt wie das, was gesammelt wird – genauso wie die Einheit des Vielfältigen nicht im Bereich des Vielfältigen liegt –, dann verweist die horizontale Ebene der Einheit, des Zusammen-Seins (des *legere*) notwendigerweise auf die vertikale Dimension des Prinzips oder Kriteriums, das dieses Zusammen-Sein trägt. Genauso impliziert das Faktum, sich von etwas abhängig (*ligatus*) zu fühlen und damit auf etwas verpflichtet (*ob-ligatus*) zu sein, mit der Vertikalität des verpflichtenden Prinzips (*ob-ligans*) die Horizontalität des Verpflichteten (*ob-ligatus*). Daraus folgt, dass es keine religiöse Erfahrung reiner Immanenz gibt – ja vielleicht überhaupt keine Erfahrung reiner Immanenz?

Tatsächlich charakterisiert die vertikale Dimension der Abhängigkeit das ganze Leben des Menschen, sei er Philosoph oder Wissenschaftler, Künstler oder Mensch der Tat, Politiker, Soldat oder Wirtschaftsführer. Das Abhängigkeitsgefühl – von einem Prinzip, vom Ganzen oder von einer Andersheit, die nochmals vom Ganzen verschieden ist – durchdringt die gesamte Existenz. Dem Menschen der Tat oder dem Künstler, dem Wissenschaftler und auch dem Philosophen kann dieses Bewusstsein sehr wohl abgehen, aber dennoch besteht die Abhängigkeit. Der Mensch der Tat kann sich auch anmaßen, dass sein ganzes Werk von ihm abhänge, dennoch fürchtet er aber das Unglück, den nicht geglückten Coup: Das Geschehnis übersteigt die Handlung, diese gehört dem Einzelnen zu, jenes ist Resultat des Zusammentreffens und des Aufeinandertreffens von mehreren Einzelwillen und übersteigt als solches die Intentionen und die Wünsche, die Erwartungen und die Bestrebungen der Einzelnen. Um den schönen Ausdruck Hegels aufzugreifen, ist das Geschehnis „das Tun Aller und Jeder".[2] Der Künstler kann sich zwar als ein ‚genialer Schöpfer‘ fühlen, es hängt aber gewiss nicht von ihm ab, ob er dies auch ist; und der Philosoph und der Wissenschaftler können sehr wohl davon ausgehen, dass die Prinzipien, mit denen sie die Realität interpretieren und erklären, rein ‚subjektiv‘ sind, doch bleibt das Faktum, dass sie, wenn sie das Reale interpretieren und erklären wollen, auf Prinzipien rekurrieren müssen, die letztlich das übersteigen, was sie jeweils interpretieren und erklären wollen. Was die ‚Religion‘ charakterisiert, ist das Bewusstsein dieser Abhängigkeit. Daraus folgt, dass die Religion – gewiss nicht als ‚Institution‘, sondern als *bewusstes Gefühl* der Abhängigkeit – nicht der Sonntag des Lebens ist, sondern vielmehr mit dem Leben zusammenfällt. Um auch terminologisch diese beiden Aspekte der Religion auseinander zu

---

[2] Georg Wilhelm Friedrich Hegel, *Phänomenologie des Geistes*, Hamburg [6]1952, S. 300.

halten – die ‚Institution‘ und das ‚Gefühl‘ –, werde ich im Folgenden für das Zweite die neutrale Form wählen: *das Religiöse*.

Die Erfahrung unserer Zeit scheint diesen behaupteten Zusammenfall des ‚Religiösen‘ mit dem Leben des Menschen jedoch nicht zu bestätigen. Heute – und dieses Heute dauert bereits lange an – herrscht die Religion als ‚Institution‘ vor. Von jener Modalität des Fühlens, die die gesamte menschliche Erfahrung durchwirkt, scheint man nur noch in kleinen Kreisen von Gelehrten und Dichtern eine Erinnerung[3] – wenn nicht gar Nostalgie – zu bewahren. Im gemeinschaftlichen und alltäglichen Leben ist die Religion eine Lebensform für sich. Als solche hat sie durchaus starke Auswirkungen auf die anderen: auf die Wirtschaft, die Politik, das soziale Leben. Zuweilen erinnern die ‚religiösen Veranstaltungen‘ aus der Nähe, auch wegen der lautstarken Teilnahme, an sportliche Versammlungen.

Ist dies nicht, oder besser: ist nicht *auch* dies – Nihilismus?

## 2. Der Vorrang des Weltlichen und die Philosophie. Ankunft eines ‚neuen‘ Gottes

Der Ursprung des Phänomens ist alt, sehr alt. Er geht auf die allerersten Manifestationen des ‚Religiösen‘ zurück: auf Zeiten, als das ‚Religiöse‘ – das Abhängigkeitsgefühl – das ganze Leben des Menschen durchformte und eine strikte Aufteilung den heiligen Bereich vom profanen trennte, die Festzeiten von den allgemeinen Zeiten. Damals herrschte die vertikale Dimension über alle Praktiken des Lebens: angefangen beim Hausbau, der Bestimmung des Ortes der *polis* für die Rechtsprechung, der Unterscheidung von Arbeits- und Ruhetagen, bis hin zur Bezeichnung der Riten, die zum Beginn der Pflügzeit oder der Kornernte zu feiern sind, usw.

Die Vertikalität des ‚Religiösen‘ war heruntergebogen in die Horizontalität der Erfahrung. Der Festtag war der Tag der Kontemplation, der Wiedergeburt, der Reinigung; er war der Tag, an welchem der Mensch zum Ursprung zurückkehrte und Kraft tankte, sich erneuerte und *neu geboren* wurde. Die *theôria*, das *theôrein*, die Schau des Göttlichen stand im Dienst am Menschlichen. Und je mehr das Fest an das ursprüngliche Chaos und an die Nacht der Welt erinnerte, wie in den dionysischen Orgien, umso mehr hatte das Opfer die Funktion, den Gott oder die Götter zu ‚besänftigen‘, um neue oder erneuerte Pakte, neue oder

---

[3] Vgl. Rainer Maria Rilke, *Briefe aus Muzot*, hg. von Ruth Sieber Rilke und Carl Sieber, Leipzig 1936, Brief vom 13. November 1925 an seinen polnischen Übersetzer Withold von Hulevicz, insbes. S. 335.

erneuerte Allianzen zu schließen, neue oder erneuerte Treuebündnisse einzugehen.

Die Philosophie hat sich von dieser Abhängigkeit loslösen wollen, indem sie
ewige oder unverletzliche Gesetze für den Menschen wie für Gott bestimmte.
Um dies mit den Worten des Griechen zu sagen: *ouk ên apeiron chronon chaos
ê nyx, alla tauta aiei ê periodô ê allos, eiper proteron energeia dynameôs*.[4] Und
der Konditional (*eiper...*) ist kein Konditional, sondern die höchste Evidenz
(*phaneron*)[5] – denn niemals könnte etwas von der Potenz zum Akt übergehen,
wenn es nicht bereits eine im Akt seiende Ursache gäbe, die diesen Übergang
bestimmte. Es ist die immer aktuelle Ursache, die Ursache, welche immer im
Akt ist, die *Causa causarum*, es ist Gott, das höchste ‚Warum‘ (*dioti*). Der epistemische Gott ist der Garant der Welt. Dazu waren keine Opfer mehr nötig,
keine heiligen Orte und keine Festtage.

Aber der epistemische Gott – der Gott der Philosophie – musste zunächst
wanken und dann fallen, als die Philosophie selbst das Faktum enthüllte, dass
nicht Gott die Welt garantierte, sondern die Vernunft, welche aus Gott den Garanten der Welt gemacht hatte. Die Vernunft ist aber brüchig und beschränkt, da
sie das, was sie erkennt, immer auf begrenzte Art und Weise erkennt und die
Skepsis die Vernunft also immer aufs Neue in die Krise stürzen kann.

Es war ein fremder Gott, der die Welt rettete, und er kam aus dem Orient. Er
redete in neuen, ungehörten Worten, *indictae prius*: ein Gott, der nicht Ursache
war, der sich nicht auf die – menschliche, allzumenschliche – Vernunft gründete, sondern auf die Liebe, noch dazu auf eine ungewöhnliche Liebe, die nichts
verlangte, sondern gab, die nicht Eros war, sondern Agape. Eine Liebe also, die
nichts begehrte, sondern sich opferte. Dieser Gott gab der Welt, der Welt der
Menschen, einen Tag des Trostes: *Agape* stützte die Welt. Diese war die Vertikale – die Säule –, auf der die Welt und die Weltgeschichte, die Horizontale,
aufruhte. Und die Säule zählte für das, was sie trug. Obwohl er die *Glossolalie* –
die innere und direkte Beziehung des Menschen zu Gott, oder vielleicht besser:
Gottes zum Menschen – lobte, zögerte Paulus nicht, seine Bevorzugung der
*Prophetie* zu bekunden, dem Reden in der *ekklêsia* zu den anderen Menschen
mit dem Ziel, sie zu erbauen und zu erziehen (1 Kor 14). Im Zentrum, am Kreu-
zungspunkt der Vertikalen mit der Horizontalen, stand immer der Mensch.

---

[4] Aristoteles, *Metaphysik* XII, 6, 1072a 7–9: „Also war nicht eine unendliche Zeit Chaos oder
Nacht, sondern immer dasselbige, entweder im Kreislauf oder auf eine andere Weise, sofern die
Wirklichkeit dem Vermögen vorausgeht.“
[5] *Ibid.*, IX, 8, 1049b 5.

# 3. Vom Gott der Liebe zur Selbstbegründung der Welt durch die Vernunft

Der Tag des Trostes währte nicht lange. Um die Welt zu stützen, musste der Gott, der aus dem Orient kam, sehr stark sein, so dass keine ihm entgegenstehende Kraft ihn jemals bezwingen könnte. Er musste allmächtig sein, dazu unbegrenzbar und mithin nicht nur in der Lage, die Welt zu bewahren, sondern auch, sie zu zerstören. Nicht einmal die Liebe konnte also für ihn eine Regel sein, da sie ihn begrenzt hätte. So drückte sich Luther aus: Wenn der Gerechte *als Gerechter* von Gott zur Hölle verdammt wird – und Gott kann dies in seiner Unbegrenztheit natürlich tun –, dann lobt der Gerechte *als Gerechter* Gott, weil er ihn zur ewigen Strafe verurteilt hat. Luther stellt den Sinn des Verhältnisses auf den Kopf: nicht die Vertikale ist für die Horizontale da, sondern diese für jene. Das Zentrum ist Gott, nicht der Mensch. Luther bleibt jedoch sich selbst keineswegs treu: Der Gerechte, der den Gott lobt, der ihn verdammt hat, wird durch sein Lob gerettet![6]

Welche Garantie für das Weiterbestehen der Welt – *seiner* Welt, seiner selbst – kann der Mensch vor einem solchen Gott haben, der die Welt genauso erhalten wie fallen lassen kann? Natürlich keine.

Daher drängte sich die Rückkehr zur Vernunft als Fundament der Welt auf.[7] Welche Vernunft konnte sie aber tragen? Gewiss nicht eine innerweltliche Vernunft; denn offensichtlich kann diese sich nicht wie der Baron von Münchhausen am eigenen Schopfe herausziehen, um das Abgleiten in das Nichts zu verhindern. Die Vernunft, welche die Welt stützen musste, diese Vernunft, die „nulla re indiget ad existendum",[8] „das reduzierte Ich" – jenes Ich als das Resultat der phänomenologisch-transzendentalen Reduktion – „ist kein Stück der Welt".[9] Sie ist keine ‚Bedeutung' – kein Objekt der Vernunft, das als solches immer dem Zweifel ausgesetzt ist. Diese Vernunft ist keineswegs ‚Bedeutung', um die Stütze für alle Bedeutungen und für alles Bedeuten darzustellen. Auch sie ‚Ich' zu nennen, wäre zuviel, denn im Grunde ist sie soviel ‚Ich', wie sie ‚Er' oder ‚Es' ist; sie ist „das Ding, welches denkt" – bzw. *rectius*: „das Vehikel

---

[6] Vgl. Martin Luther, *Vorlesung über den Römerbrief – 1515/1516*, lateinisch-deutsch, 2 Bde., Darmstadt 1960, Bd. II, § 9, S. 143–149.
[7] Vgl. hierzu Hans Blumenberg, *Säkularisierung und Selbstbehauptung*, Frankfurt a. M. 1983 (2. Aufl., um die Teile I und II von *Die Legitimität der Neuzeit* erweitert), S. 167–211.
[8] Edmund Husserl, *Ideen zu einer reinen Phänomenologie und phänomenologischen Philosophie* (Husserliana III), hg. von Walter Biemel, Den Haag, 1980, § 49, S. 115.
[9] Edmund Husserl, *Cartesianische Meditationen* (Gesammelte Schriften VIII), hg. von Elisabeth Ströker, Hamburg 1992, § 11, S. 27. Dieser Band enthält auch die *Krisis der europäischen Wissenschaften und die transzendentale Phänomenologie*.

aller Begriffe überhaupt".[10] Und selbst dies wäre zuviel gesagt, denn wenn sie wirklich eine Nicht-Bedeutung ist, gleich einem x, wie zu Recht gesagt wurde,[11] dann ist sie genauso Vehikel aller Begriffe wie sie Abgrund aller Begriffe ist.

Die Selbstbegründung der Welt und die Selbstlegitimierung der Vernunft auf der Grundlage der Vernunft selbst zeitigt also kein besseres Resultat als bereits die Begründung durch den allmächtigen Gott.

Wie der allmächtige Gott durch seine Allmacht gleich einem x ist – will heißen: undefinierbar, weil unbegrenzbar –, so ist es auch die Vernunft. Gott und Vernunft garantieren in der Tat nicht die Welt. Sie sind eine Nicht-Garantie, ein Nichts an Garantie. Sie sind Nichts.

## 4. „Religion und Nihilismus" oder „Religion ist Nihilismus"?

In diesem Nichts wohnt der Nihilismus. Der gegenwärtige Nihilismus ist direkter Erbe der Säkularisierung bzw. der Unterordnung der vertikalen Beziehung zu Gott unter die horizontale zu den Menschen. Und vergeblich erscheinen die Versuche, die Begriffe Säkularismus und Säkularisierung voneinander zu unterscheiden, indem man dem einen das unbegründete Eingeschlossensein in der Welt und dem anderen die Öffnung zur Transzendenz innerhalb des historischen Werdens zuschreibt.[12] Diese Versuche sind vergeblich, weil der Ruf nach der bzw. der Verweis auf die Transzendenz sich vollkommen in die Geschichte des Nihilismus einordnen lassen. Dies ist selbst Nihilismus.

Nicht nur vergeblich, sondern um ein Vielfaches gefährlicher ist jenes reaktive Bestreben gegenüber dem Nihilismus, die Welt zum archaischen Gefühl des Heiligen bzw. zum Sinn der Heiligkeit der Natur zurückzuführen. Das gerade abgeschlossene Jahrhundert lehrt, zu welchen Verirrungen ein solcher Neopaganismus geführt hat.

Auf den Nihilismus antwortet man nicht reaktiv-negativ. Um diesem gewachsen zu sein, muss man ihn akzeptieren und die letzten Konsequenzen seiner ‚Logik' aufdecken. Dies geschieht nicht, um ihn zu kontrollieren, zu ‚beherrschen' und seine ‚negativen Folgen' zu neutralisieren, sondern um seine latente Religiosität ans Tageslicht zu befördern.

Muss also der Titel „Religion und Nihilismus" in „Religion ist Nihilismus" verändert werden?

---

[10] Immanuel Kant, *Kritik der reinen Vernunft* (Werke, Akademie Textausgabe), Berlin 1968, Bd. IV, A 341, Bd. III, B 399 und A 346, B 404.

[11] Vgl. in diesem Band Carlo Sini, *Der Gott der Philosophen*.

[12] Vgl. Friedrich Gogarten, *Verhängnis und Hoffnung der Neuzeit*, München/Hamburg ²1966, insbes. Kap. 9, „Säkularisierung und Säkularismus".

# 5. Die Möglichkeitslogik als Logik der zweiten Person

Weder der allmächtige Gott, so sagten wir, noch das Ich oder die Vernunft sind – gerade insofern sie als Fundamente der Welt gedacht werden – auf etwas Weltliches zurückführbar. In ihrem gemeinsamen Nichts-Sein sind sie nicht einfach das Negative des Seins. Im Gegenteil zeigen sie an, was man dem ‚Sein‘ und seiner Kopula, dem ‚ist‘ als der Grammatik des Denkens, das in ‚dritter Person‘ denkt, wegnimmt. Man muss nicht auf Heidegger warten, um zu verstehen, dass die Logik als eine dem Seienden zugewandte Wissenschaft *physei* – d.h. von ihrer Natur oder Konstitution her und nicht aufgrund eines Mangels – unfähig ist, vom Nichts zu ‚sprechen‘.[13] Dies hatte bereits Aristoteles erkannt – wie Heidegger wohl bekannt war; sein Kritiker Carnap, der Logiker Carnap, hingegen scheint das nicht gewusst zu haben bzw. hatte es vergessen. Aristoteles sagte in seiner auf das Wesentliche fokussierten Knappheit: *to mê on einai mê on phamen.*[14] Die Tyrannei der dritten Person, der Kopula ‚ist‘, bringt auch das Nichtsein in den Horizont des Seins.

Der Grammatik des Seins entkommt man nicht – auch nicht, wenn man die erste Person benutzt, das ‚Ich bin‘. Wenn überhaupt, so kann uns dies an die Grenze der Grammatik bringen, zu jenem x, zum Nichts an Bedeutung. Wenn man hier nicht zurückfällt – wie dies bei Descartes, Kant und Husserl geschehen ist –, dann kommt man an dieser Stelle nicht weiter und kann dies auch nicht, weil die Logik der ersten Person die Modalkategorien nicht infrage stellt, sondern sie der Tradition entnimmt, ohne irgendeine Veränderung an diesen durchzuführen. So wie die Logik der dritten Person die Logik der ‚Notwendigkeit‘ ist – das ‚ist‘ definiert die Natur oder das Wesen der Sache, das, was die Sache ist und nicht nicht sein kann –, so ist die Logik der ersten Person die Logik der Realität: sie besagt das, was das Ich in der Tat ist, *hic et nunc*, und dass es, um zu sein, seine guten Gründe gehabt haben muss – die so gut waren, dass sie selbst die Möglichkeit des Nichtseins überwunden haben. Denn das, was in der Realität ist, ist notwendigerweise. Die Möglichkeit ist lediglich die ‚Vergangenheit‘ des Realen, sein Schatten. Sie ist immer schon ‚vergangen‘, niemals war sie präsent, sofern die Gründe, weswegen das Reale sich in der Gegenwart realisiert hat, sich mit den Gründen all dessen verbinden, was real war und real sein wird. Der Aristoteliker Leibniz, dem es eigentlich darauf ankam, Vernunftwahrheiten von Tatsachenwahrheiten zu unterscheiden, um dem Möglichen Raum zu geben, gelangte zur Folgerung, dass die vollkommene Erkenntnis

---

[13] Martin Heidegger, *Was ist Metaphysik?*, in: *id.*, *Wegmarken*, Frankfurt a. M. ²1978, S. 103–121.
[14] Aristoteles, *Metaphysik* IV, 2, 1003b 10: „Wir sagen, das Nichtsein ist nicht sein.“

(die nur Gott zukommt) einer einzigen gegenwärtigen Monade es erlaube, all das zu erkennen, was ist, was war und was sein wird, und zwar nicht nur bezüglich jener Monade, sondern bezüglich des gesamten Universums der Monaden.[15] Das Mögliche wird auf diese Weise dem unvollkommenen Bewusstsein zugewiesen, dem Nichtwissen, wie es dem Menschen eigen ist. Das Reale hingegen wird in das Notwendige übersetzt und überführt.

Die Logik der ersten Person wird mithin genauso wie diejenige der dritten Person von der Modalkategorie der Notwendigkeit bestimmt. Beiden Logiken – bzw. Grammatiken – zufolge ist das Mögliche der Notwendigkeit untergeordnet. Für beide ist nämlich das Mögliche *notwendigerweise* möglich – und nur deshalb sagt man und kann man sagen, dass das Mögliche möglich *ist*.

Das Denken, das im Horizont des Seins denkt, denkt das Mögliche als Möglichkeit des Seins und des Nichtseins. Es denkt das Mögliche in Beziehung auf Anderes und nicht auf sich. Selbstbezüglich gedacht, ist das Mögliche nicht nur Möglichkeit des Seins und des Nichtseins, sondern Möglichkeit der Möglichkeit zu sein und nicht zu sein und der Unmöglichkeit zu sein und nicht zu sein. Selbstbezüglich gewendet, entzieht sich das Mögliche der Kopula ,ist', weil man nicht mehr sagen kann, dass das Mögliche *ist*, sondern sagen muss, dass das Mögliche *möglich-ist*. Hier gilt es zu betonen, dass das ,ist-möglich' nicht der Konstruktion Kopula + Prädikat folgt. Es ist im Gegenteil nur Kopula – und als Kopula hat es kein Prädikat. Man beachte dies: Wollten wir dem Möglichen ein Prädikat verleihen, müsste das Urteil folgendermaßen lauten: Das Mögliche *ist-möglich* (Kopula) möglich und unmöglich (Prädikat). Offenbar hebt sich das Prädikat von selbst auf, da das Mögliche das Unmögliche negiert und das Unmögliche das Mögliche.

Welchen Fortschritt bringt das Faktum, dass sich das Mögliche nur in einem aus Subjekt und Kopula geformten Urteil ausdrücken kann? Nun, daraus folgt, dass das Möglichkeitsurteil ein konstitutiv – *physei* – fehlgeschlagener Akt ist. Es ist ein unvollständiges, unbeendetes Urteil, ein un-endliches Urteil. Es ist wie eine Brücke, die nur auf einem Pfeiler aufruht und unterbrochen ist, dennoch aber ein Weg nach..., einen Pfad in Richtung... darstellt. Genau dies drückt die Logik der zweiten Person aus. Die Logik des Du unterlässt es niemals, den Anderen auszusagen und sich ihm mit dem vertrauten Wort der Freundschaft anzunähern, jedoch immer im Bewusstsein, dass alles, was sie über den sagt, dem sie sich annähert, in die Sphäre des Ansprechenden fällt und dem gehört, der Du sagt. Sie definiert nicht das Andere – das Andere, dem sie sich annähert, bleibt ein solches, ein Anderes: ein *solcherart Anderes*, dass es anders in Bezug

---

[15] Vgl. Gottfried Wilhelm Leibniz, *Discours de métaphysique*, in: id., *Philosophische Schriften*, hg. u. übers. von Hans Heinz Holz, 5 Bde., Darmstadt 1985, Bd. I, § 8, S. 56–172.

auf sich selbst sein kann, das heißt: Dasselbe bzw. Identität. Und als solche ist diese Identität des Anderen identisch auch dem gegenüber, der sich ihr zuwendet: *interior intimo eius*. Daraus folgt, dass der Ansprechende in das Schicksal des Angesprochenen involviert wird, dass also die Möglichkeit des Angesprochenen, Anderer und Identischer sein-zu-können und gleichzeitig nicht sein-zu-können, auf den Ansprechenden zurückgeworfen wird, ihn selbst nicht als Ich, sondern als Du betrachtet. Es ergibt sich somit, dass das Du des Ansprechens nicht unbedingt aus dem Ansprechenden hervorgehen muss, sondern es wird möglich, dass dieses vom Angesprochenen selbst herkommt. Diese Möglichkeit öffnet den Ansprechenden für eine konstante Reflexion auf sich selbst, die nicht durch Steigerungen oder Hinzufügungen voranschreitet, sondern im Gegenteil durch Subtraktionen. Um sich der Andersheit des Anderen zu öffnen, muss der Ansprechende sich selbst verringern, sich zurücknehmen und sich so der extremen Gefahr aussetzen, die letzte Negation zu erreichen, jene, welche der subtraktiven Befragung selbst, der selbstnegierenden Reflexion, ein Ende setzt. In der Logik der zweiten Person, bzw. des Du, treten nicht zwei Identitäten einander entgegen, sondern zwei Möglichkeiten, die maximale Möglichkeit des *quiddam maius quam cogitari potest* und die minimale Möglichkeit des *quiddam minus quam cogitari potest*. Und es ist möglich, dass die beiden Möglichkeiten dieselbe sind; es ist möglich.

Das Latein der beiden letzten Sätze zeigt, dass wir das Thema des ‚Religiösen‘ nicht verlassen haben und dass der gesamte Weg, den wir bislang durchlaufen haben, einen bestimmten Zweck verfolgte: nicht von der Religion im Allgemeinen zu sprechen, sondern von der christlichen Religion. Muss also der Titel „Religion ist Nihilismus" in „Christentum ist Nihilismus" verändert werden?

# 6. Der mögliche Gott

Das vorletzte Wort Christi ist: *Fiat voluntas tua*. Dies ist die *zweite* Kenosis des Sohnes. Die erste – jene aus Phil 2,6–8 – ist die Entäußerung des Sohnes von seiner Gottheit. Sie ist Selbstreduktion auf den Menschen, auf den Leib, auf das unendliche Leiden: von Gott zum Diener, zum Diener, der am Kreuze stirbt. Diese Selbstreduktion ist keine Selbstzerstörung. Die zweite Kenosis ist dagegen Selbstnichtung. Der letzte Willensakt Christi ist die Ablehnung des eigenen Willens. Dies ist sein ‚vorletztes‘ Wort: *non sicut ego volo, sed sicut tu.*[16]

---

[16] Der dämonische Wille der *letzten Worte* Kirillovs – die Entgegensetzung des Menschgottes gegen den Gottmenschen (vgl. Fjodor Michajlovič Dostojewskij, *Die Dämonen*, dt. Übers. von

Auf dieses vorletzte Wort folgt das *Eloì, Eloì, lamà sabactàni*. Ein Schrei, der Schrei des Verlassens. Nachdem er sich vollkommen dem Vater anvertraute, zeigt sich ihm der Vater im Sich-Entziehen, im Sich-Zurückziehen. Jenes Minus, das weniger als alles Minus ist, füllt den Abstand nicht auf. Das Du bleibt ein anderes: *quiddam maius quam...* Hier können wir nicht mehr sagen: *cogitari possit*. Die Möglichkeit, um die es hier geht, übersteigt das Denken, den Logos, das Wort. Das Sich-Entziehen des Vaters, die Verlassenheit des Sohnes, des Wortes, des Logos, betrifft die Welt. Es betrifft die ‚Kreatur' des Sohnes: *panta di' autou egeneto, kai chôris autou egeneto oude hen*.[17] Das Verlassen des Sohnes ist auch das Verlassen der Welt. Der Schmerz des Sohnes – wegen der Ferne vom Vater, von seinem Göttlich-Sein – ist gleichzeitig, *hama, simul*, unendliche Freude: Denn der Welt ist ein anderer Tag geschenkt worden. Das Verlassen zeigt an, dass die *consummatio in Unum*, die Vollendung, vertagt wurde. Es ist die Freude der Erhaltung der Kreatur. Die nicht erlöste Welt ist gerettet: bewahrt. Hierin liegt die Freude, welche den unendlichen Schmerz begleitet. Dies ist allerdings eine Freude, die wiederum Schmerz ist. Die gerettete, bewahrte Welt ist als Verlassene gerettet und bewahrt, insofern sie sich selbst überlassen ist. Sie ist in der Schwebe des Möglichen, im Nichts ihrer selbst. Die verlassene Welt ist-nicht, *ist-möglich*.

Das Vertikale ist nicht nur die Säule, welche die Welt trägt, sondern auch der Abgrund, in welchem die Welt versinken kann. Es ist der Abgrund Gottes, über dem die Welt – die Kreatur des Sohnes – aufgehängt bleibt. Die Frage, für wie lange, begreift nicht, dass es hierfür keine Zeit gibt, dass die Zeit selbst über diesem Abgrund aufgehängt ist, dem Abgrund des Ewigen, das nicht *war*, *ist*, *sein wird*, weil es nicht die *merê chronou* kennt – es kennt keine Zeit, da es keine Zeit ist. Das Aufgehängtsein der Erde über dem Abgrund Gottes, über dem Abgrund des Ewigen, sagt nun genau dies aus: *die Welt ist-möglich, die Zeit ist-möglich*.

Um den Nihilismus dieser Aussage in seiner gesamten Kraft zu verstehen, füge ich – nur im Vorbeigehen[18] – hinzu, dass das Aufgehängtsein der Welt und der Zeit über dem Abgrund des Möglichen nicht weniger Aufgehängtsein des *Deus-Trinitas* ist. Das Verlassen des Sohnes bestimmt, *in der Nähe*, die unendliche Entfernung des Sohnes vom Vater. Wenn diese Entfernung aufgefüllt

---

Marianne Kegel, München 1977, S. 265–272) – wird nicht deutlich, wenn man nicht über die *vorletzten Worte* Christi reflektiert.

[17] Joh 1,3: „Alles ist durch das Wort geworden, und ohne das Wort wurde nichts, was geworden ist."

[18] Diesbezüglich verweise ich auf meine Abhandlung *Il Dio possibile*, Rom 2002, Teil I, Kap. III: „La Trinità, il negativo e il male", S. 73–97, sowie aktuell auf: *E pose la tenda in mezzo a noi...*, Mailand 2007, Kap. I: „La Trinità e il Sacro. La trascendenza del corpo", S. 17–48.

würde, würde die Trinität selbst verschwinden. Der Vater ist in der Trinität derjenige, der die Trinität wahrt und bewahrt – und gleichzeitig ist er deren größte Gefahr. Welches ist diese Gefahr, die den *Deus-Trinitas* bedroht? Es ist dieselbe, welche die Welt bedroht: die *perfectio* des Einen. Das beeindruckende Gemälde Grünewalds deutet diese Möglichkeit an: Der Sohn, der zum Vater zurückkehrt, verliert Schritt für Schritt, je weiter er aufsteigt, seine Gestalt. Ist also die Rückkehr zum Vater das Verschwinden des Sohnes? Lässt sich nichts anderes mehr denken?

In der Möglichkeit des Vaters ist auch die Kopräsenz des Sohnes beschlossen. Der Sohn sitzt zur Rechten des Vaters, er wird nicht vom Vater in den Vater absorbiert. Die Trinität fordert keine *perfectio*. Sie ist-möglich. Der *Deus-Trinitas ist-möglich*; der *Deus-Trinitas* ist der *mögliche Gott*.

# 7. Das Christentum der unsichtbaren Kirche. Nebeneinander-Stehen

Wir nähern uns einigen Schlussfolgerungen auf ethischem Gebiet. Dabei verstehe ich ‚ethisch' in seiner ursprünglichen Bedeutung, von *ethos*, Wohnung. So geht es darum, einige Schlussfolgerungen zur Weise zu ziehen, die Welt und die Zeit, die Weltzeit, zu bewohnen. Dies möchte ich als Kommentar zu einigen Versen eines Dichters des Unterganges und der Nostalgie der untergegangenen Welt tun:

> Freilich ist es seltsam, die Erde nicht mehr zu bewohnen,
> kaum erlernte Gebräuche nicht mehr zu üben,
> Rosen, und andern eigens versprechenden Dingen
> nicht die Bedeutung menschlicher Zukunft zu geben;
> das, was man war in unendlich ängstlichen Händen,
> nicht mehr zu sein, und selbst den eigenen Namen
> wegzulassen wie ein zerbrochenes Spielzeug.
> Seltsam, die Wünsche nicht weiterzuwünschen. Seltsam,
> alles, was sich bezog, so lose im Raume
> flattern zu sehen.[19]

Rilke spricht davon, den Dingen, die voll von Versprechen sind, nicht mehr die „Bedeutung menschlicher Zukunft" zu geben. Das Aufgehängtsein der Welt über dem Abgrund der Vollkommenheit wirft die Zeit, die ganze Zeit, auf die Gegenwart zurück. Diese ist aber nicht die *hôra* der Parusie des Absoluten, wo

---

[19] Rainer Maria Rilke, *Gesammelte Werke*, 6 Bde., Frankfurt a. M. ²1982, Bd. II, S. 443f., 19, I. Verse 69–78.

die toten sowie die gegenwärtigen und lebendigen wie auch die zukünftigen, erwarteten oder versprochenen, erhofften oder vorbereiteten Jahreszeiten sich sammeln und sich unterscheiden; sondern sie ist das kleine, winzige, geringste *nyn* der Zeit, die vorbeigeht. Sie ist ein Augenblick, der von der Vollkommenheit des Einen (*ut Unum sint*) berührt wird, als Gefahr und Drohung für die Zeit, die vorbeiläuft; ein Moment, der nicht aufhört zu vergehen, ein zuvor und ein danach zu haben, in welchem aber die ganze Zeit wie einberufen ist vor dem Abgrund des Ewigen. Diese Gegenwart – kleiner, winziger, geringster Augenblick – hat ihren Wert nicht in der Erinnerung an die Vergangenheit, die sie in sich bewahren kann, nicht in der Hoffnung, der Erwartung oder dem Ersehnen bzw. dem Willen nach Zukunft, sondern in der Möglichkeit, die sich in ihr eröffnet hat, in dem, was sie rettet, indem es sie in ihrer Geringfügigkeit bewahrt, oder im Gegenteil in dem, was sie negiert, indem es sie vervollkommnet. Diese Gegenwart hat ihren Wert in ihrer Vertikalität, in ihrem Bezug zum Heiligen, zum Heiligen Gottes, der ,vor' der Unterscheidung zwischen Himmel und Erde ist; sie hat ihren Wert nicht in ihrer Ausdehnung oder Dauer bzw. in der Horizontalität der Geschichte.

So wenig ist die Glossolalie für die Prophetie da, dass auch der „eigene Name" – der Name, der sowohl die Geschichtlichkeit des Ansprechenden bezeichnet und bestimmt als auch sein *Mit-Sein*, seine Zugehörigkeit zu einer Gemeinschaft – weggelassen wird, „wie ein zerbrochenes Spielzeug". In diesem Verhältnis zum Heiligen – zu dem, was über allem Darüberhinaus ist, was anders als alles Andere ist, so dass es in seinem Darüberhinaus über Anderes Anderes vom Anderen und doch Dasselbe sein kann –, in diesem Verhältnis macht der, der Du sagt, d.h. der Anredende, die Erfahrung seiner Nichtigkeit: seiner nicht-seienden, sondern *möglichen* Nichtigkeit. Sie ist nicht aktuierte Negation, sondern *exercita*, ausgeübte: Negation, die bloß im Negieren bestehet, Nichtigkeit, die ganz im Sich-selbst-Aufheben ist, wo das Selbst dieser Sich-selbst-Aufhebung nicht vor dem Aufheben ist, insofern es nur im Aufheben *möglich* ist. Hier übernehmen wir die Worte, mit denen Hegel das Wesen, das Sein des Seins, als Reflexion bestimmt; doch zitiere ich nicht die ersten, die lauten: „Die Bewegung von Nichts zu Nichts", sondern die nachfolgenden: „Die Bewegung des Nichts zu Nichts."[20] Dabei möchte ich allerdings betonen, dass *die Negation eines Nichts* nicht *das Sein ausmacht*, sondern das Mögliche, weil jene Selbstaufhebung, in welcher der Ansprechende die Erfahrung seiner Nichtigkeit macht, den Anderen in der Selbigkeit antreffen *kann* – ich betone: ,kann'. Dies kann gut die Absorption der reflexiven Negation in das Andere sein – das nun

---

[20] Georg Wilhelm Friedrich Hegel, *Wissenschaft der Logik* (Werke in zwanzig Bänden V–VI), Frankfurt a. M. 1969, Bd. VI, S. 24f.

nicht mehr das Andere ist – wie auch, im Gegenteil, das Verlassen: das Verlassen der Selbstnegation, der zweiten Kenosis, als Preisgabe an sich selbst.

Die religiöse Beziehung offenbart sich hier als Relation nicht der Identität, sondern der Nicht-Identität, als eine Relation ohne Pole, und zwar als lediglich mögliche. Sie ist am Darüberhinaus des Anderen aufgehängt, an der möglich-unmöglichen Möglichkeit des Anderen. Sie ist am möglichen Gott aufgehängt: das Heilige.

Hier zeigt sich auch der unendliche Abstand zwischen dem Mensch-Gott, der dafür dankt, dass die Spinne, welche die Wand hinaufgeht, die Wand hinaufgeht, und dem Gott-Menschen, der sagt: *Fiat voluntas tua.* Kirillov bewahrt noch viel Liebe zur Welt, wenn er dankt, weil das Seiende ist;[21] wenn er – um es mit Heidegger zu sagen – für „das *Wunder aller Wunder*: dass *Seiendes* ist" dankt.[22] Er dankt für das Sich-Ereignen des Seienden, für das, was im *Siebten Brief* Platons *alêthôs on* genannt wird, das rein Seiende, das unsagbare *ti* ohne *poion*;[23] er dankt für das, was Wittgenstein *das Mystische* nannte, nämlich *dass* die Welt *ist*.[24] Das *fiat voluntas tua* ist dagegen die vollkommene Anheimgabe an das Darüberhinaus des Anderen, bis hin zu jenem Äußersten, das – in menschlichen, allzumenschlichen Augen – Schmähung ist: Ich habe Jakob geliebt, ich habe Esau gehasst (Mal 1,2–3).

„Seltsam, die Wünsche nicht weiterzuwünschen." Rilke sagt nicht, es sei seltsam, nicht mehr zu wünschen. Er sagt, es sei seltsam, nicht *weiterzuwünschen*. Die Wünsche sind da, sie sind gegenwärtig, so wie die Zeit, die vorbeiläuft und in der auch der kleine Augenblick vorbeiläuft, das vom Ewigen berührte *nyn*. Wie dieses *nyn* aber, als wirklicher *kairos*, im Fluss der Zeit gegenüber dem Fließen, in dem es fließt, indifferent ist, so sind auch die Wünsche, die da und gegenwärtig bzw. aktuell sind, nicht weitergewünscht. In dem, was der Dichter sagt, vernimmt man das Echo älterer Worte, die das Sein *in* der Welt bezeichnen, das nicht das Sein *von* der Welt ist (Joh 17). *Seltsam, die Erde nicht mehr zu bewohnen.* Diese Seltsamkeit ist Religion, die christliche Religion.

---

[21] Vgl. Dostojewskij, *Die Dämonen, op. cit.*, S. 272.

[22] Martin Heidegger, *Nachwort zu ‚Was ist Metaphysik?'*, in: *id., Wegmarken, op. cit.*, S. 305. Der Begriff ‚Wunder' findet sich auch bei Schleiermacher. Was aber bedeutet ‚Wunder' bei Schleiermacher? „Wunder ist nur der religiöse Name für eine Begebenheit, jede, auch die allernatürlichste und gewöhnlichste, sobald sie sich dazu eignet, daß die religiöse Ansicht von ihr die herrschende sein kann, ist ein Wunder. Mir ist alles Wunder" (*Über die Religion, op. cit.*, S. 65–66).

[23] Vgl. Platon, *Siebter Brief*, 342a–343e.

[24] Vgl. Ludwig Wittgenstein, *Tractatus logico-philosophicus*, Frankfurt a. M. 1999, 6.44.

„Seltsam, alles, was sich bezog, so lose im Raume flattern zu sehen" – Dinge und Menschen, und nicht die Dinge wie die Menschen, sondern die Menschen wie die Dinge. Die Nostalgie der Vergangenheit, welcher der Dichter huldigt, offenbart die absolute Neuheit der Gegenwart, des kleinen, winzigen, geringsten Präsens des *nyn kairos*.

Im Raum aufgelöst, befinden sich alle Dinge in einem Nebeneinander-Stehen, das nicht mehr als Mit-Sein, als Zusammen-Sein definierbar ist: ein Nebeneinander-Stehen ohne Regel, ohne Lehre, ohne Offenbarung. Dies ist ein Nebeneinander-Stehen wie Wind und Baum, Gras und Tier, Meer und Himmel, und Erde... Ein solches Nebeneinander-Stehen ist nicht Dialog, möglicherweise ist es Gebet, ein Wort, das an den eigenen Gott gerichtet ist und das neben sich noch andere und verschiedene Worte hat, die an andere und verschiedene Götter gerichtet sind. Als Jesus zur Menge sprach, sagten sie ihm, dass seine Mutter und seine Brüder ihn sprechen wollten; und er antwortete: Wer ist meine Mutter, wer sind meine Brüder? Alle, die der Stimme unseres Vaters folgen, der im Himmel ist. Es ist die schweigende Stimme des Heiligen, die in den Hunderten und Aberhunderten von Sprachen der historischen Menschheit spricht – die reine Sprache, die nicht existierende „Paradiesessprache" (Benjamin), die nur in historischen Sprachen spricht. Diese Religion ist die Anerkenntnis der Religiosität aller Religionen. Dieses Christentum ist das Christentum der unsichtbaren Kirche, jener einzigen Kirche, die nicht Sklaven, sondern Freunde kennt. Sie kennt eine einzige Form von Gastfreundschaft, die sich darin ausdrückt, dass der, der die Gastfreundschaft anbietet, sich als Gast fühlt, dass der, der beherbergt, sich dafür bedankt, von seinem Gast beherbergt worden zu sein. Das Christentum hat sich von der Zukunft, vom *eschaton*, nicht deswegen befreit, weil es dieses leugnen würde, sondern weil es nicht dieses ist, was zählt, sondern weil nur zählt, sich *hic et nunc* am Fuße des Kreuzes zu befinden, jenes Zeichens des Aufgehängtseins zwischen der Möglichkeit der Begegnung und der Möglichkeit des Verlassens. Beides ist hier beieinander – unendliche Freude und unendliches Leid.

# 8. Christentum als Nihilismus

Unendliche Freude und unendliches Leid – und daher keine Irenik. Ich weiß sehr wohl, dass der Wind, so wie er die Pflanze streichelt, sie auch niederdrückt, dass das Tier sich nicht nur pflanzlich ernährt, sondern auch von seinesgleichen, dass der Gast durchaus Platz wegnimmt im allen gemeinsamen Haus. Daher gibt es keinen Zauber in der Welt – diese ist und bleibt „der Acker, der uns grausam werden lässt" (Dante Alighieri). Denn das Übel der Welt ist die Welt.

Wenn gilt, *omnis determinatio est negatio*, dann befindet sich am Ursprung des Übels die Schöpfung selbst: das Wort, der Logos, *panta di' autou egeneto*. Das Wort, das Wörter spricht, der Logos, der sich in *logoi* verwirklicht oder sich überhaupt nicht verwirklicht. Am Ursprung des Übels heißt es nicht: ‚Ursache' des Übels, sondern ‚Möglichkeitsbedingung'.[25] Ohne die Welt wäre das Übel nicht – ohne das Vielfältige wäre das Übel nicht. Das Übel ist aber mehr als schlichte Negativität. Das Übel ist das Vielfältige, das nicht mit dem Einen in Beziehung gesetzt ist, das Vielfältige, das an sich gilt, bzw. das Nichts, das vom Möglichen getrennt ist. Es ist das reine Horizontale, das jede Vertikalität vergessen hat. Das Übel ist Satan, der Herr der Welt, den Jesus, der Christus, fürchtet, da er die Verführungen der Welt fürchtet und die Welt nicht weniger als das Verlassen erleidet. Er erleidet die Entfernung vom Vater, dem er sich überlassen hat – *Fiat voluntas tua* –; aber er erleidet nicht weniger die Rückkehr zur Vollkommenheit des Vaters. So lese ich – auch so – das wunderbare Bild Grünewalds. Am Fuße des Kreuzes zu stehen, das Kreuz mithin nicht als *momentum*, als Vorübergehen, sondern als Möglichkeit des Begegnens und des Verlassens, des Verlassens und des Begegnens zu leben, dies bedeutet, neben das Bild Grünewalds, das Christus zeigt, der in der Glorie des Vaters verschwindend aufsteigt, auch das Bild des gestorbenen Christus Mantegnas zu stellen.

Der letzte Hinweis – auf das Bild des toten Körpers Christi – regt zu einer abschließenden Reflexion über Religion und Nihilismus bzw. Religion als Nihilismus an: nämlich über Christentum als Nihilismus. Die letzten Worte Christi sind nicht ausgesprochen, sondern hinausgeschrien. Diese letzten Worte sagen den Körper, sie sprechen den Körper aus, und dies näherhin in der einzig möglichen Weise, den Körper auszusagen, in der Weise, die der Körper selbst ist. Das Wort hier ist ursprüngliches Wort, nicht weil es ursprüngliche Bedeutungen ausdrückte, sondern weil es die Bedeutung übersteigt bzw. selbst Ursprung des Bedeutens ist. Es ist gleichzeitig Atem und Gestus, *phônê*, die aus der Brust hervorgeht, die letzte Atemnot des sterbenden Körpers, der sich unruhig auf dem Holz des Leidens hin und her bewegt.

Atem und Gestus. Der erste Philosoph schrieb, dass alle Dinge *phônê kai schêma* haben bzw. viele – nicht alle – auch *chrôma*, Farbe. Für Dinge sagt das Griechisch des ersten Philosophen *pragmata* und zeigt damit die Dinge an, die nicht einfach mit dem Handeln des Menschen verbunden sind, sondern dieses Handeln selbst sind; und je mehr sie dieses Handeln sind, desto mehr Farbe haben sie. Die Farbe, von der hier gesprochen wird, ist – offenkundig – die Farbe der Passion: speziell jener Passion, die das Gefühl schlechthinniger Abhän-

---

[25] Vgl. Vitiello, *Il Dio possibile, op. cit.*

gigkeit ‚be-zeichnet'. Sie ist absolut, auch im Sinne des Bleibens *en tô kryptô*, in der Geheimnishaftigkeit der vertikalen, *glossolalischen* Beziehung, im *Nebeneinander-Stehen*.

*Aus dem Italienischen von Markus Krienke*

YOSSEF SCHWARTZ

# Die verschiedenen Gesichter des einen Gottes: Monotheismus, Offenbarung und Pluralismus zwischen Prämoderne, Moderne und Postmoderne

Gotteslehre heute sowohl als interreligiöse Gesprächssituation wie auch in Bezug auf den Dialog zwischen dem ‚saeculum' und den Religionen – in Bezug auf diese breite Thematik möchte ich hier die Bedeutung diskutieren, die religiöse Elemente für unsere gegenwärtige Existenz tragen mögen, und dies in zwei Hauptbereichen: in der Epistemologie und in der Politik. Offensichtlich lautet eine solche Frage heute ganz anders als vor etwa zwanzig Jahren, und zwar gerade zu einem Zeitpunkt, zu dem alle üblichen Definitionen unserer national-bürgerlichen Existenz nicht mehr dazu taugen, für die jeweiligen Ereignisse adäquat Rechenschaft zu geben.

Worin wurzelt dieses Gefühl von Unbrauchbarkeit der alten Erklärungsstrukturen? Eric Hobsbawm[1] und Zygmunt Bauman[2] sprechen in diesem Kontext von der „Krise der Moderne", diesmal jedoch nicht unbedingt im Sinne einer neomarxistischen Kulturkritik verstanden (etwa im Geiste von Adornos und Horkheimers *Dialektik der Aufklärung*[3]), sondern eher als epochaler Paradigmenwechsel, in dessen Verlauf ein starkes Modell der Moderne durch ein „weiches" bzw. „fluides" Modell ersetzt wird. Blickt man aus solch gegenwärtiger Perspektive auf das 19.–20. Jahrhundert zurück, so scheint es klar, dass das nationale Paradigma in dieser Zeit zur Hauptfigur abendländischer säkularer Gesellschaft und danach auch zur Hauptfigur der Weltgeschichte geworden ist, nämlich als globale Form der starken Modernität.

Ist das Jahr 1989 bzw. 1991 als Ende des von Eric Hobsbawm dargestellten „kurzen 20. Jahrhunderts"[4] mehreren Beobachtern als Abschied von den totalitären Ideologien und endgültiger Sieg der liberalen Gesellschaft erschienen, so stellt es Hobsbawm eher als frühes Zeichen des Endes der harten Modernität

---

[1] Eric Hobsbawm, *Age of Extremes. The Short Twentieth Century 1914–1991*, London 1994, S. 403–432.
[2] Zygmunt Bauman, *Liquid Modernity*, Cambridge 2000.
[3] Theodor Adorno / Max Horkheimer, *Dialektik der Aufklärung*, Frankfurt a. M. 1988 (1944).
[4] Hobsbawm, *Age of Extremes, op. cit.*

mitsamt der national-industriellen Strukturen dar, wobei die Ersten, die den Preis dafür bezahlen mussten, die osteuropäischen Regime waren, bei denen gerade hinter der internationalen Ideologie, ein härteres, unelastischeres Grenzsystem herrschte. Die Mauern wurden durch innere Spannungen und äußere Macht durchbrochen und zerstört, und zwar nicht durch die Macht des liberalen Nationalismus, sondern durch die Macht des globalen Flusses von Geld, Information und Wirtschaft innerhalb von allgemein immer fluider gewordenen Strukturen.

Die Fähigkeit, in der neuen Realität zu überleben, ist heutzutage den globalen Mächten zu eigen. Das stärkste Element heute ist dementsprechend das internationale Finanz- und Wirtschaftssystem. Parallel dazu bzw. ihm gegenüber stehen die alten Nationalstrukturen, wie auch alternative, „schwache" Strukturen, wie die internationalen ökologischen und Anti-Globalisierungs-Protestbewegungen, mehrere Varianten der Identitätsideologien[5] (Ethnos-Gender-Sex) und schlussendlich auch die Weltreligionen.

In solchen Situationen dürfen Begriffe wie Moderne, Postmoderne bzw. Krise der Moderne erneut formuliert werden. Noch stärker werden heute in der Moderne klassisch gewordene Kategorien des Säkularen, der post-säkularen bzw. de-säkularen Gesellschaft in Frage gestellt. Gerade hier darf man aber daran erinnern, inwiefern diese Kategorie der Moderne als Kampfbegriff von Anfang an mit der historiographischen Definition der Prämoderne, besonders des ‚Mittelalters', verbunden war. Denkt man erneut an die Moderne, so ist es ebenso an der Zeit, auch erneut an das Mittelalter zu denken.

Im Folgenden möchte ich dementsprechend vier Hauptargumente formulieren. Das erste betrifft die Kategorien Mittelalter und Moderne als theopolitische Kategorien. Das zweite zeigt das Mittelalter als pluralistisches Politiksystem und stellt dem die ‚Monolität' der Moderne gegenüber. Das dritte handelt von der gegenwärtigen religiösen und politischen Gewalt. Das vierte fragt nach dem Einfluss all jener Elemente auf die Formulierung des Gottesbildes.

Immer wieder werde ich mich durch all jene Themen hindurch auf zwei spekulative Theologen beziehen: der eine ist Jude, der andere Katholik, der eine spricht am Anfang des 20. Jahrhunderts, der andere am Ende dieses Jahrhunderts und am Anfang des dritten Millenniums. Beide sind Deutsche und dürfen als spekulative Theologen betrachtet werden, beide formulieren ihre Überlegun-

---

[5] Bzw. der im Sinne von Hobsbawm „invented traditions"; vgl. Eric Hobsbawm, „Introduction: Inventing Traditions", in: *id.* / Terence Ranger (Hgg.), *The Invention of Tradition*, Cambridge 1983, S. 1–14.

gen in Bezug auf die drei monotheistischen Religionen: der erste ist Franz Rosenzweig, der zweite ist Kardinal Ratzinger, heute Papst Benedikt XVI.

1. Argument:

*Die Frage nach den Beziehungen zwischen Moderne und Prämoderne darf nicht abstrakt behandelt werden, auch nicht im europäisch-christlichen Kontext isoliert, sondern muss in ihrem vollen mytho-historischen Kontext und bezüglich der drei ‚monotheistischen‘ Religionen aufgefasst und erörtert werden*

Die Frage nach der wahren Charakterisierung der Moderne ist immer eine theologische Frage. Diese Überzeugung kommt am stärksten bei deutschen Denkern seit Anfang des 20. Jahrhunderts zum Tragen. So bei Carl Schmitt,[6] Gershom Scholem[7] und Leo Strauss,[8] aber auch bei Hans Jonas,[9] Ernst Cassirer,[10] Eric Voegelin,[11] Jacob Taubes[12] und Hans Blumenberg.[13] Ihre Auseinandersetzung mit Begriffen wie ‚Gnosis‘ oder ‚Eschatologie‘ zeigt immer wieder eine grundsätzlich gemeinsame Struktur: das Theologische als apologetischer und politischer Bereich wurde bei ihnen in verschiedener Art und Weise zur zentralen Komponente der Moderne. Gerade deswegen sind solche Denker für die gegenwärtige Diskussion so wesentlich.

Mag die Moderne sein, was sie will, sie definiert sich als Akt der Selbst-Konstitution nicht nur im Positiven, sondern auch im Negativen als voller Ge-

---

[6] Carl Schmitt, *Politische Theologie*, Berlin 1922; id., *Römischer Katholizismus und politische Form*, Stuttgart 1984 (1923); Christoph Schmidt, *Der häretische Imperativ. Überlegungen zur theologischen Dialektik der Kulturwissenschaft in Deutschland*, Tübingen 2000, S. 89–112.

[7] Gershom Scholem, *Erlösung durch Sünde* (Judaica 5), hg. von Michael Brocke, Frankfurt a. M. 1992; Gershom Scholem, „Zehn unhistorische Sätze über Kabbala", in: id., *Studien zur jüdischen Mystik* (Judaica 3), Frankfurt a. M. 1981, S. 264–271; Schmidt, *Der häretische Imperativ*, op. cit., S. 113–156.

[8] Leo Strauss, *Philosophie und Gesetz. Beiträge zum Verständnis Maimunis und seiner Vorläufer*, Berlin 1935.

[9] Hans Jonas, „Gnosticism and Modern Nihilism", in: *Social Research* 19 (1952), S. 430–452.

[10] Yossef Schwartz, „Ernst Cassirrer on Cusanus: Between Conjectural Knowledge and Religious Pluralism", in: Jeffrey Barash (Hg.), *Ernst Cassirer: Symbol, Science and Culture*, Chicago 2008, S. 17–38.

[11] Vgl. Erich Voegelin, *The New Science of Politics*, Chicago 1952; id., *Der Gottesmord. Zur Genese und Gestalt der modernen politischen Gnosis*, München 1999; vgl. auch David J. Levy, „Mystische Wahrheit und die Kunst der Wissenschaft. Hans Jonas und Eric Voegelin über Gnosis und das Unbehagen der Moderne", in: Christian Wiese / Eric Jacobson (Hgg.), *Weiterwohnlichkeit der Welt. Zur Aktualität von Hans Jonas*, Berlin 2003, S. 145–165.

[12] Jacob Taubes, *Vom Kult zur Kultur. Bausteine zu einer Kritik der historischen Vernunft*, hg. von Aleida und Jan Assmann, München 1996.

[13] Hans Blumenberg, *Legitimität der Neuzeit*, Frankfurt a. M. 1996 (1966).

gensatz zur Prämoderne. Als innereuropäischer Begriff solcher Prämoderne gilt – für die Denker der Renaissance genauso wie für die protestantische Theologie – das Mittelalter. Gegenüber außereuropäischen Zivilisationen wurden eurozentrische Kategorien wie die „primitive" oder „präkoloniale Zivilisation" benutzt. Viel komplizierter ist aber der Fall des Judentums und Islam als innerlicher bzw. äußerlicher Verkörperungen des Fremden, und zwar aus folgenden Gründen:

1. Mehr als alle anderen Kulturen besitzen Islam und Judentum ihre eigene Art der Moderne, und zwar nicht nur als passive Objekte europäischer Kolonialmächte, sondern auch parallel zur abendländischen Moderne im 15.–16. Jahrhundert.

2. Darüber hinaus haben Islam und Judentum ihr eigenes hellenistisches Erbe und dementsprechend ihr eigenes ‚Mittelalter', und zwar gerade wenn man ‚Mittelalter' als ideologisches Konzept betrachtet. So nimmt Leo Strauss in seinen historisch-metaphysischen Schemata Mittelalter und Aufklärung als Spannungsfelder von Vernunft und Offenbarung wahr.[14] Darauf bezieht sich auch die historische Beschreibung des Papstes in seiner Regensburger Rede, wo – anders herum als bei Strauss – die Geschichte des Christentums zwischen Antike, Mittelalter und Moderne im Spannungsfeld zwischen der Logostheologie und den irrationalen Mächten dargestellt wird.[15]

3. Als Religionen haben Islam und Judentum ihre eigene Form der Offenbarung, die nicht erst in der Gegenwart, sondern schon und vor allem in der Spätantike und im Mittelalter in Konkurrenz mit dem christlichen sakralen Raum entsteht. Basiert die Moderne im Sinne von Hans Blumenberg in seiner Auseinandersetzung mit Carl Schmitt und Karl Löwith[16] auf der Umstrukturierung und „Umbesetzung vakant gewordener Positionen" des sakralen Bereiches,[17] dann haben Juden und Muslime ihre eigenen parallelen Inhalte umzustrukturieren und umzubesetzen.

4. Nicht nur im engen theologischen Sinne, sondern auch im vollen theopolitischen Sinne stehen Islam und Judentum vom Frühmittelalter bis zum dritten Millennium als das intim-verbundene und rivalisierende Andere zur europäisch-christlichen Identität. Selbst diese Rivalität wurde dann zum Objekt der Säkula-

---

[14] Strauss, *Philosophie und Gesetz, op. cit.*, S. 9–29.

[15] Vgl. Benedikt XVI., *Glaube und Vernunft. Die Regensburger Vorlesung*, kommentiert von Gesine Schwan / Adel Th. Khoury / Karl Kardinal Lehmann, Freiburg i. Br. 2006, S. 12–32.

[16] Karl Löwith, *Weltgeschichte und Heilsgeschehen*, Stuttgart 1979.

[17] Blumenberg, *Legitimität der Neuzeit, op. cit.*, S. 75.

risierung und spielt eine wichtige Rolle im modernen historiographischen und politischen Diskurs. Der Moslem bzw. der Jude als autonomes Subjekt der Geschichte erzählt nicht nur seine eigene Geschichte, sondern produziert dabei – in einer Art ‚Okzidentalismus' – sein eigenes Narrativ der abendländischen Geschichte überhaupt.

Diese vier Punkte bedürfen noch präziserer Deutung. Sie bilden miteinander die Basis der theologischen und theopolitischen Komplexität des Gottes-Diskurses heute.

Gotteslehre wurde hier unter einem präzisen Aspekt betrachtet, nämlich in Hinsicht auf die göttliche Offenbarung, die jede der Offenbarungsreligionen konstituiert. Jeder der drei Religionen liegt nicht die Aussage „Gott spricht", sondern die Aussage „Gott hat gesprochen" zugrunde. Zumindest im Christentum und im Islam enthält diese Aussage auch eine zeitdimensionale Relativierung, indem nämlich das geoffenbarte Wort Gottes sich mit der Zeit geändert hat. Die jüdische Polemik gegen Christentum und Islam basiert hauptsächlich auf der starken Verneinung solcher Temporalisierung und damit auch Relativierung der Offenbarung, und zwar vor allem durch die Betonung der Unveränderlichkeit Gottes selbst.[18] Ich werde mich dementsprechend im Folgenden nicht auf die Gotteslehre, sondern vielmehr auf die Lehre von Gottes Wort beziehen.

Wie ich schon oben behauptete, kann man den gegenwärtigen interreligiösen Diskurs im Rahmen der Offenbarungsreligionen in seinen politischen wie auch metaphysischen Dimensionen von seinen historischen Aspekten nicht ablösen. Die Regensburger Rede des Papstes ist ein gutes Beispiel für die historische und theopolitische Zusammensetzung all jener Elemente. In seiner geschichtlichen Darstellung spricht der Papst ein allgemeines historiosophisches Narrativ des Christentums als Religion der Vernunft aus, und zwar aufgrund der in ihm enthaltenen ursprünglichen Offenbarung des Logos, da sich nämlich innerhalb des Christentums Gott als Logos offenbart:

Logos ist Vernunft und Wort zugleich – eine Vernunft, die schöpferisch ist und sich mitteilen kann, aber eben als Vernunft. Johannes hat uns damit das abschließende Wort des biblischen

---

[18] Vgl. Moses Maimonides, *Jad hachasakah oder Mischna Thora, Erstes Buch, Maddah, oder: Von der Erkenntniss*, übersetzt von Elias Soloweiczyk, Königsberg 1846, Kap. 8–9, S. 31–40; *id.*, *Der Brief in den Jemen*, hg. von Sylvia Powels-Niami, Berlin 2002, S. 35–44; Menachem Kellner, *Dogma in Medieval Jewish Thought*, Oxford 1986, S. 15; Francesca Y. Albertini, *Die Einflüsse der frühmittelalterlichen islamischen Philosophie auf die Interpretation des Messias von Moses Maimonides*, ungedruckte Habilitationsschrift, J. W. Goethe-Universität Frankfurt a. M. 2007, S. 120–124; R. Joseph Albo, *Sefer ha-'Ikkarim [Book of Principles]*, I, 20, übersetzt von Isaac Husik, 3 Bde., Philadelphia 1946, Bd. I, S. 169–173.

Gottesbegriffs geschenkt, in dem alle oft mühsamen und verschlungenen Wege des biblischen Glaubens an ihr Ziel kommen und ihre Synthese finden. Im Anfang war der Logos, und der Logos ist Gott, so sagt uns der Evangelist. Das Zusammentreffen der biblischen Botschaft und des griechischen Denkens war kein Zufall.[19]

Diese prinzipielle theologische Aussage kombiniert der Papst mit zwei konkreten Momenten der europäischen bzw. Weltgeschichte: der byzantinischen Front kurz vor der Eroberung von Konstantinopel durch die Türken und der gegenwärtigen scheinbaren „Krise der Moderne", die sich seiner Beschreibung nach als Untergangsprozess in vier Hauptschritten gestaltet und durch zwei wichtige Merkmale charakterisiert wird, nämlich durch den Fundamentalismus, also der durch religiöse Motive begründeten politischen Gewalt, und durch die hypertechnologische Moderne, einen von allen moralischen Dimensionen befreiten, brutalen szientistischen Naturalismus. Durch diese Beschreibung gelingt es dem Papst, ein paradoxes Ergebnis zu schaffen: die negativen Momente der Moderne vom echten katholischen Gesichtspunkt aus zu kritisieren, ohne sich gleichzeitig mit der muslimischen Kritik gegen die abendländische Moderne auseinander zu setzen. Und das ist nicht alles. Auf eine virtuose Weise gelingt es ihm, Grundelemente des Islam mit den negativen Momenten der Moderne zu verbinden: Als Religion der Gewalt tritt der Islam aus diesem christlichen Gesichtspunkt als Verkörperung der religiösen Intoleranz hervor. Darüber hinaus wurde auch die Zerstörung des thomistischen Weltbilds in der Spätscholastik von islamischen theologischen Auffassungen inspiriert. Dies geschieht gerade durch ihre jeweiligen Auseinandersetzungen mit der jeder Offenbarung und Theologie zugrunde liegenden Gotteslehre. Gilt ihm die thomistische Theologie als Höhepunkt der scholastischen Methode, so wurden andererseits ihre Kritiker in der Spätscholastik von muslimischen Fremdelementen beeinflusst. Die Allmacht Gottes als supra-vernünftiges Element, so wie es in der Asch'aria-Theologie formuliert wurde, inspirierte den spätscholastischen Nominalismus, der seinerseits, so wie Amos Funkenstein[20] auf einer Linie mit Pierre Duhem[21] und Anneliese Maier[22] behauptete, die moderne Wissenschaft begründet. So entsteht eine

---

[19] Benedikt XVI., *Glaube und Vernunft, op. cit.*, S. 18.

[20] Amos Funkenstein, *Theology and the Scientific Imagination. From the Middle Ages to the Seventeenth Century*, Princeton 1986.

[21] Pierre Duhem, *Le système du monde. Histoire des doctrines cosmologiques de Platon à Copernic*, Bd. VI, Paris 1954, S. 3–29; Bd. VII, Paris 1956, S. 203–302; Bd. VIII, Paris 1958, S. 16–120.

[22] Anneliese Maier, *Studien zur Naturphilosophie der Spätscholastik*, Bd. I: *Die Vorläufer Galileis im 14. Jahrhundert* (Storia e letteratura 22), Rom 1951.

mechanistische Weltanschauung, die einerseits die physikalischen Phänomene mathematisiert, sie aber andererseits von jeder moralischen Dimension befreit.

Eine ähnliche anti-islamische historisch-metaphysiche Argumentation, obwohl mit anderen Überlegungen, bietet schon am Anfang des 20. Jahrhunderts ein deutscher Jude: der Philosoph Franz Rosenzweig.[23]

Rosenzweigs *Stern der Erlösung* gilt heute als eines der wichtigsten theologischen Werke der jüdischen Moderne, und zwar u.a. in Bezug auf das Verhältnis zwischen Judentum und Christentum, wo ein komplexes interreligiöses System entworfen wird. Nicht zuletzt deshalb gilt Rosenzweigs Buch als Musterbeispiel für den religiösen Dialog und den religiösen Pluralismus in der Moderne. Im Zentrum des Werkes, im zweiten Teil, der der Theologie der Offenbarung gewidmet ist, steht jedoch die Auseinandersetzung mit dem Islam, die an die religiöse Polemik und Apologetik des Mittelalters erinnert.

Der Islam ist in Rosenzweigs kulturellem Schema ,der Fremde'. Rosenzweig kennzeichnet seine eigene Identität als Europäer, genauer: als Christ-Jude in Abgrenzung von diesem Fremden.[24] Die Frage ist jedoch, warum Rosenzweig eine solche anti-islamische Polemik so zentral in sein theologisches Hauptwerk aufnimmt, und zwar im Gegensatz zu den üblichen Mustern der jüdisch-europäischen Moderne, die – apologetisch oder polemisch – Judentum und Christentum einander gegenüberstellt.

Theologisch und systematisch benutzt Rosenzweig die Kritik am Islam, um seine binäre theologisch-politische Umgebung zu schildern, die Juden und Menschen überhaupt vor eine klare Wahl zwischen zwei existenziellen und theologischen Möglichkeiten stellt: meta-geschichtliche Existenz „beim Vater" und (heils-)geschichtlicher Fortschritt zum Vater hin. Die Juden sind schon „beim Vater"; das Christentum machte es sich zur missionarischen Aufgabe, die gesamte Menschheit zum Vater zu führen. Was die gesamte außerjüdische Welt betrifft, nimmt Rosenzweig als Europäer die koloniale aufklärerische Vision Lessings (*Erziehung des Menschengeschlechts*) bzw. Hegels an, zu denen er aber zugleich als Jude in einer inneren Opposition steht. Ich möchte hier behaupten, dass Rosenzweig diese geschichtliche Rolle des Christentums mit einem ähnlichen Denken wie dem des Papstes begründet. Durch das Christentum

---

[23] Für eine Sammlung aller Äußerungen Rosenzweigs zum Islam vgl. Gesine Palmer / Yossef Schwartz (Hgg.), *„Innerlich bleibt die Welt eine." Ausgewählte Texte von Franz Rosenzweig über den Islam*, Berlin 2003. Alle Zitate im Folgenden werden aus diesem Band entnommen.

[24] Vgl. Otto Pöggeler, „Rosenzweig und Hegel", in: Wolfdietrich Schmied-Kowarzik (Hg.), *Der Philosoph Franz Rosenzweig (1886–1929)*, 2 Bde., Freiburg/München 1986, Bd. II, S. 839–853, hier S. 846: „Doch bleibt im dritten Teil des *Stern* das Miteinander von Judentum und Christentum als das, was zählt."

hat sich Gott der Welt als Logos geoffenbart, und durch den Logos ist es Aufgabe des Christentums, die gesamte Menschheit zu Gott zurückzuführen. Dem Juden offenbart sich Gott durch seinen eigenen ,Vornamen', durch eine konkrete Präsenz. Im Islam kann man nach Rosenzweig nicht von wahrer Offenbarung reden, gerade weil das Wort Gottes, das in einem Buch verkörpert wird, seine dynamische Beziehung zur Gottheit dabei verlieren muss, insofern es nämlich als vollkommene Repräsentation Gottes wahrgenommen wird, und zwar als Idolatrie.

Rosenzweigs Auseinandersetzung mit dem Islam hatte jedoch nicht nur systematische Motive, sondern steht auch in einem konkreten politischen Kontext. Als deutscher Soldat im Balkan sah sich Rosenzweig sowohl mit dem Islam als auch mit dem orientalischen Judentum konfrontiert, und man kann behaupten, dass es im Kontext der globalen Interessen Deutschlands für ihn klar war, dass jede neue globale politische Ordnung den Islam integrieren musste. Es war für ihn nicht weniger klar, dass der Islam, wenn er sich in die neue politische Konstellation der modernen Welt integrieren wollte, die säkulare, moderne europäische Staatsvision akzeptieren müsste. Ein ideales Beispiel für eine solche Anpassung des Islam sah Rosenzweig in der modernen türkischen (nicht-islamischen) Nationalität. Von seinem Standort im Balkan des ersten Weltkriegs aus formuliert Rosenzweig somit seine eigene Weltphilosophie, in der alle Weltreligionen nicht in ein historisches Schema im Sinne von Hegel, sondern in ein metaphysisches Schema geordnet werden.

Wie diese theologische Analyse in sein Verständnis von Weltpolitik integriert ist, zeigt sich in dem Entwurf des Vortrags „Muhammed und der Islam", den Rosenzweig im März 1917 vor Offizieren hielt.[25] Diesen Vortrag beginnt Rosenzweig mit dem Begriff des Islam als „Gott-ergeben-sein", wobei er auf Goethes *West-östlichen Divan* zurückgreift und eine allgemeine Bestandsaufnahme der damaligen Weltreligionen versucht, in der er auch die Rede Kaiser Wilhelms II. (29.10.1898) in Jerusalem erwähnt. Der Beschreibung der frühen islamischen Geschichte zur Zeit Muhammeds und nach dessen Tod folgt die Darstellung der arabischen Philosophie des Mittelalters und ihrer Beziehung zur europäischen Scholastik als Höhepunkt arabisch-islamischer Kultur, die Rosenzweig mit Nikolaus' von Kues *Sichtung des Korans* als beendet ansieht.[26] Was

---

[25] Rosenzweig, *„Innerlich bleibt die Welt eine"*, op. cit., S. 48–52 (Brief an die Eltern, 5.3.1917).

[26] Es ist kein Zufall, dass er sich auf den Kardinal Nikolaus von Kues als Vorgänger bezieht, der Deutscher ebenso wie Europäer war und dessen polemische Schrift *Cribratio Alkorani* (*Sichtung des Korans*) 1460 kurz nach der Eroberung Konstantinopels durch die Türken (1453) ver-

danach folgt, sei der Niedergang des Islam in der Moderne. „Der Islam", so Rosenzweig, „hat aufgehört, dem Christentum gegenüber eine geistige Macht zu bedeuten; er ist für es zum bloßen ‚Gegenstand' geworden."[27] Den Vortrag beendet Rosenzweig mit einer Beschreibung der damaligen Situation der Türkei. Für Rosenzweig waren die Türken selbst schon europäisiert.

Diese Problematik der Europäisierung außereuropäischer Kulturen, die inzwischen als kultureller Kolonialismus behandelt wird, nimmt Rosenzweig in den beiden politischen Artikeln auf, die er unter dem Pseudonym „Macedonicus (im Felde)" im Kontext seiner Kriegserfahrungen auf dem Balkan verfasst hat: „Die neue Levante" und „Nordwest und Südost".

In „Die neue Levante" ist der Verfasser als deutscher Soldat in der Levante zu erkennen, der seine Ausführungen mit dem Jahr 1453 beginnen lässt, also mit der Eroberung Konstantinopels durch die Türken, um, wie schon am Ende von „Muhammed und der Islam", auf das Werk des Cusaners zurückzukommen. Die systematische Widerlegung des Islam durch Nikolaus von Kues gilt Rosenzweig als historische Übergangsphase. Nikolaus' apologetisches Projekt entstand unter der militärischen Bedrohung durch den Islam, und es spiegelt einen für das Abendland typischen Paradigmenwechsel von der kulturellen Konkurrenz zum intellektuellen Gegenstand, zum Forschungsobjekt wider. Die Türken, jene Repräsentanten der islamischen Macht zu Cusanus' Zeit, sehen sich selbst, so Rosenzweig, nicht mehr primär als Muslime, sondern sind, ganz im Sinne der europäischen Idee der Nation, „Türken" geworden. „In seltsamen Parallelen zu dem aus Europa uns geläufigen Prozeß der Nationalitätsentstehung, entwickelt sich eine türkische ‚Romantik', ein türkisches ‚Risorgimento', ein türkischer ‚Nationalismus'."[28] Diese neue Türkei muss nach den richtigen Formen der Europäisierung suchen, muss sich also an die europäische Moderne anpassen.[29] Christentum steht hier als Synonym für Modernität, und Modernität wird vor allem als kulturelle Über-Macht verstanden.

---

fasst wurde (Nikolaus von Kues, *Sichtung des Korans / Cribratio Alkorani*, hg. von Ludwig Hagemann / Reinhold Glei, Hamburg 1990).
[27] Rosenzweig, *„Innerlich bleibt die Welt eine"*, op. cit., S. 51.
[28] *Ibid.*, S. 75.
[29] *Ibid.*, S. 76.

2. Argument:
*In der Zeitenwende zum Mittelalter findet man ein Modell von pluralen politi-*
*schen Mächten, das im Bereich der Philosophie und Theologie zu verschiede-*
*nen epistemischen Modellen des Zusammenfalls einander widersprechender*
*Wahrheitsansprüche führen kann*

Bindet sich der Papst an eine Idealform der mittelalterlichen Scholastik, so sieht
sich auch Rosenzweig in der Nachfolge der beiden großen jüdischen Paradigmen von Philosophie und Apologetik im Mittelalter: Yehuda Halevi und Moses
Maimonides.

In seinem Briefwechsel mit Rosenstock spricht Rosenzweig von der gegenseitigen Apologetik zwischen Judentum und Christentum als gegenseitiger Auffassung von Entstehung und Genealogie und weist dabei auch auf den Islam
hin:

> [...] dem Dogma der Kirche über ihr Verhältnis zum Judentum muß ein Dogma des Judentums
> über sein Verhältnis zur Kirche entsprechen. Und das ist, was Ihnen nur als moderne liberal-
> jüdische Theorie von der ‚Tochterreligion' bekannt ist, die die Welt allmählich zum Judentum
> erzieht. Diese Theorie stammt aber in Wahrheit aus der klassischen Zeit der Dogmenbildung
> im Judentum, aus der jüdischen Hochscholastik, die zwischen die arabische und christliche
> zeitlich – und sachlich – mitten hinein fällt (Ghazzali – Maimonides – Thomas).[30]

Hier fädelt Rosenzweig eine Argumentation ein, die das moderne jüdische
„Dogma" auf das Christentum bezieht und ideengeschichtlich mit der Trias
Ghazzali – Maimonides – Thomas verknüpft.

Al-Ghazzali (1058–1111) war der arabisch-muslimische Philosoph, den
Rosenzweig wohl am meisten gelesen hat, denn in seinen Briefen aus dem
Balkan beschreibt er, wie er bei muslimischen Buchhändlern die arabischen
Ausgaben des „Imam Ghazzali" sucht[31] und in seiner Bibliothek stehen sowohl
eine zweibändige Übersetzung[32] als auch eine Monographie über Ghazzali.[33]
Auf Ghazzali folgt hier Moses Maimonides (1137–1204), der zusammen mit
Yehuda Halevi für das jüdisch-arabische Denken im Mittelalter steht. Das von
Rosenzweig erwähnte jüdische „Dogma" ist eigentlich eine sephardische Lehre,

---

[30] *Ibid.*, S. 39.
[31] *Ibid.*, S. 57 (Brief an die Eltern, 13.4.1917).
[32] Auf Rafael Rosenzweigs Inventar-Liste (S. 14) der Bibliothek seines Vaters stehen sowohl
al-Ghazzali, *Über Intention, Reine Absicht und Wahrhaftigkeit, das 37. Buch von Al-Gazali's
Hauptwerk*, übersetzt und erläutert von Hans Bauer, Halle a.S. 1916, als auch al-Ghazzali, *Von
der Ehe*, übersetzt von Hans Bauer, Halle a.S. 1917.
[33] Julian Obermann, *Der philosophische und religiöse Subjektivismus Ghazalis*, Wien 1921.

die sowohl Halevi als auch Maimonides behandelten. Christentum und Islam werden darin als zwei Weltreligionen dargestellt, die die monotheistische Idee des wahren Gottes auf der ganzen Welt verbreiten und so die Menschheit auf jenen Tag vorbereiten, an dem sich Gott allen Völkern offenbaren wird. „Diese Völker", schreibt Halevi über Christentum und Islam, „sind die Vorbereitung und Einleitung zu dem erwarteten Messias, der die Frucht ist, und dessen Frucht sie alle werden, wenn sie ihn anerkennen, und alles ein Baum wird."[34] Für Rosenzweig gehört aber nur noch das Christentum zum jüdischen Dogma, und dieses Dogma gilt jetzt als symmetrische Antwort auf die parallele christliche Auffassung von der historischen Rolle des Judentums.

Wie später Maimonides, so reagiert auch Halevi hier auf eine Dichotomie, die das pluralistische Weltbild des Mittelalters beherrscht. Die Dichotomie zwischen dem absoluten, in der Offenbarung verwurzelten Wahrheitsanspruch jeder Religion einerseits und der Ohnmacht der politischen Mächte auf der anderen Seite, diese Absolutheit in das totalitäre politische Herrschaftssystem zu übersetzen. Diese Situation führt die beiden jüdischen Philosophen zu einer theopolitischen Auffassung, die derjenigen Rosenzweigs sehr ähnlich ist. Die beiden Rivalen im Bereich der monotheistischen Religionen spielen, nach dieser Auffassung, eine positive historische Rolle, und zwar als notwendige Stufe innerhalb des progressiven heilsgeschichtlichen Prozesses der „Erziehung des Menschengeschlechts". Eine Menschheit, die die Einheit Gottes erkennt und den Götzendienst bekämpft, steht der absoluten Einheit der wahren Erkenntnis sehr nahe. Weil das Judentum in seinen Exil-Situationen die Menschheit nicht in diese Richtung lenken kann, spielen seine beiden monotheistischen Rivalen eine wichtige historische missionarische Rolle, sofern sie ihrerseits die Geschichte der eschatologischen Endzeit entgegenbringen.

Um den tiefen Unterschied zwischen Rosenzweig und seinen mittelalterlichen Vorgängern zu begreifen, möchte ich nun eine kurze Bemerkung zum Pluralismus des mittelalterlichen interreligiösen Konflikts machen: Kehren wir kurz zu Halevi und Maimonides zurück. Als zwei andalusische Juden des 12. Jahrhunderts bieten die beiden Philosophen eine ähnliche theopolitische Vision, die aber in zwei gegensätzlichen metaphysischen und epistemischen Systemen wurzelt. Nach beiden Systemen zeichnet sich die säkulare, unmessianische Rea-

---

[34] Jehuda Halevi, *Das Buch Kusari*, IV, 23, übersetzt von David Cassel, Berlin 1922, S. 336ff.; vgl. auch Maimonides, *Mishne Torah, Hilchot Melachim u'Milchamoteihem, The Laws of Kings and Their Wars*, Kap. 11, übersetzt von Rabbi Eliyahu Tauger, New York/Jerusalem 1987, S. 236–239.

lität durch mehrere Formen der Vernunft, der Offenbarung und der Gotteslehre aus.

Der neuplatonische Gottesbegriff spielt dabei eine wesentliche Rolle, und zwar sowohl in seiner philosophischen Begrifflichkeit innerhalb der platonischen Tradition wie auch in Form einer islamisierten radikalen Einheitstheologie. Dadurch wurde zwar das ‚Eine' zum höchsten metaphysischen und religiösen Prinzip erhoben, es wurde aber gleichzeitig als ein solches anerkannt, das jede konventionell-menschliche Ausdrucksform transzendiert, das nämlich immer ‚jenseits des Seins' bleibt.

Gerade dieser Auffassung gegenüber bleibt das christliche Abendland immer ambivalent.[35] Zwar wurde sie bei bestimmten Philosophen, von Eriugena über Eckhart bis Cusanus zum metaphysischen Schwerpunkt[36] und wurde bei Denkern wie Petrus Abaelardus, Ramon Llull und Nikolaus Cusanus auf unterschiedliche Art und Weise für ihre interreligiösen Diskurse benutzt.[37] Insgesamt wurde diese Henologie jedoch von den Hauptströmungen der abendländischen Scholastik, vor allem von Thomisten und Skotisten, ignoriert bzw. scharf abgelehnt.[38]

Thomas' Lehre der Analogie des Seins und der menschlichen vernünftigen Sprache und Scotus' Lehre von ihrer Univokation wurzeln beide in einem alternativen Sprachkonzept, das weniger Raum für die Transzendenz innerhalb des elementaren Apparates der menschlichen Vernunft lässt. Gerade diese Haltung entwickelt sich dann in der abendländischen Moderne weiter. Der Mensch wird zum einzigen Maßstab, mit dem ein dynamischer und temporaler Vernunftbegriff beurteilt werden kann.

Andernorts habe ich schon behauptet, dass mittelalterliche pluralistische Strukturen als Gegenbild zur Moderne dargestellt werden können. Um mein Argument kurz zusammenzufassen, werde ich hier Folgendes anmerken: Es geht dabei weniger um politische Strukturen der Toleranz, also weniger um die Tendenz, die im deutschen Raum in der letzten Generation erkennbar war, durch den Begriff ‚Aufklärung' eine neue Legitimität des Mittelalters zu formu-

---

[35] Vgl. A. Hilary Armstrong, „The Escape of the One", in: *Studia Patristica* 13 (1975), S. 77–89.

[36] Werner Beierwaltes, *Platonismus und Idealismus*, Frankfurt a. M. 1972, S. 5–82; id., *Platonismus im Christentum*, Frankfurt a. M. 1998.

[37] Yossef Schwartz, „Zwischen Pluralismus und Toleranz: Zur Säkularisierung der Interreligiösen Problematik im Übergang vom Spätmittelalter zur Frühen Neuzeit", in: Jens Mattern (Hg.), *EinBruch der Wirklichkeit: Die Realität der Moderne zwischen Säkularisierung und Entsäkularisierung*, Berlin 2002, S. 73–99, hier S. 83–93.

[38] Vgl. Étienne Gilson, *Being and Some Philosophers*, Toronto 1952, S. 1–40, insbes. S. 34–40.

lieren. Dagegen möchte ich das Mittelalter nicht als Prototyp der Moderne unter dem Stichwort ‚Aufklärung‘, sondern als Kritikmuster der Aufklärung und Moderne zeichnen.

Dieser Beschreibung nach ist die europäische und mediterrane prämoderne Geschichte dadurch gekennzeichnet, dass in ihrem Rahmen die klassische Welt des „imperium romanum" zu einer multi-kulturellen Entität geworden ist, und zwar nicht im Ideal, sondern in der Realität. Einer derart pluralistischen Welt steht keine Illusion einer einzigen Macht zur Verfügung. Der mittelalterliche Mensch findet sich inmitten einer Welt, die in verschiedene Mächte unterteilt wird, und zwar nicht nur militärische, sondern ebenso religiöse, wissenschaftliche, ökonomische und technologische.

Eine solche Situation wird im Rahmen der Philosophie reflektiert durch intensiven Austausch von Ideen und durch die literarische Gattung des philosophisch orientierten Religionsgesprächs. Beim Lesen solcher Texte wird klar, dass das Problem in solch einer Situation ein doppeltes ist: zuerst muss man die Möglichkeit des Diskurses überhaupt begründen, dann müssen die Bedingungen des Urteilens definiert werden. Was bei einem Platon oder Cicero, aber auch bei den apologetischen Schriftstellern der späthellenistischen Zeit – etwa Justin dem Märtyrer oder Minucius Felix – als alltägliche Gesprächssituation beschrieben werden konnte, forderte jetzt eine tiefere Rationalisierung. Die Frage nach dem literarischen bzw. realen Gesprächsraum führte so zu einer allumfassenden Metaphorik des kommunikativen Handelns.

Solch einen kulturellen Treffpunkt und gleichzeitig ein universelles Urteilskriterium könnte alleine die Philosophie anbieten. Die Möglichkeit eines philosophischen Urteils ist jedoch eng mit einer allgemeineren Auffassung der Beziehungen zwischen Philosophie und Religion verbunden. Innerhalb der apologetischen Literatur wird die Komplexität jener Beziehungen deutlicher, da die interreligiöse Situation sich auf eine Mehrzahl von Offenbarungsreligionen oder auf eine Mehrzahl von Wahrheitsansprüchen, die in der Offenbarung wurzeln, bezieht.

Der säkularisierte philosophische Rationalismus der Aufklärung stellt sich dagegen bewusst gegen die „Dunkelheit" der mittelalterlichen, irrationalen Religiosität. Säkulare europäische Denker finden sich bis in die Gegenwart hinein im ständigen Kampf, umgeben von „mittelalterlichen dunklen Mächten". Ich möchte behaupten, dass sich innerhalb dieses Kampfes die „Fechter des Lichts" in der historischen eschatologischen Perspektive vertikal, wie auch horizontal im gegenwärtigen „clash of civilizations", gegen die Mächte der Dunkelheit definieren und dass sie sowohl horizontal wie auch vertikal isoliert sind, da alle nicht reformierten Kulturen noch immer in der historischen Dunkelheit weilen.

Es ist gerade im Hinblick auf dieses Konzept der Rationalität als Bedürfnis der säkularen Moderne, dass der Papst den Maßstab des Logos zur christlichen Grundvoraussetzung macht und ihn als Basis einer neuen universalen Kommunikation anbietet.[39]

Dagegen scheint es heute, dass der Begriff des Mittelalters erst dann in unserem Diskurs auftaucht, wenn er dazu etwas Kritisches beitragen kann. Die Moderne muss sich selbst kritisieren, wie alle, die die Ereignisse des „kurzen 20. Jahrhunderts" erlebt haben, bereits wissen. Das Verständnis der Unterschiede zwischen Mittelalter und Moderne bzw. die Veränderungen der ideologischen Perspektive, die vor allem die Selbstauffassung der Moderne reflektiert, sind ein bedeutender Schritt in diese Richtung.

3. Argument:
*Die Mythologisierung der kulturellen und politischen kolonialen Konflikte greift in der Moderne Platz durch ihre Theologisierung, d.h. durch Manipulation des ‚Gottesbildes'*

Dieses Argument ist mir im gegenwärtigen Kontext das wichtigste. In seiner universellen Formulierung, wie sie hier Verwendung findet, kann ich es in diesem kurzen Beitrag nicht zur Gänze beweisen. Die Tatsache aber, dass meine beiden Bezugsautoren, nämlich der Jude Rosenzweig, der mit und gegen den Protestanten Hegel denkt, und der katholische Papst verschiedene solche Variationen des Gottesbildes in ihren Überlegungen gegenüber dem Islam anbieten, dokumentiert meines Erachtens dieses Prinzip. Im Folgenden werde ich jene Variationen des jüdischen und christlichen Gottesbildes gegenüber dem Islam darstellen.

Hinter der Darstellung des Papstes scheint die Voraussetzung die zu sein, dass Willkür eine Art Irrationalität impliziert und Irrationalität wiederum Intoleranz und Gewalt hervorbringt. Die theologische Willkür im Islam zeigt sich durch ein Gottesbild, das die Allmacht Gottes allen anderen Eigenschaften Gottes voranstellt.[40] Gegen solche Aussagen kann man sowohl historisch als auch metaphysisch argumentieren. Historisch scheint die vergleichende Geschichte

---

[39] Im Einklang mit der langen Reihe von (neo)katholischen Auseinandersetzungen mit dem modernen Rationalismus: von Leos XIII. Enzyklika *Aeterni Patris* (1879) bis zu Johannes Pauls II. Enzyklika *Fides et ratio* (1998). Vgl. Papst Johannes Paul II., *Enzyklika Glaube und Vernunft / Fides et Ratio*, Köln 1998.

[40] Dazu vgl. auch Johann Christoph Bürgel, *Allmacht und Mächtigkeit. Religion und Welt im Islam*, München 1991.

des Christentums und des Islam eindeutig zu zeigen, dass, wenn überhaupt eine differenzierte Machtpolitik zwischen den beiden Religionen rekonstruierbar wäre, das Christentum, im Mittelalter wie auch in der Moderne, bestimmt nicht weniger gewalttätig als der Islam gewesen ist, sondern wahrscheinlich sogar viel mehr. Metaphysisch darf man hier fragen, ob die grundsätzliche Identifizierung von Vernunft und Toleranz haltbar ist. Jan Assmann stellt neben seine „Mosaische Unterscheidung" die „Parmenidische Unterscheidung",[41] und man könnte behaupten – wie ich es anderswo ausführlicher getan habe[42] –, dass gerade hier eine Affinität zwischen Rationalismus und Gewalt zu finden sei.[43]

Auch Rosenzweig beginnt seine systematische Diskussion des Islam mit dem Begriff der göttlichen Willkür. Die Macht des Schöpfers Muhammeds „erweist sich wie die Macht eines orientalischen Gewaltherrschers".[44] Gerade deswegen wird der Islam als reine Religion kritisiert, weil er die grundsätzliche menschliche Ambivalenz verleugnet, indem er die Spannung zwischen Welt und Gott, Schöpfung und Offenbarung, Ohnmacht und Allmacht ebenso wie die damit verbundene innere ‚Umkehr' nicht aufnimmt, sondern nur die Endergebnisse dieser komplizierten Auseinandersetzung als Dogmatik, als *religio*, rezipiert.

Was im Islam als dogmatische Glaubenspflicht in Bezug auf Gott angesehen wird, ist für Juden und Christen Objekt des Verlangens. „Wenn Novalis dichtet ‚wenn ich dich nur habe' und wenn der Jude es betet – so sind es verschiedene Namen, die angedichtet und angebetet werden, aber *so* Ich und *so* Du sagen und das Ich und das Du durch ‚haben' zu verbinden, das kann nur Jude und Christ, sonst niemand. – Der Muslim ‚*hat*' Gott nicht."[45]

„Die Sonderstellung von Judentum und Christentum besteht gerade darin", behauptet Rosenzweig in *Das neue Denken*, „daß sie, sogar wenn sie Religion geworden sind, in sich selber die Antriebe finden, sich von dieser ihrer Religionshaftigkeit zu befreien und aus der Spezialität und ihren Ummauerungen

---

[41] Jan Assmann, *Moses der Ägypter: Entzifferung einer Gedächtnisspur*, München 2000; id., *Die Mosaische Unterscheidung oder der Preis des Monotheismus*, München 2003, S. 24: „Der neue Wissensbegriff, den die Griechen eingeführt haben, ist genauso revolutionär wie der neue Religionsbegriff, den die Juden eingeführt haben."

[42] Yossef Schwartz, „Das Erschrecken von Rabbi Jechiel: Von der rationalen Macht und der Macht der Rationalität", in: Gesine Palmer (Hg.), *Fragen nach dem einen Gott. Die Monotheismusdebatte im Kontext*, Tübingen 2007, S. 217–228.

[43] Dazu vgl. auch Robert I. Moore, *The Formation of a Persecuting Society*, Oxford 1987; Jeremy Cohen, „Scholarship and Intolerance in the Medieval Academy: The Study and Evaluation of Judaism in European Christendom", in: *id.* (Hg.), *Essential Papers on Judaism and Christianity in Conflict: From Late Antiquity to the Reformation*, New York/London 1991, S. 310–341.

[44] Rosenzweig, „*Innerlich bleibt die Welt eine*", op. cit., S. 82.

[45] *Ibid.*, S. 42 (Brief an Eugen Rosenstock, Dezember 1916).

wieder in das offene Feld der Wirklichkeit zurückzufinden. Alle historische Religion ist von Anfang an spezialistisch, ‚gestiftet‘; nur Judentum und Christentum sind spezialistisch erst, und nie auf die Dauer, geworden, und gestiftet nie gewesen. Sie waren ursprünglich nur etwas ganz ‚Unreligiöses‘, das eine eine Tatsache, das andre ein Ereignis. Religion, Religionen sahen sie um sich her, sie selber wären höchst verwundert gewesen, auch als eine angesprochen zu werden. Erst ihre Parodie, der Islam, ist von vornherein Religion und will gar nichts anders sein; er ist mit Bewußtsein ‚gestiftet‘. Die sechs Stellen in diesem Band [*Stern der Erlösung*, Y. S.], wo er behandelt wird, stellen also die einzige im strengen Sinn religionsphilosophische Partie in dem Buch dar.“[46]

Im ersten Buch des zweiten Teils des *Sterns der Erlösung* setzt Rosenzweig beim Begriff der Schöpfung an und führt alsbald den Islam zum ersten Mal ein. Zwischen der Allmacht des Schöpfers, die das Geschöpf als absolute Willkür ansieht, und der Vernunft der Welt, die der Schöpfer als Grenze seiner eigenen Allmacht ansieht, entsteht eine Spannung, die im mittelalterlichen Diskurs durch das Begriffspaar „Allweisheit“ und „Allmacht“, zwei erhabene Attribute Gottes, ausgedrückt[47] wurde und die in der islamischen Theologie zur Seite der absoluten Allmacht und Willkür Gottes hin aufgelöst wurde.[48] Und Rosenzweig stellt die rhetorische Frage, ob bei einer solchen Position nicht jede Unterscheidung zum Heidentum verschwindet: „Was unterscheidet dieses Gottes Weltenthobenheit noch von der kühlen Apathie der epikureischen Götter, die in den ‚Zwischenräumen‘ des Daseins ein von ihm unberührtes, ungerührtes Leben olympischer Heiterkeit führen?“[49] Der mittelalterliche Denker, der ein dieser Darstellung entsprechendes ausgeglichenes Verhältnis zwischen den beiden Gottesattributen gepredigt hat, so Rosenzweig, war Maimonides.

Der Islam als „Experiment der Weltgeschichte“ prägt eine lautere Religiosität und wird gerade deswegen zu „einem merkwürdigen Fall weltgeschichtlichen Plagiats“. Dabei erhebt er sein Gottesbild zur „Macht eines orientalischen Gewaltherrschers“. Ohne in der Tradition der Offenbarung verwurzelt zu sein, entscheidet sich der Islam allzu leicht für eine extreme und spannungslose Position. „Indem also Muhammed die Begriffe der Offenbarung äußerlich übernahm, blieb er in den Grundbegriffen der Schöpfung mit Notwendigkeit am

---

[46] *Ibid.*, S. 102.
[47] Entsprechend Rosenzweigs eigener Übersetzung dieser mittelalterlichen Begriffe. Die genauere Übersetzung wäre „Weisheit“ und „Wille“.
[48] Rosenzweig, *„Innerlich bleibt die Welt eine“*, op. cit., S. 77–80; dazu vgl. auch Bürgel, *Allmacht und Mächtigkeit*, op. cit., S. 32: „Der Koran wird nicht müde, die Zeichen göttlicher Allmacht in den Wundern der Schöpfung zu rühmen [...].“
[49] Rosenzweig, *„Innerlich bleibt die Welt eine“*, op. cit., S. 78.

Heidentum kleben."[50] Dagegen setzt der freie Schöpfer des wahren Offenbarungsglaubens von Anfang an seine Offenbarung als dialogischen Zwang voraus. Aus dem selbstverneinenden Moment der Schöpfung entsteht das weltbejahende Moment der Offenbarung. Beide zeigen keine absolute Allmacht, weil Gott beide – die Schöpfung setzt schon in diesem Sinne die Offenbarung voraus – mit einer faktischen Existenz außer ihm konfrontiert, mit einer Existenz, mit der er sich in die Reihe dialogischer Momente – Schöpfung, Offenbarung, Erlösung – stellen müsse.

Der Islam kennt aber gerade keine solchen dialogischen Momente, sondern nur einzelne Schöpfungsmomente als magische Akte des allmächtigen Gottes: „Die Vorsehung besteht hier also aus unendlich vielen zersplitterten Schöpfungsakten, die, unter sich zusammenhanglos, jeder das Schwergewicht einer ganzen Schöpfung haben."[51] Die Dialektik von Ursprung und Schöpfung gründet auf der Beziehung zwischen Welt und göttlicher Vorsehung. Auch hier greift Rosenzweig auf die Lösung des Maimonides zurück, der die „besondere Vorsehung" Gottes, nämlich seine direkte Beziehung zu jeder konkreten Kreatur und zu jedem konkreten Moment der Schöpfung in ihrer Einzelheit, ablehnt, weil eine solche Haltung keinen autonomen Ort für das weltliche Dasein mehr zuließe, und die allgemeine Vorsehung bevorzugt. Auch hier vollzieht der Islam die innere Umkehr der Offenbarung nicht. Der Muslim ergibt sich und damit die Gesamtheit der Schöpfung Allah, d.h.: „[...] in wesenhafter Bejahung stellt die Welt ihr Sein aus sich heraus und legt es als ihre Kreatürlichkeit vor Gottes Füße."[52] Diese Haltung definiert Rosenzweig als das „monistische Heidentum". Danach besteht zwischen dem herrschenden Gott und dem Schöpfer-Gott eine ständige Konkurrenz, „als wäre es der bunte streitende Götterhimmel des Polytheismus".[53]

Das erste Buch des zweiten Teils, das von der Schöpfung handelt, beendet Rosenzweig mit einer Diskussion über den Tod, um das zweite Buch, das von der Offenbarung handelt, mit einer Diskussion über die Liebe zu eröffnen, oder genauer über die Liebe im Hohen Lied, die „stark wie der Tod" sei. Der Schöpfer-Gott wird zum Ereignis der Offenbarung als Ereignis der Liebe. Aber auch hier müsse eine Umkehr geschehen. Die universelle Notwendigkeit der Schöpfung muss in die spezielle Freiheit der Liebe verwandelt werden, die nur der Liebende sieht und deswegen der Welt gegenüber blind ist. Der Islam vollzieht

---

[50] *Ibid.*, S. 81.
[51] *Ibid.*, S. 85.
[52] *Ibid.*, S. 84.
[53] *Ibid.*, S. 86.

auch diese Umkehr nicht, denn sein allmächtiger Gott wird zu einem notwendigen Liebhaber: „Allah muss sich offenbaren; das ist sein Wesen, ‚barmherzig'
zu sein."[54] Diese wesentliche Barmherzigkeit ist universell und allgemein. Was
von Hegel als der höhere Grad der Religion, der Erhabenheit, beschrieben wurde, wird hier zu einem Missverständnis über den wahren Inhalt der Offenbarung.

Dementsprechend definiert Rosenzweig den Islam als „Buchreligion". Gegen
die mündliche Lehre des Judentums und des Christentums schenkt der Gott des
Islam dem Menschen ein vollständiges und hermetisch abgeschlossenes Buch.[55]
Damit erreicht Rosenzweigs doppelte Apologie ihren Gipfel, weil er sowohl
von Seiten des Judentums als auch des Christentums den Islam anklagt, toten
Buchstaben zu folgen und den pneumatischen Sinn der Schrift abzulehnen –
bemerkenswerterweise ist das die gleiche Anklage, die seit Paulus und den Kirchenvätern gegen das Judentum erhoben worden ist, dass es nämlich dem toten
Buchstaben folge, statt die Erscheinung des Wortes Gottes auf Erden anzuerkennen.[56]

Auch die Abqualifizierung des Islam als „Religion der Tat" begründet Rosenzweig mit einem Argument, das in der deutschen Moderne von Kant aufgenommen und üblicherweise gegen das Judentum verwendet wurde, nämlich
dass es sich um eine Religion des heteronomen Gesetzes handele. Der Moslem
ergibt sich Gott als der absoluten äußeren Macht, und dieser Ergebenheit folgt
eine „ausgesprochene Ethik der Leistung".[57] Diese Ethik verbindet Rosenzweig
mit der stoischen „Ethik der *virtus*" und sieht darin eine Fortführung des heidnischen Erbes. Einem Gott, der sich automatisch und undifferenziert der Welt
ergibt, steht ein Gläubiger gegenüber, der sich genauso mechanisch dem Gott
ergibt: „So kennt der Islam so wenig einen liebenden Gott wie eine geliebte
Seele."[58] Muhammed erfährt nie die wahre Liebe, weil er die Glaubensumkehr
nie vollzieht, die zwischen der Bejahung der Schöpfung und der Verneinung der
Offenbarung geschieht. Nur aus diesem verneinenden Sprechakt der Offenbarung, aus dem Nein als Urwort, gelangt sie zu ihrem ersten Stammwort, zum
‚Ich', und nur solches Ich kann als Subjekt der wahren Liebe vor Gott stehen.

---

[54] *Ibid.*, S. 88.

[55] *Ibid.*, S. 89–90.

[56] Marcel Simon, *Verus Israel. A Study of the Relations Between Christians and Jews in the
Roman Empire AD 135–425*, übersetzt von Heny McKeating, London 1996, S. 147–155; Daniel
Boyarin, *A Radical Jew. Paul and the Politics of Identity*, Berkeley/Los Angeles/London 1994,
S. 57–107.

[57] Rosenzweig, „*Innerlich bleibt die Welt eine*", *op. cit.*, S. 92.

[58] *Ibid.*

Im dritten Buch des zweiten Teils führt Rosenzweig die Beschreibung des Islam als Religion der heteronomen Pflicht weiter aus, wenn unter dem Titel „Erlösung" der letzte Schritt der phänomenologischen Darstellung des Offenbarungsglaubens im dritten Teil des Werks vorbereitet wird. Als Religion des Gehorsams könne der Islam das inter-subjektive Grundprinzip von „Nächstenliebe" nicht begreifen. Das habe nichts mit konkreter politischer Toleranz und Humanismus zu tun, denn im Islam herrschten politische Toleranz und Offenheit, lange bevor sie im Abendland zum Inventar gesellschaftlicher Werte wurden: „,Toleranz' hat der Islam in gewisser Beziehung gefordert und geübt, längst ehe das christliche Europa diesen Begriff entdeckte."[59] Der Islam lehne die innere Umkehr ab, die in der Aufhebung der statischen Einteilung der Elemente zugunsten des dynamischen Moments der Liebe bestehe, und deduziere seinen Menschenbegriff aus der „Ausübung des Gehorsams" als dem einzig möglichen Akt der Freiheit. Er gelange so zu einer umgekehrten Art der Religiosität: „Die Verhältnisse also zu Gott und zur Welt, aus denen sich das Gesamtbild des Menschen ergibt, haben im Islam genau die umgekehrten Vorzeichen wie im wahren Glauben."[60]

Schließlich verbindet Rosenzweig die Islamdeutung mit Kritik am philosophischen Idealismus, vor allem mit Kritik am idealistischen Geschichtsverständnis. Im Islam, argumentiert Rosenzweig, „ist wirklich jedes Zeitalter unmittelbar zu Gott und nicht bloß jedes Zeitalter, sondern überhaupt alles Individuelle".[61] So würde der Islam zum religiösen Muster des Historizismus des 19. Jahrhunderts. Rosenzweigs Rückgriff auf islamische Quellen über die Lehre vom „Imam" und über den Konsens (idschma) dient nicht einer argumentativen Kohärenz,[62] sondern der thematischen Verknüpfung der Islamdeutung mit den Strömungen seiner Zeit, nämlich der „auffallenden Analogie zur spezifisch ,modernen' Auffassung des ,Fortschritts' in der Geschichte und der Stellung des ,großen Manns' darin".[63] Ein ethischer Fatalismus verbunden mit einer

---

[59] *Ibid.*, S. 94.
[60] *Ibid.*, S. 95.
[61] *Ibid.*, S. 97.
[62] Vgl. Shlomo Pines, „Der Islam im *Stern der Erlösung*. Eine Untersuchung zu Tendenzen und Quellen Franz Rosenzweigs", in: *Hebräische Beiträge zur Wissenschaft des Judentums* 3–5 (1987–1989), S. 138–148; Matthias Lehmann, „Franz Rosenzweigs Kritik des Islam im *Stern der Erlösung*", in: *Jewish Studies Quarterly* 1 (1993–1994), S. 340–361, hier S. 356–358; Rosenzweig selbst weist auf die Quellen seiner Deutung der „Imamlehre" bei Max Horten, *Glauben und Wissen im Islam*, Bonn 1913, S. 27, hin. Vgl. Franz Rosenzweig, „Paralipomena", in: *id.*, *Zweistromland*, hg. von Reinhold / Annemarie Mayer, Dordrecht 1984, S. 80 (in der Ausgabe wird der Name des Verfassers falsch als „Hosten" angegeben).
[63] Rosenzweig, „*Innerlich bleibt die Welt eine*", op. cit., S. 98.

radikalen Auffassung von der konkreten Vorsehung Gottes gegenüber jeder Kreatur wie auch jedem Moment der Geschichte trennt die Geschichte vom jüdisch-christlichen eschatologischen Zusammenhang ab. Die radikale Voraussetzung der Zukunft als Eschaton wird zu einer totalen Bejahung der Gegenwart als eines „Fortschritt[s], der so immer weiter fort schreitet. Dieser Gedanke der Zukunft nun, dies daß das Reich ‚mitten unter euch' ist, daß es ‚heute' kommt, diese Verweigerung des Augenblicks erlischt in dem islamischen wie im modernen Begriff der Zeitalter."[64]

Wie der gegenwärtige Papst sieht nämlich auch Rosenzweig eine Affinität zwischen Islam und dem negativen Moment der Moderne. In diesem Sinne sieht Rosenzweig eine grundsätzliche Analogie zwischen dem Islam und der idealistischen Philosophie, weil diese beiden Denkströmungen Weltdeutungen vorschlagen, die vom klassischen Erbe der heidnischen Philosophie bis in die Moderne geprägt werden. Die Herabsetzung des Islam impliziert eine Herabsetzung des Idealismus, und so benutzt Rosenzweig den fremden religiösen Glauben, um den nahen philosophischen Glauben abzulehnen. Genauso geht Rosenzweig auch bei der Ablehnung des Historizismus (im Sinne von Karl Popper) vor, der in der Rede des Papstes mit dem Stichwort des Szientismus (im Sinne von Habermas) verwandt wird. Das Logos-Bild Gottes, das der Papst vertritt, und das dialogische Schema Rosenzweigs führen als letztes Resultat zur gleichen theopolitischen Diskriminierung des Moslems durch die europäische jüdisch-christliche Zivilisation, und zwar seiner tiefen Theologoumena wegen. Um diese Situation zu ändern, muss sich der Moslem europäisieren.


4. Argument:
*Was heute oft als Religionskrieg dargestellt wird, ist in der Tat eine Übertragung von nationalen Konflikten in einem globalen Machtsystem. Um diese Komplexität zu analysieren, muss man jedoch sorgfältig zwischen der wahren prämodernen Situation und ihren traditionalistischen Manipulationen in der Moderne unterscheiden*

Inwiefern behalten aber solche Überlegungen ihre Relevanz inmitten eines „clash of civilizations", der in Nahost, in Europa und in allen anderen Weltteilen stattfindet und der sich vor allem als christlich-jüdische/anti-islamische Front präsentiert? Es scheint, dass immer mehr militärische Konflikte im Namen Gottes ausgetragen werden.

---

[64] *Ibid.*, S. 99.

Um diese Frage zu beantworten, lohnt es sich, kurz ein scheinbar politisches Paradoxon bzw. eine merkwürdige historische Dialektik der jüngsten Vergangenheit zu betrachten: die schlimmsten und gewalttätigsten religiösen Mächte wurden immer wieder in ihren Anfängen von westlichen Geheimdiensten und Regierungen unterstützt. Die Rolle, die die Amerikaner in Afghanistan gespielt haben, ist nicht sehr weit entfernt von der Rolle, die die israelischen Sicherheitsdienste im Libanon und in Gaza innehaben. Beide sind in diesem Sinne für die Entstehung einer extremen fundamentalistischen Bewegung verantwortlich. Die interessanteste Frage scheint mir dabei die folgende zu sein: Was ist das gemeinsame Interesse von kolonialen Mächten und religiösen Bewegungen, das so oft zu einer pragmatischen Art von Zusammenarbeit führt, und woran scheitern solche Kooperationen am Ende?

Es scheint, dass diesen Situationen ein tiefgreifendes Missverständnis zugrunde liegt. Von ihrem eigenen Ethos wie auch von ihrem äußeren Erscheinungsbild her repräsentieren fundamentalistische Bewegungen ein politisches und soziales Ideal, das als traditionell und vormodern charakterisiert wurde. Die koloniale Macht als typisches Phänomen der Moderne unterstützt diese Tendenz, um damit eher radikale moderne und nationale Elemente zu schwächen. Innerhalb dieser kolonialen Logik wurden solche religiösen Bewegungen gefördert, was von den Herrschern oft als eine Art Entpolitisierung verstanden wurde.

Dieses soziale Netz der religiösen Organisationen hat vor allem zwei Merkmale:

Sie basieren auf einem vormodernen Ethos, in dem die Religion sich auf alle Lebensbereiche bezieht. Es handelt sich hier um keine ‚religio‘ im neuzeitlichen abendländischen Sinne, sondern um einen den einzelnen Menschen und verschiedenen Gemeinden in der Totalität von Lebensformen, Alltagshandlungen und moralischen Anschauungen gemeinsamen ‚Lebensweg‘ im ursprünglichen jüdischen und muslimischen Sinne. Deswegen stellen sie auch eine fundamentale Alternative zu moderner Nation und Staat dar, die den gleichen Anspruch auf Totalität im Rahmen der Moderne entwickeln.

Als solche Alternativen sind religiöse Organisationen in kolonialen und postkolonialen Realitäten ganz besondere Agenten, und zwar nicht von Entpolitisierung, sondern gerade umgekehrt von Politisierungs- und Demokratisierungsprozessen. Sie, und manchmal sie alleine, ermöglichen es großen Teilen der Bevölkerung, ‚politisch‘ zu werden; und dies nicht unbedingt im Sinne von Teilnahme am konkreten politischen System, sondern als aktive Subjekte der Geschichte. In der gegenwärtigen Forschungsliteratur reden manche aufgrund dieser Charakteristik von Fundamentalismus als moderner „jakobinischer" Bewegung,[65] nämlich als einer politischen Bewegung, die sich mit der Herausforderung der Moderne auseinandersetzt und die, in einer Weise, die moderne revolutionäre Bewegungen kennzeichnet, nach einer totalen Änderung der Person und der sozialen Strukturen strebt.

All jene Elemente finden sich auch im Nahostkonflikt. Die Rolle des Islam im militärischen Kampf gegen die israelische Besatzung von dreieinhalb Millionen Palästinensern zeigt keine Merkmale, die sie qualitativ von der Rolle der sogenannten „säkularen" Befreiungsbewegungen unterscheiden. Das gleiche Phänomen zeigt sich auf der jüdischen Seite des Konflikts, wo religiöse Siedler in der israelischen Öffentlichkeit von den gleichen Zielen sprechen, nach denen alle israelischen Regierungen durch Praxis und Politik seit Generationen streben. Historisch zeigt sich auf beiden Seiten der Konflikt als ein säkularer Konflikt, eine typische Folge der kolonialen Situation der Moderne, die immer mehr durch religiöse Rhetorik sakralisiert wurde.

Nicht darum also, weil der Konflikt religiös geworden ist, ist er heute so schwer zu lösen, sondern umgekehrt: Weil die Interessen der streitenden Parteien so weit auseinander liegen, weil also der politische und militärische Konflikt so schwer zu lösen ist, deswegen werden die früher bereits verborgen vorhandenen religiösen Motive immer deutlicher, die Motive nämlich, die die Identitätskomponente des Eigenen und des Feindes am extremsten verdeutlichen. Dieser Extremismus kommt nicht aus dem Religiösen heraus. Im Religiösen aber findet sich ein sehr hoch entwickelter Wortschatz, um ihn auszudrücken. Um diese Situation zu ändern, sollten die Bemühungen auf die Lösung der wahren Probleme gerichtet werden, nicht auf einen unendlichen Kampf gegen die Religionen.

Was kann man demzufolge über Gotteslehre heute sagen? Erstens, dass die Konflikte der Moderne, zwischen kolonialen, postkolonialen und rekolonialen Mächten viel mehr in dem modernen säkularen „Mythos des Staates"[66] als in den prämodernen religiösen mythischen Motiven wurzeln, auch wenn sie die religiöse Sprache für ihre politischen Zwecke benutzen. Zweitens, dass eine wahre pluralistische Gesellschaft weder von philosophischen noch von religiösen Überlegungen abhängt, sondern alleine aus politischen und juristischen Mechanismen entspringen kann. Philosophie und Religion können aber solche politischen pluralistischen Systeme ausdrücken, und das haben sie auch getan,

---

[65] Vgl. Shmuel N. Eisenstadt, *Fundamentalism, Secterianism and Revolution: The Jacobin Dimension of Modernity*, Cambridge 1999.

[66] Ernst Cassirer, *Vom Mythus des Staates*, Zürich 1949, insbes. S. 360–388.

und zwar vor allem im Mittelalter. Um diesen Ausdruck neu zu analysieren, muss man daher den Blick zurück auf das Mittelalter richten. Gerade da liegt die Relevanz des Mittelalters für die Moderne.

MASSIMO CAMPANINI

\

# Jenseits der Theologie:
# Der Islam als Ideologie der Praxis

Es gibt einige philosophische und theologische Schubladen westlicher (richtiger: christlicher) Spekulation, in die der Islam nicht hineinpasst. Bereits die Bezeichnung des Islam als Religion kann zu Missverständnissen führen, denn im Islam kommen dem mit dem Sakralen verbundenen sozialen Gesichtspunkt sowie den rechtlichen Aspekten große Bedeutung zu (kultische Handlungen wie das kanonische Gebet oder das Fasten im Ramadan werden als Rechtshandlungen angesehen und gerichtlich überwacht).[1] Darüber hinaus gibt es im Islam keine Religionsphilosophie, insofern eine kantische bzw. aufklärerische Vermittlung nicht stattgefunden hat, die die Komplementarität oder zumindest das Nebeneinander von Philosophie und Religion behauptet hätte oder die theologische Herangehensweise an die Religion zu einer rein philosophischen gemacht hätte. Zwar ist es richtig, dass die Schia im Vergleich zur Sunna immer eine spekulativere Herangehensweise an religiöse Fragen gepflegt hat; man muss aber auch beachten, dass die Schia ebenso sehr mit Esoterik und Gnosis aufgeladen ist und dass ihre Philosophie sicher nicht mit ‚reiner Vernunft' zu vergleichen ist.

Am aufschlussreichsten ist aber die Tatsache, dass es im Islam keine Theologie in dem Sinne gibt, den wir diesem Begriff zuordnen. Bereits terminologisch gibt es in der islamischen Philosophie keine sprachliche Entsprechung für unsere ‚Theologie'. Die *Theologie* des pseudo-Aristoteles, in Wirklichkeit ein Auszug aus den *Enneaden* von Plotin, die seit dem 2. Jahrhundert der Hidschra im Umlauf ist, wurde mit einer (entstellten) Transliteration unter folgendem Titel aus dem Griechischen ins Arabische übersetzt: *uthulugiyya*. Passender wäre wohl der Ausdruck *ilahiyyat*, d.h. wörtlich *(scientia) rerum divinarum*. Ein anderer Begriff ist *'ilm al-kalam*, der aber die Wissenschaft der Rede bezeichnet (im Mittelalter waren die *mutakallimun*, die dialektischen Theologen, besser

---

[1] Zur Erklärung dieses Verständnisses verweise ich auf Massimo Campanini, *Il Corano e la sua interpretazione*, Rom/Bari 2004, verbesserte und erweiterte Übers. ins Engl.: *The Qur'an. The Basics*, London/New York 2007, Kap. I; sowie auf die Einleitung in Massimo Campanini / Karim Mezran, *Arcipelago Islam. Tradizione, riforma e militanza in età contemporanea*, Rom/Bari 2007.

bekannt als *loquentes*) und hauptsächlich zur Verteidigung und Widerlegung diente, um den Islam vor den Angriffen seiner Verleumder zu schützen. In der Philosophie sprach Avicenna von „göttlicher Wissenschaft" (*al-'ilm al-ilahi*) in Bezug auf die Metaphysik, allerdings meinte er damit eine eher ontologische als theologische Metaphysik. Im Islam ist Gott wörtlich unaussprechlich, es gibt keine *Rede* über Gott oder eine *Untersuchung* von Gott (*theos-logos*). Außerdem behandelt die Wissenschaft des Göttlichen im Islam nicht strikt – oder zumindest nicht ausschließlich – Gott (also sein Wesen und seine Eigenschaften), sondern richtet sich vor allem auf seine Handlungen und seine Rechte, also die Schöpfung und das Gesetz. Man kann nicht wissen, was Gott wirklich *ist*, wohingegen ein riesiges Feld für Studium und Forschung offen steht zur Erkenntnis dessen, was Gott *tut*. Daher ist die Theologie einerseits eng verknüpft mit der Rechtswissenschaft und dem gesellschaftlichen Leben des Menschen, in dem das Gesetz herrscht, und andererseits sogar mit der Naturwissenschaft (denn die Erkenntnis der Naturgesetze fällt mit der Erkenntnis der Handlungen Gottes zusammen).

Die in der klassischen Epoche vorherrschende Wissenschaft des *kalam* nahm in der Regel eine recht feindliche Haltung gegenüber der Philosophie ein, wohingegen die christliche Theologie wahrscheinlich nie aufgekommen wäre, hätte sie nicht auf dem philosophischen Denken der Griechen aufbauen können.[2] Fest steht, dass das Christentum im kulturellen Milieu der Römer entstand und sich entfaltete, welches noch tief von der griechischen Philosophie durchdrungen war, so wie sich das Judentum im hellenistischen kulturellen Milieu entwickelt hat, so dass einige sogar behauptet haben, dass das Judentum im Alexandria von Philon unter dem Einfluss des Neuplatonismus gleichsam von selbst zum Monotheismus wurde.[3] Indessen ist der Islam sozusagen aus dem Nichts heraus entstanden, ohne einen gefestigten kulturellen Hintergrund, und seine ‚Theologie' war in erster Linie das Ergebnis einer autochthonen, semitischen Vorliebe für das Gesetz einesteils und des dringenden Bedürfnisses anderenteils, politische Probleme zu lösen.[4]

Im zeitgenössischen Islam ist die theologische Fragestellung noch weniger einflussreich, weil der heutige Islam sich in erster Linie am Problem der *Verän-*

---

[2] Siehe Claudio Moreschini, *Storia della filosofia patristica*, Brescia 2004.

[3] Vgl. die Rekonstruktion der Debatte von Gian Luigi Prato, „L'attuale ricerca sul monoteismo ebraico biblico", in: Giovanni Cereti (Hg.), *Monoteismo cristiano e monoteismi*, Cinisello Balsamo 2001, S. 37–65.

[4] Siehe Massimo Campanini, *Islam e politica*, Bologna ²2003; Patricia Crone, *Medieval Islamic Political Thought*, Edinburgh 2004.

*derung* der Wirklichkeit abarbeitet, also am Problem der *Praxis*.[5] Seit dem Ende des 19. Jahrhunderts unserer Zeit haben sich die fortschrittlichsten islamischen Strömungen um die notwendige Modernisierung des Islam bemüht bzw. darum, die Moderne in den Bezugsrahmen des Islam einzubeziehen, der die Mittel habe, sie zu bändigen. Dies war die intellektuelle Ebene der Herausforderung, die auf geschichtlicher Ebene die muslimische Welt mit einem kolonialistischen und verantwortungslosen Europa – dem Westen – konfrontierte. Sie gab den Anstoß zu einem Umbau des islamischen Denkens, bei dem die Probleme der Geschichtlichkeit und der Tradition, der Authentizität und der Erneuerung zum Mittelpunkt eines ‚konkreten' Nachdenkens wurden, das sich zuvorderst dem Politischen zuwendet.

Muhammad 'Abduh (1849–1905) war der Hauptvertreter der arabisch-islamischen Intellektuellen zwischen dem 19. und 20. Jahrhundert und hat durch sein Buch über die Theologie, die *Risala al-tawhid* (*Brief über die Einheit Gottes*) stark zur Erneuerung des islamischen Denkens beigetragen. 'Abduh war überzeugt davon, dass der Islam

> die Intelligenz von ihrer Mattheit befreit und sie aus dem langen Schlummer erweckt, in dem sie sich selbst vergessen hatte. [...] Die Stimme des Islam erhebt sich gegen die Vorurteile der Unwissenheit und erklärt, dass der Mensch nicht geschaffen worden ist, um sich an Zügeln führen zu lassen, sondern dass es seiner Natur entspricht, sich von der Wissenschaft und dem Wissen leiten zu lassen: Die Wissenschaft des Universums und das Wissen um das Vergangene.[6]

'Abduh behauptete, dass der Islam die erste Religion sei, in der sich Vernunft und Offenbarung vereinten, nicht zuletzt weil der Koran ein rationales Buch sei, das von den Menschen keinen blinden Glauben verlange, sondern für seine Anliegen beweisend argumentiere.[7]

Von diesem erkenntnistheoretischen Ausgangspunkt leitete 'Abduh wichtige philosophische Schlussfolgerungen ab. Zunächst verfuhr er so, dass er die Existenz Gottes im Sinne Avicennas bewies.[8] Durch die Unterscheidung des Unmöglichen und des Zufälligen oder Möglichen vom Notwendigen gelangte er zu der Aussage, dass dem Notwendigen aus sich selbst heraus Existenz zukomme und es diese dem Zufälligen vermittle, das so seinerseits notwendig würde. Der

---

[5] Vgl. Massimo Campanini, *Il pensiero islamico contemporaneo*, Bologna 2005; Rachid Benzine, *Les nouveaux penseurs de l'Islam*, Paris 2004; John L. Esposito (Hg.), *Voices of Resurgent Islam*, Oxford/New York 1983; John Cooper / Ronald Nettler / Mohamed Mahmoud (Hgg.), *Islam and Modernity. Muslim Intellectuals Respond*, London 2000.

[6] Muhammad 'Abduh, *Rissalat al-tawhid. Exposé de la Religion Musulmane*, übers. von B. Michel / M. Abdel Razik, Paris 1978, S. 107.

[7] *Ibid.*, S. 5–6.

[8] *Ibid.*, S. 20–26.

Gottesbeweis schließt von den Folgen auf die Ursache: Die Folgen, die zufällig sind, brauchen eine notwendige Ursache. Zweitens erklärte 'Abduh, dass „der Mensch, dessen Vernunft und Sinne gesund sind, sich seiner selbst und seiner Existenz bewusst ist und keinen Beweis dafür benötigt, noch einen Lehrer, der ihm dies beibringt. Genauso fühlt er auch, dass er sich seiner Handlungen bewusst ist, ihre Folgen mit dem Verstand ermessen kann, sie durch den Willen umsetzt und dank einer inneren Kraft ausführt".[9] Ausgehend von einer Selbstgewissheit des Menschen, die an Descartes erinnert, fuhr 'Abduh dann fort, in den Fußstapfen der Mu'taziliten (der rationalistischen Theologen des 9.–10. Jahrhunderts) für den Menschen selbst die volle Handlungsfreiheit und -macht zu fordern.

Die menschliche Zivilisation braucht, so 'Abduh, Prophezeiungen, weil diese die rechte moralische Haltung zeigen; zugleich ist die Botschaft der Propheten jedoch eine von gesellschaftlichem Wert durchdrungene Botschaft gewesen. Quasi in der Tradition Hegels hat der Islam, so 'Abduh, erreicht, dass sich der Geist aus der Sklaverei erhebt und in vollem Bewusstsein seiner selbst zu einem vollen Verständnis der Religion gelangen kann.

Die Dringlichkeit des theologischen Nachdenkens ist in der Zeit nach 'Abduh ins Hintertreffen geraten gegenüber der Notwendigkeit, der Praxis und dem islamischen Bewusstsein einen militanten Stempel aufzudrücken. Das ist die Aufgabe der Muslimbruderschaft gewesen, die in Ägypten von Hasan al-Banna 1928 gegründet worden ist, sich aber rasch verbreitete und in der gesamten arabischen Welt Wurzeln fasste. Die grundlegende Neuigkeit des Denkens der Muslimbruderschaft ist die enge Verbindung von Religion und politischen Forderungen gewesen, etwas, das zumindest seit sechs Jahrhunderten, seit Ibn Taimiya (1265–1328), nicht mehr geschehen war, und möglicherweise muss man sogar noch weiter zurückgehen.[10]

Die Mission der Muslimbrüder war es, die Sitten einer für korrupt gehaltenen Gesellschaft zu erneuern und als Endziel den Islamstaat zu verwirklichen.[11] Der

---

[9] *Ibid.*, S. 42.

[10] Über die frühe Unterscheidung zwischen der politischen und der religiösen Dimension und Sphäre im Islam gibt es inzwischen reichlich Schrifttum. Die These war bereits von Ira M. Lapidus, „The Separation of State and Religion in Early Islamic Society", in: *International Journal of Middle East Studies* 6 (1975), S. 363–385, angedeutet worden; eindeutig dargelegt wurde sie von Patricia Crone, z.B. in *Medieval Islamic Political Thought*, *op. cit.* Vgl. auch meinen Beitrag „Islam e politica: il problema dello stato islamico", in: *Il Pensiero Politico* 37/3 (2005), S. 456–466.

[11] Über die Muslimbrüder siehe Richard P. Mitchell, *The Society of the Muslim Brothers*, Oxford/New York 1969; Brynjar Lia, *The Society of the Muslim Brothers in Egypt. The Rise of an Islamic Mass Movement*, Reading 1998; Tariq Ramadan, *Le renouveau musulman*, Paris 1998; Hesham al-Awadi, *In Pursuit of Legitimacy. The Muslim Brothers and Mubarak*, London 2004;

Islamstaat muss sich auf den Koran und die Sunna gründen, aber al-Banna behauptete, dass es keine konkreten institutionellen Vorgaben gebe und dass die parlamentarische Demokratie sogar am besten zum Islam passe. Um ihr Ziel zu erreichen, hielten die Muslimbrüder Propaganda, Bildung und die Rekrutierung von Jugendlichen und Gläubigen in sozial und sportlich aktiven „Abteilungen" (*kata'ib*) für notwendig. Tatsächlich sind die weitverzweigte Rekrutierung und die beständige Unterstützung der Armen und Ausgegrenzten einer der Hauptgründe für den außerordentlichen Erfolg der Organisation. Sehr bald konnten die Muslimbrüder Schulen und Krankenhäuser gründen und einen oft zögerlichen Staat ersetzen, und diese tiefe gesellschaftliche Verankerung blieb eines ihrer Merkmale. Die Muslimbrüder wiesen den säkularen Nationalismus zurück, aber in den dreißiger und vierziger Jahre nahmen sie in Ägypten deutlich antikolonialistische Positionen ein und kämpften gegen die britische Besatzung.

Während des Zweiten Weltkriegs wählte al-Banna eine vermittelnde Haltung zwischen dem König und den Engländern. Aber dieses Entgegenkommen wurde vom radikaleren Flügel nicht gebilligt, der mitten im Krieg eine Geheimorganisation gründete. Gegen Kriegsende verübte die Geheimorganisation terroristische Anschläge und tötete 1948 sogar den ägyptischen Premierminister. In der Folge dieses Attentats wurde al-Banna 1949 selbst ermordet, wahrscheinlich von der Polizei oder den Geheimdiensten. Der Nachfolger al-Bannas, al-Hudaybi, war ebenso moderat und wie sein Vorgänger kompromissbereit. Aber viele Muslimbrüder hielten eine direktere Einflussnahme für unerlässlich. Die Organisation, die mittlerweile (schätzungsweise) eine Million Anhänger geworben hatte, schickte zahlreiche Freiwillige nach Palästina, um im Krieg von 1948 gegen Israel zu kämpfen, und breitete sich in den wirren Jahren (1948–1952) weiter aus, in denen in Ägypten die Monarchie und das liberale System zusammenbrachen. Alle Beobachter halten ihren Beitrag zum Triumph der Revolution der Freien Offiziere von Gamal Abdel Nasser 1952 für entscheidend.

Nach 1967, also nach dem Sechstagekrieg und der Niederlage der arabischen Welt gegen Israel, führte die Krise der islamischen Intellektuellen und insbesondere der arabisch-islamischen Intellektuellen[12] zur noch stärkeren Betonung der Notwendigkeit einer ‚praxisorientierten' Wende des islamischen Denkens und innerhalb seiner der Theologie. Es handelte sich im Grunde um einen Neuaufbau des (arabisch-)islamischen Denkens, dessen Säkularismus in den Jahren von Nasser, des Sozialismus und des Nationalismus den islamischen Diskurs

---

Massimo Campanini, „The Creed of the Muslim Brothers of Egypt. Translation and Commentary of Two Official Documents", in: Daniela Bredi / Leonardo Capezzone (Hgg.), *Studi in onore di Biancamaria Scarcia Amoretti* als Beiheft zur *Rivista di Studi Orientali* (im Druck).

[12] Vgl. Ibrahim Abu Rabi', *Contemporary Arab Thought. Studies in Post-1967 Arab Intellectual History*, London/Sterling 2004.

verwässert hatte. Das Projekt von Nasser war durch den Sechstagekrieg zer-
schlagen worden.

Der ägyptische Philosoph Hasan Hanafi (geboren 1935) spricht von der
Notwendigkeit eines Übergangs *vom Dogma zur Revolution*.[13] Um vom Dogma
zur Revolution zu gelangen, muss die Theologie zur Anthropologie werden. Die
Hermeneutik und die Phänomenologie sind die philosophischen Werkzeuge zur
Umsetzung dieser revolutionären Umwandlung. Der Ablauf ist kurz gesagt fol-
gender:

a) Gott in Klammern zu setzen, also eine phänomenologische Reduktion der
Gottesvorstellung durch *epoché* zu vollziehen. Das Wesen Gottes liegt jenseits
menschlicher Wahrnehmung, und die Wahrnehmung des Wesens Gottes ist
unfruchtbare intellektuelle Spielerei. Worauf es ankommt ist, dass

b) Gott ein Wert und ein *telos* wird, der *telos* des menschlichen Handelns. Die
Einheit Gottes bedeutet die Gleichheit der Menschen.

c) Daher sind vor Gott alle Menschen gleich und leben auf derselben Ebene.

d) Die in seiner Transzendenz bewahrte Einheit Gottes ist die Voraussetzung
der islamischen Revolution,

e) deren politischer Arm die islamische Linke ist.

Oder, um es mit Hanafis Worten zu sagen:

> Gott ist gewiss ein Wert in unseren Gewissen. Aber es ist ebenso wahr, dass auch der Mensch
> ein Wert ist. Gott ist für immer unser, aber der Mensch, die Erde, die Freiheit, die Demokratie,
> die Erlösung, die Entwicklung, der Fortschritt sind Zwecke, Ziele und Bedürfnisse, die wir be-
> friedigen müssen. Es geht also nicht darum, die Theologie abzuschaffen, um anthropologisch
> zu werden, sondern es geht darum, die Theologie in Anthropologie zu verwandeln, also die
> Ausrichtung der Kultur und ihre Bestimmung zu ändern. Alle hinter dem Namen Gottes ver-
> borgene Kraft fließt in die modernen Strömungen zur Verwirklichung solcherlei Ziele ein. Es
> geht um denselben Auftrag, den Descartes bereits in der europäischen Kultur verwirklicht hat,
> nämlich eine theozentrische Kultur in eine anthropozentrische umzuwandeln. Es geht darum,
> ein *cogito* zu finden. Diesmal wird es aber kein denkendes *cogito* sein, sondern ein handelndes
> *cogito*.[14]

So sieht der Übergang von der Theologie zur Anthropologie faktisch aus, die
Veränderung des philosophischen Interesses und in einem weiteren Sinne der
Freiheitskampf für die Unterdrückten und die Völker: kurz, die Neuausrichtung
von Gott zum Menschen. Diese neue Ausrichtung betont die teleologische Di-

---

[13] Hasan Hanafi, *Min al-ʿaqida ila al-thawra*, 5 Bde., Kairo 1989.
[14] *Id.*, „Théologie ou anthropologie?", in: Anouar Abdel-Malek / Adel-Aziz Belal / Hasan Hanafi (Hgg.), *Ranaissance du Monde Arabe*, Gembloux 1972, S. 233–264, hier S. 234–235.

mension, die ihrerseits unvermeidlicherweise mit praktischem Druck verbunden ist.[15] Die hervorragende Rolle der praktischen Dimension bei Hanafi wird direkt aus dem Koran hergeleitet. In Bezug auf den Koran schreibt Hanafi:

> Kommen wir auf den Koran selbst zurück, diese Quelle allen religiösen Denkens, gleich ob theologisch oder nicht, in dem Gott sich nicht auf die theoretische Ebene begibt, sondern die praktische. Gott ist nicht der Logos, sondern die Praxis. Gott ist kein Gegenstand des Verstandes, kein Konzept, keine Kategorie, keine Idee, sondern ein Verhalten.[16]

Die Einheit Gottes bewirkt den Ausgleich der (sozialen, wirtschaftlichen, politischen) Ungleichheiten, die die Menschen trennen und die den einen mit dem anderen, entsprechend der Vertikalität der (sozialen, wirtschaftlichen, politischen) Unterordnung, in eine hierarchische Beziehung setzen. Demgegenüber schreibt Hanafi:

> Der Islam ist das beste Beispiel für eine revolutionäre Religion. Der *tawhid* ist ein Prozess der zukünftigen Vereinigung aufgrund eines Ereignisses in der Vergangenheit. Er steht für Gewissen, Ablehnung der Angst, Ende der Heuchelei und des Doppelspiels. ‚Gott ist groß' bedeutet die Zerstörung des Despotismus. Alle menschlichen Wesen und alle Nationen sind gleich vor diesem Grundsatz. Klassen- oder Rassendiskriminierung gibt es nicht mehr. Die Menschen sind dazu berufen, Gottes Wort, die Offenbarung, in eine vollendete Welt zu transformieren. Das Sublime und das Ewige sind vor uns und nicht über uns: ‚vor' und ‚hinter', nicht ‚über' und ‚unter' sind die Dimensionen des Lebens. Der revolutionäre Mensch lebt in einer horizontalen Dimension, nicht in einer vertikalen.[17]

Hanafi besteht daher auf dem Bekenntnis der Einheit bzw. Einzigkeit Gottes, *tawhid*, als Praxis:

> Die Erklärung der Einzigkeit Gottes: ‚Es gibt keinen anderen Gott als Allah' (*la ilah illa Allah*) ist nicht nur ein Lippenbekenntnis, sondern ein zweifaches Glaubensbekenntnis. Zunächst wi-

---

[15] Diese Anwendung und Auslegung des husserlschen Grundsatzes der *epoché* unterscheidet sich in einigen Aspekten von der Absicht des deutschen Philosophen. Die ursprüngliche Position Husserls war nämlich (zum Beispiel in der *Krisis der europäischen Wissenschaften und die transzendentale Phänomenologie*) eurozentristisch, da sich nur in der europäischen Kultur der teleologische Sinn der Geschichte verwirklicht hat. Es liegt auf der Hand, dass Hanafi innerhalb der Diskussion über Orientalismus und Okzidentalismus mit seiner These, dass der Orientalismus überwunden werden und sich die ‚orientalischen' Völker das Wissen des Okzidents zu eigen machen müssen, die Positionen von Husserl deutlich überschreitet und hier eher mit Enzo Paci (vgl. seine Einleitung zur italienischen Ausgabe der *Krisis*, Mailand 1968) auf einer Linie liegt. Seine Lesart der Phänomenologie hebt auf die Teleologie der Geschichte als Praxis ab, als Überwindung und Negation der etablierten und unterdrückenden Mächte (vgl. Hasan Hanafi, *Muqaddima fi 'Ilm al-Istighrab*, Kairo 1991).

[16] Hanafi, „Théologie ou anthropologie?", *op. cit.*, S. 241.

[17] *Id.*, „Des idéologies modernistes à l'Islam révolutionnaire", in: *Peuples Méditerranéens* 21 (1982), S. 3–13, hier S. 13.

dersagt man all den falschen Göttern, die die Gewissensfreiheit einschränken; sodann bekennt man die Einheit und Transzendenz des universellen Prinzips. Beten ist nicht nur die Ausführung von Körperbewegungen, sondern eine Konzentration auf das Herz als Wert. Fasten bedeutet nicht einfach sich tagsüber aus hygienischen Gründen des Essens zu enthalten, sondern die moralische Bestätigung der Existenz des Armen. Die eigenen Güter [durch Almosen] zu teilen, bedeutet nicht nur die materielle Umverteilung des Reichtums, sondern die moralische Reinigung des Reichen. Schließlich ist die Pilgerfahrt nicht nur eine Reise durch einen gewissen Raum in einer gewissen Zeit, sondern die jährliche Begegnung der Menschen zum Teilen ihrer gemeinsamen Erfahrungen und zum Treffen gemeinsamer Entscheidungen.[18]

Soweit in aller Kürze zum Sunnismus. Im 20. Jahrhundert manifestierte sich sodann ein ungemein bedeutsames Phänomen: die Politisierung des Schiismus. Die schiitische Lehre, die jahrhundertelang eine passive Haltung eingenommen und sich der herrschenden Macht angepasst und untergeordnet (*taqiyya*) hatte, präsentierte sich in der zweiten Hälfte des 20. Jahrhunderts als eine der wahrscheinlich weltweit wichtigsten revolutionären Bewegungen, die für die Rechte der Unterdrückten eintraten.[19]

Der iranische Schiit 'Ali Shari'ati (1933–1977) war ein Vorläufer der islamischen Befreiungstheologie schiitischer Prägung. Shari'ati schlägt eine Tonart an, die wie Hanafi die revolutionäre Funktion des Begriffs *tawhid* und die prophetische Mission des Monotheismus hervorhebt:

Aus dem Blickwinkel des *tawhid* fürchtet der Mensch nur eine einzige Macht und ist nur einem einzigen Richter Rechenschaft schuldig. Er richtet sich auf eine einzige *qibla* [die Richtung des Gebets nach Mekka] aus und bezieht seine Hoffnungen und seine Wünsche auf eine einzige Quelle. [...] Der *tawhid* garantiert dem Menschen Unabhängigkeit und Würde. Die Unterwerfung unter Gott allein erlegt dem Menschen auf, sich gegen alle lügnerischen Mächte aufzulehnen. Gerade indem die Propheten einen so konzipierten *tawhid* vollends lebten, waren sie Revolutionäre. Das ist sogar eine besondere Eigenschaft der monotheistischen Religionen abrahamitischen Ursprungs. Während die Propheten der anderen Religionen dazu tendierten, mit der herrschenden Macht übereinzukommen, und ihre Botschaft innerhalb der bestehenden Sozialordnung zu verbreiten versucht haben, haben sich die Propheten der abrahamitischen Religionen dazu berufen gefühlt, gegen die säkulare Macht auf eine bestimmte Weise zu rebellieren. Moses hat gegen den Pharao gekämpft, Jesus gegen den mit dem römischen Kaiserreich verbündeten jüdischen Klerus und Mohammed gegen die heidnischen Adligen Mekkas.[20]

---

[18] *Id.*, *Islam in the Modern World*, 2 Bde., Kairo 1995, Bd. I, S. 467.

[19] Vgl. Mehdi Mozaffari, *Pouvoir shi'ite. Théorie et évolution*, Paris 1998; Hamid Dabashi, *Theology of Discontent: The Ideological Foundation of the Islamic Revolution in Iran*, New York 1993.

[20] 'Ali Shari'ati, *On the Sociology of Islam*, Berkeley 1979, S. 66–67.

Der ideale Mensch ist der, den

> die Gnade nicht in einen Asketen verwandelt und der Aktivismus nicht mit Unmoral befleckt hat. Er ist ein Mensch des *jihad* und der Auslegung, der Poesie und des Schwerts, der Einsamkeit und des Strebens, der Kraft und der Liebe, des Glaubens und des Gewissens. Seine Gottesdienerschaft hat ihn dazu gebracht, sich von jeglicher Unterwerfung zu befreien und sich gegen jede Gewalt aufzulehnen. Er entdeckt durch die Befreiung von allen hergebrachten Normen und gesellschaftlichen Konventionen die ewigen Werte.[21]

Das ist die wahre Bedeutung von *hakimiyya*, oder der „Gottesherrschaft", wie der Begriff von Sayyid Qutb, dem wichtigsten radikalen Muslimbruder, missverstanden wurde (1906–1966):[22]

> Wenn die höchste Herrschaft (*al-hakimiyya al-ʿalia*) in der Gesellschaft Gott allein zuerkannt sein wird in Form der Regierung des geoffenbarten göttlichen Gesetzes (*shariʿa ilahiyya*), dann wird dies die einzig mögliche Form echter und völliger Befreiung des Menschen aus der Knechtschaft gegenüber Menschen sein. So wird der Mensch kultiviert, denn die menschliche Kultur ist die Grundvoraussetzung für eine echte und völlige Befreiung des Menschen und dafür, dass die völlige Würde jeder Person in der Gesellschaft gewährleistet wird. Weder wahre Freiheit noch menschliche Würde für jede Person gibt es in einer Gesellschaft, in der die einen Herren sind und Gesetze erlassen und die anderen Knechte, die gehorchen. [...] Die islamische Gesellschaft ist die einzige, in der der Einzige Gott befiehlt, und in ihr sind die Menschen von der Verehrung anderer Menschen befreit und verehren allein Gott. Dadurch erlangen sie eine echte und völlige Befreiung, auf der sich die menschliche Kultur erhebt und die gottgefällige Würde annimmt. Gott hat daher verkündet, dass der Mensch sein Stellvertreter (*khalifa*) auf dieser Erde ist und hat die Belohnung (*takrim*) dafür im Jenseits versprochen.[23]

Die Bedeutung des Islam als Ideologie wurde sowohl von Hanafi als auch von Shariʿati positiv hervorgehoben. Die Ideologie im positiven Sinne des Begriffs ist nach Shariʿati

> eine Weltanschauung bestehend aus: a) unserer Vorstellung und unserem Verständnis der Welt, des Lebens und des Menschen; b) unserem Verständnis und der besonderen Bewertung der Probleme unserer sozialen und intellektuellen Umgebung; c) den Vorschlägen, den Lösungen und dem Aufzeigen jener ‚idealen Momente', durch die wir diese von uns abgelehnten, nicht idealen Wirklichkeiten zu ändern vermögen. Damit besteht die Ideologie aus drei Phasen: Weltanschauung, kritische Bewertung der Probleme und der Umwelt und schließlich Vorschläge und Lösungen in Form von Idealen und Zielen. [...] Jede Ideologie steht dem *status quo* kri-

---

[21] *Ibid.*, S. 124. Vgl. auch die Texte auf www.shariati.net, von denen einige ins Italienische übersetzt sind in Riccardo Cristiano, *Tra lo scià e Khomeini. Ali Shariati: un'utopia soppressa*, Rom 2006.

[22] Über Qutb siehe Olivier Carré, *Mystique et politique. Lecture révolutionnaire du Coran par Sayyed Qutb*, Paris 1984; Ahmad Moussalli, *Radical Islamic Fundamentalism: The Ideological and Political Discourse of Sayyed Qutb*, Syracuse 1993.

[23] Sayyid Qutb, *Maʿalim fiʾl-tariq*, Kairo/Beirut 1983, S. 118–119.

tisch gegenüber. Und insofern als jede kritische Haltung eine negative Stoßrichtung beinhaltet, nimmt sie die Form eines Vorschlags an: ‚es muss so und soll nicht so sein'. In der Phase des Sollens werden also die Ideale und Zwecke vorgeschrieben, während in den anderen Phasen die Bedingungen menschlicher Verantwortung geschaffen werden, die für den einzelnen Handlung, Kampf und Opfer bedeutet.[24]

Der Islam ist in dieser Hinsicht höchst ideologisch, insofern er sich gegen den *status quo* auflehnt und für die Unterdrückten und ihre Würde eintritt. Er ist eine Schule des „Denkens und Handelns".[25]

Man kann sich fragen, wie der Einfluss dieser Denker auf die Gesellschaft war oder ist. Nun, Hasan Hanafi ist ein herausragender Intellektueller der heutigen arabischen Welt, ein hoch angesehener akademischer Lehrer, seine Vorlesungen und Veranstaltungen sind stets mit Studenten überfüllt, so wie auch seine Stellungnahmen von den Intellektuellen aufgenommen und diskutiert werden. Es gibt also einen intellektuellen, ‚gebildeten' Einfluss, aber dies sagt nichts darüber aus, wie viel von dieser Philosophie in der Zivilgesellschaft ankommt, beim Menschen von der Straße. Shari'ati hingegen kann als einer der geistigen Väter der iranischen Revolution von 1978–1979 bezeichnet werden, auch wenn ihn dann die ideologische Entwicklung des Khomeinismus zu einem Unverstandenen machte. Shari'ati war in Wirklichkeit ‚antiklerikal' und legte – ohne Zweifel unter dem Einfluss des Marxismus – mehr Wert auf die Macht der Massen und des Volkes als auf die Macht einer religiösen Kaste. Die religiöse Kaste hielt er im Übrigen für inkompetent, wenn nicht sogar für eine Verräterin der ursprünglichen, befreienden Mission des Schiismus. Shari'atis Schiismus speist sich aus einem teleologischen Geschichtsverständnis, in dem sich alles um die Erwartung der Wiederkunft des verborgenen *Mahdi* oder *Imam* dreht, so wie der Sunnismus von Hanafi sich aus einem teleologischen Gottesverständnis speist, das als befreiender Wert der menschlichen Praxis präsentiert wird.

Auf jeden Fall geht der Islam als Ideologie weit über den Islam als Theologie hinaus, und man kann die Ansatzpunkte für diese Überschreitung im Koran selbst festmachen. Ein Koranvers (28, 5) wird von Shari'ati und anderen als Hinweis auf die Notwendigkeit des Befreiungskampfes zitiert – aber wir entdecken sein Echo auch bei Sayyid Qutb und bei Khomeini –: „Wir aber wollten denen, die im Land wie Schwache behandelt wurden, eine Wohltat erweisen und sie zu Vorbildern machen und zu Erben [der Erde] (*nurìdu an-namunna 'alà 'lladhìna 'studifu fi'l-ard wa naj'àlnahum àimmatan wa naj'àlnahum warithìna).*"[26] Ein weiterer Vers (22, 39), der beispielsweise von Qutb oft zitiert

---

[24] 'Ali Shari'ati, *Man and Islam*, Houston 1981, S. 85–86.
[25] *Id.*, *School of Thought and Action*, Albuquerque o.J.
[26] *Der Koran (arabisch-deutsch)*, übers. von Adel Theodor Khoury, Gütersloh 2004, S. 494.

wird, besagt: „Erlaubnis (zum Kampf) ist denen gegeben, die bekämpft werden, weil ihnen ja Unrecht getan wurde."[27] Das Problem der Gerechtigkeit ist ein zentraler Punkt im gegenwärtigen islamischen politischen Denken, und man könnte sogar sagen, dass es ganz auf eine ‚Theologie der Gerechtigkeit' abzielt. Der große *shaykh* der Azhar-Universität in der Zeit von Nasser, Mahmud Shaltut, las die vierte Sure des Koran (die Sure der Frauen) als ein Kapitel, das die Gerechtigkeit und die gemeinsame Anstrengung aller gottgefälligen Menschen forderte, um die Unterdrückten zu befreien (*ta'amul fi sabil Allah wa sabil al-mustad'afin*).[28]

Auf den Punkt gebracht ist diese ‚Theologie', oder besser diese Befreiungsideologie, wie von Anfang an gesagt, viel weniger spekulativ als praktisch, und ihr Gewicht zu unterschätzen und die islamistischen Bewegungen zu banalisieren, ist ein schwerer Fehler und ein gefährliches Verkennen der Wirklichkeit.[29]

*Aus dem Italienischen von Leonhard Voltmer*

---

[27] *Ibid.*, S. 438.
[28] Mahmud Shaltut, *Ila al-Qur'an*, Kairo 1983, S. 40–44.
[29] Vor der Gefahr, den Islamismus nicht ernst zu nehmen, hat zum Beispiel Olivier Roy, *L'Islam mondialisé*, Paris 2002, gewarnt.

MARCELLO NERI

# Europa auf dem Prüfstein des Unbedingten

## 1. Die ‚Idee' Europas

Sowohl auf der Ebene des politischen Diskurses als auch gefühlsmäßig scheint das Thema Europa mittlerweile bei seinen eigenen ‚Bürgern' an Anziehungskraft verloren zu haben. Die komplizierte Bürokratie, die Mühen der Diplomatie, die mächtigen Erbschaften nationalistischer Interessen – all dies trägt mit Sicherheit dazu bei, dass diese wachsende Verdrossenheit gegenüber Europa als einem uns alle angehenden Thema verstärkt wird. Andererseits reifen in derselben Öffentlichkeit Phänomene heran (wie die höhere Mobilität in der Arbeitswelt oder der Studentenaustausch durch „Erasmus"), die dazu beitragen, nach und nach ein real existierendes ‚Europa' als gemeinsamen Referenzpunkt herauszukristallisieren, das nicht abstrakt bleibt, sondern tatsächlich gelebt wird. Angesichts der weltpolitischen Konjunktur und ihrer vielen Sackgassen wird nun das z.T. nicht klar umrissene, dringende Bedürfnis wahrgenommen, dass die Bürger Europas sich aus ihrer Europaverdrossenheit befreien, damit sich diese schon gelebte Wirklichkeit nicht verliert und im Strudel der korporativen Interessen untergeht, die den Bürger täglich verlocken.

Mit diesem Bedürfnis eng verbunden ist auch die Art und Weise, wie wir die ‚Idee' Europas[1] denken und wie wir sie konkret leben, und zwar im Hinblick auf den Referenzrahmen, der unsere Zugehörigkeit zum Bereich der öffentlichen Beziehungen definiert und von dem aus wir diese Zugehörigkeit entwerfen.[2]

---

[1] Vgl. Jacques Delors, *Le nouveau concert européen*, Paris 1992; Romano Prodi, *Un'idea di Europa*, Bologna 1999; Jean-Marc Ferry, *La question de l'état européen*, Paris 2000; *id.*, „Riflessioni sul concetto di Europa: realtà di un'idea", in: *Il Regno-Attualità* 2 (2006), S. 4ff ; Tommaso Padoa Schioppa, „Il futuro dell'Unione Europea. Troppa Europa? Orizzonte e identità di un'idea", in: *Il Regno-Attualità* 20 (2002), S. 702ff ; Henri Madelin, *Refaire l'Europe. Le vieux et le neuf*, Paris 2007.

[2] Vgl. PierAngelo Sequeri, „Cesare e Dio", in: Il Regno (Hg.), *Non passare oltre. I cristiani e la vita pubblica in Italia e in Europa*, Bologna 2003, S. 200: „Meiner Meinung nach haben wir uns unnötig lange mit der Autonomie des Politischen aufgehalten, die die weltlichen Mächte des Monopols und des Profits heute auf vielfältige Weise zu umgehen lernen. Es muss mehr für die Autonomie des Bereichs des Zivilen getan werden: verstanden als der unweigerlich gemeinsame Sinnraum, der dennoch gesucht, belebt und ausgestaltet werden muss. [...] Der Gedanke eines

Ungeachtet des schlechten Rufs, in den Europa zu geraten sein scheint, bin ich
der Meinung, dass man das Risiko eingehen sollte, Europa in erster Linie als
eine ‚politische‘ Realität zu denken, statt in ihr eine bloß soziokulturelle Dimension jener Bürger zu sehen, die sich in verschiedenen Ländern innerhalb des
geographischen Raums namens Europa befinden.

Europa politisch zu denken bedeutet, es *in fieri* wie eine Realität zu sehen,
die – gerade weil sie gebaut und gelebt werden muss – ein tatsächliches *Ge-*
*mein*gut im Dienste der Bürgerschaft aller darstellt. Wenn man Europa jedoch
nur als geschichtlich-kulturelle Einheit sieht, was durchaus seine Berechtigung
haben mag, dann bereiten wir ihm damit ein gewissermaßen vorherbestimmtes
Schicksal – dann hat es nicht teil an der Freiheit, mit der jeder Bürger zum fundamentalen Entwurf des menschlichen Zusammenlebens beiträgt, die im Bereich des Zivilen gelebt wird (der gerade als solcher viel weitere Grenzen als
der Nationalstaat hat). Natürlich müssen sich diese beiden Ansätze nicht gegenseitig ausschließen, noch müssen sie als Gegensätze gedacht werden, sie sollten
vielmehr geschickt miteinander verwoben werden. Gleichwohl bleiben diese
Ansätze aber unterschiedlich und sind nicht einfach ‚Namen‘ desselben, sondern verkörpern zwei Gegenwartsverständnisse, die zu verschiedenen Zukünf-
ten führen werden: Die resultierende ‚Idee‘ von Europa, die jeder dieser Ansätze in sich birgt und im öffentlichen Diskurs austrägt, weicht von der jeweils
anderen ab.

‚Politisch‘ von Europa zu sprechen bedeutet, von (und zu) einer Gegenwart
im Hinblick auf ihre Zukunft zu sprechen. Von Europa aus einer geschichtlich-
kulturellen Perspektive zu sprechen bedeutet, von (und zu) einer Gegenwart im
(möglicherweise nostalgischen) Lichte ihrer Vergangenheit zu sprechen. Mit
dieser Wahl entscheidet sich die eigentliche Einordnung der ‚Idee‘ von Europa
von selbst. Natürlich bezieht sich das Politische immer irgendwie auf das Geschichtlich-Kulturelle; aber das politische Europa kann weder als Wiederholung
noch als bloße angepasste Fortschreibung seiner geschichtlichen und kulturellen
Wurzeln richtig verstanden werden.

Es kann nicht richtig verstanden werden, weil das, was wir heute politisches
Europa nennen, in seiner tatsächlichen Ausprägung (die EU) eine Art Unterbre-
chung seiner geschichtlich-kulturellen Vergangenheit mit sich bringt. Auf den
Punkt gebracht: Europa hat sich bereits (zum Besseren) gewandelt von dem,

---

autonomen Zivilbereichs ist im Gegensatz zum Politischen mit seinen notwendigen Selbstbe-
schränkungen im Namen des Gemeinwohls von vornherein ein Gedanke, der Christentum und
Demokratie, Heiliges und Sinnhaftes, Solidaritätsbindungen und individuelle Uneigennützigkeit
in sich vereint. Diese Verbindungen muss der Bereich des Zivilen offen lassen und ihre freie
Zirkulation garantieren, so wie den gegenseitigen Austausch unter ihnen fördern.“

was seine ‚Wurzeln' alleine hätten vermuten lassen. Die Eigenschaften und
Struktur dieses heutigen Bruchs sind vorwiegend wirtschaftlich. Nichtsdesto-
trotz bringt es seine Umsetzung mit sich, dass man sich kritisch mit der geschichtlich-kulturellen ‚Idee' von Europa auseinandersetzt, und markiert zugleich die Genese einer neuen Zeit von Europa sowohl als Geschichte als auch
als Kultur.

## 2. Das politische Europa als konstruktive Kritik am historischen Christentum

Aus heutiger Sicht ist einer der bedeutsamsten Beiträge des politischen Europa
wohl die konstruktive Kritik am historischen Christentum gewesen, wie es sich
im westlichen Milieu entwickelt hat (das historische Christentum wird von Europa als die eigene Matrix erlebt, dessen bleibende Bedeutung sich nicht nur an
den Distanzierungen, sondern auch an den Verabschiedungen ablesen lässt).[3]
Bei genauerem Hinsehen handelt es sich um eine Kritik, die von jener ideologischen Polemik weit entfernt ist, die die sogenannte Laizität *à la française* bewegt hat (und noch bewegt) – und die noch alle ihre Sprösslinge prägt, die derzeit in der heutigen öffentlichen Debatte zirkulieren (auch wenn die ‚politische'
Verwirklichung Europas als konstruktive Kritik am geschichtlichen Christentum nicht ganz vom Einfluss dieses Modells frei ist). Auf jeden Fall täte das
politische Europa, wenn es sich selbst und einer seiner höchsten Ausprägungen
treu bleiben möchte, gut daran, sich seiner Dialektik zum Christentum und seinen Institutionen (mittlerweile zu den Religionen) anders vorzustellen als in
jenen ideologischen Formen, die jedem Laizismusbekenntnis eigen sind.

Abgesehen von diesem Eindringen eines ‚lokalen' und ‚laizistischen' Modells, das meines Erachtens für kommende Zeiten nicht besonders fruchtbar ist,
scheint mir die Kritik am Christentum durch die politische ‚Idee' von Europa
auf anderen Ebenen angesiedelt zu sein als die nach französischem Muster. Die
Verwirklichung und Entwicklung Europas als politisch-wirtschaftliches Projekt
kritisiert das Christentum (seine religiöse Form und seine öffentlichen Institutionen) nicht auf theoretische und ideologische Weise wie nach französischem
Muster, sondern vor allem in der Praxis. Auf eine gewisse Weise stellt das Europa, das wir heute kennen (d.h. die EU), selbst eine praktische Kritik am historischen Christentum dar.

---

[3] Vgl. Jean-Luc Nancy, „La déconstruction du christianisme", in: *id.*, *La Déclosion*, Paris 2005,
S. 203–231.

Dem politisch-wirtschaftlichen Projekt des Nachkriegseuropas ist tatsächlich gelungen, was das christliche Europa bewerkstelligen hätte sollen, aber nicht geschafft hat: einen dauerhaften Frieden zwischen den europäischen National-staaten und die sich daraus ergebende Lebensstabilität zum Nutzen aller seiner Bürger. So sicher, ja fast selbstverständlich erscheint diese *Tatsache*, dass man fast vergisst, welch große Bedeutung und unermesslichen Wert dies hat. Meine Generation (ich bin 1965 geboren) hat in *diesem* wirtschaftlich-politischen Europa davon profitiert – was ja zum ersten Mal für eine Generation der Fall war –, dass sie nicht am eigenen Leib erfahren hat, was ein Krieg bedeutet, der das eigene Lebensgebiet heimsucht, und eine Lebensgefahr, die aus dem angren-zenden Gebiet kommt (für mich sind gleichaltrige Franzosen, Deutsche, Öster-reicher usw. nur Kommilitonen oder Kollegen, und mir fehlt jeglicher konkrete Anhaltspunkt, um sie mir als mögliche Tod und Zerstörung bringende Feinde vorstellen zu können – man muss nur eine Generation zurückgehen, um zu er-kennen, dass es nicht immer so gewesen ist.

Die politische Kraft *dieses* Europas, das oft so sehr kritisiert wird und das uns vielleicht allen zu wenig ans Herz gewachsen ist, konnte das hohe Ziel verwirk-lichen, das die Erfüllung des geheimen Wunsches eines jeden zivilen Zusam-menlebens ist: friedliche und versöhnte Beziehungen zwischen historisch und kulturell verschiedenen Wirklichkeiten (normalerweise Nationalstaaten ge-nannt). Und die politische Kraft *dieses* Europas könnte vereint mit seinem ihm eigenen Rechtsinstrumentarium[4] in der Lage sein, auf dem Balkan ein friedli-ches Nebeneinander zwischen den Völkern und eine wohlwollende Stabilität zwischen den Kulturen zu verwirklichen (was die konfessionelle Frontstellung des Christentums und die ethnische Konfliktträchtigkeit der Religionen bis heu-te verbaut haben).[5]

---

[4] Vgl. Gret Haller, *Die Grenzen der Solidarität. Europa und die USA im Umgang mit Staat, Nation und Religion*, Berlin 2002.

[5] Hier stellt sich die Frage nach den ‚Grenzen' der EU-Erweiterung. Die Grenzen zu überdeh-nen könnte die Implosion des europäischen Projekts bedeuten; sie zu eng zu ziehen aus Angst kann die Ablehnung der Verantwortung dieses Prozesses bedeuten. Das Problem stellt sich vor allem bei den Nationen, die *zu einem Teil* zum geschichtlich-geographischen Gebiet Europas gehören (insbesondere Türkei und Russland). Zu diesem Thema bezieht Wolfgang Schäuble, der aktuelle deutsche Bundesinnenminister, in einem Interview mit *Il Regno* wie folgt Stellung: „Aus diesem Grund ist Europa mehr als die Summe aller Staaten, die die Zugangsvoraussetzungen und Aufnahmebedingungen (wie zum Beispiel die Menschenrechte und Demokratie) einhalten wol-len. Für eine wirklich politische Europäische Union ist mehr als diese Bereitschaft nötig, die theoretisch jeder Staat der Erde haben könnte. Daher braucht Europa Grenzen. Aber welche Grenzen? Über diese Frage habe ich lange nachgedacht. Schließlich bin ich zu der Überzeugung gelangt, dass man als äußerste Grenzen nur die geographischen Grenzen nehmen kann. Das sind keine beliebigen oder formalen Grenzen, wie man zunächst annehmen könnte. Wir müssen uns nämlich darüber im Klaren sein, dass Geschichte und Kultur immer in bestimmten Räumen exis-

Diese *praktische* (und realisierte) *Kritik* sieht in den christlichen Glaubensrichtungen und den Religionen keine Fremdkörper, die an den äußeren Rand
des öffentlichen Lebens gedrängt werden müssen, damit die Politik ihre Ziele
erreichen und ihre Ideale verwirklichen kann. Man kann nämlich nicht verleug-
nen, dass das höchste Ziel des politisch-wirtschaftlichen Projekts des gegenwärtigen Europa in der Verbindung und Vereinigung mit den lokalen christlichen
Glaubensrichtungen erreicht wurde, die dazu Bedeutendes beigetragen haben.[6]
Dadurch hat das politische Europa die christlichen Glaubensrichtungen (und im
weiteren Sinn die Religionen) als notwendige Sinnstifter zu schätzen gelernt,
notwendig eben in ihrer Eigenständigkeit für die Verwirklichung der Idealität
des europäischen Projekts. Daher kann die politische ‚Idee‘ von Europa das
passende Korrektiv zu einer Versuchung sein, der vor allem der Katholizismus
heute besonders ausgesetzt zu sein scheint.

Wenn sich die katholische Kirche auf die von ihr akzeptierte Ebene der Demokratie und ihrer Formen politischer Bestimmung des gesellschaftlichen Zusammenlebens und der Steuerung der Weltwirklichkeit begibt, um dort Be-
schützerin jener Aspekte des Menschlichen zu sein, die sie in der Frohbotschaft
Jesu für bezeugt erachtet, so gerät sie in die große Gefahr, sich vom öffentlichen
Sinnstifter zum Konsensgenerator zu verwandeln. Dieser ‚Übergang‘ kann zwar
auf der Ebene der politischen Strategie von Erfolg gekrönt sein, ist aber fatal
auf der Ebene der idealen Gestaltung der Kultur und der Zivilkritik. Innerhalb
der aktuellen politischen Konstellation wird die Kirche als Konsensstifterin
unweigerlich in die Nähe von sie vertretenden Instanzen gezwungen, die ihr
nicht nur fremd sind, sondern die auch kaum die Gründe ihrer Stellungnahme

---

tieren. Unser Kontinent hat schon eine lange gemeinsame Geschichte, mit einem jahrhunderteal-
ten Selbstbewusstsein. Deswegen bin ich der Auffassung, dass die Grenzen Europas nicht über
den europäischen Kontinent hinausgreifen sollten – auch nicht über den Bosporus. Grenzen festlegen bedeutet auch, die Frage nach den Beziehungen der Europäischen Union mit ihren Nach-
barstaaten zu stellen, auch wenn sie zum Teil zu Europa gehören, aber insgesamt über dessen
geographisch-geschichtliche Grenzen hinausreichen. Zum Beispiel Russland: Sankt Petersburg ist
zweifellos Teil der europäischen Geschichte, aber Wladiwostok nicht. Für diese Staaten muss
man eine besondere Form enger Zusammenarbeit finden. Europa kann und sollte privilegierte
Partnerschaften mit ihnen eingehen. Aber sie sollten keine Mitgliedsstaaten der EU werden, denn
wenn man erst einmal die Grenzen überschritten hat (wenn auch nur einmal), dann würde es
schwierig werden, eine Zugangsvoraussetzung festzulegen und den Wunsch anderer Staaten nach
einem Beitritt zur EU zu begrenzen. Wir brauchen geographisch-geschichtliche Grenzen und
zugleich besondere Beziehungen Europas mit anderen Staaten, die nicht auf dem Modell einer
Mitgliedschaft in der EU aufbauen.“ (Marcello Neri, „Germania: le politiche della democrazia.
Intervista a Wolfgang Schäuble“, in: *Il Regno-Attualità* 22 [2003], S. 735ff ).

[6] Die sogenannte ‚Kirchensteuer‘ des deutschen Systems stellt auch eine öffentliche Anerkennung der Rolle der christlichen Kirchen und allgemeiner der Weltanschauungsgemeinschaften für
das gesellschaftliche Leben des Landes dar (für die ausführlichen Informationen zu diesem Thema danke ich Leonhard Voltmer).

teilen. So eine öffentliche Positionierung führt zwangsläufig dazu, dass sie das eigenständige kritische Profil verfehlt, jenes kritische Profil, das einem öffentlichen Sinnstifter im Dienste aller und des gesamten gesellschaftlichen Zusammenlebens eigentlich zukommt.

Eben als solchen Sinnstifter begriff die politische ‚Idee' von Europa den Wert der öffentlichen Präsenz der christlichen Glaubensrichtungen auf ihrer Bühne, und deshalb kann sich Europa in der aktuellen Debatte erneut als fruchtbarer Kritiker der Form öffentlicher Repräsentanz erweisen, die das katholische Christentum als die ihm angemessene Form betrachtet.

Was Europa in diesen fünfzig Jahren gelernt hat ist, dass die christlichen Glaubensrichtungen und im Weiteren die Religionen genau wie öffentliche Sinnstifter anerkannt werden müssen, die ihrerseits fähig sein müssen, sich als öffentliche Stellvertreter in den rechtlichen Rahmen einzugliedern, der die Schritte und die Prozesse der EU charakterisiert (ohne deswegen von den Glaubensrichtungen und den Religionen zu verlangen, dass sie zu bloßen Begleiterscheinungen des öffentlichen oder politischen Lebens reduziert werden müssen).

Da es sich um eine praktische Kritik handelt, garantiert und verlangt die Position der politischen ‚Idee' Europas, dass das Christentum[7] mit seinen Glaubenseinrichtungen sich gegenüber dem Politischen und Wirtschaftlichen als eine öffentliche Instanz religiöser Kritik verhält, um dem gesellschaftlichen Zusammenleben eine humanere Form zu verleihen. Was Europa von den Glaubensrichtungen im Sinne dieser religiösen Kritik verlangt ist, dass diese sich innerhalb des Rahmens friedlichen und versöhnten zwischenmenschlichen Zusammenlebens bewegen – insoweit wird zumindest vom Christentum sicherlich nicht verlangt, dass es auf den Wesensgehalt seiner Glaubenswahrheit verzichtet.

# 3. Verortung der Kirche im neuen institutionellen Rahmen Europas

Die entscheidende Frage für das Christentum ist, wie ein öffentlicher Sinnstifter ins Politische eintreten und dessen Autonomie akzeptieren und bewahren kann, ohne sich in einen Konsensgenerator zu verwandeln. Paradoxerweise kann man die Antwort auf diese entscheidende Frage nur dann finden, wenn das Christentum ein neues Gespür für das Politische und die diesem eigenen Institutionen

---

[7] Ich beschränke mich darauf, damit das behandelte Thema den Rahmen eines Artikels wie diesem nicht sprengt.

ausbildet. Gespür bedeutet hier sicherlich Schläue und Verständnis, aber auch Achtung und Andersartigkeit. Die wahre Herausforderung Europas für die christlichen Glaubensrichtungen und ihre Glaubensinhalte liegt nicht so sehr auf dem Gebiet der tendenziell aseptischen Rechtsphilosophie,[8] noch ihrer großartigen Isolation von politischer Vermittlung und politischen Kompromissen,[9] sondern vielmehr in einem richtigen und schlüssigen Verständnis der tauglichsten Dynamiken der aktuellen politischen Verwirklichung der ‚Idee‘ Europas.

In einem solchen Szenario scheint mir, dass sich der Katholizismus nicht nur tendenziell kalt gegenüber dem europäischen Prozess gezeigt hat, sondern dass er sich auch schlecht aufgestellt hat in Bezug auf die Verwirklichung der religiösen Sinnkritik der politischen und wirtschaftlichen Vorgänge. Ich werde versuchen, diesen Aspekt am Beispiel des *Vertrags über eine Verfassung für Europa* und seines Schicksals zu erläutern. Rechtlich war der *Verfassungsvertrag* keine Verfassung, wie wir sie aus dem politischen und rechtlichen Raum der Nationalstaaten kennen. Der offizielle Katholizismus hat sich nun bei diesem *Vertrag* und der ‚Idee‘ Europas, die dieser repräsentiert, im Wesentlichen auf zwei Forderungen konzentriert.

Die erste war die ausdrückliche Erwähnung der christlichen Wurzeln Europas im *Vertrag*, mit der die ‚Nennung‘ Gottes in der Präambel des *Vertrags* verbunden war. In dieser Hinsicht taucht die Frage auf, welche Beziehung zwischen der Erwähnung der christlichen Wurzeln (die vor allem auf die Kirche als Institution der Christenheit abzielt) und der Nennung Gottes (die in dieser Form, also ohne nähere Bestimmung, wie ein Platzhalter für eine allgemeine Transzendenz zu denken wäre) besteht. Wem gehört dieser Gott? Ist es vielleicht der Gott der christlichen Wurzeln? Und wenn es so wäre, welche Beziehung gäbe es zwischen diesem ‚Verfassungs‘-Gott und dem ‚historischen‘ Gott des christlichen Ereignisses? Und wenn man in ihm nicht den Gott der christlichen Wurzeln sehen würde, warum empfand dann die Kirche seine Nennung in der Präambel des *Vertrags* als so fundamental?

Nehmen wir den Fall an, dass eine solche ‚Nennung‘ Gottes für die Kirche nichts anderes als der Wunsch gewesen sei, im *Vertrag* einen Bezug auf die bloße (religiöse) Transzendenz zu haben, deren Aufgabe es gewesen wäre, als ‚fiktive‘ Letztbegründung der demokratischen Natur des gesellschaftlichen und politischen Zusammenlebens in Europa aufzutreten. Sofort erheben sich zwei

---

[8] Vgl. Georg Essen, „Gehört Gott in eine zukünftige EU-Verfassung? Religion im Beziehungsgeflecht von modernem Verfassungsstaat und säkularer Zivilgesellschaft", in: www.theologie-und-kirche.de (zuletzt aufgerufen am 20.04.2007).
[9] Über die Frage der ‚nicht zur Disposition stehenden Werte‘ und die notwendige Vermittlung im Politischen durch Laienkatholiken siehe den hervorragenden Beitrag von Marco Ivaldo, „La Chiesa e i politici", in: *Il Regno-Attualità* 4 (2007), S. 75ff.

Fragen, auch im Hinblick auf eine solche Minimalposition der Kirche. Erstens ist es zumindest für die europäische Geschichte nicht denkbar, den Namen Gottes zu nennen, ohne ihn sofort mit einer seiner besonderen religiösen Stellvertretungsinstanzen (oder einer bestimmten öffentlich identifizierbaren Stellvertretung) zu verbinden. Zweitens wuchs das politische Europa, gerade aufgrund dieser Wirkungsgeschichte, aus dem Bruch mit der stetigen Nennung eines institutionell vertretenen Gottes im öffentlichen Leben des Kontinents. In dieser Hinsicht hat die katholische Kirche eine gewisse ‚Fremdheit' gegenüber dem Verfassungsvertragsprojekt und dem von ihm umfassten geschichtlichen Prozess gezeigt, insofern als jenes diesen wieder aufgreift und ihn auf höherer Ebene fortsetzt.

Die zweite Forderung der katholischen Kirche war konkreter und betraf die Folgen der Anwendung des *Vertrags* auf die Beziehungen zwischen Staat und Kirche. In der Sache hatte sich die katholische Kirche mit Erfolg darum bemüht, dass in der neuen ‚Verfasstheit' Europas der in den einzelnen Nationalstaaten erreichte *status quo* dieser Beziehungen beibehalten bliebe. Bei diesem Punkt stand also für die katholische Kirche (aber nicht nur sie, sondern auch die deutsche evangelische Kirche hat in diesem Punkt dieselbe Position eingenommen) das System ‚nationaler' Konkordate in Europa nicht zur Disposition – womit die Staatsregierungen die wahren und einzigen institutionellen Bezugspunkte für die Kirche sind. Anders gesagt, wollte man die Europäische Union und ihre Institutionen nicht als ein selbständiges Gegenüber für die institutionellen und offiziellen Beziehungen zur Kirche anerkennen, verlangte gleichzeitig aber von derselben Europäischen Union die höchste mögliche ‚verfassungsmäßige' Anerkennung für das geschichtliche Christentum. Man sollte ferner auch nicht vergessen, dass das Konkordatssystem die Kirche eng an den jeweiligen Nationalstaat bindet (und folglich an dessen Partikularinteressen sowie die entsprechenden Lobbys, an denen dieser beteiligt ist), was unweigerlich wiederum die Freiheitlichkeit der Kirche selbst in Bezug auf eine überzeugtere Unterstützung des politischen Prozesses der Europäischen Union einschränkt.

Angesichts der Möglichkeit, im Raum ‚Europa' eine neue, andere Konstellation der institutionellen Beziehungen zwischen Kirche und Regierungspolitik zu wagen und zu schaffen, hat sich der Katholizismus letztlich im Wesentlichen auf eine Gewährleistungsposition zurückgezogen (was seine öffentliche Glaubwürdigkeit als Sinnstifter schwer beschädigt, dessen Auftrag die religiöse Kritik der Qualität und der institutionalisierten Formen menschlichen Zusammenlebens ist).

# 4. Das Unbedingte als Thema

Die Möglichkeit, den öffentlichen Raum mit einer religiösen Kritik der politischen und gesellschaftlichen Formen des europäischen Zusammenlebens zu besetzen (Sinnstifter), ist für das Christentum (aber im Weiteren für alle drei großen monotheistischen Religionen) mit seiner Fähigkeit verbunden, eine geschichtliche Repräsentanz des Unbedingten (und seines Anspruchs) zu sein, die sich rein innerhalb der Grenzen eines friedlichen und stabilen Zusammenlebens zwischen den Menschen und den Kulturen verwirklicht (also innerhalb dessen, was die höchste Verwirklichung der politischen ‚Idee‘ von Europa ist).

In diesem Sinn scheint mir die theologische Position von Hansjürgen Verweyen zentral zu sein:[10] Das ‚Gemeinsame‘ der drei monotheistischen Weltreligionen (nämlich dass die Unbedingtheit Gottes absolut mit der Geschichte der Menschen zusammenhängt) verlangt, damit sich *dieses* Unbedingte nicht in der Gewalt und Vernichtung der wahrhaft menschlichen Qualität des Zusammenlebens und der Kulturen äußere, die Ausarbeitung einer formalen Kriteriologie, die in der Lage sein muss, *vernünftige* Gründe für eine geschichtliche Position der menschlichen Freiheit als Anerkennung, Aufnahme und öffentliche Repräsentanz des Unbedingten selbst anzuführen. Im phänomenologischen Rahmen könnte die Frage so formuliert werden: Die unbedingte Wahrheit des Subjekts gilt für das Subjekt selbst erst dann als gewährleistet, wenn sich die Objektivität des Sinns dieses Phänomens zeigt. Objektivität kann nie durch den Verweis auf jene ‚Transzendenz‘ erreicht werden, die jedes Sich-Ereignen von Sinn in sich trägt, vielmehr muss sie in der Transzendentalkonstitution des Subjektes selbst gefunden und verankert werden, das behauptet, in der Wahrheit *tout court* zu stehen.

Das Unbedingte als Prüfstein für das Unternehmen des heutigen Europa zu denken bedeutet zwangsläufig als notwendige Voraussetzung dazu die entscheidende philosophische und theologische Frage zu stellen, wie die Idee des Unbedingten sich zur Theorie und zur Praxis verhält. Und folglich ist zu fragen, wie sich diese beiden Sphären der Vernunft und des Gewissens zueinander in Bezug auf den Anspruch verhalten, dass sich das Unbedingte selbst geschichtlich ereignet. Denn das Unbedingte, das im Glauben seine Übertragungsstruktur hat, ist kein bloßer theoretischer Rahmen, sondern auch und vor allem das Unbedingte *in der* Geschichte und *als* Geschichte, was seine öffentliche Repräsentanz im Bereich des menschlichen Zusammenlebens beinhaltet. Der Glaube stellt im Geflecht des Zusammenlebens und seiner Ordnungsmächte das Unbe-

---

[10] Siehe den Beitrag von Hansjürgen Verweyen in diesem Band.

dingte als praktische Frage, die nicht einfach als Privatangelegenheit beiseite gewischt werden kann. Denn in der Praxis ist das Unbedingte nicht nur das Leitmotiv der Gewissensstrukturierung des Subjekts, sondern zugleich entscheidend für die Gestaltung der intersubjektiven Bindung in der Gesellschaft.

Wie verhalten sich die beiden Ebenen der Frage zueinander? Der praktische Teil ist ursprünglich aber nicht grundlegend, der theoretische ist grundlegend aber nicht ursprünglich. Das Unbedingte und seine Repräsentanz durch den Glauben auf der gemeinsamen Bühne der Menschheitsgeschichte kann niemals in einen dieser zwei Aspekte aufgelöst werden, welche die Verwirklichung des Subjekts nach und in seiner Wahrheit kennzeichnen.

Eine weiterführende Synthese könnte man der Auslegung des ersten Artikels der *Summa* von Thomas von Aquin durch Chenu entnehmen.[11] Ihm zufolge könnte man die Frage auf folgende Weise reformulieren: Der *intellectus fidei*, also die kritische Betrachtung und Bearbeitung des Glaubens und seiner Inhalte (welche sich ursprünglich als Einheit ereignen) von Seiten der autonomen *ratio*, ist ein inneres und eigenes Moment des Empfangs der Offenbarung (d.h. der Geschichtlichkeit und Wirksamkeit ihres Unbedingt-Seins). Das heißt, das Sich-Ereignen des christlichen Gottesunbedingten in seiner Anerkennung geschieht in dessen Wahrheit (der des Unbedingten selbst) nur insoweit, als dieses im Lichte der Kritik einer *ratio* geschieht, die nicht vom Vollzug dieses Ereignisses selbst vorherbestimmt ist. Wenn sich die *fides* als Selbstkritik – gemäß der Vernunft – der Konkretheit ihres eigenen Sich-Ereignens realisiert, dann kann der *intellectus fidei*, der als autonome kritische Vernunft fungiert, zugleich auch zur Kritik der gesamten Geschichte herangezogen werden (auch in Hinblick auf andere Manifestationen, die den Anspruch erheben, Manifestationen des Unbedingten zu sein).

Es ist daher klar, dass die Gesellschaftskritik durch die geschichtliche Repräsentanz des Unbedingten nur als mittelbarer Akt möglich und gültig ist – also als Akt, der auf die aufgeklärte Selbstkritik folgt und von dieser geformt ist, die der *intellectus fidei* durch die Autonomie der *ratio*, die ihn kennzeichnet, am Vollzug des Glaubens selbst übt, sowie am eigenen Anspruch, öffentliche Repräsentanz des Unbedingten Gottes zu sein.

Der praktische Ursprung dieser Selbstkritik, der sich die *fides* durch die Autonomie der *ratio philosophica* selbst unterzieht, kann in der Struktur des Zeug-

---

[11] Vgl. Marie-Dominique Chenu, *St. Thomas d'Aquin et la théologie*, Paris 1957; *id.*, *La théologie est-elle une science?*, Paris 1957.

nisses[12] wiedergefunden werden, der historischen Vermittlung eines letztgülti-
gen Sich-Ereignens des Unbedingten Gottes in der Geschichte und als Geschichte.[13] Gerade in seiner Eigenschaft als reine Vermittlung ist das Zeugnis
zur Identifikation und zur Unterscheidung als Konstitutionskern seiner historischen Realisierung fähig. Aus diesem Grund trägt das Zeugnis das Prinzip der
internen Selbstkritik der Identifikation des Glaubens in sich, und zwar wegen
der unübertrefflichen christologischen Differenz, die es hervorbringt und dazu
legitimiert, öffentliche Repräsentanz des christlichen Unbedingten Gottes zu
sein.

## 5. Das Unbedingte und Europa

Wie stellt sich heute die Frage des Unbedingten auf der europäischen Bühne
dar? Ein erster, zweifellos problematischer und vertiefenswürdiger Gedanken-
strang scheint mir in der These Carl Schmitts[14] zu suchen zu sein: „Alle präg-
nanten Begriffe der modernen Staatslehre sind säkularisierte theologische Begriffe.“[15] Anders gesagt, sind die institutionelle und rechtliche Begrifflichkeit, die
die gegenwärtige Demokratievorstellung gestalten, nur im Licht ihrer Herkunft
aus der christlichen Theologie verständlich.[16]

Diese Herkunft aus der Theologie ist ihrerseits nicht denkbar ohne eine Vorstellung des Unbedingten als Tatsache/Ereignis der gemeinsamen Menschheitsgeschichte. Auf vielfältige Weise wird uns immer stärker bewusst, dass Säkularisierung nicht Neutralisierung und damit *eo ipso* Auslöschen der Frage nach
dem Unbedingten bedeutet. Ebenso muss man erkennen, dass die Neutralität
des Staates nicht bedeutet, dass die öffentliche Repräsentanz des Unbedingten
Gottes aus der Gesellschaft und der Ebene des geteilten und teilbaren Sinns
verschwinden muss.

Wenn das Unbedingte sich in der Geschichte ereignet und in seiner Repräsentanz geschichtlich bleibt, dann gehört die säkulare Dimension zu seiner wesent-

---

[12] Vgl. PierAngelo Sequeri, *Il Dio affidabile. Saggio di teologia fondamentale*, Brescia 1996, S.
579: „Die Pflege des Zeugnisses impliziert die Aktualität eines kritischen Prinzips, das im Inneren
des Glaubens in Form einer beständigen Selbstkritik des glaubenden Gewissens wirkt.“
[13] Vgl. Marcello Neri, *La testimonianza in Hans Urs von Balthasar. Evento originario di Dio e
mediazione storica della fede*, Bologna 2001.
[14] Vgl. Giorgio Agamben, *Il Regno e la Gloria. Per una genealogia teologica dell'economia e
del governo*, Mailand 2007.
[15] Vgl. Carl Schmitt, *Politische Theologie. Vier Kapitel zur Lehre von der Souveränität*, Mün-
chen/Leipzig ²1934, S. 49.
[16] Vgl. Eberhard Jüngel, „Pluralismo, cristianesimo, democrazia", in: Il Regno (Hg.), *Non passare oltre, op. cit.*, S. 209–228.

lichen Natur und es kann – natürlich nicht ohne Verwandlungen, die zunächst entdeckt und dann entziffert werden müssen –[17] in den jeweiligen Formen überdauern, die das Säkulare in den verschiedenen historischen Sinnhorizonten annimmt. Mit Säkularisierung könnte also das Säkulare gemeint sein, das die Frage des Unbedingten in der Politik ansiedelt, die ihrerseits von dieser als ein ihr eigenes Thema angenommen wird. Die Säkularisierung stellt daher einerseits eine Genusvermischung dar (aus Theologie und Politik, wobei das eine ohne das andere nicht denkbar ist), andererseits eine ‚Relativierung' des Unbedingten selbst.

Diese *Relativierung* des Unbedingten bedeutet nicht seinen Niedergang; vielmehr ist sie ein Moment, das seinem originären geschichtlichen Sich-Ereignen – als Praxis – eingeschrieben ist. Diese Bedeutung des Politischen in Hinblick auf die öffentliche Repräsentanz des Unbedingten nicht verstanden zu haben, ist einer der großen Fehler des Okzidents (in diesem Moment noch in der Einzahl zu nennen) gegenüber dem Islam. Die ideologische Versteifung auf ein Modell (das demokratische) für Institutionen und Regierung verbaute die Einsicht, dass die politische Form des Islam (und zwar der Islamstaat) eine *Säkularisierung* seines eigenen Anspruchs auf Unbedingtheit bedeutet (und daher seine Relativierung),[18] und eine spezielle *Lokalisierung* dieses Anspruchs (und daher seine Determinierung).

Nicht von ungefähr wurzelt der islamische Neofundamentalismus ausgerechnet in einer Umgebung verfallender politischer Institutionen und zielt bewusst auf die Dekonstruktion jeglicher bestimmter und stabiler Staatlichkeit im Islam. Wenn dem Westen, auch dem europäischen, dies entgangen ist, so liegt das auch daran, dass er die Frage des Unbedingten als öffentliche und gesellschaftliche Frage vorschnell verworfen hat.

Das Unternehmen Europa hat sich in der gesamten Nachkriegszeit, dem sogenannten ‚kalten Krieg', im Lichte eines Mythos entwickelt, der es auf gewisse Weise begleitet und beschützt hat.[19] Dieser Mythos heißt Westen (in der Einzahl). Das Ende der Blockbildung, die auf die Aufteilung Europas nach dem Zweiten Weltkrieg folgte, entlarvte die Vielfältigkeit und die innere Zerrissenheit dieser Chiffre des einheitlichen Westens. Von diesem kann man heute nicht mehr in der Einzahl sprechen. Nach und nach werden wir uns immer stärker

---

[17] Das ist der charakteristischste Zug des Forschungsprojekts, das im Zentrum der theologischen Arbeit des Dipartimento di Storia della Teologia der Facoltà Teologica dell'Emilia-Romagna steht: vgl. Paolo Boschini, „Abbozzo di riflessione epistemologica per un progetto organico di Storia della Teologia: memoria credente e linguaggio della fede", in: *Rivista di Teologia dell'Evangelizzazione* 1 (2005), S. 37–57.

[18] Vgl. Olivier Roy, *L'Islam mondialisé*, Paris 2002, S. 29–51.

[19] Vgl. Marcello Neri, „I testimoni e la testimonianza", in: *Il Regno-Attualità* 16 (2006), S. 568.

dessen bewusst, dass das, was für eine unteilbare kulturelle und politische Einheit gehalten wurde, in Wirklichkeit der bloß strategische Zusammenhalt von zutiefst verschiedenen Visionen und Selbstverständnissen war. Eigentlich und zu Recht muss man daher heute von den Okzidenten (in der Mehrzahl) sprechen.[20]

Auf politischer und institutioneller Ebene hat sich der Mythos des einheitlichen Westens, mit seinem Anspruch als Überbringer und Verwirklicher einer absolut guten und humanen Form gesellschaftlichen Zusammenlebens (der Demokratie), letztlich in einem geschichtlich-politischen Unbedingten geäußert und hat seine Regierungsform (die Demokratie eben) als schlechthin unbedingt gedacht (ohne jedoch jemals die Konsequenzen des damit verbundenen Paradoxons ganz bis zum Ende zu durchdenken).

In der Genusvermengung, welche die politische und öffentliche Begrifflichkeit Europas kennzeichnet, ist der einheitliche Westen nicht nur ein ‚politischer‘ Mythos gewesen, sondern auch ein ‚religiöser‘ – und genauer gesagt ein christlicher. In der katholischen Vorstellungswelt stellte er das letzte Überbleibsel der Idee der Christenheit dar – also der Fähigkeit des institutionellen Christentums, eine kohärente und kulturell stimmige Gesamtgestaltung in Bezug auf das Reale zu generieren, ebenso wie in Bezug auf die politischen Strategien und das gesellschaftliche Urteil. Die Auflösung des Mythos des einheitlichen Westens und das Bewusstwerden der Vielfalt der Okzidente stellt die Kirche, aus der Geschichte heraus, erneut vor die Aufgabe ihrer Katholizität – und zwar ausgehend von der Komplexität und der Synthese der Unterschiede statt von der Einheitlichkeit und der Vereinheitlichung dieser Unterschiede selbst.

Bei diesem Übergang von der Einzahl zur Mehrzahl der Okzidente kann die demokratische Form Europas aufgrund ihres Selbstverständnisses nicht mehr als Vorherrschaftsinstitution über das menschliche Zusammenleben gedacht werden (im Gegensatz zum US-amerikanischen Verständnis der Demokratie).[21] Sie versteht sich vielmehr immer stärker als nicht-totalisierende Institution solchen Zusammenlebens und empfindet sich zunehmend als Institut der Beziehungen und als eine Institution des Bedingten (nicht mehr nur *ad intra*, sondern nunmehr auch *ad extra* desselben demokratischen Spielfeldes).

Die gute Seite dieser verwickelten Konfliktlage, die zurzeit die Beziehung zwischen der modernen Staatsauffassung und der konziliaren Verwirklichung der Kirche kennzeichnet, könnte man im Hinblick auf die demokratischen Institutionen so auf eine Formel zu bringen wagen: In diesem Konflikt könnte man

---

[20] Vgl. Gret Haller, „Europa-USA: nuovo Occidente", in: *Il Regno-Attualità* 8 (2003), S. 221ff.

[21] Vgl. Gret Haller, „Europa: come ricostruire le convivenze", in: Il Regno (Hg.), *Nel suo Nome. Conflitti, riconoscimento, convivenza delle religioni*, Bologna 2005, S. 175–187.

ein unerwartetes Bewusst-Werden der Tatsache sehen, dass die europäische Demokratie zu ihrer gelungenen Verwirklichung gerade als Institution des Bedingten nicht von der Präsenz einer Institution des Unbedingten in der Öffentlichkeit und den gesellschaftlichen Formen des Zusammenlebens absehen kann, die mit den demokratischen Idealen und der höheren Verwirklichung der politischen ‚Idee' von Europa zusammenstimmen.

In der Gesellschaft konstituiert sich das Zeugnis, d.h. die geschichtliche Vermittlung des christlichen Unbedingten Gottes, als Institution von *Bindungen* und drückt sich genau so aus.

Der politische Bereich der Demokratie braucht Verbindungen, um das Geflecht seiner Relationen und den Horizont des Bedingten in jenen stabilen und endgültigen Rahmen einzuschreiben, den er nicht erzeugen kann (noch erzeugen sollte), wenn er nur von sich und den eigenen Institutionen ausgeht. Wenn der Zeugnisglaube mit seiner öffentlichen Repräsentanz der christlichen Form des Unbedingten die Herausforderung annimmt und die Anforderungen der Demokratie übernimmt, dann zeigt er sich damit im Stande, die Zivilqualität des christlichen Glaubens wirksam und wirkungsmächtig zu machen[22] – und kommt auf diese Weise der Geschichtlichkeit des christlichen Unbedingten Gottes nach, der ihn hervorbringt und ihm genau *diesen* geschichtlichen Auftrag überträgt.

Indem das Zeugnis sich als Institut der Bindungen verwirklicht, kann es auf der Ebene des menschlichen (politischen und weltlichen) Zusammenlebens als *bedingte Institution* des christlichen Unbedingten auftreten.[23] Eine bedingte Institution deswegen, weil sie das Unbedingte in jenes von Jesus selbst eingeführte Band zwischen dem Theologischen und dem Menschlichen stellt und darin verankert (vgl. Mk 2,8–11);[24] und weil sie dieses Unbedingte an die geschichtliche *traditio* der zeugnishaften Hinweise zurückbindet, welche bis zum Schriftkanon und der Identifizierung dieses Unbedingten mit dem Leben Jesu und der glaubenden Anerkennung der Freiheit zurückweisen.[25]

Die Denkfigur der Bindungen[26] gehört in einen Bereich, der nicht nur früher und ursprünglicher als das Politische ist, sondern auch als die Religion. Ein Bereich, der mit Sequeri als Bereich des Zivilen definiert worden ist – aus dem

---

[22] Vgl. Marcello Neri, „La testimonianza. Per una cifra sintetica del cristianesimo", in: *Dialoghi* 1 (2006), S. 30–37.

[23] Vgl. *id., I testimoni e la testimonianza, op. cit*, S. 568–569.

[24] Vgl. *Ibid.*, S. 572–573.

[25] Vgl. Hansjürgen Verweyen, *Gottes letztes Wort. Grundriß der Fundamentaltheologie*, Regensburg ³2000, S. 371–377.

[26] Vgl. PierAngelo Sequeri, *L'umano alla prova. Soggetto, identità, limite*, Mailand 2002, S. 121–134.

sowohl die Politik als auch die Religion Sinn ziehen und öffentliche Rechtfertigung schöpfen. Die Bindungen und ihr ursprünglicher Bereich können nur dann positiv zur instituierten Gestaltung der gesellschaftlichen Ordnung und des menschlichen Zusammenlebens beitragen (in denen die Demokratie wirkt und die sie pflegt), wenn sie nicht gewaltsam gezwungen werden, sich an jede beliebige Form der Institutionalisierung anzupassen (wenn auch in verschiedener Hinsicht und aufgrund verschiedener Ideologien, so scheinen sich in diesem Punkt das politische Europa und das kirchliche Europa aus derselben spiegelverkehrten Kurzsichtigkeit zu speisen – ganz zum Nachteil der Bindungen und der menschlichen Qualität, die im Bereich des Zivilen zirkuliert).

## 6. Ein ‚Bedürfnis' nach Theologie?

Paradoxerweise kann der Glaube und seine Institution nur dann an die ursprüngliche Bindungsebene angemessen anknüpfen, wenn die Gestalt des Politischen wieder (auch) als theologische Angelegenheit thematisiert wird. Wenn ein Teil der Kirche (und der Theologie) erklärt, das Politische aufzugeben, so kann dies nämlich nur bedeuten, dass sie der Welt und der Geschichte fremd ist (was im Widerspruch mit einem Unbedingten als Geschichte stünde), oder dass der unterschwellige Anspruch eines direkten und gebieterischen Einflusses des Glaubens auf das Politische und seine Institutionen vorgebracht wird (was im Widerspruch mit einem Unbedingten stünde, das allein in seiner geschichtlichen Vermittlung ist).[27] Wenn dies geschieht, wenn also die Kirche sich förmlich vom Politischen distanziert, aber täglich Politik praktiziert, dann verzerrt sich auch ihre Beziehung zum Bereich des Zivilen, der dann eher als ein Bereich autoritärer Verfügungen denn als ein originärer unverfügbarer und geschichtlich sehr ernst zu nehmender Bereich angesehen wird.

Zugleich kann man legitimerweise von den demokratischen Politiken und ihren Regierungen verlangen, die sich so schleppend verwirklichende ‚Idee' Europas nicht auf eine bloße Angelegenheit diplomatischer Alchemie und bürokratischen Umbaus zu reduzieren; sie sollten aufgefordert werden, das ideenschöpfende Moment, das den Bereich des Zivilen formt, wiederzuentdecken und in dieses zu investieren, da dieser Bereich den einzigen wirklich eigenen Aspekt dessen ausmacht, was wir Europa nennen.

Die Schwäche des heutigen Politischen (aber auch das Religiöse ist nicht viel stärker) könnte unzweifelhaft davon profitieren, wenn das Politische das Unter-

---

[27] Vgl. Marcello Neri, „Un teologo, le sue stazioni", in: *Il Regno-Attualità* 12 (2007), S. 425–426.

nehmen der Theologie entlang der oben skizzierten Grundlinien stärken würde,[28] indem es die *universitas* und die *humanitas* als jenen Urkern begreifen
würde, der gleichsam den Nerv Europas in seinem politischen und geschichtlichen Ganzen trifft. *Universitas* und *humanitas* sind in Europa das *gemeinsame*
‚Schicksal' sowohl der christlichen Form, die sich der Kritik der autonomen
*ratio* unterzieht und im selbstkritischen Raum des Zeugnisses stattfindet, als
auch einer richtig verstandenen Laizität, die nicht allein von der Trennung von
Religion und Politik lebt, sondern auch die Struktur der Bindung zwischen Gottes Gründen und den Gründen der Politik reflektieren will.

*Aus dem Italienischen von Leonhard Voltmer*

---

[28] Hierin muss auch die Theologie sich auf der Ebene der Kultur neu aufstellen als Wissen vom
Glauben, das zu tatsächlicher Autonomie und zum Gespür für die Geschichte fähig ist. Zum
Thema siehe: Paolo Prodi, „L'assordante silenzio della teologia", in: *MicroMega* 4 (2007), S. 22–
27.

GIANNI VATTIMO

# Ein relativistischer Gott?

„Nur noch ein relativistischer Gott kann uns retten" – diese Abwandlung des heideggerschen Diktums aus seinem Spiegelinterview ist nicht nur ein provokantes Wortspiel. Vielleicht wäre Heidegger angesichts des Verderbens, das der religiöse Fundamentalismus – ob er nun wahr oder nur eingebildet ist (in der Tat würden wir Bush und seine Komplizen nicht zu den wirklich Gläubigen rechnen) – in unserer Welt verursacht, mit dieser Abwandlung einverstanden. Um dennoch den skandalösen Unterton der Eingangsbemerkung etwas abzufedern, könnten wir „relativistisch" in „kenotisch" abändern – und damit diesen Gottesbegriff näher an das Bild heranrücken, das wir als Christen heute von Gott haben.

Weiterhin scheint in der heideggerschen Aussage das ‚noch' eine wesentliche Bedeutung zu besitzen. Ein relativistischer – oder kenotischer – Gott ist einer, der sich uns *heute* ‚gibt', in diesem Moment der Heilsgeschichte und damit auch in diesem Moment der Geschichte der katholischen Kirche wie der christlichen Kirchen überhaupt innerhalb der Welt der vollzogenen Globalisierung. Die enge Verbindung mit dem ‚heute' müssen wir herausstellen, weil für uns wie für Heidegger der Gott, der uns retten kann, nicht eine objektiv gegebene metaphysische Entität ist, die immer gleich wäre und die wir mithin nur in einer Art cartesianischer Meditation ‚wieder entdecken' müssten, Meditation, die uns deren unbezweifelbare ‚Existenz' aufzeigen sollte. Niemand von uns beginnt völlig bei Null – womit ein solcher Gott wenig oder überhaupt keinen Sinn hat, und erst recht nicht, wenn wir uns in die Perspektive des – heideggerschen – Endes der Metaphysik stellen. Wir stellen uns das Problem Gottes – das Problem dessen, was dieser Name für uns bedeutet – innerhalb einer geschichtlich bestimmten Situation: Auch wer nicht am Leben einer Kirche teilnimmt oder eine religiöse Erfahrung lebt, setzt sich mit dieser Frage aus einer Sichtweise heraus auseinander, die immer in Bezug zur historischen Existenz der Religion bzw. – im christlichen Okzident – der Kirche steht. Diesen Zusammenhang können wir letztlich auch im Werk des jungen Heidegger finden, wenn er in der *Einleitung in die Phänomenologie der Religion* von 1920/21[1] ohne ausdrückli-

---

[1] Vgl. Martin Heidegger, *Einleitung in die Phänomenologie der Religion* [frühe Freiburger Vorlesung Wintersemester 1920/21], in: *id.*, *Phänomenologie des religiösen Lebens* (Gesamtaus-

che Erklärung einfach vom ersten Teil, der allgemeinen Betrachtungen über die Religion gewidmet ist, auf den zweiten übergeht, in dem er sich unvermittelt der Kommentierung eines Paulusbriefes widmet. In den Vorlesungen des ersten Teils zeigt er ausführlich, dass man von Religion nur ausgehend von einer konkreten existenziellen Erfahrung derselben sprechen kann. Das heißt: es ist keine weitere Erklärung für die ‚Wahl‘ nötig als die Übernahme einer Erfahrung, die – wie man voraussetzen kann – ihm selbst und seinen damaligen Hörern gemeinsam war. Vielleicht kann man – von uns heute aus gesehen – in seinem Gedankengang noch einige der Phänomenologie verhaftete Vorurteile finden: so vor allem die Vorstellung, nach der man auf irgendeinen ‚ursprünglichen‘ Moment zurückgehen muss, um überhaupt von der christlichen Erfahrung sprechen zu können. Für uns heute kann das Beispiel Heidegger – ausgehend von dem, war wir von ihm gelernt haben – nur bedeuten, dass wir uns das Problem Gottes in diesem bestimmten Moment der Heilsgeschichte stellen müssen, nämlich in Beziehung auf jene Kirche und auf jenes Christentum, die wir in unserem alltäglichen Leben erfahren.

Die alltägliche Erfahrung, die *wir* von der Heilsgeschichte machen, hat nun mit dem Fundamentalismus zu tun (mir ist sehr wohl bewusst, wie problematisch es ist, hier von ‚wir‘ zu sprechen, doch ist dies das Risiko, das jeder Diskurs, der nicht rein innerlich und solipsistisch ist, eingehen muss, selbst dann, wenn er beansprucht, auf einer rein empiristischen Ebene zu bleiben). Damit beziehe ich mich nicht nur auf den Fundamentalismus der so genannten islamistischen Terroristen, die – zumindest großteils – lediglich Rebellen sind, die gegen die Vorherrschaft eines immer totalitärer werdenden Okzidents ankämpfen, der sich seinerseits bedroht fühlt. In erster Linie meine ich den Fundamentalismus, der sich – auch als Reaktion auf den Befreiungskampf der ehemaligen Kolonialvölker – immer deutlicher auch in der okzidentalen Religion selbst ausbildet. Ich glaube nicht, dass dies nur eine ‚italienische‘ Erfahrung darstellt, auf die ich mich konkret beziehe. Gegenüber der sich immer deutlicher durchsetzenden Säkularisierung fordert die Kirche nicht nur in Italien (das meinen spezifischen Betrachtungspunkt ausmacht) mit steigendem Nachdruck die Anerkennung der eigenen Autorität, und zwar im Namen der Tatsache, dass ihr von der christlichen Offenbarung selbst die Aufgabe anvertraut sei, die authentische ‚Natur‘ des Menschen und der bürgerlichen Institutionen zu verteidigen. Obwohl vor allem das christliche Denken, aber auch die katholische Hierarchie große Anstrengungen unternimmt, um sich zu ‚erneuern‘ und somit die „Zeichen der Zeit" zu lesen und zu den Menschen von heute zu sprechen, so besteht

gabe 60, II. Abt.: Vorlesungen 1919–1944), hg. von Matthias Jung u.a., Frankfurt a. M. 1995, S. 1–156.

doch kein Zweifel daran, dass die Moderne dabei grundlegend als Feind angesehen wird. Zur Bestätigung dieser Aussage genügt ein Blick in die zahlreichen
päpstlichen Dokumente, die wiederholt über diese Probleme handeln. Der –
noch nicht ausgetragene – Kampf, den die kirchliche Hierarchie für den expli-
ten Verweis auf die christlichen Wurzeln unserer Zivilisation in der Europäischen Verfassung geführt hat, bzw. – aktueller – die Frontstellung gegen jede
Form von Gesetzgebung, die sich den neuen Bereichen der Bioethik öffnet
(Genmanipulation, künstliche Befruchtung, Euthanasie, homosexuelle Famili-
en…), weiterhin die Eindringlichkeit, mit welcher Papst und Bischöfe auf die
Gefahr des „Relativismus" verweisen (der übrigens nur eine andere Bezeichnung für die liberale Gesellschaft darstellt!): all dies sind Anzeichen für die
Tatsache, dass sich die Kirche schwer damit tut, in der ‚modernen' Welt mit der
sie kennzeichnenden Laizität zu leben. Für die Kirche bleibt es dabei: Die ideale
Gesellschaft ist jene, in der Gott das ‚Fundament' des menschlichen Zusammenlebens darstellt und die Kirche als jene Stimme anerkannt ist, die in seinem
Namen spricht. Nun ist nicht nur diese letzte Forderung mit einer multikulturellen und somit notwendigerweise egalitären sowie hinsichtlich der *ethoi* der verschiedenen Kulturen ‚neutralen' Gesellschaft unvereinbar; sondern es ist bereits
die Idee eines Gottes als ‚Fundament' der menschlichen Welt selbst – auch
wenn der Begriff in der Regel nicht derart metaphysisch expliziert und formuliert wird –, die auf eine mittlerweile weit verbreitete Kultur trifft, welche die
Idee einer ‚Letztbegründung' – zumindest dort, wo man dieses Problem ausdrücklich stellt – ablehnt. An dieser Stelle drängt sich sogleich das Wort des
späten Heidegger auf: „Das Sein als Grund fahren lassen"; und dies ist durchaus
nicht nur Heideggers Position allein. Es wird hier vielmehr im Namen der Forderung einer monotheistischen Metaphysik, die für die Kirche untrennbar mit
dem Christentum und mithin mit der Heilsmöglichkeit selbst verbunden ist, der
weitaus größte Teil der Gegenwartsphilosophie abgewiesen.
   An dieser Stelle ist es nicht übertrieben zu sagen, dass die Kirche seit dem
Galilei-Prozess um keinen Schritt vorangekommen ist, und zwar trotz des mas-
siven *aggiornamento*, das es seitdem im Hinblick auf dieses Thema gegeben
hat. Auch wenn sie nicht mehr die Beschreibung des Kosmos und die Gesetze
der Gestirnsbewegung der Bibel zu entnehmen sucht, spricht sie immer noch
von einer „biblischen Anthropologie", an die sich die Zivilgesetze angleichen
müssten, um nicht die ‚Natur' des Menschen zu verraten. Daraus leiten sich
dann der Kampf gegen Scheidung, Abtreibung und gleichgeschlechtliche Partnerschaften sowie schließlich das Misstrauen gegen jedwede genetische Manipulation ab, auch wenn sie nur zu therapeutischen Zwecken dient (diesbezüglich
denke ich an die Positionen Habermas', die vom Papst so gern gesehen sind).

Dass die Kirche noch nicht wirklich die Phase des Galilei-Prozesses überwunden hat, sieht man nicht zuletzt daran, dass der kirchliche Anspruch, die ‚wahre‘ Natur der Welt, des Menschen und der Gesellschaft zu kennen, nach wie vor einen Grund dafür darstellt, dass sich viele Menschen vom Christentum abwenden. Weiterhin gründet sich auf diesen Anspruch die immer wiederkehrende Debatte zwischen Kreationismus und Antikreationismus, ein zum Galilei-Prozess durchaus analoges Thema: es geht immer noch um das Ziel, den Gott Jesu als den Schöpfer der materiellen Welt und mithin der sie regelnden Gesetze zu behaupten, womit er gewissermaßen zum obersten Uhrmacher erklärt wird, der im Übrigen stets einer Theodizee bedarf, da er als solcher nicht nur eigentlich keine Wunder vollbringen dürfte, sondern uns vielmehr überhaupt erklären müsste, warum er so viel Übel in der Welt zulässt. In dieser Hinsicht müssten sich die christlichen Theologen die Reflexionen der hebräischen Theologen nach Auschwitz gesagt sein lassen: nicht nur, dass Gott nicht gleichzeitig allmächtig und gut sein kann, sondern auch und vor allem, dass man ihn möglicherweise nicht mehr als platonischen Demiurgen denken kann, d.h. als den Hervorbringer der materiellen Welt, der gleichzeitig der Letztverantwortliche für deren (manchmal überaus schlechtes) Funktionieren ist. Wenn die Verteidigung des Kreationismus – auch gegen Darwin und die recht gut bewiesene Evolutionstheorie – zum Stein des Anstoßes wird, der zur Ablehnung des Christentums führt, so ist dies letztlich derselbe Stein, über den auch viele Gläubige stolpern, denen die vom Papst verkündigte Familien- und Sexualmoral rational inakzeptabel scheint – so war u.a. das Kondomverbot völlig inakzeptabel, das Johannes Paul II. ungeachtet der potentiellen mörderischen Folgen, die ein solches Verbot in einer von Aids heimgesuchten Welt haben konnte und vielleicht auch hatte, vehement verteidigte. Immer wieder treffen wir, in unterschiedlicher Form und Ausprägung, auf das ‚Skandalon‘ einer christlichen Verkündigung, die den Anspruch erhebt, die ‚Wahrheit‘ darüber zu diktieren, wie es um die Dinge, die Natur, den Menschen, die Gesellschaft, die Familie ‚wirklich steht‘: die Gott mithin als das Fundament und die Kirche als seine autorisierte letztinstanzliche Stimme begreift.

Man begeht die Sünde des Fundamentalismus, wenn man nicht diese Schwierigkeit in Rechnung stellt, dieses ‚Skandalon‘, das gerade die kirchliche Verkündigung für denjenigen darstellt, der sich darum bemüht, an Jesus Christus zu glauben – um nicht von der Unmoral zu sprechen, mit der sich so häufig die kirchlichen Diener und Würdenträger beflecken. Ich weiß nicht, ob die folgende Behauptung für alle Zeiten gelten kann, aber die Berufung der Kirche heute scheint mir darin zu bestehen, aus diesem Fundamentalismus herauszufinden. Ihr Kampf gegen die Moderne erreicht derzeit solche Extremformen, dass diese die Notwendigkeit eines Umschlags geradezu herbeizurufen scheinen. Sogar die Gläubigen, die nicht von Zweifeln geplagt sind und die kirchliche Verkündigung und Disziplin akzeptieren, sind heute nur noch dazu in der Lage, weil sie von dieser offenkundig reaktionären Haltung absehen. Beispielsweise denke ich an eine Umfrage vor einigen Jahren, die sogar einen katholischen Philosophen wie Pietro Prini so beeindruckte, dass er ihr ein Buch mit dem Titel *Lo scisma sommerso* widmete:[2] Demnach erklären heute nur sehr wenige der praktizierenden und die Sakramente feiernden Katholiken, dass sie die vom Papst gepredigte Sexualmoral akzeptieren und (wenigstens versuchen, sie zu) praktizieren. Sie nehmen diese einfach nicht ernst – genauso wie die vielen Jugendlichen, die in großen Massen zu seinen Reden strömen und es gewiss nicht vergessen, sich in ihren sexuellen Beziehungen mit Präservativen zu schützen. Ist dies eine einigermaßen getreue Abbildung der momentanen Wirklichkeit – und so scheint es mir unweigerlich zu sein –, dann hat der Einsatz der kirchlichen Hierarchie, durch eine Verschärfung und weitere Ausformung der Disziplin die Säkularisierung zu bekämpfen, einen widersprüchlichen Effekt: er tendiert dahin, in den Gläubigen eine Haltung resignierter Akzeptanz zu schaffen. Die Gläubigen trennen sich mithin nur deswegen nicht gänzlich von der Hierarchie, weil sie auf diese nicht wirklich bis ins Letzte hören. An dieser Stelle kommen viele Dinge in Erinnerung, welche seit Jahrhunderten über den ‚weichen‘ Charakter des Glaubens und der Religionspraxis der Katholiken Südeuropas geäußert wurden. Im Vergleich zur Religiosität, welche die protestantische Reform und dann die großen Religionskriege der Moderne inspirierte, wurde jene Glaubensform als eine weniger ‚ernste‘ Religiosität angesehen. Auch die Messe und die allgemeinen Gebete, die in die nationalen Sprachen übersetzt wurden, sollten in den protestantischen Gläubigen eine bewusstere Haltung der Zustimmung zu den Inhalten der Lehre hervorrufen – als Gegenprogramm zu einem Christentum der reinen Zugehörigkeit zu einer allgemein geteilten Kultur, die niemals zur Diskussion gestellt wird. Angesichts des Schadens, den der Fundamentalismus auch in der christlichen Welt verursacht – indem er beispielsweise wieder den Disput zwischen Wissenschaft und Glauben oder denjenigen zwischen Staat und Kirche hinsichtlich vieler Punkte der zivilen Gesetzgebung (hier ist an den gesamten bereits erwähnten Bereich der Bioethik zu denken) wieder aufwirft –, erscheint die Frage berechtigt, ob die ‚weiche‘ Religiosität des traditionellen Katholizismus nicht vielmehr zu fördern sei, anstatt zu bekämpfen. Wenn die Kirche länger den Glauben als ein Depositum von Wahrheiten auffasst, denen ein höherer Gewissheitsgrad als den von der Wissenschaft abgesicherten Ergebnissen zukommt – beispielsweise indem sie fortfährt, einen mehr oder weniger

---

[2] Vgl. Pietro Prini, *Lo scisma sommerso*, Mailand 2002.

wörtlichen Kreationismus zu verkünden, oder indem sie den staatlichen Institutionen die eigene „biblische Anthropologie" aufzwingt –, dann wird sie in einer Welt, wo die Wissenschaft und das Bewusstsein der Rechte einen immer weiter verbreiteten Besitz darstellen, fatalerweise unterliegen.

Von einem kenotischen bzw. ‚relativistischen' Gott zu sprechen, bedeutet zur Kenntnis zu nehmen, dass die Epoche der Bibel als Depositum an wahrem, weil durch göttliche Autorität garantiertem, ‚Wissen' endgültig vorbei ist. Dies ist durchaus kein Übel, dem man sich in der Erwartung fügen sollte, es dann umso entschiedener bekämpfen zu können, sondern Teil der Heilsgeschichte selbst. Ein großer katholischer Philosoph Italiens, Gustavo Bontadini, der jahrelang an der Katholischen Universität Mailand lehrte, pflegte zu sagen, dass die Kirche, wenn sie in der Minderheit ist, von der Freiheit spricht, dass sie aber, wenn sie in der Mehrheit ist, von der Wahrheit spricht. Das Insistieren – auch der Enzyklika *Deus caritas est* – auf der Untrennbarkeit der *caritas* von der *veritas* ist ein Zeichen dafür, dass die Kirche immer noch Sehnsucht nach jener Mehrheitssituation hegt, in der sie die Wahrheit bei allen so durchsetzen kann, wie sie diese als Gabe Gottes zu besitzen meint. Wie kann man aber davon ausgehen, dass die gegenwärtige Welt bzw. diejenige der nächsten Zukunft sich immer mehr an jene Situation einer allgemeinen Akzeptanz der katholischen Wahrheit und damit einer ‚Mehrheitssituation' der römischen Kirche annähere? Heute deuten viele Zeichen auf die gegenseitige Annäherung der großen Religionen hin. Soweit diese Annäherung tatsächlich existiert, findet diese jedoch gewiss nicht im Bereich der Lehre und Dogmen statt. Denken wir Christen wirklich, dass die Menschheit sich nur dann retten wird, wenn alle Menschen glauben, dass Gott dreieinig ist und dass die Heilige Jungfrau leiblich in den Himmel aufgenommen wurde? Die Frage zielt nicht darauf ab, dem Papst einen größeren ‚Realismus' beizubringen, der ihn dazu bewegen müsste, weniger von den anderen Religionen zu fordern, um sie weiter der Botschaft Jesu anzunähern. Vielmehr scheint es uns, als sei das Entkleiden der Botschaft des Evangeliums von all dem, was sie von den Menschen der verschiedenen Kulturen fernhält, die sich in unserer Zeit ausdrücklich begegnen und aufeinanderstoßen, ein Moment der christlichen Heilsgeschichte selbst. Es ist die Inkarnation als Kenosis, die sich heute umso vollkommener realisiert, da die Lehre an abergläubischen Elementen verliert, die sie in der weiten wie nahen Vergangenheit kennzeichneten. Der schwerwiegendste und gefährlichste Aberglaube ist jedoch, dass der Glaube objektive ‚Erkenntnis' sei – vor allem Gottes (wollte er uns wirklich seine ‚Natur' offenbaren?), aber auch der Gesetze der ‚Schöpfung', aus denen man alle Normen des individuellen und kollektiven Lebens ableitet. Ein solcher Aberglaube kann durchaus eine unschuldige Anhänglichkeit an Ideen der Vergangenheit sein; viel wahrscheinlicher hat dieser aber mit einer Tendenz zum Autoritarismus zu tun, der niemals aus der Tradition der Kirche verschwunden ist. Sofern sie beansprucht, im Namen der ‚Natur‘ der Dinge und des Menschen zu befehligen, kann die Kirche nämlich versuchen, ihre eigenen Prinzipien auch denen aufzuerlegen, die nicht glauben – dem Prinzip der Laizität, der Toleranz und letztlich der *caritas* selbst zuwider.

Auch ein Blick auf die allgemeine Situation der Welt und nicht nur auf die Geschichte des Christentums zeigt, dass sich die Idee der Kenosis, die für die Christen den Sinn der Inkarnation selbst ausdrückt und mithin in der Mitte der Heilsgeschichte steht, aus der Sichtweise des Schicksals der Metaphysik aufdrängt. Die Auflösung der Gründe des Fundamentalismus ist ein allgemeines Faktum: Bekanntlich ist die Metaphysik in der Theorie Heideggers dazu bestimmt, genau am Gipfelpunkt ihrer Herrschaft zu enden. Diese Auffassung findet eine weitgehende Entsprechung bei Adorno, für den die ‚Wahrheit‘ der hegelschen These, derzufolge nur „das Ganze das Wahre ist“, sich gerade in jenem Moment in ihr Gegenteil wendet, in dem die „Totalisierung“ des Realen zur Tatsache wird. So kulminiert und endet die Metaphysik nach Heidegger in der Welt des Ge-Stells, der totalen Organisation, wie sie sich im Spätkapitalismus und in der Herrschaft der rechnenden Vernunft realisiert. An diesem Punkt wird es unmöglich, das Sein als objektive Rationalität zu denken, denn auf diese Weise wäre es nichts anderes als die Begründung der Unmenschlichkeit der Welt, wo alles nur vorherbestimmtes Funktionieren eines kolossalen sinnlosen Mechanismus ist.

In dieser Hinsicht besagt die Kenosis als der Sinngehalt des Christentums, dass das Heil vor allem darin besteht, die Identität zwischen Gott und der Ordnung der realen Welt zu zerbrechen, also darin, Gott von jenem (metaphysischen) Wesen zu unterscheiden, das als Objektivität, notwendige Rationalität und Letztbegründung verstanden wird. Auch Gott als ‚Schöpfer‘ der materiellen Welt zu denken, ist Teil dieser metaphysischen Konzeption des Göttlichen, die heute eben wegen des darin realisierten Totalitarismus unhaltbar geworden ist (der Totalitarismus ist hier gerade in der disziplinarischen Gesellschaft zu sehen, die auf der wirtschaftlichen Integration und der engmaschigen Kontrolle, wie sie von den neuen Informationstechnologien ermöglicht wird, errichtet ist). Ein vom metaphysischen Sein ‚verschiedener‘ Gott kann nicht mehr der Gott der definitiven und absoluten Wahrheit sein, die keinerlei doktrinäre Vielheit duldet. Daher kann man ihn als einen ‚relativistischen‘ Gott bezeichnen, als einen ‚schwachen‘ Gott, wenn man so will, dem es nicht darum geht, unsere Schwachheit offenzulegen, um sich (und zwar gegen jegliche vernünftige Erwartung, mit jenem Mysterium, dem wir uns unterwerfen sollen, und mit jener kirchlichen Disziplin, die wir akzeptieren sollen) seinerseits selbst als lichtvoll, allmächtig, herrschend und furchterregend zu behaupten – gemäß den charakteristischen Zügen der (bedrohlich-beruhigenden) Persönlichkeit der natürlich-metaphysischen Religiosität. Die Christen in der Welt der expliziten Vielheit der Kulturen, der man nicht mehr – unter Verletzung des Liebesgebotes – die Forderung entgegensetzen darf, das Göttliche als Absolutheit und als ‚Wahrheit' zu denken, sind zur Erfahrung eines anderen Gottes berufen.

*Aus dem Italienischen von Markus Krienke*

GABRIEL MOTZKIN

# Die Unsichtbarkeit Gottes

Als meine beiden Buben noch klein waren, versuchte ich sie dazu zu bringen, Gebete an Zeus zu richten. Dies hat nicht einmal eine Woche angehalten, denn sie begriffen sofort, dass etwas an der Sache faul war. Der eine hat aus dieser kleinen Übung den Schluss gezogen, dass es keinen Gott gibt, während der andere folgerte, dass es einen wahrhaftigen Gott gibt, der jedoch nicht Zeus ist.

Als ich diese kleine Anekdote einem Freund von mir, der klassischer Philologe ist, erzählte, machte er mich darauf aufmerksam, dass die Alten nicht Gebete an ihre Götter richteten, wie wir es tun, sondern ihnen Opfer darbrachten. Ihr Gott war einer des Ritus, nicht jedoch ein innerer Gott für das innere Selbst. Ihre Götter waren Prinzipien der Welt viel eher denn Prinzipien, die das innere Selbst regieren. Es war Aufgabe des Menschen zu versuchen, die Götter dazu zu bewegen, dass sie seinen Vorhaben in einer bedrohlichen Umwelt ihren Segen erteilten. Da das Verhältnis des Menschen zur Welt aus Handlung bestand, sollte das Verhältnis zu den Göttern aus Handlung und nicht aus innerer Kontemplation bestehen. Für die Alten waren die Götter keine theoretischen Prinzipien, die eine Welt der Erscheinungen erhellten, sondern physische Prinzipien, die Welten in Bewegung setzen konnten. Ihre Götter waren physische Götter, weil sie die Götter der Physik waren.

In *Urmensch und Spätkultur* hat Arnold Gehlen die jüdische Neuerung als die Entzauberung der Welt charakterisiert. In seiner Sicht suchten die Juden danach, den Menschen zu heiligen, indem sie die physische Welt naturalisierten. Ihr Gott war nicht mehr ein Gott der Physik, wie es die heidnischen Götter gewesen waren, sondern ein Gott der Geschichte, d.h. ein Gott der Physik des menschlichen Handelns. Die Erfindung der Geschichte bestand nicht nur in der Entdeckung des besonderen Status des Menschen, sondern auch in der Idee, dass menschliches Handeln von Gesetzen auf eine andere Weise regiert wird als dies im Reich der Natur der Fall ist. Für Juden sind die Gesetze der Geschichte auch diejenigen, die die Natur regieren, und das Geheimnis der Natur kann in der Natur des Menschen gefunden werden. Im Gegensatz zu einer heidnischen Welt der Zauber und Gesetze, die nur spezifische Vorhersagungen bereitstellen konnten, waren die Gesetze der Juden solche des Handelns im Allgemeinen, die in jedem spezifischen Fall gefunden werden konnten. Die Juden glaubten nicht, dass die Natur vorhergesagt werden konnte, vielmehr glaubten sie, dass als Folge der Offenbarung die Geschichte vorhersagbar und deshalb auch lesbar war.

Diese Geschichtsauffassung hatte indessen Folgen für die jüdische Gotteskonzeption. Das, worauf ich abheben möchte, ist die Tatsache, dass der jüdische Gott als Folge der Hereinnahme der Geschichte in die Analyse des Menschenschicksals in gewisser Weise weniger geschichtlich wurde, als er es für die Heiden gewesen war. Diese Interpretation steht im Gegensatz zur üblichen Ansicht, dass die Juden Gott in die Geschichte hereingebracht hätten und ihn dadurch zum Teil des menschlichen Dramas des Werdens, zum heiligen geschichtlichen Führer für eine heilige Geschichte, gemacht hätten.

Eine Folge dieser Fehlinterpretation der Natur des jüdischen Gottes besteht in einer Fehlinterpretation der Natur der heidnischen Götter und des christlichen Gottes. Für die Griechen haben die Götter nämlich eine Geschichte, denn eine Reihe von Göttern ersetzt die andere. Die deutsche Sage der Götterdämmerung unterscheidet sich hiervon nicht. Sie ist ein Narrativ der Welt, in dem die Geschichte selbst transzendent, eine kosmische Geschichte ist, wobei wir versuchen, durch unser magisches Verhältnis zur Welt die Götter zu besänftigen, damit sie in ihrem unaufhörlichen Streit überhaupt auf uns achten. Man richtet keine Gebete an kosmische Götter, sondern versucht vielmehr, den Folgen ihrer physischen Gesetze zu entkommen.

Die Juden brachten nicht Gott, sondern Menschen in die Geschichte herein, und sie fingen langsam an, Gott weniger geschichtlich zu machen. Ihr Gott ist zwar noch ein leidenschaftlicher Gott des Werdens, aber er ist eher dessen Ziel. Es ist, als ob der Gott der Zukunft, der diese liebt und empfindet, wütend wäre und Mitleid empfände. Sinnvolle Geschichte ist jedoch nicht die Geschichte der Arbeitsmühen Gottes. Er ist nicht Zeus. Sinnvolle Geschichte ist die Menschengeschichte. Der monotheistische Gott hat nicht mehr eine dramatische Geschichte. Er muss noch besänftigt werden, damit er nicht an den Menschen wegen ihres Handelns Rache übe, aber seine Geschichte ändert sich nicht im Verhältnis zu dem, was die Menschen tun. Es ist eher die Menschengeschichte, die sich in eine der wechselnden Nähe und Distanz zu einem ewigen Gott verwandelt.

Der Gott der Juden ist ein verborgener Gott, einer, der sich nie zeigt, damit er nicht durch das Präsentwerden kontaminiert werde. Es ist schwieriger, die Herrschaft eines verborgenen Gottes durch diejenige eines Nachfolgegottes zu ersetzen, als einen weltlichen Gott an die Stelle eines anderen weltlichen Gottes zu setzen. Dies soll nicht heißen, dass sich der verborgene Gott nicht offenbaren könne. Wenn er sich jedoch offenbart, dann in seiner und nicht in unserer Zeitlichkeit. Wir können jene Selbstoffenbarung des verborgenen und transzendenten Gottes als eine zukünftige Möglichkeit begreifen. Diese Konzeption ist in Exodus 1, wo Gott Moses erzählt, dass sein Name „Ich werde sein" oder „Ich werde werden" sei, offenkundig. Für alle künftigen Generationen von Menschen wird der Name Gottes eine Kontingenz der Zukunft sein. Weil Gott nur als der Zukunft zugehörig begriffen werden kann, haben Menschen eine Vergangenheit. Ihre Vergangenheit ist eine Spiegelung ihrer Zukunft, eine, die durch den Gott der Zukunft zugesichert wurde. Zu einem künftigen Zeitpunkt wird der Sinn der menschlichen Vergangenheit vollständig enthüllt werden. Folglich enthält die menschliche Vergangenheit die Zeichen einer göttlichen Zukünftigkeit in sich. Diese ist eine Geschichte der künftigen Erlösung, und es obliegt den Menschen, ihre Vergangenheit zu studieren, um das, was in der Zukunft sein wird, herauszulesen. Geschichte hat die Vorhersagen der Divination ersetzt.

Dieses Studium der Vergangenheit scheint in der Tat der Divination zu ähneln, aber es ist sehr verschieden. In *De Divinatione* zeigt Cicero, wie die Divination das Studium der Zeichen bildet, die zuerst durch eine menschliche Zurichtung der Natur offenbart werden, damit aus ihnen das, was sein wird, herausgelesen werden könne. Die Natur ist es also, die studiert werden muss, um die Zukunft herauszulesen. Die Fähigkeit, die Zukunft aus der Natur herauszulesen, erfordert jedoch die Anwendung einer Technologie. Folglich ist es die Aufgabe des Zaubers oder der Naturwissenschaft, die Zukunft entweder durch die Zurichtung oder die experimentelle Aufbereitung der Natur vorherzusagen.

Das Studium der Vergangenheit hat die wunderbare Eigenschaft, dass sie nicht manipuliert werden kann, und deshalb können die Zeichen, die sie enthält, nicht im Verhältnis zu unseren Handlungen variieren. Unter dem Einfluss der Subjektivität ziehen wir Menschen der Moderne heute den gegensätzlichen Schuss, indem wir denken, dass unsere Interpretationen genauso sehr Konstruktionen, Interpretationen und Manipulationen der Vergangenheit bilden wie die Divinationen Manipulationen der Natur sind. Cicero dachte, dass wir die Natur zu interpretieren brauchen, da wir so wenig sichere Erkenntnis von ihr haben. Aus dem gleichen Grund meinen wir, dass wir die Geschichte interpretieren müssen. Wie die Juden, dachte Cicero nicht, dass die Geschichte Interpretation erfordere, da die Geschichte gut bekannt und nicht wie die Natur verborgen sei. Indem wir die Geschichte dem Reich der Interpretation zuordnen, implizieren wir, dass die Geschichte verborgen ist. Dadurch, dass wir die Natur dem Reich dessen, was erkannt werden kann, zuweisen, implizieren wir, dass die Natur erscheint.

Paulus hat die Gewissheit der Alten bezüglich dessen, was die Vergangenheit betrifft, auf die Zukunft ausgedehnt. Es ist bemerkenswert, dass die Prophetie aufhört, wenn wir nicht länger verlangen, dass die Zukunft enthüllt werde. Christus hat uns in unserer Vergangenheit die Zukunft stets enthüllt. Paulus, der weder den Alten noch den Modernen zugehörte, dachte, dass Offenbarung bedeute, dass sowohl Vergangenheit als auch Zukunft gleichzeitig enthüllt seien. Man könnte meinen, dass sich die moderne Wissenschaft entwickelte, als die Menschen unsicher im Hinblick auf die christliche Sicht der Zukunft wurden. Doch die nagende Unsicherheit, die die moderne Wissenschaft hervorbrachte, bezog sich auf die Vergangenheit. Dies ist der Grund, warum Darwins Enthüllung der Ursprünge der Religion einen zielgenaueren Schlag versetzte, als dies durch die Erweiterung einer rationalen Unendlichkeit in eine vermeintliche Zukunft geschah.

Paulus erkannte, dass das Judentum eine unsichere Stelle zwischen der Metaphysik und der Moral einnahm, und er dachte, den religiösen Sinn der Welt dadurch zu entbinden, dass er den waghalsigen Schritt unternahm, jegliche Verborgenheit entweder im Raum oder in der Zeit mit völliger Enthüllung zu ersetzen. Am Gott des Paulus gab es nichts Esoterisches.

Es verblieb lediglich ein Ort der Unsichtbarkeit, und Paulus' Bestimmung von deren Lage bildet einen wesentlichen Teil dessen, was er an die nachkommende Welt vererbte. Das, was für Paulus unsichtbar bleibt, ist weder Vergangenheit noch Zukunft, sondern die individuelle menschliche Seele. In der unsichtbaren Seele muss man von jetzt an die Evidenz der Präsenz Gottes in der Gegenwart suchen. Die Frage der Präsenz Gottes ist eine, die weder Vergangenheit noch Zukunft, sondern die Gegenwart betrifft. Es ist die Frage, ob Gott hier und jetzt präsent ist. Diese Präsenz kann nur im menschlichen Herzen gefunden werden.

Paulus schlägt eine einzigartige Lösung für die menschliche Unsicherheit angesichts der Ungewissheit der Erlösung vor. Es könnte scheinen, als ob die Idee eines Messias, eines göttlichen Boten, der als Vermittler zwischen einem zukünftigen Gott und einer zukünftigen menschlichen Geschichte dienen würde, bereits eine Antwort auf jene Unsicherheit gebildet hätte. Der Messias wäre die Gestalt, die jene Geschichte beenden würde. Es war natürlich, anzunehmen, dass eine menschliche Geschichte, wenn sie einen Anfang gehabt hatte, auch ein Ende haben würde. Der Messias war eine Figur, die auf das Rätsel der Zukunft der Geschichte angewandt wurde. Das Ziel der Geschichte wäre nicht der Tod, sondern die Verklärung. Unser künftiges Handeln würde in der Erwartung von dessen kollektiv endlichem Charakter eingerichtet werden. Unser Verdienst wäre nicht die Ewigkeit, sondern eine Nach-Ewigkeit, d.h. eine fortgesetzte kollektive und soziale Existenz nach dem Ende der Geschichte, in die wir jetzt verstrickt sind. Erlösung bedeutete nicht nur das Ende der Geschichte, sondern auch deren Verklärung, d.h. deren Fortsetzung als etwas anderes.

Paulus war nicht mit dieser Sicht der Geschichte einverstanden. Seine Aufkündigung des Gesetzes war zum Teil eine Folge seiner Ablehnung des Messianismus. Seine Neuerung bildete die Transposition des Heils aus der Zukunft in die Vergangenheit. Er sicherte das Heil durch dessen Verwandlung in etwas, das in der Wiederauferstehung Christi empirisch evident wurde. Die Bedeutung der Wiederauferstehung Christi ist, dass der Messias bereits gekommen ist, d.h., dass seine Ankunft eine geschichtliche Tatsache und nicht ein kontingentes künftiges Ereignis ausmacht. Auf die Frage danach, wann der Messias kommen werde, gibt es jetzt eine bestimmte Antwort. Er kam an einem solchen und solchen Datum an einem solchen und solchen Ort. Daher lebt der Christ nicht in der Erwartung, sondern vielmehr in der Gewissheit des Heils.

Dadurch, dass er das Heil in der Welt unterbrachte, veränderte Paulus die Auffassung von Geschichte. All das, was vor der Leibwerdung stattgefunden hatte, wurde jetzt zur Vorgeschichte. Geschichte bedeutete jetzt: der Weg Christi von der Leibwerdung bis zur Kreuzigung, und die Periode nach der Wiederauferstehung wurde jetzt an die kollektive Zukunft angeschlossen. Diese Neuordnung der Geschichte hatte viele Folgen, von denen ich zwei in den Brennpunkt stellen möchte: den Wechsel in der Zukünftigkeit als Folge der Wiederauferstehung und die Bedeutung der Zeitlücke zwischen der Kreuzigung und der Wiederauferstehung.

Die Ankunft des Heils als Folge der Wiederauferstehung bedeutet, dass die Zeitlücke zwischen der Periode nach der Wiederauferstehung und der Wiederkunft des Heilands verringert wurde, denn beide Perioden gehören zur Periode der Erlösung. Calvin hat richtig gesehen, dass es keinen Sinn macht, von der Verheißung des Heils nach der Wiederauferstehung zu sprechen, denn das Heilsgeschehen hat schon stattgefunden. Die logische Folgerung Calvins lag darin, die Verheißung und die Aktualität des Heils ineinander zu falten und sie auf den Ursprung der Welt vorzudatieren. Dies sah Paulus anders. Glaubte er einerseits auch an die Vorbestimmung, so glaubte er doch zugleich, dass Christus eine Zäsur bildete. Wenn Gott die Ankunft Christi vorhergesehen hätte, warum hätte er es für nötig befunden, den Juden das Gesetz zu geben? Was wäre der Sinn der Lücke zwischen dem jüdischen Bewusstsein der Sünde, des Fehles, als Wirkung des Gesetzes, und dem christlichen Bewusstsein der Gnade als Erfüllung des Gesetzes, als jenes Ersetzen der Leistung durch Bewusstsein, das wiederum nur dem möglich ist, der schon gerettet ist? Calvin hat den Sinn der Zäsur minimiert.

Was ist also die Zeitlichkeit der Periode nach der Wiederauferstehung? Dies: Sie ist die Zukunft. Es zeigt sich wieder, dass die Zukunft nicht das Ende der Geschichte ist. Das Ende der Geschichte wird nur stattfinden, wenn die Zukunft endet. Sakralzeit ist dann nicht Zeitlosigkeit, sondern eine Neuordnung der Zeitform, eine, für die eine Unterscheidung in Beziehung zur Vergangenheit vollzogen wird. Es handelt sich um eine Unterscheidung zwischen Geschichte, insofern sie offenbart wird, und Geschichte, insofern sie interpretiert wird. Wenn sowohl die Heiden als auch die Juden glaubten, dass die Geschichte lesbar war, wird diese Lesbarkeit nun auf die Periode nach der Wiederauferstehung übertragen. Dies hat zur Folge, dass die Periode vor der Leibwerdung nicht mehr zur offenbarten Geschichte gehört. Diese Periode, die jetzt vorgeschichtlich ist, wird mehrdeutig. Wenn die Juden die Geschichte sakralisierten und die Natur säkularisierten, sind es die Christen, die die Vorgeschichte säkularisierten. Diese säkulare Geschichte steht der Interpretation offen. Deshalb kann die Hermeneutik, die auf das Alte Testament angewandt wird, nicht diejenige sein, die auf das Neue Testament angewandt wird, wie Paulus zu Recht sah.

Es gibt jedoch eine andere Folge des christlichen Schemas der Geschichte, eine Folge, der in der langen Geschichte der christlichen Kommentare vielleicht nicht genug Aufmerksamkeit geschenkt worden ist. Hiermit meine ich die drei Tage zwischen der Kreuzigung und der Wiederauferstehung. Diese drei Tage geben zu zwei Fragen Anlass: Wo war Gott? Und wie war es, zwischen Freitag und Sonntag ein Christ zu sein? Die Antwort auf die zweite Frage lautet, dass zwischen Freitag und Sonntag ein Christ zu sein hieß, einem messianischen Glauben anzugehören, da Gott gekreuzigt aber noch nicht auferstanden war. Während dieser drei Tage lebte der Gläubige deshalb in immanenter Erwartung der Aktualität des bevorstehenden messianischen Augenblicks. Gleichzeitig musste der Gläubige anerkennen, dass Gott gerade jetzt abwesend ist, d.h., dass seine Transzendenz nur durch seine Abwesenheit manifest wird. Wenn man während jener drei Tage an der Kommunion teilgenommen hätte, hätte der Sinn jener Zeremonie nicht denjenigen Sinn, den er nach der Wiederauferstehung bekommen sollte. Folglich lebte der Gläubige in einer Situation, in der das Sakrale paradoxerweise nur auf Erden existierte. Der Himmel wurde säkularisiert, und die Erde trug die Erinnerung sowie die Erwartung des abwesenden Gottes und dessen bevorstehender Wiederkehr. Diese Erfahrung könnte als umgekehrte kognitive Dissonanz bezeichnet werden, denn Gott versagte nicht. Die Himmel waren es, die nicht in Ordnung waren. In jener Situation ist es nicht die empirische Welt, die in Unordnung ist, sondern dies gilt vielmehr für die transzendentalen Verhältnisse. Darin unterscheidet sie sich von der klassischen Situation der kognitiven Dissonanz, in der das Versagen des Sakralen erdgebunden und empirisch ist.

Wo war Gott? Er war gewiss nicht anwesend. Alles, was er in jener Situation tun konnte, war auf die unmittelbare Vergangenheit zu blicken, um die Verheißung der unmittelbaren Zukunft zu finden. Das heißt, dass es Gott als der zukünftige Gott war, der während jener drei Tage verborgen blieb. Das ist der Sinn von Paulus' Argument, dass der Tod Gottes das Gesetz durchstreicht. Wenn Gott gestorben ist, dann sind auch seine Gesetze gestorben. Mit anderen Worten, es ist nicht die natürliche Ordnung, die in Frage steht, sondern die moralische Ordnung, die eine neue Verfügung erfordern würde. Der Gott, der gemäß diesem Argument gestorben ist, ist der jüdische Gott, jener Gott, der in einer unbestimmten Zukunft offenbart würde. Stattdessen würde Gott jetzt in einer bestimmten Zukunft oder überhaupt nicht offenbart werden. Hier können wir also den Übergang vom Messianischen zum Apokalyptischen beobachten. Bei diesem Letzteren ist die Zukunft nicht länger unbestimmt. Ob jene Zukunft positiv oder negativ bewertet werden soll, hängt von der Wiederkehr Gottes ab.

Aber wo war Gott? Er war entweder zum Vater zurückgekehrt oder er war tot. Wenn er zum Vater zurückgekehrt wäre, müsste er wieder Leib werden, um wieder zum Leben erweckt zu werden. In diesem Fall müsste er in der Leiche eines toten Menschen wieder Leib werden. Nichts im Bibeltext erlaubt uns, diese zweite Prozession anzunehmen. Im Fall einer solchen zweiten Prozession würde die Dreieinigkeit nicht aus dem Vater, dem Sohn und dem Heiligen Geist, sondern vielmehr aus dem wieder Leib gewordenen, schon toten Sohn als dem wirklichen Sohn bestehen. Deshalb müssen wir annehmen, dass der Sohn während jener drei Tage wirklich tot ist, d.h., dass Gott wirklich sterben kann. Weil sein Tod nicht endgültig ist, können wir annehmen, dass unser Tod nicht endgültig ist.

Wir haben jetzt fünf Phasen des Göttlichen: Gott den Vater, Christus, Christus während der drei Tage, den wiederauferstandenen Christus und die Himmelfahrt des wiederauferstandenen Christus. Jeder hat eine verschiedene Perspektive, aus der er die Welt sieht, und jede dieser verschiedenen Perspektiven strukturiert die menschliche Fähigkeit, die Vergangenheit zu erkennen, neu.

Gott der Vater ist jener Gott, der seinen Namen nicht offenbart. Er ist und bleibt der verborgene Gott. Er ist deshalb der Gott, der erscheinen wird. Er sieht die menschliche Vergangenheit vom Gesichtspunkt der Zukunft. Menschen müssen deshalb, wie Gott, den Gesichtspunkt der Zukunft im Verhältnis zur Vergangenheit annehmen. Anderenfalls ist ihr Verhältnis zu Gott durch ihre Differenz markiert, und in diesem Fall stellen Menschen die Vergangenheit im Verhältnis zum zukünftigen Gott dar. Wie ich bereits dargelegt habe, braucht dieser Gott Menschen, um eine Vergangenheit zu haben, da seine Perspektive nie eine solche auf die Vergangenheit gerade jetzt ist.

Christus offenbart sich zweimal: einmal als der Christus, dem es bevorsteht, gekreuzigt zu werden, und einmal als der wiederauferstandene Christus. Als der Christus, der bald gekreuzigt werden soll, identifiziert er sich mit der menschlichen Zeitlichkeit, mit dem Verlauf von der Geburt bis zum Tode. Es ist unabdingbar, dass er in diesem Aspekt des Narrativs keine andere Zeitlichkeit hat, denn sonst müssten wir annehmen, dass Christus, der Göttliche, auf irgendeine Weise die Handlungen von Christus, dem Menschen, in dem Augenblick betrachtet, in dem er sie erlebt. Es gibt nur einen Augenblick, in dem dies geschieht, dann nämlich, wenn Christus aufschreit: „Mein Gott, mein Gott, warum hast Du mich verlassen?" Dies ist der Punkt, an dem die Spannung zwischen seinen menschlichen und seinen göttlichen Aspekten gipfelt, wenn seine Zeitlichkeit auseinandergerissen wird und seine Vergangenheit und seine Zukunft nicht länger aus einer Perspektive betrachtet werden können. Dies ist der Augenblick, in dem die Möglichkeit eines doppelten Christus erscheint, um dann zurückgewiesen zu werden. Der Ersatz des Menschlichen durch das Göttliche wird als Ersatz des Göttlichen durch das Menschliche ausgedrückt. Der Grund hierfür besteht darin, dass es einen Aspekt dieses Gottes gibt, der jetzt keine Zukunft hat. Für den größten Teil seines Lebens kann Christus den Menschen Erlösung nur in ihrem eigenen Bezugsrahmen versprechen. Anders als Gott der Vater spricht er nicht ihre Sprache, während er anonym bleibt, sondern wird vielmehr genannt.

Christus als Mensch muss indessen alle die Aspekte der Zeitlichkeit seines Vaters wiederholen. Er ist es daher, der drei Tage lang den verborgenen Gott bildet. Für einen Menschen bedeutet verborgen zu sein das Gleiche wie vorübergehend tot zu sein, genauso wie für den zwölften Imam. Während dieser drei Tage also hat Gott keine Perspektive auf die Vergangenheit, genauso wie er keine Perspektive auf die Zukunft hat. Man wäre versucht, zu sagen, dass er reine Präsenz sei, aber es ist offenkundig, dass jene reine Präsenz reine Absenz bedeutet. Ohne Zukunft und Vergangenheit ist die Gegenwart nur als abwesende präsent. Gibt es keinen Zeitschwund, dann ist die Welt nicht reine Präsenz, sondern reine Absenz. Dies macht nur Sinn, wenn wir Gott als oberstes Prinzip der Zeitlichkeit auffassen eher denn als ein griechisches Prinzip der gleichzeitigen Präsenz aller zeitlichen Aspekte oder gar der Ablehnung der Zeitlichkeit, so als ob Gott nicht-zeitlich wäre. Der verborgene Christus teilt uns mit, dass im Rahmen der Welt eine solche gleichzeitige Präsenz mit Nicht-Existenz identisch ist. Gemäß der jüdisch-christlichen Auffassung würde die Welt nicht existieren, wenn Gott nicht existierte.

Der wiederauferstandene Christus verbleibt nur sehr kurz in der Welt. Diese kurze Zeit ist nicht eine der Erwartung. In ihr sieht Gott nicht so sehr die Zukunft denn die Vergangenheit, seine Vergangenheit, aus der Perspektive der Wiederauferstehung. In dieser Phase ist die Wirklichkeit der Vergangenheit gesichert. Auf die Frage, wo denn die Geschichte sei, antwortet der wiederauferstandene Christus, dass die Geschichte aus der Perspektive der Erlösung nur als präsent und nicht als verschwindend aufgefasst werden kann, wie dies bei der säkularen Geschichte der Fall ist. Jene Geschichte ist diejenige des Lebens Christi, die jetzt sowohl präsent als auch geschichtlich ist. Sie ist geschichtlich dadurch, dass sie die Perspektiven von Vergangenheit und Gegenwart vereint. Gott wird demnach so gesehen, dass er in der Gegenwart lebt und Kreuzigung sowie Wiederauferstehung erfährt. Das geschichtliche Bewusstsein geht aus dieser Einheit der voneinander sich unterscheidenden Perspektiven hervor.

Diese kurze Periode der Wiederauferstehung ist überdies das letzte Mal, dass der Sohn eine getrennte Identität hat, denn wenn er einmal in den Himmel aufgefahren ist, macht ihn seine Göttlichkeit zu einem Aspekt einer dreieinigen Gottheit. Daher ist, was die Frage der Perspektive auf die Vergangenheit anbelangt, der noch getrennte Sohn ein Zeichen der Unterscheidung zwischen verschiedenen Weisen, auf die das Vergangensein verstanden werden kann. Eine Vergangenheit ist diejenige der Juden, eine, die enthüllt oder offenbart wurde. Eine andere Vergangenheit ist diejenige im Leben Christi, in der Christus die Erfüllung der Prophezeiung ist, d.h. der Vergangenheit in der Gegenwart. Eine weitere, dritte, Vergangenheit ist diejenige des toten Christus, die die abwesende Vergangenheit einer Abwesenheit in der Gegenwart ist. Eine vierte Vergangenheit ist diejenige des wiederauferstandenen Christus, der auch eine Vergangenheit in der Gegenwart ist, aber es handelt sich hier um eine andere Vergangenheit als die Vergangenheit des Lebens Christi. Das Leben Christi, das jetzt vergangen ist, hat die Vergangenheit des Alten Testaments ersetzt. Biographie hat Tradition ersetzt.

Hier gibt es also ein anderes geschichtliches Bewusstsein als dasjenige der Juden. Die Juden hatten die Geschichte als das Zusammenspiel des göttlichen Eingreifens und einer Menschengeschichte aufgefasst, wodurch sie die Geschichte der Natur entgegenstellten. Der wiederauferstandene Christus nimmt Geschichte wieder in die göttliche Sphäre herein, ohne jedoch die Natur wieder göttlich zu machen. Wie die Heiden, glaubten die Christen an die Geschichte eines Gottes, aber anders als die Heiden glaubten sie nicht an eine magische Natur.

Die letzte Phase Christi ist die Himmelfahrt des wiederauferstandenen Christus. Die Idee, dass ein zum Menschen gewordener Gott in den Himmel zurückkehren kann, gibt zu verschiedenen Fragen Anlass. Darüber hinaus gibt es immer ein Gegen-Narrativ, in dem übernatürliche Wesen ihre Göttlichkeit verlieren, wenn sie auf die Erde einwandern, so wie der gefallene Engel in Wim Wenders Film *Der Himmel über Berlin*. In der menschlichen Phase Christi bildet die große Gefahr für ihn, sich in einen gefallenen Engel zu verwandeln. Wenn Satan danach trachtet, ihn in Versuchung zu bringen, tut er es nicht wie bei einem Menschen, sondern wie bei einem Gott.

Unter den Fragen, die durch die Himmelfahrt des zum Menschen gewordenen Gottes nahegelegt werden, gibt es die zwei folgenden. Was geschieht mit seinen menschlichen Eigenschaften im Himmel? Und wie verändert die Wiederaufnahme Christi in die Dreieinigkeit die göttliche Perspektive auf die Zeit? Die menschlichen Aspekte des Christus im Himmel mögen verewigt werden, aber auch wenn dies geschieht, sind sie Erinnerungen seiner Vergangenheit als Mensch, d.h. als etwas, was er nicht ist. Sie sind das Zeichen einer Unterscheidung innerhalb der Dreieinigkeit. Folglich verändert die Wiederaufnahme Christi in die Dreieinigkeit die Natur Gottes, da Gott jetzt eine Vergangenheit hat. Das bedeutet, dass er es im Gegensatz zum jüdischen Gott nicht länger nötig hat, dass Menschen eine Vergangenheit haben. Indem er zum Menschen geworden ist, hat er etwas sehr wertvolles erhalten, denn er braucht die Menschen nicht mehr. Ein jedes künftiges Verhältnis, das er mit Menschen haben wird, wird nicht ein Vertragsverhältnis auf der Grundlage von gegenseitiger Abhängigkeit sein.

Welche Wirkung hat dieser grundlegende Wechsel in der göttlichen Zeitlichkeit auf die Fähigkeit der Menschen, die Vergangenheit zu erkennen? Fassen wir zusammen, was wir bisher gezeigt haben: Die immanente Verzeitlichung Gottes hat die göttliche Zeitlichkeit verändert, indem Gott aus reiner Zukunft in sowohl Vergangenheit als auch Zukunft verwandelt wurde. Es wäre schön, wenn man den Schluss ziehen könnte, dass der Mensch im Gegenteil zu Gott die Gegenwart ist, aber dies ist nicht der Fall. Wie wir bemerkten, leben Menschen jetzt in der Zukunft, da sie erlöst worden sind. Das heißt, dass die Menschen jetzt die göttliche Macht erhalten, die Vergangenheit aus der Perspektive der Zukunft zu betrachten. Das, was für Gott aus seiner Verzeitlichung folgt, ist die Tatsache, dass er menschliche Zeitlichkeit annimmt. Das, was für die Menschen aus der Leibwerdung Gottes folgt, ist die Möglichkeit, dass sie die Perspektive Gottes annehmen. Die Juden hatten die Geschichte göttlich gemacht, aber sie nahmen nicht die Perspektive Gottes an. Gott blieb verborgen. Ein offenbarter Gott ist einer, der seine Weise, die Welt zu sehen, offenbart hat. Diese ist sowohl für Juden als auch für Christen zeitlich und perspektivisch.

Diese Annahme der Perspektive hat Folgen für die Fähigkeit der Menschen, die Vergangenheit zu erkennen. Menschen müssen wählen, ob ihre Perspektive eine ist, die dem Auge Gottes entspricht, wie dies bei einer russischen Ikone der Fall ist, die einen anschaut, oder, ob die Perspektive innerhalb einer phänomenalen Welt und nicht nur von einer Position außerhalb der phänomenalen Welt eingenommen werden kann. Die Frage der zeitlichen Position ist jetzt mit der Frage der räumlichen Position verschmolzen.

Paulus hat dieses Dilemma gelöst. Er glaubte, dass es in jedem Menschen eine unsichtbare Subjektivität gibt. Diese Subjektivität ist immanent, weil sie in irdischer Raumzeitlichkeit verortet ist. Sie ist jedoch auf zweifache Weise transzendent. Sie sieht die Welt von einer unsichtbaren Position aus an, die irgendwie außerhalb der Welt liegt. Das heißt, dass sie die Welt von einem Gesichtspunkt, der dem Auge Gottes entspricht, ansieht. Gleichzeitig sieht sie auch Gott an, dies aber von innerhalb der Welt, von einer menschlichen Perspektive. Vom Gesichtspunkt, der dem Auge Gottes entspricht, sieht das menschliche Subjekt die Vergangenheit aus der Zukunft an, während es vom menschlichen Gesichtspunkt die Zukunft von einem Gesichtspunkt in der Vergangenheit ansieht. Geschichte und Vorwegnahme kreuzen sich.

Dieses menschliche Subjekt ist also sowohl jüdisch als auch göttlich. Es ist jüdisch, weil eine seiner Positionen mit den Menschen, die in Exodus 3 in Betracht gezogen werden, identisch ist. Es ist göttlich, weil es jetzt die zeitliche Position des einst verborgenen Gottes, der jetzt offenbart ist, annehmen kann. Das Menschwerden Gottes hat das Gottwerden des Menschen ermöglicht. Für die Juden ist das Gottwerden des Menschen Gotteslästerung. Ohne den Austausch der Zeitlichkeiten zwischen Gott und dem Menschen ist die Entfaltung der Subjektivität der Person jedoch unmöglich.

Schließlich hat das neue menschliche Subjekt zwei Vergangenheiten: das Leben vor Christus und das Leben nach Christus. Die Folge der Tatsache, dass man zwei Vergangenheiten hat, ist, dass die Linie zwischen dem, was offenbart ist, und dem, was verborgen ist, verschwommen wird. Deshalb kommt man dazu, die Vergangenheit als Zusammenspiel dessen, was verborgen ist, mit dem, was undeutlich ist, zu betrachten. Es ist so, als ob Lichtstrahlen die umgebende Dunkelheit erhellen können. Die Vergangenheit ist weder verborgen noch enthüllt, sondern vielmehr erhellt. Dies macht aus ihr ein perspektivisches Zusammenspiel von Wirklichkeit und Interpretation.

*Aus dem Amerikanischen von Ashraf Noor*

SILVANO ZUCAL

# Die Dialektik von Heiligem und Göttlichem bei María Zambrano

## 1. Vorbemerkung

Das Thema des *Heiligen* und des *Göttlichen* sowie ihres gleichermaßen ver-
flochtenen wie dialektischen Verhältnisses zueinander durchzieht das gesamte
Werk María Zambranos. In einigen grundlegenden Texten ihres theoretischen
Schaffens wird dem Thema allerdings besondere Aufmerksamkeit zuteil: dies
gilt insbesondere für *El hombre y lo divino*[1] aus dem Jahr 1955.

Der Titel dieser Schrift könnte überhaupt als geeignete Überschrift für alle
Bücher der Autorin gelten – sowohl für diejenigen, die sie zu diesem Zeitpunkt
bereits veröffentlicht hatte, als auch für jene, die sie noch publizieren sollte.[2]
Das Verhältnis zwischen „Mensch und Göttlichem" ist nachgerade die Mitte der
gesamten theoretischen Perspektive María Zambranos. Ihr Werk von 1955 bezeichnete sie indes im Hinblick auf das mit ihm verbundene ursprüngliche Projekt, nämlich die eingehende Untersuchung des Verhältnisses von Philosophie
und Christentum, als gescheitert.

---

[1] María Zambrano, *El hombre y lo divino*, Mexiko [1]1955, [2]1973.

[2] So drückt sie sich selbst im Prolog zur zweiten Auflage von 1973 aus. Vgl. María Zambrano,
*El hombre y lo divino, op. cit.*, S. 9. Für Roberto Mancini muss das Werk *El hombre y lo divino*
als das „systematischste und organischste Werk der Autorin betrachtet werden. Der Text stellt den
Versuch dar, in einem großen Wurf eine Rekonstruktion der Geschichte vorzulegen, wobei diese
als Entwicklung des Verhältnisses zwischen Menschheit und Gottheit gelesen wird. [... Es handelt
sich um eine] gleichzeitig anthropologische und metaphysische [Abhandlung]. Sie ist anthropolo-
gisch, weil sie das Werden des Menschlichen behandelt, die Reise dieser unserer gemeinsamen
Identität, welche die Tiefendimension der Zukunft besitzt. Sie ist metaphysisch, weil die Erfahrung des Heiligen und des Göttlichen, der Götter und des unbekannten Gottes – Erfahrung, von
der die Autorin gleichzeitig eine Phänomenologie und eine Hermeneutik bietet – das Werden
unserer Beziehung zum Ursprung selbst ist, mithin zu dem, was die philosophische Tradition des
Okzidents als das Sein, das Gute, die Wahrheit bezeichnete. [... Dies ist] eine Interpretation, die
sich für das interessiert, was wir im Laufe der Jahrhunderte von uns selbst dadurch offenbart
haben, dass wir uns kontinuierlich selbst als Gesprächspartner des Absoluten setzten, ohne dass
sich dabei weder sein noch unser Geheimnis auflöste" (Roberto Mancini, *Esistere nascendo. La
filosofia maieutica di María Zambrano*, Città Aperta 2007, S. 36–37).

Ein Schlüsselelement, um die ursprüngliche Intention Zambranos zu erfassen, ist vor allem und in erster Linie die genaue Unterscheidung zwischen dem *Heiligen* (*lo sagrado*) und dem *Göttlichen* (*lo divino*). Dieser Unterschied kommt in ihren Werken mit zunehmender Klarheit zum Vorschein.

## 2. Das Heilige

Im Zentrum der Spekulation Zambranos steht das *Heilige*, das unter mehrerlei Hinsicht deren tragende Struktur bildet. Das gesamte menschliche Dasein wurzelt für Zambrano in diesem unbekannten Abgrund, in diesem dunklen und allmächtigen Grund, von welchem alles seinen Ursprung nimmt. Das menschliche Sein ist in den Schoß dieses primordialen Lebens, das die Züge des *Heiligen* trägt, eingelassen. Die archaischen Völker fühlten, dass die gesamte Realität aus einem dunklen Urgrund hervorgehe, den sie nicht beherrschen konnten und bezüglich dessen sie sich in vollkommener Abhängigkeit befanden.[3] Schritt für Schritt, wenn auch niemals vollständig, befreite sich der Mensch von diesem, indem er das *Heilige* in das *Göttliche* verwandelte. Dies ist der wesentliche Kern der These Zambranos, den die Autorin immer wieder in ihrem Werk bestätigen sollte. Das *Heilige* ist das ‚Namenlose‘, das Undefinierbare und Unsagbare. Die Metamorphose des *Heiligen* in das *Göttliche* stellt, wie noch zu zeigen sein wird, den Versuch dar, dem *Heiligen* einen Namen zu geben, damit nichts Namenloses mehr den Menschen in Unruhe versetze. In besonderer Weise weiß sich María Zambrano von dem berühmten Buch von Rudolf Otto aus dem Jahr 1917, *Das Heilige*,[4] beeinflusst, auch wenn sich ihre Annäherung an das Thema des *Heiligen* vor allem über den visuell-ästhetischen Aspekt vollzieht: über die Malerei Luis Fernández’, den sie als „außerordentlichen und ewig unentdeckten Maler“[5] bezeichnet, und über die Schriftstellerei Federico García Lorcas, des berühmten spanischen Dichters und Dramaturgen, welcher der sogenannten Ge-

---

[3] Vgl. Mancini, *Esistere nascendo*, op. cit., S. 33: „Die spanische Philosophin nennt ‚heilig‘ ein dunkles und allmächtiges Absolutes, von dem unser Leben abhängt. Das Empfinden des Heiligen, das als eine übermenschliche Andersheit verstanden wird, die uns erdrückt, ist in den Kulturen und in den Gewissen präsent und setzt das menschliche Sein in einen Zustand der Selbstentfremdung.“

[4] Vgl. Rudolf Otto, *Das Heilige. Über das Irrationale in der Idee des Göttlichen und sein Verhältnis zum Rationalen*, Breslau 1917.

[5] María Zambrano, „A modo de autobiografía. María Zambrano“, Interview aus dem Jahr 1987, zuerst veröffentlicht in: *Anthropos. Revista de documentación científica de la cultura* 70–71 (1987), S. 69–73, hier S. 72. Zum spanischen Maler vgl. ihren Artikel: „El misterio de la pintura española en Luis Fernández“, in: *Orígenes* 27 (1951), S. 51–56.

neration von 1927 (*Generación del '27*) zugehört.[6] Das gesamte Werk von García Lorca sei, so Zambrano, ausgezeichnet durch

> einen grundlegend heiligen Charakter [...], der in allem zum Ausdruck kommt, was Federico
> anfasste. Wo dieser Charakter am wenigsten auftaucht – ohne damit sagen zu wollen, dass er
> dort gar nicht mehr spürbar wäre –, ist vielleicht in seiner dramatischen Poesie und in jener des
> hohen Stils. Das Heilige drückt sich in dem aus, was er berührt, da er selbst ein vom Heiligen
> Berührter war [...]. Diesen Zug des Heiligen sah ich, sehe ich und werde ich immer sehen in
> Federico García Lorca, der das ganze Leben hindurch – sogar auf den zufälligsten Fotogra-
> phien – das Stigma und die Kraft des Geopferten trug [mit der alles durchdringenden Macht des
> *Heiligen*].[7]

María Zambrano schreibt nicht – wie dies Rudolf Otto *dachte* – die Realität und
die Dimension des *Heiligen* nur dem zu, was das innere Wesen jeder Religion
ausmacht. Für sie gehört der Sphäre des *Heiligen* die gesamte Realität an, von
der alles seinen Ausgang nimmt. Auf die Ebene der Anthropologie übertragen,
besagen ihre Thesen, dass kein Mensch sich jemals – weder im Anbeginn noch
zu sonst einer Zeit – als ein nicht in das *Heilige* eingetauchtes bzw. als ein vermeintlich von ihm befreites Lebewesen bezeichnen könnte. Überall bricht das
*Heilige* hervor, kommt wieder ans Tageslicht oder verbirgt sich. In diesem Sinn
ist die These Rudolf Ottos stark radikalisiert: Es gibt nicht lediglich eine vom
*Heiligen* berührte Dimension des menschlichen Seins, sondern es ist die Totalität des Menschen, die vom *Heiligen* berührt oder vielmehr übermannt wird. Das
*Heilige* durchtränkt mithin die Person in ihrem vollen Umfang; es ist nicht mo-
nodimensional, sondern eine Realität, von der man nicht absehen kann (dies
wäre illusorisch). Es übermannt alle Dimensionen des Menschen, weil es sich
wesentlich auf unser *Inneres* bezieht, auf unsere leibliche Unmittelbarkeit, die
nicht nur ursprünglich und absolut, sondern unhintergehbar ist: Das *Heilige*
bindet sich an

> die Unterwelt, an das Innere. Denn ‚das Innere‘ ist jene Metapher, die – besser und umfassen-
> der als der moderne psychologische Begriff ‚Unterbewusstsein‘ – das Ursprüngliche, das un-
> verkürzbare, unmittelbare Fühlen des Menschen in seinem Leben, seine Bedingung als Leben-
> der erfasst.[8]

---

[6] Vgl. María Zambrano, „Lo sacro en Federico García Lorca", in: *ead.*, *Algunos lugares de la
pintura*, Madrid ²1991, S. 145–150.
[7] *Ibid.*, S. 145–146.
[8] Zambrano, *El hombre y lo divino, op. cit.*, S. 177.

Das *Heilige* hat also am Ursprung des Lebens seinen Ort, es ist der ‚unörtliche Ort', in den wir unsere Wurzeln schlagen. So ist es unmöglich, dass wir uns vom *Heiligen* abtrennen; wie häufig in der langen Geschichte des Denkens auch der Versuch unternommen wurde, das *Heilige* zu säkularisieren und zu profanieren, sich von ihm zu befreien – immer widersetzte es sich und tauchte in stets neuen und verschiedenen Formen wieder auf. Die Dimension des *Heiligen* ist allumfassend: Es ist der unbestimmte und unbestimmbare letzte, plazentale Grund, aus dem alles seinen Ausgang nimmt. In diesem Sinn geht es den Dingen selbst voraus, es ist das Leben mit seinem Gehalt an Geheimnisvollem, das von diesem dunklen Grund ausstrahlt.

Es ist nicht immer leicht zu erfassen, was das *Heilige* in seinem ganzen Umfang für María Zambrano bedeutet. Um dessen Bedeutung, Ausdruckskraft und Polysemie zu erfassen, bedarf es der Vorbereitung: Man darf sich nicht durch Flucht in eine angemaßte autoreferentielle Rationalität abstrahierend-abwehrend vom Leben entfernen. Das *Heilige* ist in der Tat das, worin das Leben wurzelt, worin es eingeht; es ist, noch exakter ausgedrückt, ‚wesensgleich' mit dem menschlichen Leben. Alles Leben wird immer mit jener „dunklen Plazenta"[9] verbunden sein, die das *Heilige* ist. Das *Heilige* „zeigt sich also nicht von einem Tag auf den anderen. [...] Es ist der dunkle Grund: geheim und unzugänglich. Es ist das Arkane".[10] Es ist die ursprünglich-originäre Realität, die jeder Form von theo-logischer Erhellung oder a-theistischem Zweifel seitens des Menschen vorausgeht. Theologien und Atheismen befinden sich stets außerhalb des Bereichs des *Heiligen*; weder können sich die Theologien dieses mit ihren Theogonien vollständig aneignen noch sind die A-Theismen dazu in der Lage, dieses zu entwurzeln und zu zerstören. So schreibt Zambrano:

> Für den Menschen, der nicht zweifelt [den Menschen, der nicht a-*theos* (ἄ-θεος), ist], der noch kein Bewusstsein erlangt hat, und – mehr noch – für den Menschen, der dem Ursprungszustand am nächsten steht, in dem er die Götter erschafft und erfindet [also im Menschen, der noch nicht vollständig *theo-logos* (θεο-λόγος) ist und daher dem Ursprünglichen nahe steht], ist die Realität weder ein Attribut noch eine Qualität, die nur bestimmten Dingen zukäme. Diese Realität ist etwas, das den Dingen vorausgeht, *sie ist ein Strahl des Lebens, der aus dem Grund des Geheimnisses hervorströmt*; sie ist geheime und verborgene Realität; sie stimmt schließlich mit dem überein, was wir heute ‚heilig' nennen. *Die Realität ist das Heilige und nur das Heilige besitzt und gewährt sie.* Der Rest gehört ihm zu.[11]

---

[9] *Ibid.*, S. 55.
[10] *Ibid.*, S. 235–236.
[11] *Ibid.*, S. 32–33 (Hervorhebung von S. Z.).

Das *Heilige* erscheint also als etwas, das „Herr und Besitzer"[12] zusammen ist. Die ursprüngliche Erfahrung des *Heiligen* erweist sich innerhalb einer Logik menschlicher Enteignung:

> Im Anbeginn erfährt der Mensch das Heilige absolut: ein Seiendes, das alles ist und alles hat. Die einzige Anomalie ist der Mensch, der fühlt, gleichzeitig dem Heiligen zuzugehören und ihm fremd zu sein. Die Wahrnehmung der eigenen Fremdheit verursacht in ihm das Gefühl, der Verfolgung preisgegeben zu sein, das Unglück zu ‚verdienen'. Das Heilige, das Ursprüngliche, dagegen ist der einzige Besitzer der Realität. [...] Das Heilige als Besitzer hat allgegenwärtige Kraft und greift in alle Aspekte des Lebens ein, indem es uns den Preis für unsere Fremdheit zahlen lässt.[13]

Diese ursprüngliche Realität, das *Heilige*, besitzt einige charakteristische Merkmale. *Heilig* ist vor allem die *Nacht*, jene *Nacht*, die von den von Zambrano geliebten Mystikern durchschritten wurde wie vom heiligen Johannes vom Kreuz.[14] Die *Nacht*, die alles zunichte macht, die aber nicht das leere *Nichts* ist, sondern absolute, satte, vollendete Fülle:

> Das Nichts scheint der Schatten eines Ganzen zu sein, das sich nicht erkennen lässt, es ist die Leere einer kompakten Fülle, die ihr Äquivalent ist, das Negative, Schweigende, Unausgedrückte jeder Offenbarung. Es ist das ‚reine' Heilige ohne jeglichen Anhaltspunkt, der erlauben würde, es zu enthüllen: das ‚reine Heilige', das absolute Schweigen.[15]

Wie es in der *dunklen und absoluten Nacht* keinerlei Leere gibt, so gibt es kein Licht mit eigenem Schein, der sich seinen Weg bahnen könnte. Alles ist *Eines*, vom *Einen* und im *Einen* ohne Seiendheit und Identitäten, die sich voneinander scheiden ließen, ohne scheidende und trennende Abgrenzungen durch kleine, anmaßende Monaden. In diesem Sinn ist das *Heilige* – im Unterschied zum *Göttlichen* – nicht ‚vereint', es enthält keine Einheit, weil es in sich Eines ist. Man kann es, so Zambrano, mit dem *apeiron* Anaximanders vergleichen, das „der Name nicht nur jener Realität wäre, die reines Pulsieren, unerschöpfliche

---

[12] *Ibid.*, S. 33.
[13] Mancini, *Esistere nascendo, op. cit.*, S. 44.
[14] Vgl. beispielsweise María Zambrano, „San Juan de la Cruz (De la ‚noche oscura' a la más clara mística)", in: *Sur* 63 (1939), S. 43–60.
[15] *Ead., El hombre y lo divino, op. cit.*, S. 188. Für Zambrano ist auch die Wiederkehr des Nichts in der Gegenwartsphilosophie wie bei Heidegger oder Sartre die letzte Erscheinung des Heiligen, da „der heilige Grund, aus welchem der Mensch wie aus einem anfänglichen Traum langsam zu erwachen begann, nun im Nichts wieder auftaucht" (*ibid.*, S. 186).

Keimung ist, sondern des menschlichen Lebens selbst, bevor der Mensch ein Projekt für sein Sein übernimmt".[16]

*Heilig* ist weiterhin, für Zambrano, das *Chaos*, und zwar nicht in der herkömmlichen Bedeutung von *Chaos* im Sinne jenes Durcheinanders, das sukzessiv zu einer vorhergehenden, strukturierten und bereits gegebenen Ordnung hinzuträte. Das dem *Heiligen* eigene *Chaos* ist nicht das, was der Unterscheidung in Ordnung und Durcheinander zugrunde liegt, vielmehr ist es originäres *Chaos*, „ungeschaffenes Chaos".[17]

*Heilig* ist die absolute Ununterschiedenheit, es ist das *Ununterschiedene* schlechthin. In ihm gibt es noch keinerlei Unterscheidung zwischen Geist und Materie, zwischen Körper und Psyche, zwischen Subjekt und Objekt, zwischen Ort und Zeit. Dies sind allesamt nachträglich hinzutretende Unterscheidungen, die sich in einem zweiten Moment durch die philosophische Reflexion ergeben, welche aus dem *Heiligen* und aus dem von diesem ausgehenden Staunen seinen Anfang nimmt, auch wenn sie es gerade zu verlieren droht. Am Anfang war also das *Heilige* bzw. „das visionäre Delirium des Chaos und der dunklen Nacht"[18] der Ununterschiedenheit.

## 3. Die Ambiguität (Ambivalenz) des Heiligen

Das *Heilige* als Chaos, als Nacht und Ununterschiedenheit, als satte und allgegenwärtige Fülle offenbart in der Erzählung (in der narrativen Phänomenologie) Zambranos eine unauslöschbare Ambiguität. Es erscheint als eine das Leben gestaltende, aber auch beunruhigende Kraft. Die allumfassende Fülle des Heiligen ließ den Menschen in einer Situation finsterer und trübseliger Fremdheit zurück. Der Mensch fühlte sich seit seinen Ursprüngen verfolgt, überall beobachtet, und nahm die Präsenz von etwas wahr, das sich verbarg; er erlitt mithin das „Delirium", das von einer solchen Realität hervorgebracht wurde. Das *Heilige* ist schließlich alles, was es an Tiefem, Leidenschaftlichem, Dunklem gibt, was danach verlangt, gerettet und im Licht ‚gesagt' zu werden, ohne dass dieses Licht sich jemals einbilden könnte, es zu blenden. Das *Heilige* ist das *tremendum*, nicht nur das *fascinosum*, es ist etwas, das verlockt und an dem man festhängen kann, aber es ist auch die von einer singulären Destruktivität gekennzeichnete Aktivität. Es ist eine unermüdliche und zugleich in paradoxer Weise

---

[16] *Ibid.*, S. 72.
[17] *Ibid.*, S. 48.
[18] *Ibid.*, S. 29.

destruktive Aktivität; paradox, weil es zerstörend nicht sich selbst zerstört, sondern sich unaufhörlich selber nährt:

> Zeichen des Heiligen: die Zerstörung. Unaufhörliche Aktivität in seinem letzten Feuer, Ansteckung durch Kontakt mit uns: so scheint die erste Offenbarung des Heiligen zu sein. [...] Die Zerstörung, welche unendlichen Ausmaßes ist, fähig, sich selbst zu nähren, ist ein endloser Prozess, von dem man nicht das Ende absieht. Zerstörung, die sich selbst ernährt, als sei sie die Entfesselung einer geheimen Energiequelle, und die auf diese Weise ihr Gegenteil nachahmt, die aktive und schöpferische Reinheit. Dies ist *die Ambivalenz des Heiligen*. Unterscheiden wir also von der einfachen Zerstörung, der eine im Voraus bestimmte Grenze gesetzt ist – und dies ist höchst beruhigend –, diese andere, im eigentlichen Sinne heilige Zerstörung, die grenzenlos und ziellos ist: reine Zerstörung, die in sich Nahrung findet. [...] *Die Ambivalenz des Heiligen*: von daher dessen Offenbarung in Zeichen, in Wundmalen und seine Ansteckungsfähigkeit. Von daher auch die Zerstörung.[19]

Diese Zerstörung kann im Menschen beispielsweise in einer überwältigenden Leidenschaft explodieren: im Neid, der für Zambrano ein wirkliches „heiliges Übel"[20] ist, eine Hölle auf Erden. Denn der, der vom Neid zerfressen ist, findet gerade in diesem seine Nahrung. Der Neid ist eine destruktive Ladung, die sich kontinuierlich von sich selbst ernährt. Vor der Dämmerung des *Göttlichen*, vor der Geburt der Götter, „gab es kein goldenes Zeitalter, sondern das Delirium der unterdrückten Seele, die unfähig zu sehen und unterdrückt vom Gesehenwerden war. [...] Die Nacht des Heiligen, das Chaos, die Fülle ohne Leere, ohne Raum, die ‚vor' der Göttergeburt ist; wie sie Angst ist und delirieren lässt, so lässt sie hoffen".[21] Wie alles, was plazentar und keimend ist, sind das Chaos und die Nacht des *Heiligen* durch eine doppelte Möglichkeit gekennzeichnet: einerseits das fruchtbare Ereignis des *Göttlichen* als nicht blendendes Licht in der Nacht des *Heiligen*, die fruchtbare Metamorphose des *Heiligen* in das *Göttliche*, eine Metamorphose, die *Heiliges* und *Göttliches* verbindet und sie niemals trennt. Dies ist die Überführung des „Inneren, Dunklen, Leidenschaftlichen [... das aber] danach verlangt, im Licht gerettet zu werden".[22] All das bringt die Metamorphose ans Licht, ohne es zu negieren; gleichzeitig verbleibt zwischen *Heiligem* und *Göttlichem* eine produktive Polarität. Auf der anderen Seite steht das Ereignis eines Lichts, das hochmütig und eitel, da trügerisch, ist, eines *Göttlichen*, das erstrebt, sich vollständig vom *Heiligen* zu trennen und sich in einer

---

[19] *Ibid.*, S. 279–281 (Hervorhebung von S. Z.).

[20] *Ibid.*, S. 278.

[21] So Vincenzo Vitiello in „Per una introduzione al pensiero di María Zambrano: il Sacro e la storia" in der italienischen Ausgabe von María Zambrano, *L'uomo e il divino*, übers. von Giovanni Ferraro, Rom 2001, S. XV–XVI.

[22] Zambrano, „A modo de autobiografía", *op. cit.*, S. 72.

vermeintlichen und angemaßten Autonomie dem *Heiligen* gegenüber zu gründen. Dies ist ein anthropo-morphes *Göttliches* im absoluten Sinn des Wortes. So
geschah es

> vor vielen Jahrhunderten, als das Denken das Heilige der physischen Welt in Göttliches über-
> führte: das Heilige der Berge, der Flüsse und Vulkane, der furchterregenden Phänomene, in die
> göttliche *physis*, welcher der beruhigende Begriff der ‚Natur‘ entspricht. Dies bezieht sich [für
> Zambrano] natürlich auf das Denken des Aristoteles.[23]

Die Philosophie habe stets versucht, die Ambivalenz des *Heiligen* und seine
zerstörerische Kraft zu sterilisieren und allmählich dessen dunkle Kraft in *Göttliches* zu überführen. Durch ihr Nachfragen realisiert sie eine Bewegung der
Distanznahme vom *Heiligen*. Mit dieser Überführung des *Heiligen* in *Göttliches*
wollte die Philosophie das, was innerlich, leidenschaftlich, ewig dunkel ist, in
das verwandeln, was das Licht sucht, was einer Heilslehre des Lichts zustrebt.
Dies ist ein riskanter und typisch androzentrischer Prozess, da nur das Männli-
che in der Lage ist, aus sich das auszumerzen, was innerlich, dunkel und leidenschaftlich ist. Der Frau gelingt es nicht, dies auszureißen.[24] Sie macht zwar vor
allem in der Mutterschaft die Erfahrung, ein heiliges Geheimnis ans Licht zu
bringen. Jedoch gelingt es ihr niemals in Reinform, die Philosophie der Metamorphose des *dunklen Heiligen* in die kristallklare Transparenz des Begriffs
und der Idee zu verwirklichen – mit jener ontologischen Anmaßung, das, was
ist, zu definieren, das Göttliche zu ergreifen. Dieses Streben verbindet deisti-
sche und atheistische Philosophien. Dies bedeutet nicht, dass das *Heilige* in
seiner Dunkelheit, Leidenschaftlichkeit und Innerlichkeit belassen oder dass der
Mensch ein Gefangener seiner Ambivalenz bleiben müsste. Das *Heilige* in seiner vollkommen dunklen Dimension (in der es belassen oder in die es wieder
versetzt wurde) ist für den Menschen verheerend. Im Gegenteil gilt es, dem
Weg einer anderen Erleuchtung zu folgen: einer Erleuchtung, die sich einem
nicht blendenden *Vernunft*licht verdankt, dem Licht eines anfänglichen sanften
Morgenrots, das nicht blind macht und unseren Augen immer noch viele Schatten bieten können muss. Dieses Morgenrot ist Zeichen und Chiffre der Nacht,
die das ‚Sakrament‘ des *Heiligen* ist.

Die androzentrische okzidentale Philosophie ist für Zambrano – wenige Aus-
nahmen bestätigen die Regel – an sich gewalttätig und vergewaltigend. Sie ist

---

[23] *Ead.*, *El hombre y lo divino*, *op. cit.*, S. 280.
[24] Vgl. *ead.*, *Donne*, ins Ital. übers. und hg. von Ilaria Ribaga, Einführung von Silvano Zucal,
Brescia 2006 (das Original erschien als Artikelserie in der Sektion „Aire libre“ der Zeitung *El
Liberal* (28. Juni bis 8. November 1928).

der Grund, dass das *Heilige* sich in seinem zerstörerischen und gewaltsamen Aspekt entlädt. Das politische Drama des letzten Jahrhunderts bezeugt – betrachtet man es in seiner ganzen Tragweite – genau dieses Entladen des *Heiligen*; denn immer wenn das *Heilige* zur absoluten Finsternis gezwungen wird (durch die Forderung nach zuviel Licht, durch die das *Heilige* abhanden kommt), widersetzt es sich, sucht sich seinen Weg und taucht von allein wieder auf. Doch nun fehlt es an Widerstandsfähigkeit, sich einem solchen Ausbruch entgegenzustemmen. Der Schlaf der Vernunft bringt Ungeheuer hervor, heißt es; für Zambrano hingegen ist es der erblindende Exzess der übertrieben anmaßenden und aufdringlichen Vernunft, der die Ungeheuer hervorbringt (wie es die Totalitarismen sind, die stets auch absurde religiöse Wurzeln haben).[25] Das einzige, allrationale Denken, das von der Mittagssonne symbolisiert wird, hat sicherlich die Faszination der Macht, erzeugt aber keine Halbschatten und keine Schatten, durch die das Heilige hindurchscheinen könnte, wenn es sich verbirgt. Nur die Morgenröte der Vernunft kann jenen zurückgezogenen Halbschatten erzeugen, ihn vor dem Licht bewahren und damit auch uns bewahren. Solch ein klares und helles Licht, das gleichzeitig dem dunklen Schoß treu bleibt, tritt für Zambrano im Kult der Jungfrau Maria hervor, der dem Christentum und dem Islam gemeinsam ist. Maria als diejenige, die vom ersten Tag der Schöpfung an für die bitteren Wasser vorherbestimmt war, repräsentiert für Zambrano, die ihren Namen trägt, jenes weibliche philosophische Denken, das schützt und begleitet, das niemals das *heilige Geheimnis* abtötet, das es in seinem eigenen Inneren trägt. Darin unterscheidet es sich von der männlichen Philosophie, die vorrangig eine Philosophie von beständig gewalttätigen rationalen Geburtshelfern ist. Maria war im Letzten passiv und fügsam, sie machte sich empfänglich für das *heilige Geheimnis*, das Gewissheiten störte und zerstörte. Dieses bewahrte sie in Zurückhaltung und Scham. Sie war gleichzeitig dessen Mutter und Tochter und damit in einem gewissen Sinn das Modell dessen, was es heißt, Mittler zwischen dem *Heiligen* und dem *Göttlichen* zu sein, zwischen dem Menschlichen und dem *Göttlichen*. Man kann nur ins Licht stellen, was vorher bewahrt wurde und demgegenüber man zuvor vollkommen empfangend war. Von Thales an führte die Philosophie jedoch zur fortschreitenden Loslösung nicht nur von den Göttern, welche die Poesie hervorgebracht hatte, sondern auch zur wesentlich schwerwiegenderen und folgenreicheren Trennung vom *Geheimnis des Heiligen*, von jenem dunklen, plazentalen und abgründigen Grund, der ambivalent und beunruhigend ist und aus welchem die Gottheiten selbst hervorgehen, wenn sie von der Dichtung einen Namen erhalten. Die Phi-

---

[25] Vgl. *ead.*, *La agonía de Europa*, Buenos Aires 1945, Madrid ²1988.

losophie hat das *Heilige* in *Göttliches* überführt und es so letztlich aus seinem eigenen Schoß verbannt, während die authentische Philosophie jene wäre, die weisheitlich zur Mittlerin zwischen dem *Heiligen* und dem *Göttlichen* wird und eine Wahrheit hervorbringt, die ihr aufzubewahren anvertraut wurde, nicht eine Wahrheit, als deren Herrin und Beherrscherin sie sich betrachtet.

# 4. In den Bezirk des Heiligen eintreten

Es ist in der Tat nicht einfach, etwas von diesem Arkanum zu erfassen, von dem *Heiligen* als „dunklem Ursprung des Lebens",[26] das wesensgleich ist mit der menschlichen Natur, die es in ihrem Innersten vollkommen durchdringt. Die Realität des *Heiligen* lässt sich nämlich nicht einfach mit der Vernunft erfassen. Sie kann einzig *gefühlt* werden, da sie jede Logik übersteigt. Zambrano zufolge lässt sich das *Heilige* in dieser Auffassung weder intuitiv erfassen noch enthüllt es sich, solange der Zugang über die anmaßende und allumfassende diskursive Rationalität erfolgt, die alles unter ihren Herrschaftsanspruch zwingt. Damit meint sie jene Rationalität, die in der okzidentalen Tradition zur, wenn auch nicht exklusiven, Vorherrschaft gelangt ist. So sei im Okzident – und in besonders paradigmatischer Weise in dessen moderner idealistischer Zuspitzung – die Scheidung zwischen der *Wahrheit der Vernunft* und der *Wahrheit des Lebens* vollzogen worden – die Scheidung vom heiligen Ursprung mit seinen Eigenschaften der Auflösung und des verworrenen Ausdrucks:

> Das Drama der modernen Kultur war das anfängliche Fehlen der Verbindung zwischen der Vernunftwahrheit und dem Leben, das vor allem Auflösung und Verwirrung ist und sich gegenüber der reinen Wahrheit erniedrigt fühlt. Jede reine, rationale und allgemeine Wahrheit muss [müsste] das Leben verzaubern; und sie muss [müsste] es sich verlieben lassen. Das rebellische und verworrene Leben hat die Epoche des Zaubers durchlaufen. Um ihn zu ersetzen, müsste sich nun das Verlieben ereignen, welches seinerseits Verzauberung ist, Unterbrechung, aber eben noch etwas darüber hinaus: Es ist Unterwerfung unter eine Ordnung, und mehr noch: Es ist Überwältigtsein, ohne Groll zu hegen. Aber die reine Wahrheit erniedrigt das Leben, wenn es ihr nicht gelingt, es zum Verlieben zu bringen. Denn das Leben ist Leidenschaft und kontinuierliches Empfangen.[27]

---

[26] *Ead.*, *El hombre y lo divino, op. cit.*, S. 236.
[27] *Ead.*, *La confesión, género literario*, Mexiko [1]1943, zitiert nach der Ausgabe Madrid [3]2004, S. 17–18. Zum Thema des ‚Verliebens' vgl. Annarosa Buttarelli, *Una filosofa innamorata. María Zambrano e i suoi insegnamenti*, Mailand 2004.

Dagegen ist die moderne Vernunft, die sich als das für die Wahrheit zuständige Organ ansieht, „leidenschaftslos", wie bereits Aristoteles wusste. So ist sie abgründig weit von jenem Leben mit seiner wesensgleichen Dimension des *Heiligen* entfernt: Das Leben ist nämlich von reiner Empfänglichkeit gekennzeichnet und bereits im Ursprung von der Vernunft unterschieden. Die Schizophrenie zwischen Vernunft und Leben, zwischen *Vernunftwahrheit* und *Lebenswahrheit* realisiert sich bereits im Anbeginn der *Moderne* mit Descartes, den Zambrano als den absoluten Protagonisten für jene Dissoziation liest – wobei diese Lektüre möglicherweise diskussionswürdig ist, wenn man etwa an den Traktat über die *Leidenschaften der Seele* (1649) denkt:

> Descartes vollzog die Scheidung, er fand den Punkt, wo die Vernunft im Leben eingepfropft ist, und befreite diese vom Leben. Durch diese ihre Freiheit kommt die Vernunft so schnell wie noch nie vorwärts, auch wenn es nicht der Mensch ist, der frei ist, sondern nur sein Bewusstsein. Er ist nun fern von allen Dingen und verfügt über einen einzigen Weg, um bei diesen anzukommen: Dieser Weg ist mein Bewusstsein. Es ist weitab von allen Dingen, wird immer kleiner und entschwindet aus der Welt und aus der Totalität meines Seins.[28]

Die Ausdehnung seines Bewusstseins ist scheinbar ehrgeizig, aber sie ist extraterritorial in Bezug auf das Leben und mithin auf das *Heilige*. Durch den deutschen Idealismus besitzen wir, so Zambrano, zwar den „Geist", der lebendig – schrecklich lebendig – ist, da er frei ist von der griechischen philosophischen Unerschütterlichkeit, die das Leben mit gleichmütigen Augen betrachtet, die nicht mehr von dieser Welt sind. Indem aber

> das Leben seine Eigenschaften auf den absoluten Geist Hegels überträgt und damit das Leben viel verworrener wird als zuvor, da es nun wie in einem überdimensionierten Spiegel seine verworrenen Eigenschaften betrachtet, ist es nun umso geneigter, hochmütig zu werden. [Auf diese Weise] wurden Leben und Vernunft hochmütig, ohne dass das eine das andere noch zu korrigieren vermochte, ohne dass das Leben von der Vernunft aufgehellt und die Vernunft vom Leben getragen wurde, das ihr vielmehr all seine Kraft übertrug, damit sie sich ‚totalisiere' [und autonom werde].[29]

Das *Heilige* wird damit das Unerreichbare und Unaussprechliche. Nur ein *anderes* Denken, ein „neues Denken" (wie Franz Rosenzweig sagen würde), das zulässt, dass es das *Heilige* selbst ist, das dessen Möglichkeit und Grenzen definiert, wird in der Lage sein, sich endlich für dieses als für sein „Reich" zu öffnen. Um sich dem Territorium des Lebens und des *Heiligen* als dessen Konsti-

---

[28] Zambrano, *La confesión, género literario, op. cit.*, S. 74–75.
[29] *Ibid.*, S. 19–20.

tutivum anzunähern, bedarf es also eines anderen und neuartigen Ansatzes. In diesem Sinn will uns der Ansatz der poetischen und mütterlichen *ratio*, wie ihn Zambrano vorschlägt, auf die Spur des *Heiligen* führen und uns jenem tiefgreifenden Ereignis näher bringen, welches das *Heilige* in seinem Bestehen als höchstes Lebensgesetz ist.[30] Dank der empfangenden Passivität der poetisch-mütterlichen Vernunft wird es endlich möglich, in Einklang mit dem *Heiligen* zu kommen und diesem Ausdruck zu verleihen, jenem dunklen und unaussprechlichen Urgrund, der niemals feststeht, sondern immer schillernd ist, und der sich demjenigen gegenüber zu verbergen sucht, der sich ihm mit der Forderung zu begreifen und mit seinen begrifflichen Klauen nähert. Wenn das *Heilige* die dunkle Herkunft des Lebens ist, dann kann nur derjenige, welcher der „Vernunft des Inneren" treu ist und sich passiv der Leidenschaft des Lebens als deren konstitutivem Merkmal hingibt, in die hermetischen Gefilde des Heiligen eintreten. Labyrinthartige und arkane Territorien sind diese, so wie auch das Leben selbst labyrinthartig und arkan ist. Um ein solches Territorium zu betreten, bedarf es der Leichtigkeit, einer „herzlichen Vernunft", die sich diese Leichtigkeit zu eigen gemacht hat, indem sie von der Schwere der (illusorischerweise) erobernden und räuberischen *ratio* ließ. Mit einer solchen Leichtigkeit wird die Vernunft endlich mit Gewandtheit in die unterirdischen Windungen des Lebens eintreten, wo sich auch das *Heilige* als letzter und unerforschlicher Grund des Lebens selbst zeigt. Sie wird es mit einem nicht gewalttätigen, sondern – wenn überhaupt – morgenrötlichen und ängstlichen Licht beleuchten.

Mit einer solchen andersartigen „Vernunft" spricht man vom *Heiligen* mithin nicht mehr argumentierend, sondern nur noch in der narrativen Dimension, so Zambrano. Gemeint ist ein Denken des Herzens, das allein dem *Heiligen*, jenem dunklen Grund, aus dem das Leben hervorgeht und in dem es sich erschließt, Ausdruck verleihen kann. María Zambrano bleibt diesem Gedanken stets treu; „auch in ihren philosophisch komplizierteren Werken kommt es ihr darauf an, *aufzuzeigen*, nicht zu *beweisen*; daher strebt sie nicht so sehr den Zwang der Argumentation an, sondern setzt vielmehr auf die Kraft der ‚Intuition' bzw. auf

---

[30] Zum Begriff der ‚poetischen Vernunft' vgl. Monique Dorang, *Die Entstehung der ‚razón poética' im Werk von María Zambrano*, Frankfurt a. M. 1995; Gregorio Gómez Cambres, *El camino de la razón poética*, Málaga 1990; María Antonia Labrada, *Sobre la razón poética*, Pamplona 1992; Chantal Maillard, *La creación por la metáfora. Introducción a la razón poética*, Barcelona 1992; Carmen Revilla (Hg.), *Claves de la razón poética. María Zambrano: un pensamiento en el orden del tiempo*, Madrid 1998; Armando Savignano, *María Zambrano. La ragione poetica*, Genua 2004; Anna Maria Pezzella, *María Zambrano. Per un sapere poetico della vita*, Padua 2004.

die direkte Wahrnehmung der ‚Sache'",[31] d.h., in unserem Fall, auf die „Intuition" bzw. das direkte Wahrnehmen des *Heiligen*. Ihr Lehrer Ortega y Gasset gab ihr mit auf den Weg, „mit dem Leben zu denken", die Sphäre des reinen Denkens und der *cogitatio* als Selbstzweck zu überwinden, um sich vielmehr in jenes außergewöhnlich eigenartige und flüchtige Phänomen zu vertiefen, welches das Leben selbst ist. Für Zambrano heißt dies, sich auf das Leben einzustellen, mit ihm in Einklang zu kommen, sich in es einzufühlen. All dies bedeutet gleichzeitig, die gemeinschaftliche Dimension mit dem Leben und damit auch mit seinem dunklen Ursprung, dem *Heiligen*, zu verwirklichen. Die philosophische Wahrheit in ihrem klassischen Sinn erkennt dem Lebendigen nicht die Möglichkeit zu, sich zu transzendieren, sich hinzugeben und sich auszusagen, mithin seinen eigenen Seinsgrund zu finden. Damit scheidet sich allerdings die philosophische Wahrheit vom *Heiligen* bzw. präsentiert eine, vielleicht auch ausgefeilte, Theorie des *Heiligen*. Eine solche Theorie hat jedoch keine authentische Beziehung zum *Heiligen*. Der Okzident scheint bezüglich des *Heiligen* zu einer Wüstenlandschaft geworden zu sein, die Wüste ist aber kein Ort des *Heiligen*: wenn überhaupt, ist jene Wüste Ergebnis des Einschrumpfens der „Vernunft des Lebendigen", die dem Götzen einer Wahrheit zum Opfer Gefallen ist, die universell und unsterblich sein möchte, aber nicht mehr dem Leben, seiner Leidenschaft und seiner flüchtigen Unbestimmbarkeit untergeordnet ist: einer Wahrheit mithin, die ihre grundlegende Dimension der ‚Ent-bergung' dort wiederfinden könnte, wo sie den argumentativen Ansatz durch den ‚erzähllogischen' ersetzt.[32]

# 5. Das Göttliche

Das Verhältnis von *Heiligem* und *Göttlichem* erscheint in mancherlei Hinsicht vollkommen unsymmetrisch. Tatsächlich „präexistiert das Heilige [immer] vor jedweder Erfindung, vor jeglicher Offenbarung des Göttlichen".[33] Und es *präexistiert* nicht nur, so Zambrano, es *verharrt* auch immer. An dieser Stelle wird ein wirklich origineller Aspekt des philosophisch-religiösen Ansatzes Zambranos deutlich: das Verharren und mithin die Ununterdrückbarkeit und Unüberwindbarkeit des *Heiligen*. In diesem Sinn ist, wie bereits gesagt wurde, keinerlei

---

[31] Vitiello, „Per una introduzione", *op. cit.*, S. VIII–IX.
[32] Vgl. *ibid.*, S. XVI.
[33] Zambrano, *El hombre y lo divino*, *op. cit.*, S. 235.

Säkularisierung möglich; es kann kein „Verlöschen des *Heiligen*"[34] geben, denn
„das Heilige ist die Realität des Lebens selbst",[35] und das Leben kann man vielleicht zusammenpressen, auszehren, erniedrigen, jedoch niemals auslöschen.
Mit subtiler anti-bultmannscher Ironie (vom heutigen Standpunkt aus könnte
man hinzufügen: auch radikal verschieden von der Perspektive Eugen Drewer-
manns) betont Zambrano, dass in Bezug auf das *Heilige* weder eine Entmytho-
logisierung noch ihr Gegenteil, eine Mythologisierung, möglich ist, weil – wie
sie entschieden betont – „man das Heilige nicht mythologisieren und mithin
auch nicht entmythologisieren kann. Das Heilige ist eine Kategorie, die sich
selbst genügt".[36]

Das *Göttliche* ist dagegen die unablässige menschliche Tätigkeit des *Nennens
des Heiligen*;[37] es erschien schrittweise durch die Wirkung zunächst der Poesie
(als wörtlicher Übertragung des Mythos) und sodann der Philosophie. In dieser
menschlichen Tätigkeit des „Nennens" des *Heiligen* wird Folgendes unmittelbar
deutlich: Wenn die Götter zu definieren und sie ans Licht zu bringen auch bedeutet, sie in gewisser Weise als Götter zu erfinden, so heißt dies gleichwohl
niemals, dass man den dunklen Ursprung des Lebens selbst erfinden könnte, aus
welchem sie entnommen sind – das *Heilige*.[38] Das *Göttliche* ist somit jene
„Handlung, die der Mensch vollbringt, wenn er einen Ort sucht, um das Heilige
unterzubringen und ihm Form und Namen zu geben, damit auch der Mensch
selbst seine Wohnstätte finde, die eigentlich menschliche Wohnstätte, seinen
‚Lebensraum'".[39] In jener nächtlichen „Fülle", chaotisch und ununterschieden,
im *Heiligen*, erscheint das Auftreten des *Göttlichen* und seiner Götter auf An-
hieb als eine Art (erwartete) Befreiung. Endlich wird jene „Fülle" des *Heiligen*,

---

[34] Paradigmatische Funktion kam bei seinem Erscheinen dem Text von Sabino Acquaviva zu:
*L'eclissi del sacro nella civiltà industriale*, Mailand 1981.
[35] Zambrano, *El hombre y lo divino*, op. cit., S. 235.
[36] *Ead.*, „Lo sacro en Federico García Lorca", *op. cit.*, S. 145.
[37] Völlig zu Recht bemerkt Vincenzo Vitiello, dass das *Göttliche* mit seinen Göttern im Denken
Zambranos dieselbe Funktion wahrnimmt, die Hans Blumenberg den ‚Namen' beigelegt hat (vgl.
Vitiello, „Per una introduzione", *op. cit.*, S. XII). In der Tat schreibt Blumenberg: „Alles Weltver-
trauen fängt an mit den Namen, zu denen sich Geschichten erzählen lassen. Dieser Sachverhalt
steckt in der biblischen Frühgeschichte von der paradiesischen Namengebung. Er steckt aber auch
in dem aller Magie zugrunde liegenden Glauben, wie er noch die Anfänge der Wissenschaft
bestimmt, die treffende Benennung der Dinge werde die Feindschaft zwischen ihnen und dem
Menschen aufheben zu reiner Dienstbarkeit. Der Schrecken, der zur Sprache zurückgefunden hat,
ist schon ausgestanden" (Hans Blumenberg, *Arbeit am Mythos*, Frankfurt a. M. [5]1990, S. 41).
[38] Vgl. Mancini, *Esistere nascendo*, op. cit., S. 44: „Zwar können die Götter erfunden worden
sein, nicht aber ‚jener letzte Grund der Realität', der nur Stück für Stück und durch tausend Missverständnisse hindurch als das radikal Andere der menschlichen Existenz entdeckt werden wird."
[39] Zambrano, *El hombre y lo divino*, op. cit., S. 235.

die den Menschen umgibt, identifiziert, wodurch sich dem Menschen ein „Lebensraum" der Freiheit erschließt, in dessen eroberter „Leere" er sich ungehindert bewegen kann.[40] Hierfür ist der Mensch auch zum Opfer bereit. So gibt es kein Auftreten von Göttern, das nicht mit dem Akt des Opferns verbunden wäre. Dieser Akt ist ein Geben, um zu erhalten, eine Selbsthingabe, das Erhalten eines eigenen Ortes und Lebensraumes für eine Gegenleistung. Es wird etwas überlassen, damit dem Menschen der Rest verbleibe; es geht darum, „den Hunger der Götter zu stillen, um etwas für eine gewisse Zeit besitzen zu können".[41] Die Benennung des *Heiligen* durch das *Göttliche* und die Götter führt zum Zerbrechen jener nächtlichen Dimension des *Heiligen*. Endlich wird Licht herbeigebracht (oder mindestens leuchtende Punkte), eine Ordnung bzw. ein richtiggehender theo-logischer *Kosmos* im originären *Chaos* des *Heiligen* selbst errichtet; schließlich kommen Figuren, Bilder und Wesenheiten hinzu, die es erlauben, das *ununterschiedene Heilige* zu unterscheiden. „Gewähre mir Herr, Dein Antlitz zu schauen", lautet die raffinierte und in gewisser Weise ‚übertriebene' Anfrage, die dem *Heiligen* in einem extremen Identifikationseifer entgegengebracht wird.[42] In den Göttern, in Gott, irgendeine identifizierende Antwort zu finden, scheint die Unruhe zu lindern, jenen *timor et tremor*, die „ursprüngliche Elementarangst", die das *Heilige* immer mit sich bringt und womit es den Menschen lähmt und einschließt.[43] *Das Göttliche* und die Götter markieren mithin den Übergang vom *Chaos* in den *Kosmos* (κόσμος). In der Tat, „das Auftreten der Götter, ihre Verdichtung [...] bedeutet, dass es einen Pakt oder einen

---

[40] Vgl. *ibid.*, S. 28. In diesem Zusammenhang bezieht sich Zambrano auf die Thesen Max Schelers, der in seinem Werk *Die Stellung des Menschen im Kosmos* „die Situation des Menschen als desjenigen beschreibt, dem kein eigener Raum, kein Umfeld, kein Haus zukommt. Indem er so durch das Ganze ohne eine für ihn vorbereitete Nische irrt, projiziert er um sich herum all das, dessen er bedürfte, damit sein Leben in die Umwelt eingeordnet würde. Und da er keine Entgegnung, keine adäquate Antwort erhält, interpretiert er diese Abwesenheit als etwas Tatsächliches; er fühlt sich zurückgewiesen, weil er sich nicht geliebt fühlt; er fühlt sich verfolgt, weil ihm niemand die Tür zu seinem Haus öffnet, zu jenem Ort, dessen er bedürfte. Und er beobachtet jede mögliche Tatsache, wie geringfügig diese auch sein mag, um ein wenig von jener Aufmerksamkeit und Sorge zu erlangen, auf die er hofft" (*ibid.*, S. 33–34). Vgl. hierzu Mancini, *Esistere nascendo, op. cit.*, S. 40–41: „Am Beginn der Geschichte fühlen sich die menschlichen Wesen der Kraft eines Heiligen unterworfen, das die vollkommene Fülle ist, allgegenwärtig und Herr des gesamten Raumes und aller Dinge. Dann aber, mit der Geburt der Götter bzw. mit den ersten Bildern und den ersten Namen, die notwendig sind, um das Göttliche zu identifizieren, beginnt das Heilige, sich zurückzuziehen, um den Menschen Platz zu machen. Für uns wäre es jedoch fatal, das Heilige so ersetzen und nachahmen zu wollen, dass wir nun den Raum einnähmen, der anfänglich vom Heiligen beansprucht wurde."
[41] Zambrano, *El hombre y lo divino, op. cit.*, S. 39.
[42] Vgl. *ibid.*, S. 29.
[43] Vgl. *ibid.*, S. 30.

Sieg innerhalb des letzten Geheimnisses der Realität gegeben hat; die Götter
sind der Ausdruck eines Gesetzes, das niemals überschritten werden wird, sie
sind das Zeichen und die Garantie der Tatsache, dass die Welt geformt ist;
nunmehr ist man aus dem ursprünglichen Chaos herausgetreten".[44] Welt und
Leben finden dadurch eine Ordnung; der Mensch kann endlich sehen, ohne von
der Finsternis der Nacht des *Heiligen* geblendet zu werden und damit Gefangener der eigenen Blindheit zu sein. Dies erlaubt dann auch die Genese der authentischen Kultur; schließlich hänge die Kultur, so Zambrano, stets vom Charakter der eigenen Götter ab – oder vielmehr von

> der Gestalt, die das Göttliche dem Menschen gegenüber angenommen hat, von dem ausdrückli-
> chen und dem verborgenen Verhältnis zu ihm, von allem, was es erlaubt, in seinem Namen zu
> tun, sowie, mehr noch, von dem möglichen Konflikt zwischen dieser Realität und dem Men-
> schen, ihrem Anbeter; von dem Anspruch und der Gnade, welche die menschliche Seele durch
> das göttliche Bild sich selbst zuteilt.[45]

Noch vor jeder logischen Struktur oder noetischen Konstruktion lebt die Kultur,
so Zambrano, aus dieser ursprünglichen „Unterscheidung", die in der Welt des
*Heiligen* eine qualitativ-göttliche Wesenheit und Einheit entdeckt.[46] Das Erscheinen eines Gottes in einer Kultur besagt das Ende einer Ära der Finsternis
und des Leidens, es ist ein linderndes und beruhigendes Ereignis, denn so endet
das Delirium der Verfolgung und es bildet sich die Allianz. Diese dauert bis zu
dem Moment an, da der Gott selbst zum Objekt des Fragens und Zweifels werden kann, wie es bei Hiob oder bei den an Apoll gerichteten Orakeln geschieht.
  Paradoxerweise ist es gerade das Auftreten der Götter, das nicht nur die Realität des *Heiligen* gestalten sollte, indem es sie spezifiziert, aufklärt und erhellt
(also jene Operationen, die in der Logik dann zu den Spezies und Genera führen
werden), sondern das darüber hinaus auch das Entstehen der *profanen Welt*
ermöglichen sollte:

> Die Anwesenheit der Götter [...], von der ursprünglichsten heiligen Welt an, erlaubt parado-
> xerweise das Entstehen der profanen Welt. Das Heilige und das Profane sind die beiden Spe-
> zies der Realität: eine ist die unsichere, widersprüchliche und vielgestaltige unmittelbare Reali-
> tät, mit welcher das menschliche Leben ‚kämpfen' muss, sie ist der Ort seines Kampfes und
> gleichzeitig seiner Herrschaft. Die heilige Welt ist der Ort, wo sich dieser Kampf entscheidet.[47]

---

[44] *Ibid.*, S. 38.
[45] *Ibid.*, S. 27.
[46] Vgl. *ibid.*, S. 30.
[47] *Ibid.*, S. 42–43.

Sie ist der unverzichtbare Bereich. Das paradigmatische Element, um dieses Ereignis narrativ aufzuzeigen (nicht um es zu beweisen oder philosophisch auseinander zu legen, was für Zambrano, wie bereits gezeigt wurde, unmöglich ist), ist das *Tragische*, insbesondere die griechische Tragödie:

> [Sie] erzählt das unerzählbare Hervortreten des Göttlichen aus dem ‚Heiligen' – und mit dem Hervortreten des Göttlichen auch das des Menschen. [...] Sie erzählt, sie argumentiert nicht. [...] Die Tragödie bewahrt das Geheimnis der Nacht, das Geheimnis des ‚Heiligen'. Dieses Geheimnis geht dann wieder in die menschlich-göttliche Geschichte ein, nachdem der Mensch aus der Nacht der Prä-historie herausgetreten ist.[48]

## 6. Auf dem Weg zu einer Geschichte des Göttlichen

Die Metamorphose des *Heiligen* in das *Göttliche* ist ein komplexer Prozess, der sich im Laufe der Jahrhunderte langsam entwickelt hat. Zambrano rekonstruiert diesen Prozess und geht den Ursachen nach; sie erforscht die Einschnitte und grundlegenden Veränderungen in dessen Verlauf. Auf diese Weise entsteht eine regelrechte ‚Geschichte des Göttlichen', also des Verhältnisses des Menschen zum *Göttlichen*, das stets die Metamorphose des *Heiligen* bleibt. Wenn auch von Abweichungen und Wiederholungen gekennzeichnet, erweist sich dieser Prozess als grundsätzlich einheitlich. Dies kann von verschiedenen Richtungen aus erschlossen werden; Zambrano verfolgt einen pluriperspektivischen Ansatz. In ihrer Rekonstruktion des Prozesses zeigt sie stets die besondere Fähigkeit, den Dingen auf den Grund zu schauen, sie besitzt die bemerkenswerte Gabe, die geistliche Geschichte des menschlichen Daseins nachzuzeichnen und dabei treffsicher alle Momente hervorzuheben, in welchen der Geist sich von jenem Geheimnis entfernte, das ihn hervorgebracht hat und das ihn auch dann weiter umgibt, wenn dieser sich einbildet, ihm ausweichen zu können. Hierbei kommt Zambrano häufig auf bereits ausgeführte Aspekte zurück, um sich ihnen von neuem aus einer anderen Blickrichtung anzunähern und dadurch neue Einsichten zu eröffnen. Mögen dies auch Rückgriffe und Wiederaufnahmen in der Abhandlung sein, die befremden können, so steht für Zambrano außer Frage, dass diese ‚Methode', die letztlich die Methode des Lebens ist, uns Überraschungen schenken und uns für hermeneutische Risiken öffnen kann, die zuvor gemieden wurden.

In einer solchen Geschichte des Göttlichen kommt der griechischen Theologie eine entscheidende Rolle zu. Das *Göttliche* der Griechen mit ihren olympi-

---

[48] Vitiello, „Per una introduzione", *op. cit.*, S. XIV–XV.

schen Göttern,[49] mit ihrem Götterpluralismus, der allen Formen eines aufge-
zwungenen Monotheismus gegenüber unempfindlich war, sollte stets eine lebendige Beziehung zum *Heiligen* behalten. Dies kommt vor allem in den Epen
Homers und in der Tragödie zum Ausdruck. Die Götter Homers sind für
Zambrano wie das glänzende Morgenrot, das mit seinem sanften Schein und
seinem scheuen und flackernden Licht mehr als die Sonne selbst das Licht ausdrückt, wenn diese souverän und beherrschend über der sie erwartenden Atmo-
sphäre und der auf einen Schlag vernichteten Finsternis aufgeht (d.h., über dem
vermeintlich zerstörten *Heiligen*). Das glänzende Erscheinen der Götter Homers
vernichtet hingegen die Schatten ohne irgendwelche Gewalt, allein mit jener
sanften Lichtschwingung, die ausreicht, um die Last der Finsternis zu vertrei-
ben. Auf diese Weise

> erzeugt [dieses Erscheinen], mehr als das der anderen Götter, den Eindruck von Leichtigkeit
> und gleichzeitig von Ewigkeit, wie es dem Morgenrot eigen ist. Und wie die Morgendämme-
> rung, so sind die Götter Homers Ankündigung und Realität. Sie sind das Erscheinen eines ver-
> heißungsvollen Lichts, das sich nach langem und angstvollem Warten einstellt und das ein un-
> vergängliches Reich mit sich zu führen scheint. [...] Wie das Licht der Morgendämmerung,
> sind diese eine Erklärung, die einem Mandat gleichkommt; sie sind die Offenbarung einer neu-
> en Ordnung, in der sich all das zeigt, was gefangen in der Finsternis wimmerte.[50]

Jenseits der Epen Homers und der Tragödie bewahrten auch die Philosophen,
die vor der *physis* erstaunten, die lebendige Beziehung des *Göttlichen* und des
*Heiligen*, wie beispielsweise die Initiationsschule der Pythagoräer. Dies währte
bis zum Trauma des Sokrates, bis zu dessen Apostasie, als er mit ‚philosophischer Frömmigkeit‘ die plurale Aussageweise des *Göttlichen* (die – durchaus
auch skandalös – an Lebensmodalitäten und -dimensionen gebunden war, da die
griechischen Götter Götter all dessen waren, was das Leben ausmacht) aufheben
und den theologischen Kosmos auf die zwangsmäßige Einheit des theologischen Konzepts bringen wollte. Insgesamt bedeutet für Zambrano der sokratische Dämon allerdings immer noch religiöse Frömmigkeit und noch keine philosophische Taschenspielerei. Der philosophische Diskurs des Sokrates ist noch
nicht der Vorschlag eines Göttlichen, welches das *Heilige* vollkommen ablehnen würde:

> Sokrates steht, wie Anaxagoras, im Dienst eines Gottes. Der alte Zauberer log nicht, als er von
> dem in seinem Inneren eingeschlossenen *daimon* sprach, denn er sagte damit deutlich aus, dass

---

[49] Zu den griechischen Göttern vgl. das gleichnamige Kapitel in Zambrano, *El hombre y lo divino, op. cit.*, S. 44–65.
[50] *Ibid.*, S. 44.

seine Vernunft einer Inspiration gehorchte. Vielleicht war es aber auch jene tiefe Wahrheit, welche die Angst weckte, denn nichts ängstigt so sehr die alte Frömmigkeit wie die neue Frömmigkeit. Und so scheint es unvermeidlich, dass, wer die neue Frömmigkeit bringt, durch die Hand der Anhänger der alten Frömmigkeit vergehe. Die Frömmigkeit gibt der Frömmigkeit, die ihr nachfolgt, den Todesstoß. Aber auf dem Boden dieses Verbrechens, das im Bereich des Heiligen verübt wurde, gründet sich seinerseits – durch das Opfer hindurch – die Geburt der neuen Frömmigkeit.[51]

Die Scheidung zwischen dem *Heiligen* und dem *Göttlichen* sollte indes mit Aristoteles vollzogen werden. Bei ihm findet sich nicht mehr die sokratische Frömmigkeit, die noch in Platon wach war. Letzterer blieb darin nicht nur seinem Lehrer, sondern auch den Pythagoräern treu. Der Gott Aristoteles' hat hingegen nichts mehr von den Göttern, die aus dem lebendigen Urgrund des *Heiligen* hervorgingen. Für Zambrano ist seine Theologie eine erbarmungslos-angemaßte noetische Theologie, die sich auf einer Art noetischer Selbstgenügsamkeit errichtet:

Bei Aristoteles zieht sich die Frömmigkeit weitestmöglich zurück. Es gilt das Denken des Seins, mithin die [vollkommene] Offenbarung der hermetischen Welt der *physis*, die sich vorbehaltlos und ohne Angst verwirklicht. Der ,unbewegte Beweger' sollte die Götter – so könnte man hegelianisch sagen – aufheben, er sollte die *physis* offenbaren und die reine Aktualität denken, in der die Zeit des Todes nicht mehr ist. Durch ihn hat sich jede Beziehung in Sein verwandelt. Das Sein ist alles.[52]

Es sollte der Stoizismus sein, der den Weg wiederfand, den die neue sokratische Frömmigkeit eröffnet hatte, um so das *Göttliche* und das *Heilige* wieder miteinander zu verbinden und keinen unüberwindbaren Abgrund zwischen diesen beiden Dimensionen entstehen zu lassen bzw. um nicht eine darauf folgende, absolute existentielle und geistliche Schizophrenie zu verursachen:

Erst der Stoizismus sollte jene mit Enthusiasmus gepaarte tiefe Ruhe hervorbringen, wie sie für Situationen großer Konflikte typisch ist. [...] Der Stoizismus sollte so die klassische und dauerhafte Lösung der Frömmigkeit ausgehend vom Sein sein, mithin von etwas, das unmöglich schien: *das Fortbestehen der heiligen Welt in der Welt des Seins und des Denkens.*[53]

Die Stoa war eine Philosophie, deren Vernunft sich an der ,Inspiration' orientierte, sie war von der Zahl und der Harmonie begleitet, eher musikalischen denn architektonischen Charakters, und in ihr lebte das Initiationsmerkmal des

---

[51] *Ibid.*, S. 213.
[52] *Ibid.*, S. 214.
[53] *Ibid.*, S. 214–215.

Pythagoräismus fort. Sie war jener Versuch, den Konflikt zu lösen zwischen der theologischen Erkenntnis des Einen (mit der entsprechenden ‚Idee des Seins') und der Vielheit dessen, was immer das Andere sein wird, das dem zwangsmä-ßigen Prozess der Vereinigung entflieht – also dem *Heiligen*.

# 7. Die Abwesenheit des Göttlichen und die verschwundenen Götter

Die Geschichte des *Göttlichen* wird in der Postmoderne als eine Geschichte abgeschlossen, in der nicht mehr Gott noch Götter sind. Das Profil der Säkulari-sierung ist für Zambrano daher folgendes – und dies ist zugleich das Profil der neuen Epoche: Es handelt sich nicht um eine entsakralisierte Epoche (was, wie bereits gezeigt wurde, für sie unmöglich ist), sondern um eine Epoche, in der sich – der Prophetie Nietzsches gemäß – der „Tod Gottes" ereignet hat bzw. – nach derjenigen Heideggers (in der Linie Hölderlins) – die „Flucht der Götter". Die *Postmoderne* auf den Punkt bringend, schreibt Zambrano:

> Erst seit sehr kurzer Zeit erzählt der Mensch seine Geschichte, untersucht seine Gegenwart und plant seine Zukunft, ohne dabei auf die Götter, auf Gott oder auf irgendeine Form göttlicher Manifestation Rücksicht zu nehmen. Und dennoch ist diese Haltung [nun] dermaßen zur Ge-wohnheit geworden, dass wir uns, etwa um die Geschichte derjenigen Zeiten zu verstehen, in denen es [noch] Götter gab, in einer bestimmten Weise Gewalt antun müssen. [... im Gegenteil] war das Göttliche zu anderen Zeiten integraler Teil des menschlichen Lebens. Doch ist klar, dass diese Intimität [mit dem Göttlichen] nicht [mehr] vom aktuellen Bewusstsein wahrge-nommen werden kann. Wir akzeptieren den Glauben – das ‚Faktum' des Glaubens –, doch wird es schwierig, das Leben nachzuvollziehen, in dem der Glaube [noch] keine verfestigte Formel darstellte, sondern lebendiger Atem war, der in vielfältigen und unbestimmbaren Formen, die für die Vernunft unfassbar waren, das menschliche Leben emporhob, es entflammte oder in den Schlaf wiegte, es durch geheime Orte führte und ‚Lebenserfahrungen' hervorbrachte.[54]

Es handelt sich um den Verlust jenes Lebens, in dem der Glaube Frucht einer Erfahrung des *Göttlichen* oder Gottes darstellte, die noch im *Heiligen* wurzelte bzw. in dieses eingetaucht war. Nun geht man ganz im Gegenteil davon aus, dass der Glaube an die Gottheit ein Hindernis für die Wissenschaft wie auch für die Philosophie darstelle (die für Zambrano nunmehr als der Wissenschaft nachgebildet erscheint): Aus der Perspektive der Wissenschaft und Philosophie schaut der Götze des unbestimmten Fortschritts nur vorwärts und entdeckt vor sich „alte Hindernisse". Solche „„alten Hindernisse' waren nichts anderes und

---

[54] *Ibid.*, S. 13.

konnten nichts anderes gewesen sein als jene, die der Glaube an die Gottheit aufgerichtet hatte. Der Mensch hatte sich [endlich] emanzipiert".[55] Nur „doppeldeutige Denker", verwegene „Romantiker", eine Spezies von Überlebenden, wie Zambrano sagt, wagen es noch, sich hineinzubegeben, es heraufzubeschwören und sich zu erinnern an „jenes Leben, das im Licht und im Schatten der jetzt verschwundenen Götter gelebt wurde".[56] Bezüglich des christlichen Gottes, den sie „unseren Gott" nennt, beschränkt man sich darauf, ihn als verbleibendes Relikt im Hintergrund zu lassen: „unser Gott –, man lässt ihn bleiben, man toleriert ihn"[57] einfach. Hieraus resultiert im Gesamtzusammenhang ein *Elend des Göttlichen*, ein Zustand extremer Armut, eine tragische Situation, denn dies ist die „Tragödie des Menschlichen: nicht leben zu können ohne die Götter".[58] Die Postmoderne wird Zeuge des Versiegens des theologischen Glaubens, was auf die Metamorphose des Bewusstseins zurückgeht – ein Bewusstsein, das keine „Aufmerksamkeit" mehr hat, wie Zambrano in einzigartiger Syntonie mit Simone Weil sagt. Denn die „erste Form des Bewusstseins ist noch religiös und ist die *Aufmerksamkeit*. [Sie ist jener] rare, wie Morgenrot glänzende Augenblick, in welchem sich das Menschliche noch an das Göttliche gebunden erkennt; das Bewusstsein ist von der Frömmigkeit noch ununterscheidbar".[59]

Als *nach-göttliche Epoche* gestaltet sich das Profil der Postmoderne für Zambrano wesentlich in fünf Schritten: Sie ist die Epoche der *ersatzweisen Selbstvergöttlichung*, der *götzendienerischen* Abdrift, des *futuristischen* Zwangs, der *bewusstseinstheoretischen* Zentrierung, des sich Auflösens *des ‚wirklich Göttlichen', das uns durch seine Anwesenheit wie durch seine Abwesenheit gleichermaßen erfasst und aufzehrt*. Die *ersatzweise Selbstvergöttlichung* findet vornehmlich im Bereich der Geschichte statt und bringt als Effekt eine neue, ungekannte Form von *Götzendienst* hervor. Auf diese Weise, so Zambrano,

erscheint das Göttliche, das als solches eliminiert ist und im Namen des vertrauten und bekannten Namens Gottes ausgelöscht wurde, in der Geschichte als Vielfältiges, Unbeugsames, Begieriges und wird definitiv zum ‚Götzen'. Denn die Geschichte scheint uns mit derselben unersättlichen und indifferenten Gier zu verschlingen wie die entlegensten Götzen. Die Gier ist unersättlich, weil sie indifferent ist. Der Mensch verkleinert sich immer mehr, er wird in seiner Konstitution auf die Ebene einer einfachen Zahl reduziert und zur Kategorie der Quantität degradiert.[60]

---

[55] *Ibid.*, S. 16.
[56] *Ibid.*, S. 13.
[57] *Ibid.*
[58] *Ibid.*, S. 14.
[59] *Ibid.*, S. 54.
[60] *Ibid.*, S. 23.

Es existiert kein Widerstand gegen den Götzendienst mehr; der Mensch wagt nicht mehr, die Geschichte nach Gründen zu fragen – denn die Geschichte ist sein Götze geworden: Sie nach Gründen zu fragen, würde damit bedeuten, diese Frage an das eigene vergötterte Selbst zu stellen und „zu beichten". Hiob konnte seinen Gott nach Gründen fragen und sich ihm entgegenstellen, gerade weil er jede Abdrift ins Götzenhafte für seinen Gott ablehnte. Einen derartigen Verfall kann ebenso wenig die *futuristische Illusion* wettmachen, die bereits von Zambranos Lehrer Ortega y Gasset angeprangert wurde: Diese bezieht sich auf jene Zukunft, die als umfassend-vereinnahmender Ort verstanden wird, bezüglich dessen man stets im Vorgriff lebt, mit anderen Worten, auf jene totale Projektion in die Zukunft als Überführung der Sehnsucht nach einem nunmehr verlorenen göttlichen Leben. In der Postmoderne ist ferner jener *bewusstseins-theoretische Prozess* an seinen Kulminationspunkt gelangt, der bei Descartes seinen Anfang nahm. Dieser hatte zwar Gott noch als Garanten seines metaphysischen Gebäudes und der Existenz der Realität bewahrt, doch wurde „der Horizont [...] von seiner Präsenz befreit. Das Bewusstsein nahm diesen Raum ein".[61] Das „Bewusstsein" ist *per definitionem* autonom, es ist das typisch menschliche Dominium, in welchem das *Göttliche* nicht interveniert noch sich darin reflektiert. Es ist für Zambrano eine solipsistische Realität, die sich von jener Realität, die sie als „Seele" bezeichnet, deutlich unterscheidet. Der Mensch als „Sein aus Bewusstsein" ist radikal verschieden vom Menschen als „Sein aus Seele", das in seinem Körper verwurzelt ist, der wiederum von einer Passivität bewohnt wird, die auf das *Göttliche* hin offen ist. Schließlich ist – neben der menschlichen Selbstvergöttlichung – das eigentümliche Merkmal der Postmoderne darin zu sehen, die Grenzen des Menschlichen zu überschreiten, seine eigenen Räume illusorisch zu vergrößern, was letztlich darauf hinausläuft, gerade dem *Göttlichen* seinen Raum zu nehmen, um es als *Anwesenheit ebenso wie als aufzehrende Abwesenheit* in den Geist zu verlegen. Das *Göttliche*, das durch einen unersättlichen und destruktiven Götzen des Menschlichen ersetzt wurde, wie es die Geschichte ist, in die der Mensch kopfüber hineingestürzt ist, nimmt dem „wahren' Göttlichen, vor dem der Mensch verweilt, wartet, forscht und nachsinnt",[62] seinen Platz. Das Gegenteil ist das *Göttliche als Götze*, das aus der menschlichen Substanz selbst genommen wird und an dem der Mensch nur seine eigene Wehrlosigkeit und Ohnmacht ermisst.

[61] *Ibid.*, S. 20–21.
[62] *Ibid.*, S. 23–24.

# 8. Das Christentum zwischen Heiligem und Göttlichem: von der Offenbarung Gottes zur Offenbarung des Menschen

Wie ordnet sich das Christentum mit seinem Gott und vor allem mit Christus in den dialektischen Prozess zwischen *Heiligem* und *Göttlichem* ein? „Wenn das numinose und furchterregende Heilige der Selbstoffenbarung des unbekannten Gottes den Vortritt lässt, trifft man auf jemanden, der uns wieder uns selbst zurückgibt. Im Christentum, so Zambrano, stellt Jesus den Mittler zwischen Erde und Himmel dar; einen Mittler, der in sich die Einzigkeit des Sohnes Gottes offenbart und zeigt, was Existieren bedeutet: nämlich Töchter und Söhne Gottes zu werden, ohne länger dem ‚Schatten des Ähnlichen' nachzujagen."[63] Doch dann wollte das Christentum philosophische Gründe für jenes paradoxale Ereignis ausmachen, das es bezeugte; es suchte, „in der Vernunft den anfänglichen Glauben [des Ursprungs] zu entwickeln".[64] So wird das Christentum in seinem Triumph ein „philosophisches Christentum" und vor allem ein weltlich-cäsarisches Christentum, das sich, nachdem es das Streben nach dem „Reich Gottes" hinter sich gelassen hat, anmaßt, innerhalb seiner selbst die Zukunft und die *civitas* dieses Reiches zu verwirklichen. Es beansprucht, „die Geschichte zu vergöttlichen",[65] und verlässt somit seinen Gott und seine besondere göttliche Dimension. In diesem Sinn ist für Zambrano der „christliche Philosoph" *par excellence* Hegel.[66] Er ist der Philosoph jenes Christentums, das der Überzeugung ist, dass bereits die geeignete Zeit der vollkommenen Enthüllung gekommen sei: jener Punkt, an welchem alle Rätsel entziffert werden könnten. Bezüglich der Frage des *Heiligen* repräsentiert Hegel das, was Descartes für die Philosophie bedeutete: den Moment des größten Bruchs, der sowohl für die Perspektive des *Heiligen* wie auch für die des *Göttlichen* verheerende Auswirkungen hat. Seine Konzeption des Absoluten ist eine Sichtweise, in der sich das Absolute nicht mehr im Inneren, sondern nur noch in der Geschichte offenbart. Das Absolute ist so der „Seele" genommen (für Hegel ist dementsprechend kei-

---

[63] Mancini, *Esistere nascendo, op. cit.*, S. 35.
[64] Zambrano, *El hombre y lo divino, op. cit.*, S. 14.
[65] *Ibid.*, S. 15.
[66] Vgl. hierzu auch Mancini, *Esistere nascendo, op. cit.*, S. 39: „Hegel vergöttlichte die Geschichte und betrachtete sie gleichzeitig als die fortschreitende Offenbarung des Menschlichen [...]. Dies sei nicht so sehr darauf zurückzuführen, so Zambrano, dass er Rationalist gewesen ist, sondern vielmehr darauf, dass er ‚der nach philosophischen Gründen strebende Christ' war, darauf also, so könnte man sagen, dass sein Glaube eine prekäre und unsichere Öffnung darstellte, die mehr nach der Festigkeit des Begriffs denn nach der Beziehung zum lebendigen Gott verlangte."

ne „Beichte" möglich) und in die Geschichte gesetzt. In der Geschichte ent-
fremdet und veräußert sich das Individuum jedoch, weil sich das Individuum in
der Geschichte, wo sich das Absolute in seinem dialektischen Fortschreiten
entfaltet, nun dessen beraubt fühlt, was zuvor ihm allein gehörte, und seine
„Seele" zur „vorübergehenden Maske dieses göttlich-menschlichen Geistes"[67]
erklärt wird. Hegel meint, so Zambrano, dass das *Göttliche* jetzt in die Welt
versetzt werden könne. Die Perspektive sei diejenige einer vollständigen Emanzipierung: einer „Emanzipierung vom Göttlichen" und – gleichzeitig – auch
einer „Emanzipierung vom Heiligen". Eine solche vollständige „Offenbarung
des Menschlichen" könne vielleicht in Ansätzen an die „christliche Offenbarung" erinnern – wie Zambrano betont –, sei jedoch in Wirklichkeit deren vollständige Negation, eben weil sie sich „in der Emanzipierung vom Göttlichen"
vollendet.[68] Im Hegelianismus, der – nach Hegel – auch denen eine gemeinsame
Perspektive vorgibt, die – so Zambrano – seine Bestreiter oder Nachahmer sein
werden wie Marx oder Comte,

> lebte man die heiligen Momente einer Offenbarung. Wenn auch diese Offenbarung [parado-
> xerweise] die *Emanzipierung vom Heiligen* war, so waren ihre Momente trotzdem heilig. [...]
> Bei Hegel, weil die Geschichte – die, was nicht zu vergessen ist, von Menschen gemacht ist –
> die Entwicklung des Geistes selbst darstellt: des göttlichen Logos – des bewegten Bewegers –,
> der zur selben Zeit handelt und erleidet und dabei immer derselbe bleibt. Hegels Christ brachte
> jenen Prozess ans Ziel, für den sich ihm sein Gott als Nahrung opferte: Der Christ hatte sich
> jetzt vollkommen von ihm genährt, er trug ihn in sich. Gerade deswegen hatte sich seine Inner-
> lichkeit entleert. ‚Der innere Mensch' des heiligen Paulus und des heiligen Augustinus, des
> Protagonisten des Christentums, wurde, als er sich seinen Gott einverleibt hatte, sich selbst un-
> erbittlich äußerlich, er ist aus sich selbst herausgetreten.[69]

Diese Entwicklung ist derjenigen, die das ursprüngliche Christentum gekennzeichnet hatte, diametral entgegengesetzt. Dieses hatte den Menschen verinner-
licht, ihn seinem Inneren zugekehrt, denn „im Inneren des Menschen wohnt das
Wahre", wie man sagte. Nun führt die Veräußerlichung dazu, dass die Innerlichkeit vollkommen in die Geschichte überführt wird und dass das menschliche
Individuum sich selbst komplett äußerlich wird:

> Seine personale Identität, die auf die Wahrheit gegründet ist, die in ihm wohnte, wurde nun auf
> diesen Halbgott übertragen: die Geschichte. Sie ist vollkommene Gottheit, sofern sie den abso-

---

[67] *Ibid.*
[68] Zambrano, *El hombre y lo divino, op. cit.*, S. 16.
[69] *Ibid.*, S. 16–17 (Hervorhebung von S. Z.).

luten Geist verwahrt, aber sie ist nur eine halbe Gottheit, weil sie, wie auch die heidnischen Götter, vom Menschen erschaffen und gestaltet wurde.[70]

Entscheidend für diese Übernahme der Offenbarung durch Menschen, für dieses trügerische Aneignen des Göttlichen durch *Selbstvergöttlichung*, für diese Vergöttlichung der Geschichte war, dass die Beziehung des Menschen zum authentisch Göttlichen darin ohnmächtig wurde. Es war die Krise des Christentums als authentisch göttliche Geschichte und die Genese einer neuartigen zentaurischen menschlich-göttlichen Realität:

> Was in Hegel geschah, und durch sein Denken auch in unserer Seele, ist eine Veränderung im Verhältnis zwischen dem Göttlichen und dem Menschlichen. Eine sonderbare und eigenartige Veränderung, die den Menschen und sein Verhältnis zur Gottheit zutiefst betrifft. Es war die *Offenbarung des Menschen*. Und mit der Verwirklichung dieser *Offenbarung des Menschen im Horizont der Gottheit* dachte – auch ohne es zu wollen – das Individuum, welches sich das Göttliche aneignete, selbst Gott zu sein. Es vergöttlichte sich. Durch die Vergöttlichung verlor es jedoch seine individuelle Verfassung aus dem Blick. Es war nicht mehr jenes ‚einzelne Seiende‘, welches das Christentum als Sitz der Wahrheit geoffenbart hatte, sondern der Mensch in seiner Geschichte und – noch mehr als der Mensch – das Menschliche. Auf diese Weise erstand jene seltsame Gottheit, die gleichzeitig menschlich und göttlich ist: eine [durchaus] göttliche Geschichte, die jedoch am Ende vom Menschen mit seinen Handlungen und seinem Leiden verwirklicht wird.[71]

Die *Emanzipierung vom Heiligen*, wie sie im „Philosophen des Christentums" Hegel zum Ausdruck kommt, versetzte den Menschen in eine seltsame Situation, so Zambrano: Er emanzipierte sich vom *Göttlichen*, indem er dessen Erbe an sich nahm. Auf diese Weise wurde der Mensch jedoch am Ende der Entwicklung (wie von Marx gesehen) ein einfacher

> Arbeiter der Geschichte, vor der er, wie der antike Sklave, nicht mehr das Haupt erheben kann. [...] Hier endete der Mensch – das Menschliche – durch oder in der Geschichte damit, dem Göttlichen als Nahrung zu dienen. Es ist, als tauche das antike Menschenopfer gewisser Religionen – wie der aztekischen – unter neuer Form wieder auf: Die Handlung ist dieselbe, nämlich das Herz und das Blut einem Gott zu opfern [...], der nun Geschichte genannt wird.[72]

Das Paradox besteht darin, dass eine solche opfernde ‚Verarbeiterlichung' mit Enthusiasmus und nicht als Resignation erlebt wurde. Das komplette Eintau-

---

[70] *Ibid.*, S. 17.
[71] *Ibid.* (Hervorhebung von S. Z.).
[72] *Ibid.*, S. 19 und 22. Dies ist für Zambrano „die historische Verwirklichung des hegelschen Denkens, das zum Schema vereinfacht wurde, wie es immer geschieht, wenn man aus einer Philosophie eine Ideologie für die Massen extrahiert" (*ibid.*, S. 22).

chen in den vergöttlichten Fluss des geschichtlichen Werdens, die vollständige Selbstentäußerung, die Preisgabe der Last der Innerlichkeit und letztlich die Selbstentfremdung führten zum

> Enthusiasmus, der sich daraus speiste, sich im Inneren von einem neuen Gott oder von einer neuen Sicht des Göttlichen durchformen zu lassen. [...] Es war der Enthusiasmus, selbst an einem Gott im Werden teilzuhaben, an einer Gottheit, die sich erfindet. Der Enthusiasmus zeigt an, dass das Ereignis, welches ihn hervorbringt, religiösen Charakters ist. Es handelt sich um eine Veränderung der Beziehung des Menschen zur Gottheit, die ihn dem Göttlichen auf eine neue Weise näher gebracht hat.[73]

Der Enthusiasmus war nämlich zuinnerst mit dem menschlichen Wunsch der „Vergöttlichung" verbunden.

Die Entgegnung und Warnung Kierkegaards (der großen gläubigen „Ausnahme", insofern er an diesem Enthusiasmus nicht teilnahm) hat anscheinend, so Zambrano, keinerlei Auswirkung auf die „anonyme Masse" gehabt, darauf, dass das Christentum sich selbst untreu wurde und sich der Faszination der absoluten Historisierung unter Absehung von jeglichem unsichtbaren (zukünftigen) Reich hingab. Die antike religiöse Situation ist damit zerstört – ein solches modernes und auch postmodernes Christentum ist – in dieser Hinsicht – nicht mehr so weit von der Perspektive Comtes und dessen Offenbarung des Menschen in einer neuen Religion ohne Gott entfernt. Eine „Religion des Menschlichen" sei dies, so Zambrano, in welcher „das Menschliche auszog, um den Platz des Göttlichen zu besetzen. War erst einmal das Göttliche als solches, also als den Menschen Transzendierendes, aufgehoben, so gelang es dem Menschen, den vakanten Platz einzunehmen".[74] Idealismus, französischer Positivismus, Marxismus, Materialismus sowie ein Christentum, das auf die weltliche und philosophische Christenheit reduziert ist, haben diesem religiösen Erdbeben Ausdruck verliehen („das Schwerwiegendste, was die aktuelle Zeit erschütterte"[75]), das in Nietzsche, dem Propheten des Todes des göttlich-christlichen Gottes, dann für Zambrano seine wahrhaft tragische Gestalt annimmt, eine Art theologische Selbstverzehrung. Diese bestehe darin, „in der emanzipierten Einsamkeit zu träumen, einen aus sich selbst geborenen Gott hervorzubringen. In der Trostlosigkeit des ‚Allzumenschlichen' träumt der Mensch, einen Gott zu bilden. Die Zukunft, in der dieser Übermensch Realität werden soll, füllt die

---

[73] *Ibid.*, S. 19.
[74] *Ibid.*, S. 20.
[75] *Ibid.*

Leere der ‚anderen Welt', jenes höheren Lebens oder verschwundenen göttlichen Lebens, von welchem sich der Mensch emanzipiert hat".[76]

## 9. Die Dialektik von Heiligem und Göttlichem

Die Dialektik von *Heiligem* und *Göttlichem* realisiert mithin eine eigene, besondere Beziehung, die für Zambrano nicht in die menschliche, allzumenschliche Logik jener Dialektik eingeordnet werden kann, welche auf dem Nichtwiderspruchsprinzip beruht. Dieses erweist sich vielmehr als die Crux des Menschen. Das Prinzip gehört weder dem *Heiligen* noch dem *Göttlichen* zu, denn das *Heilige* ist zuerst, es geht voraus, und ist daher diesseits des Nichtwiderspruchsprinzips, während das Göttliche dieses übersteigt und transzendiert: „Die Vorherrschaft der Götter über den Menschen, insbesondere ihre göttliche Natur, besteht darin, jenseits des Nichtwiderspruchsprinzips zu sein. Dies gilt für jeden Gott, andernfalls ist keine Gottheit möglich. Das Göttliche steht jenseits, während sich das Heilige diesseits von jenem Prinzip befindet, das das Gefängnis des Menschen bildet. *‚Das Heilige' und das Göttliche sind außerhalb des Nichtwiderspruchsprinzips*; das Heilige, weil es [in seiner chaotischen und nächtlichen Ununterschiedenheit] keinerlei Einheit enthält, das Göttliche, weil es eine Einheit darstellt, die das Prinzip übersteigt."[77]

## 10. Das Heilige und das Göttliche zwischen Poesie und Philosophie

Poesie und Philosophie streben beide nach Vereinigung, doch konzipieren sie die Weise der Vereinigung jeweils anders. Sowohl die eine als auch die andere suchen die Einheit. Während aber die Philosophie die Einheit der Idee erlangen möchte, die eine Art und Weise von Einigung darstellt, welche die vielfarbige Lebenswirklichkeit gewaltsam bezwingt, neigt die Einheit, nach der die Poesie strebt, – wie Zambrano in ihrem Werk *Philosophie und Poesie* (1939)[78] deutlich ausführt – einer anderen Modalität zu: Sie will das Leben, die Leidenschaft, die Empfindungen erfassen. Beide gehen aus dem Staunen und Sich-Wundern angesichts der lebendigen Realität hervor. Doch die Philosophie trennt sich recht

---

[76] *Ibid.*
[77] *Ibid.*, S. 47–48 (Hervorhebung von S. Z.).
[78] María Zambrano, *Filosofía y poesía*, Mexiko [1]1939, Madrid [2]1987; wir zitieren nach der zweiten, von der Autorin durchgesehenen Auflage.

bald von dieser ursprünglichen staunenden Beziehung der verblüffenden Unmittelbarkeit der Dinge (um an diesen sofort das, was sie sind, also die „Idee" der
Dinge zu entdecken) und wird so – in der Definition Zambranos – zur „geschei-
terten Ekstase". Der Poet verbleibt dagegen innerhalb des Staunens und besingt
die Ekstase, die er in Bezug auf das Leben empfindet:

> Wurde das [philosophische] Denken erst aus dem Staunen heraus geboren, wie es die ehrwür-
> digen Texte überliefern (Aristoteles, *Metaphysik* I, 982b), so erklärt es sich freilich nicht leicht,
> wie es so schnell die Form einer systematischen Philosophie annehmen konnte. Es erklärt sich
> noch viel weniger, wie die Abstraktion zu einer seiner vortrefflichsten Tugenden werden konn-
> te, diese Idealität, die im Blick erreicht wird, jedoch mit einer Art Blick, der aufgehört hat, die
> Dinge zu sehen. [...] Doch finden wir in einem anderen ehrwürdigen Text – der noch ehrwürdi-
> ger durch seine dreifache Aureole von Philosophie, Poesie und... ‚Offenbarung' ist – eine wei-
> tere Wurzel, aus der die Philosophie hervorgeht: Es handelt sich um jene Stelle aus dem siebten
> Buch der *Politeia*, in welchem Platon das Höhlengleichnis präsentiert. Hier ist die Kraft, wel-
> che die Philosophie hervorbringt, die Gewalt. Und in der Tat, Staunen und Gewalt – beide zu-
> sammen als einander entgegengesetzte Kräfte, die sich nicht aufheben – erklären jenen ersten
> philosophischen Moment, in welchem wir bereits eine Zweiheit und, vielleicht, den ursprüngli-
> chen Konflikt der Philosophie finden: zuerst ein ekstatisches Staunen über die Dinge, auf das
> [jedoch] sofort die Gewalt folgt, um sich davon zu befreien. Man könnte sagen, dass das [phi-
> losophische] Denken das Ding, das sich diesem zeigt, nur als Vorwand benutzt und dass sein
> originäres Staunen von jener Hast sofort negiert oder gar verraten wird, die sich auf neue Regi-
> onen stürzt, die seine sich im Entstehen befindende Ekstase zunichte machen. *Die Philosophie
> ist eine gescheiterte Ekstase* – gescheitert durch ein Sich-Losreißen.[79]

Gewalt, Hast, rasende Begierde nach Distanz, ein schroffes Sich-Losreißen und
Sich-Entfernen vom ursprünglichen Staunen, um sich in andere Richtungen zu
werfen, wo es etwas zu suchen und zu verfolgen gibt, was sich uns nicht unmittelbar zeigt, sondern uns seine Gegenwart vorenthält: so beginnt „der hektische
Weg [der Philosophie], die methodische Anstrengung, etwas einzufangen, was
wir nicht haben, dessen wir aber dermaßen bedürfen, dass wir uns von dem
losreißen, was wir bereits haben, ohne es je gesucht zu haben".[80] Im Unterschied zu den Philosophen haben sich die Poeten, die gleichermaßen von dem
ursprünglichen Staunen ergriffen sind, nicht in dieses Umschlagen ergeben; sie
haben nicht die Logik des Sich-Losreißens und der Gewalt akzeptiert und haben
nicht den Weg gewählt, der zur mühevollen Wahrheit führt, sondern empfanden

> ihr Leben außer Kraft gesetzt, fanden ihren Blick gefangen vom Laub oder vom Wasser, und so
> konnten sie nicht [noch wollten sie] zum Folgemoment übergehen, in welchem die innere Ge-
> walt die Augen schließen lässt und anderes Laub und anderes Wasser sucht. [...] Sie blieben

---

[79] *Ibid.*, S. 15–16 (Hervorhebung von S. Z.).
[80] *Ibid.*, S. 16.

dem Gegenwärtigen und Unmittelbaren verhaftet, dem, was seine Gegenwart anbietet und seine Gestalt schenkt, dem, das so nahe ist, dass es zittert. [Die Dichter] empfanden keinerlei Gewalt oder vielleicht fühlten sie nicht jene Form von Gewalt, sie stürzten sich nicht in die Suche nach einer idealen Entsprechung und machten sich nicht daran, mit Anstrengung jenen Weg bergauf zu beschreiten, der von der einfachen Begegnung mit dem Unmittelbaren zu dem führt, was bleibt, zum Identischen, [zur] Idee. Sie blieben den Dingen treu, ihrem ursprünglichen ekstatischen Staunen, und gaben dieses niemals auf [...]. Das, was der Philosoph zu erreichen versuchte, hatte der Poet bereits in gewisser Weise in sich – in gewisser Weise, aber eben doch ganz anders.[81]

In philosophischer Hinsicht wären die Dichter also im Inneren der Erscheinungen gefangen geblieben (also in der Weise, in der die Dinge in ihrer Unmittelbarkeit erscheinen), da sie es ablehnten, die abstrakte Einheit zu suchen, und nicht das Universale bzw. das ‚wahre Sein‘ gegenüber dem ‚erscheinenden Sein‘ vorzogen. Sie verfolgten nicht den Weg des Philosophen auf die Einheit zu, sondern verwirklichten eine andere und verschiedenartige Vereinigung, sie erniedrigten nicht das lebendige Chaos – eine Erniedrigung, die den Philosophen zum ‚unbewegten Logos‘ führte. Für die Poesie zählt nur, dass die Einheit des Lebens in einem permanenten *Einssein mit dem Leben selbst* zur verbalen Brechung und Schwingung wird, wodurch auf das Leben ohne begriffliche Vermittlungen verwiesen werden kann. Die Philosophie, die das Universale sucht, ist nicht universalisierbar (sie geht nur wenige an), während die Dichtung, die nicht das Universale sucht, sehr wohl universalisierbar ist. Der Dichter berauscht sich am Leben und nimmt die Last und die Angst des Leibes auf sich (Dichtung heißt, „gemäß dem Leib leben“[82]); er sucht nicht die abstrakte Einheit, sondern verleiht dem höllischen Labyrinth des Inneren Ausdruck, er steigt bis in den Leib und das Blut hinab, bis in die Träume. Die dichterische Einheit ist gerade wegen dieser Vereinigung mit dem Leben eine antischizophrene Therapie und damit weit von dem entfernt, dem der Philosoph zuneigt, der das Eine absolut will und es jenseits bzw. vor allem anderen will.

Nach dem Text aus dem Jahr 1939, der den Bereich des Poetischen und den der Philosophie in solch radikaler Weise voneinander schied, entwickelte Zambrano Schritt für Schritt einen Vermittlungsgedanken, in dem „Poesie und Philosophie von neuem durch einen einheitlichen Blick umfasst werden müs-

---

[81] *Ibid.*, S. 16–17.
[82] *Ibid.*, S. 57. Die komplette Passage lautet folgendermaßen: „Die Poesie bleibt weiterhin das Leben gemäß dem Leib, und dies in der für den philosophischen Asketismus gefährlichsten Weise: gemäß dem Leib leben, nicht kraft jener ersten spontanen Bewegung jedes lebendigen Seienden, das an seinem Leib hängt. Nein, Poesie heißt im Leib leben, in diesen eintauchen und dessen Ängste und den Tod kennen lernen."

sen, in welchem der Groll verschwindet".[83] Ist die Philosophie zu viel Licht, so die Dichtung zu viel Dunkel. Ziel ist es somit für Zambrano, Poesie und Philosophie in ihrem Vorschlag einer poetischen Vernunft und eines mütterlichen Wissens wieder zu vereinen, so dass Philosophie und Poesie letztlich konvergieren: ein Vorschlag, der es erlaubt zu leben, ohne auf das Verstehen zu verzichten, und zu verstehen, ohne auf das Leben zu verzichten. Zambrano ist davon überzeugt, dass es einen anfänglichen Moment gab, in dem Leben und Denken, Fühlen und Verstehen noch nicht getrennt waren; und ihre größte Anstrengung sollte es sein, zu einem solchen ursprünglichen Zustand zurückzukehren und Denken und Leben, Philosophie und Poesie wieder miteinander zu verbinden. Es geht also darum, jene Zäsur zu überwinden, die unauslöschbar die Geschichte der okzidentalen Philosophie gekennzeichnet hat.

Vor dem Hintergrund dieser allgemeinen Prämissen gilt es die Frage zu stellen, welche Verbindung Poesie und Philosophie zum *Heiligen*, zum *Göttlichen* und zu ihrem Verhältnis zueinander haben?

In der Poesie hat sich schon immer das *Heilige*, das Arkane manifestiert. Diese Funktion ist ihr in ihrer innersten Natur eingeschrieben, das gilt vor allem für jene Poesie, die Zambrano die ursprüngliche nennt:

> Die ursprüngliche Poesie, die uns zu erkennen gegeben ist, ist die *heilige Sprechweise*, oder besser die *einer heiligen Epoche eigene Sprechweise*, einer Epoche, die der Geschichte vorausgeht und mithin prähistorisch ist. *Heilige Worte* hören wir heute noch in den Formeln der Religion, auch wenn diese für den Glaubenden nicht Poesie, sondern geheimnisvolle Wahrheit sind. Das heilige Wort wirkt, es ist vor allem aktiv. Es realisiert eine undefinierbare Handlung, da es keinen bestimmten und konkreten Akt darstellt. Es ist mehr, etwas unendlich Wertvolleres und Bedeutenderes: eine reine, befreiende und schöpferische Handlung, mit welcher die Dichtung immer eine gewisse Verwandtschaft bewahren wird. Jede Poesie wird stets vieles von dieser originären heiligen Sprechweise bewahren; sie wird etwas dem Denken Vorausliegendes realisieren [...]. In der heiligen Sprechweise ist das Wort Handlung.[84]

Die eigentliche Dichtung – nicht mehr die ursprüngliche – beginnt, wenn sie sich von der heiligen Sprechweise trennt, um menschliche Sprechweise zu sein und mit der Epik in den Bereich des *Göttlichen* – wenn auch eines *Göttlichen*, das noch mit dem *Heiligen* verbunden ist – eintritt.

Die dialektische Entgegensetzung von Philosophie und Poesie, wie sie in *Der Mensch und das Göttliche* auf den Punkt gebracht wird, entsteht also vor dem Hintergrund der Problematik des Verhältnisses zum *Heiligen*. Das ursprüngli-

---

[83] María Zambrano, *Hacia un saber sobre el alma*, Buenos Aires [1]1950, Madrid [2]1987. Wir zitieren nach der zweiten, von der Autorin durchgesehenen Ausgabe, S. 47.
[84] *Ibid.*, S. 39–40 (Hervorhebung von S. Z.).

che *apeiron*, welches das Unfassbare, das Undefinierbare, mithin das *Heilige* ausdrückt, wurde von der Philosophie in ihren Ursprüngen erfasst und in das *Göttliche* überführt. Das Wesen der Philosophie besteht in eben diesem Prozess der *Überführung des Heiligen in Göttliches*,[85] wobei die Gefahr droht, dass am Ende das *Heilige* gänzlich geopfert wird und damit aus dem philosophischen Bereich verschwindet. Die philosophische Tätigkeit bezüglich des *Heiligen* ist der unermüdliche Versuch einer *Sterilisierung des Heiligen* und seiner unermesslichen Kraft eben durch die *Überführung des Heiligen in Göttliches*. Der Mensch bedarf einer solchen Metamorphose, er bedarf einer *Überführung des Heiligen in Göttliches*, jedoch nicht durch die Sterilisierung und den Verlust des *Heiligen*, denn wenn der Mensch das *Heilige* verliert, so hebt sich dieses nicht auf – weder verflüchtigt es sich noch verschwindet es. Vielmehr taucht das vermeintlich ‚aufgehobene' *Heilige* (nach Art einer hegelschen *Aufhebung*) wieder auf, nur diesmal in gewaltsamer, entfesselter, die gesamte Erde erschütternder Weise. Trennt sich die Philosophie vollständig von der ursprünglichen Poesie (der Sprechweise des *Heiligen*), so fällt sie der Illusion anheim, das *Heilige* sterilisieren zu können. Der Bruch zwischen Philosophen und Poeten in Griechenland ereignete sich so vor dem Hintergrund ihrer Beziehung zum *Heiligen*:

> Im Zentrum dieses Kampfes, als Brennpunkt, stehen die Haltung gegenüber dem Heiligen und die Handlung, die aus dieser Haltung resultiert, bzw. das Verhältnis zu den Göttern und zum Göttlichen [...]. In Wirklichkeit zeichnet sich nämlich die Polemik und die Differenz zwischen Philosophen und Dichtern vor dem Hintergrund des Heiligen ab, vor dem Hintergrund des Verhältnisses zu den Göttern, vor dem Hintergrund der Frömmigkeit. Denn die Divergenz, der Abgrund zwischen ihnen, geht aus den unterschiedlichen Handlungen hervor, die sie jeweils bezüglich des Heiligen vollziehen. In großen Linien dargestellt könte man sagen, dass die Poesie die Gestalten der Götter und deren Geschichten gewinnt, ohne vorher in den dunklen

---

[85] Vgl. Zambrano, *El hombre y lo divino, op. cit.*, S. 76–77: „Die Freiheit, die göttlichen Bilder zu formen, jene Entdeckung des dichterischen Handelns, wurde von der Philosophie bezüglich des Göttlichen für einen bestimmten Zweck entgegengesetzter Intention gebraucht, und zwar insofern die bedeutendste Tätigkeit der Philosophie die Überführung des Heiligen in das Göttliche war, in die reine Einheit des Göttlichen. Und um diese kurzentschlossene Überführung des Heiligen in das Göttliche zu vollziehen, musste das philosophische Denken die Götter, die Bilder, vernachlässigen. Es ging vom *apeiron*, der heiligen, zweideutigen, dunklen Realität aus, in welchem jeder gärende Keim enthalten ist, von jenem Träger aller Eigenschaften der Realität [...]. Das eine Sein des Parmenides ist bereits Idee, die erste Idee [...]. Die Identität, die Einheit der Identität, ist die Entdeckung, welche sich bezüglich des *apeiron* am entgegengesetzten Ende befindet. Und so sind diese beiden Polen: das *apeiron* – die unbegrenzte Realität – und das eine Sein – die Einheit der Identität –, die Prinzipien der spezifischen Tätigkeit des [philosophischen] Denkens bzw. der Transformation des Heiligen in das Göttliche. Die ‚Idee', die über allen anderen in sich die Identität trägt, wird die Idee Gottes sein."

Grund des *apeiron* einzutauchen, der in der tragischen Poesie viel präsenter ist, für die sich das *apeiron* jedoch als absolut ungenügend erweist, da es sich um den nicht heiligen, sondern göttlichen Grund handelt, der von den Göttern und von dem unbekannten Gott unberührt blieb. [...] Dagegen kommt die Philosophie, welche die heilige Realität im *apeiron* entdeckt, nicht zur Ruhe, bis sie aus diesem das einheitlich Göttliche, die Idee Gottes, gewinnt. Der Poesie in Griechenland fehlte gewissermaßen der Boden, der Beginn, der von der Philosophie reklamiert wurde. Die Poesie konnte es nicht abwarten, die Bilder der Götter zu formen. Die Philosophie fand sich so in einer Situation vor, welche charakterisiert war durch die *Überführung des Heiligen in Göttliches*, die in den Bildern der Götter vollzogen wurde, einerseits und den namenlosen ursprünglichen dunklen Grund andererseits. So versteht man, wie *die Philosophie, sobald sie in Kontakt zu diesem heiligen Urgrund kam*, mit den Bildern der Götter in Auseinandersetzung und Zwist geraten konnte.[86]

# 11. Schluss

Abschließend lässt sich sagen, dass María Zambrano eine Rückkehr zu den Ursprüngen vorschlägt. Ihr reiches Denken ist weder vor-philosophisch und noch weniger a-philosophisch, sondern *auf andere Art philosophisch*. Mit anderen Worten: Es ist ein philosophisches Denken, das dem Ursprünglichen stets treu bleibt, ein Denken, in welchem die Vernunft oder das Verstehen niemals fordern, das *Heilige* zu zerstören. Die Vernunft und das Verstehen unterdrücken das Leben nicht und weichen ihm nicht aus, sondern werden zu fügsamen Instrumenten für das *Heilige* wie für das Leben. Es ist eine Vernunft, die endlich in der Lage dazu ist, *auf das Leben zu horchen*, es zu fühlen und es so zu verstehen, wie dies eine Mutter tut, die es niemals verachtet, dem eigenen Sohn Erklärungen anzubieten, auch jene, die die allereinfachsten und banalsten zu sein scheinen, weil dieser Sohn im Leben geboren wurde und Träger des Lebens ist, also ein authentischer Interpret dessen *heiligen Grundes* ist. Diese poetisch-mütterliche Vernunft, die allein von der Aufmerksamkeit gestützt wird, ist absolut rezeptiv und unterscheidet sich radikal vom Reich der nützlich-utilitaristischen Vernunft, welche die Vernunft ist, die keine wahren Götter und keinerlei Bezug zum *Heiligen* und zum Leben mehr hat. Das Reich der Vernunft des Nutzens ist diskursiv-argumentativ und hat das Leiden aus sich verwiesen; es schlug einen *logos* ohne *pathos* vor und hat das *Göttliche* gegen eine eigensinnige (und vermeintlich triumphierende) *apatheia* eingetauscht. Die Vernunft mit ihrer Forderung eines allesverschlingenden, räuberischen, umfassenden und totalisierenden Verstehens hat das *Göttliche* überwunden und den Kontakt mit dem *Heiligen* verloren; sie hat aber genauso auch alle Bedingungen

---

[86] *Ibid.*, S. 74–75 (Hervorhebung von S. Z.).

dafür geschaffen, dass das erniedrigte *Heilige* mit ursprünglichem Schrecken wieder auftaucht. Denn nichts sei so riskant, warnt Zambrano, wie das *Spielen mit dem Heiligen*, jene gefährliche „unverzichtbare und wiederholte Tendenz, es zu banalisieren, es in etwas Alltägliches zu verwandeln, in etwas, mit dem man [eben] spielen kann; mit dem Heiligen kann man aber nicht spielen".[87] Wenn überhaupt, so könne die Ironie, nicht das Spiel, das *Heilige* begleiten;[88] jene Ironie, die sich unserer strukturellen Grenze in Bezug auf dieses bewusst ist. Die Ironie warnt uns vor der Illusion, vollständig dem *Heiligen* entgehen zu können, denn dies wäre die absurde Anmaßung, seiner selbst zu entfliehen und den eigenen Ursprung preiszugeben.

*Aus dem Italienischen von Markus Krienke*

---

[87] Zambrano, „Lo sacro en Federico García Lorca ", *op. cit.*, S. 115.
[88] *Ibid.*, S. 116.

ERMENEGILDO BIDESE

# ‚Abraham teilen'. Die Genese des Ich in Jacques Derridas *Donner la mort* als Grundlage für eine Philosophie des Monotheismus

## 1. Ziel und Struktur des Beitrags

Das Ziel dieses Beitrags besteht darin, einen Interpretationszugang zu *Donner la mort*, einem 1999 bei Éditions Galilée (Paris) veröffentlichten Essayband des französischen Philosophen Jacques Derrida, anzubieten.[1] Thematisch dreht sich die philosophische Argumentation in diesem Text um den Neuentwurf der Kategorie des Subjektes und der Subjektivität. Im Hinblick auf die religionsphilosophischen Themen dieses Bandes erweist sich diese Argumentation insofern als fruchtbar, als dabei die Genese des Ich strukturell in Verbindung mit der Erfahrung jener absoluten Verantwortung gesehen wird, welche für Derrida auch den Anfang der Religion als Geschichte dieser Verantwortung darstellt. Dabei versinnbildlicht die biblische Gestalt Abrahams in der furchterregenden Erzählung der von Gott verlangten Opferung seines Sohnes Isaak im 22sten Kapitel des Buches Genesis genau diese Genese der Subjektivität. Die begriffliche Analyse der Struktur der Verantwortung ermöglicht somit ein neues Verständnis nicht nur der Subjektivität, die darin geboren wird, sondern auch der gemeinsamen Grundlage der Religionen, insbesondere jener Religionen, die ‚Abraham teilen'. Sie bietet somit auch die Grundlage für eine Philosophie des Monotheismus.

Zur Struktur: Nach einer summarischen Einführung in das philosophische Hauptanliegen der ‚Denker der Differenz' (vgl. 2) werde ich mich der analytischen Rekonstruktion von *Donner la mort* in seinen zwei Hauptmomenten widmen, nämlich zum Ersten der inneren Verbindung der Begriffe der Verantwortung und des Geheimnisses (vgl. 3) und zum Zweiten der Auslegung des in

---

[1] Im Folgenden werde ich mich auf die deutsche Version einer früheren Ausgabe des Textes beziehen, die auf Französisch bereits 1992 erschien: Jacques Derrida, „Donner la mort", in: Jean-Michel Rabaté / Michael Wetzel (Hgg.), *L'éthique du don. Jacques Derrida et la pensée du don*, Paris 1992, S. 11–108 (dt. Übersetzung: „Den Tod geben", in: Anselm Haverkamp [Hg.], *Gewalt und Gerechtigkeit. Derrida – Benjamin*, Frankfurt a. M. 1994, S. 331–445).

der Philosophie nicht unbekannten Topos des Opfers Abrahams (vgl. 4). In einem letzten Schritt fasse ich den systematischen Ertrag der Analyse im Hinblick auf die grundlegenden Begriffe des Monotheismus zusammen (vgl. 5).

## 2. ‚Philosophie der Differenz' und Subjektivität

Die radikale Kritik an den seit Descartes' neuzeitlich-moderner Wende entwickelten Konzeptionen von Subjekt und Subjektivität gilt bekanntlich als die bedeutsamste Interpretationschiffre der philosophischen Produktion jener Generation französischer Philosophen, zu der in erster Linie Denker wie Jacques Derrida, Gilles Deleuze und Jean-François Lyotard und als Vordenker und Wegbereiter Emmanuel Levinas, Michel Foucault und Jacques Lacan zählen.[2]

In der Geschichte des systematischen Denkens wird die Auslotung der Beziehung von ‚Denken/Sprechen' und ‚Wirklichkeit' und des sich daraus ergebenden (wahren) Wissens in der Antike und im Mittelalter[3] von der grundlegenden Idee getragen, dass die Bewegung des denkenden und sprechenden Subjekts als der Bewegung der Wirklichkeit (φύσις) inhärent zu verstehen ist. Als ‚das, was im Begriff ist, (stetig) geboren zu werden',[4] ist die φύσις im Verständnis der

---

[2] Es sei hierfür vor allem auf das Standardwerk von Wolfgang Welsch, *Vernunft. Die zeitgenössische Vernunftkritik und das Konzept der transversalen Vernunft*, Frankfurt a. M. [2]1996, verwiesen sowie auf folgende neuere Literatur: Claudia Kolf-van Melis, *Tod des Subjekts? Praktische Theologie in Auseinandersetzung mit Michel Foucaults Subjektkritik* (Praktische Theologie heute 62), Stuttgart 2003; Michael Zichy / Heinrich Schmidinger (Hgg.), *Tod des Subjekts? Poststrukturalismus und christliches Denken* (Salzburger Theologische Studien 24), Innsbruck/Wien 2005; Michael Zichy, *Ich im Spiegel. Subjektivität bei Jacques Lacan und Jacques Derrida* (Fermenta Philosophica), Freiburg/München 2006. Vgl. in diesem Sinne Zichy über Derridas Subjektkritik (*ibid.*, S. 134): „Wie unschwer zu erkennen sein dürfte und wie Derrida selbst immer wieder ausführt, lässt seine Kritik des metaphysischen Denkens auch den Subjektgedanken nicht unberührt, ja dieser bildet vielmehr den eigentlichen Mittelpunkt seiner Auseinandersetzung mit der Metaphysik, verkörpert doch das *cogito* als ‚der Punkt, in dem das Vorhaben wurzelt, die Totalität zu denken, indem man ihr entgeht', das metaphysische Begehren *par excellence*. Insofern als das Subjekt in der neuzeitlich-modernen Philosophie die Rolle des Zentrums übernimmt und zum Ort, ja – seit Kants transzendentalphilosophischer Wende – zum selbstpräsenten Ursprung dieser Präsenz gerät, richtet sich die Dekonstruktion des Zentrums- und Präsenzgedankens, die mittels der Behandlung des Zeichenbegriffs vonstatten ging, eben in erster Linie gegen dieses Subjekt." Vgl. auch Arno Schubbach, *Subjekt im Verzug*, o.O. 2007, S. 7–17.

[3] Pierangiolo Berrettoni nennt es das Problem der „Denkbarkeit und Sagbarkeit" des Realen (*Il silenzio di Cratilo*, Pisa 2001, S. 49), Marcus Willaschek das Problem der „Möglichkeit von Wissen" (*Der mentale Zugang zur Welt*, Frankfurt a. M. 2003, S. 112).

[4] Vgl. Dieter Bremer, „Von der Physis zur Natur. Eine griechische Konzeption und ihr Schicksal", in: *Zeitschrift für philosophische Forschung* 43 (1989), S. 241–264, hier S. 242, und Andreas Graeser, „Nachwort", in: Platon, *Phaidon*, übers. von Friedrich Schleiermacher, mit einem Nachwort von Andreas Graeser, Stuttgart 1994, S. 105–124, hier S. 107–108.

klassischen Philosophie und wohl auch in der des Mittelalters strukturell der Bewegung (κίνησις bzw. *motus*) bzw. dem Werden (τὸ γίγνεσθαι bzw. *fieri*) unterworfen.[5] Das ‚logische' (sowohl das Denken als auch das Sprechen betreffende) Begreifen der stetigen Bewegung der φύσις ist durch die bekannte aristotelische Methode des πολλαχῶς λέγεται, d.h. durch die Auslegung (διαίρεσις) des vielfältigen sprachlichen Gebrauchs eines Begriffes, gewährleistet. Diese Bewegung des λόγος – ohne weiteres vergleichbar mit dem *dis-currere* der *ratio* im Mittelalter –[6] ist letztlich jedoch Teil derselben Bewegung der φύσις bzw. der *natura*. Das begriffliche Denken/Sprechen ist nur dank der das denkende/sprechende Subjekt übersteigenden Kraft des Objekts gegeben.[7]

In der Moderne kommt es in der Erklärung der Beziehung von ‚Denken/ Sprechen' und ‚Wirklichkeit' zu einer dialektischen Umkehrung des Verhältnisses: die Bewegung des Realen ist nun der Bewegung des Denkens immanent. Der Dualismus von Subjekt und Objekt, Hegels berühmte ‚Entzweiung', wird nun dank der formenden Kraft des Subjekts überwunden. Nur *qua* gedachtes und prädiziertes ist das Sein. „Es kommt [...]" – so Hegel in der *Vorrede* zur *Phänomenologie des Geistes* – „alles darauf an, das Wahre nicht als *Substanz*, sondern eben so sehr als *Subjekt* aufzufassen und auszudrücken".[8] Und einige Passagen weiter heißt es: „Allein, wie auch *Aristoteles* die Natur als das zweckmäßige Tun bestimmt, der Zweck ist das Unmittelbare, *Ruhende*, das Unbewegte, welches *selbst bewegend* ist; so ist es *Subjekt*."[9]

Über das Spezifische der einzelnen Entwürfe hinaus ist die Haltung der ‚Philosophen der Differenz' in erster Linie als radikale Kritik aufzufassen an dem (metaphysischen) Verständnis von Subjektivität und Subjekt als – es sind wieder die Worte Hegels – einem „in sich Reflektierten".[10] Ohne auf die Einzelhei-

---

[5] Vgl. paradigmatisch Aristoteles, *Physik. Vorlesung über Natur*, hg. von Hans Günter Zekl, 2 Bde., Hamburg 1987–1988, 185a12–13, Bd. I, S. 4/5.

[6] Vgl. Thomas Aquinas, *Summa Theologiae* (Opera Omnia IV–XII), Editio Leonina, Rom 1888–1906, I, q. 59, a. 1, ad 1: „quia scilicet intellectus cognoscit simplici intuitu; ratio vero discurrendo de uno in aliud."

[7] Einen wichtigen Beleg für diese Grundvorstellung der antiken und mittelalterlichen Philosophie sehe ich in der Tatsache, dass die antiken Skeptiker sehr wohl an der Möglichkeit zweifelten, eine wahre, sprich gesicherte, Erkenntnis der Wirklichkeit zu erlangen, nie jedoch die Existenz einer denkunabhängigen Welt in Frage stellten, wie es hingegen seit Descartes' Wende zum Subjekt selbstverständlich wurde (vgl. hierzu nochmals Willaschek, *Der mentale Zugang, op. cit.*, S. 112–119).

[8] Georg Wilhelm Friedrich Hegel, *Phänomenologie des Geistes*, hg. von Johannes Hoffmeister nach dem Texte der Originalausgabe, Hamburg [6]1952, S. 19.

[9] *Ibid.*, S. 22.

[10] *Ibid.*, S. 23. Daran unmittelbar anschließend erklärt Hegel diesen Ausdruck für das Subjekt folgendermaßen: „Das Subjekt ist als fester Punkt angenommen, an den als ihren Halt die Prädi-

ten seiner wohlbekannten Subjektkritik einzugehen, fassen wir Derridas Denken diesbezüglich kurz zusammen.[11] Weit davon entfernt, Hegels „in sich Reflektiertes" zu sein, ist das Ich für den französischen Philosophen wesentlich das Ergebnis eines ‚Aufschubs', und zwar sowohl im Sinne der Freud'schen ‚Verdrängung' als auch in dem genuin Derrida'schen Sinne der *différance*.[12] Das Subjekt ist eine in Spuren, Projektionen und gegenseitigen Verweisen verstreute Wirklichkeit. Grundlegend für diese Perspektive ist das Fehlen sowohl einer einheitsstiftenden Grundspur, einer Art Urspur – sei es als Substanz oder als Subjekt – als auch eines originären sinngebenden Ereignisses, das dem Spurensystem als Quelle unterliegt. Sinn, sprich Ich, entsteht bzw. schlägt sich nieder immer nur nachträglich und supplementär, er bzw. es konstituiert sich, indem es „im Nachherein und zusätzlich rekonstituiert wird".[13]

## 3. Das Verhältnis von Verantwortung und Geheimnis

Im ersten Schritt seiner Argumentation in *Donner la mort* kommentiert Derrida einen von Jan Patočkas *Ketzerische[n] Essais zur Philosophie der Geschichte*.[14] Die Grundthese des tschechischen Philosophen in diesem Aufsatzband lautet folgendermaßen: Die Geschichte Europas ist wesentlich eine ‚Geschichte der Religion' als ‚Erfahrung der Verantwortung'. Die anfängliche Erfahrung des Heiligen, das heilige Fest der grauen Anfänge, kennzeichnet ein „in der Verschmelzung aufgehende[r] Enthusiasmus",[15] der, weil vereinigend, auch verantwortungsentziehend ist. Denn in dieser orgiastischen Verschmelzung gehen die Grenzen zwischen Animalischem, Menschlichem und Göttlichem verloren.

---

kate geheftet sind, durch eine Bewegung, die dem von ihm Wissenden angehört und die auch nicht dafür angesehen wird, dem Punkte selbst anzugehören; durch sie aber wäre allein der Inhalt als Subjekt dargestellt. In der Art, wie diese Bewegung beschaffen ist, kann sie ihm nicht angehören; aber nach Voraussetzung jenes Punkts kann sie auch nicht anders beschaffen, kann sie nur äußerlich sein."

[11] Vgl. auch oben Anm. 2.

[12] Vgl. Jacques Derrida, *L'écriture et la différence*, Paris 1967 (dt. Übersetzung: *Die Schrift und die Differenz*, Frankfurt a. M. 1976, S. 306–327).

[13] *Ibid.*, S. 323. Zum Verhältnis von Supplement, Ursprung und Sinnkonstitution bei Derrida vgl. auch Welsch, *Vernunft*, *op. cit.*, S. 260–290, und Fabio Ciaramelli, „Jacques Derrida und das Supplement des Ursprungs", in: Hans-Dieter Gondek / Bernhard Waldenfels (Hgg.), *Einsätze des Denkens. Zur Philosophie von Jacques Derrida*, Frankfurt a. M. 1997, S. 124–152.

[14] Vgl. Jan Patočka, *Kacířské eseje o filosofi dějin*, Prag 1975 (dt. Übersetzung: *Ketzerische Essais zur Philosophie der Geschichte und ergänzende Schriften*, Stuttgart 1988). Der von Derrida kommentierte Essai trägt den Titel: „Ist die technische Zivilisation zum Verfall bestimmt?", in: *ibid.*, S. 121–145.

[15] Derrida, „Den Tod geben", *op. cit.*, S. 331.

Dagegen besteht das Wesen der Religion in der Behauptung der absoluten Singularität, also in der selbstdefinitorischen Grenzziehung gegenüber allem anderen. Dies ist das Gegenteil der orgiastischen Verschmelzung, bei der die Grenzen verschwinden. Die Überwindung des orgiastischen Sakralen und die Genese der absoluten Singularität durch die selbstdefinitorische Grenzziehung sind nur durch die Erfahrung einer absoluten Verantwortung möglich. Diese ereignet sich in dem Augenblick, in dem das Subjekt zu sich selbst Ich sagt und sich dabei als eine Freiheitsinstanz gegenüber einer „unendlichen Andersheit"[16] erfährt. Wesentlich also für die Genese des Subjekts ist die Tatsache, dass es eine absolute Andersheit als Gegenüber hat.

Diese Genese ist nur in besonderen Situationen der absoluten Verantwortung möglich, nämlich „in der Erfahrung absoluter Entscheidungen, die getroffen werden, *ohne in einem kontinuierlichen Zusammenhang mit einem Wissen* oder *mit gegebenen Normen* zu stehen, die also *in der Prüfung des Unentscheidbaren* getroffen werden" [kursiv: E.B.].[17] Die Entstehungserfahrung des ‚Ich' weist also nach diesem Satz von Derrida folgende drei Charakteristika auf:

1) Die Erfahrung der absoluten Verantwortung ist nur durch Entscheidungen möglich, die nicht „in einem kontinuierlichen Zusammenhang mit einem Wissen" stehen, bei denen nämlich eine Wahl getroffen wird, die nicht Folge von etwas ist, das man vorher gewusst hat und das somit als sicher gilt. Eine solche Entscheidung ist strukturell vom *Glauben* gekennzeichnet. Denn es ist nur der Glaube, der über das Wissen hinaus zu Entscheidungen bewegen kann, ohne dass diese auf Sicherem beruhen.

2) Das Subjekt wird durch die Erfahrung einer *absoluten Verantwortung* geboren, die nur durch Entscheidungen möglich ist, die nicht „in einem kontinuierlichen Zusammenhang mit gegebenen Normen" getroffen werden. Das heißt: bei solchen Entscheidungen gehorcht der Handelnde *nicht* einer relativen Andersheit, wie der der eigenen Gemeinschaft, vor der er sein Verhalten rechtfertigen und deren geltende Regeln und Normen er einhalten müsste, sondern einer absoluten Andersheit, die ihn nicht von außen sieht, wie die Gemeinschaft, sondern im Inneren sieht, ohne dass sie selbst gesehen wird. Wie in der αἵρεσις des Häretikers (vgl. den Titel von Patočkas Essaisband) muss eine solche Entscheidung der absoluten Verantwortung gegenüber einer Andersheit getroffen werden, die jene relative und äußere der Gemeinschaft übersteigt, nämlich gegenüber einer *absoluten* Andersheit.

---

[16] *Ibid.*, S. 333.
[17] *Ibid.*, S. 335.

3) Eine solche Erfahrung ist nur bei jener Entscheidung möglich, die „in der Prüfung des Unentscheidbaren" getroffen wird, in der nämlich der Handelnde nicht etwas, sondern *sich selbst* aufs Spiel setzt. Solche Entscheidungen haben das Unentscheidbare als Objekt. Denn hätten sie etwas, wofür man sich entscheiden könnte, stünde das Objekt der Entscheidung im Vordergrund der Entscheidung, nicht jedoch der Handelnde selbst. In den Entscheidungen der absoluten Verantwortung hingegen gibt sich der Handelnde *qua* Selbst ganz hin, und zwar sein ganzes verantwortliches Leben und somit auch seinen Tod. Dabei geht er das volle Risiko ein, ohne auf jene Entschädigung hoffen zu können, die im Falle eines gegebenen Objekts, für das man sich entscheiden kann, immer vorhanden ist, egal wie groß das Risiko ist, alles zu verlieren. Im Falle einer Entscheidung der absoluten Verantwortung in der Prüfung des Unentscheidbaren kann der Handelnde nicht mit Vergeltung rechnen, da er sich ganz gibt. Das bedeutet, dass diese Entscheidung strukturell mit der *Gabe des Todes* verbunden ist, und zwar sowohl im objektiven als auch im subjektiven Sinne dieses Genitivs: a) Durch diese Entscheidung gibt sich der Handelnde als Gabe hin, d.h. er gibt auch seinen Tod hin; b) erst die Erfahrung des eigenen Todes ermöglicht ihm wirklich die Erfahrung des Selbst. Es ist der Tod, der mir mich selbst gibt, indem er eine Grenze setzt, und zwar eine absolute. So Derrida:

> Meine Unvertretbarkeit wird also vom Tod verliehen, gestiftet, man könnte sagen, gegeben. Es ist dieselbe Gabe, dieselbe Quelle [...] Vom Tod als Ort meiner Unvertretbarkeit, das heißt meiner Einzigartigkeit her fühle ich mich zu meiner Verantwortung aufgerufen.[18]

Wir fassen zusammen: das Ich entspringt einer Erfahrung, die von diesen drei ‚Jenseits' gekennzeichnet ist: 1) der *Glaube* als Jenseits des Wissens und des Sicheren; 2) die *absolute Verantwortung* als Jenseits der vorhandenen geltenden Normen; 3) die *Gabe des Todes* als neue Erfahrung des Todes in einem Verhältnis zum Anderen, welches das Subjekt/Objekt-Verhältnis überschreitet. Denn sie setzt zwischen mir und dem Anderen die Ökonomie der Gabe und des Opfers anstatt jener des Tausches, des Gewinns und der Vergeltung ein.

Entscheidend ist allerdings dabei die Tatsache, dass diese drei ‚Jenseits' nur durch eine unendliche Andersheit möglich sind, die als absolutes Gegenüber: erstens immer hinter jedem Wissen, d.h. aber auch hinter jeder Möglichkeit, sie zu beherrschen und zu besitzen steht; zweitens vor der und für die eine absolute Verantwortung eingegangen wird; und drittens, die mir meine Singularität schenkt, indem sie mir die Möglichkeit gibt, meinen Tod zu schenken und mir somit aber auch einen anderen Tod, eine andere Erfahrung des Todes gibt.

---

[18] *Ibid.*, S. 369.

Am Ursprung des Ich gibt es „Abgrund, gibt es eine Kluft, die der totalisierenden Wiederaneignung widersteht".[19] Es gibt nämlich die Erfahrung eines Geheimnisses, eines *mysterium tremendum*, das sich darin ausdrückt, dass der Mensch unter dem inneren Blick einer unendlichen Andersheit zur Person wird. Verantwortung bzw. Ich-Werdung und Mysterium sind also zutiefst miteinander verwoben. Als innerster Kern widersteht die Verborgenheit dieses Geheimnisses der Ich-Werdung der Hegel'schen Totalisierung des „in sich Reflektierten". Denn deren Wahrheitsanspruch lässt keine Innerlichkeit und kein Mysterium zu, da diese Totalisierung vollendete Offenbarung, Phänomenologie, d.h. zur Geschichte gewordene Manifestation ist.

## 4. Abrahams Opfer

In einem zweiten Schritt vertieft Derrida seine Analyse über den Ursprung des Subjekts im Lichte der Gestalt Abrahams in der berühmten 'aqedâ-Perikope[20] der von Gott verlangten Opferung des Sohns Isaaks. Dabei nimmt der französische Philosoph immer wieder auf Søren Kierkegaards Werk *Furcht und Zittern* Bezug, was sich nicht nur aufgrund des behandelten Sujets, sondern auch in Bezug auf die Kritik an Hegel erklären lässt.

Bereits seit ihrem *incipit* steht die biblische Erzählung des Opfers Abrahams im 22sten Kapitel des Buches Genesis im Zeichen der Prüfung:

– Massoretischer Text: וַיְהִי אַחַר הַדְּבָרִים הָאֵלֶּה וְהָאֱלֹהִים נִסָּה אֶת־אַבְרָהָם.[21]
– Septuaginta: καὶ ἐγένετο μετὰ τὰ ῥήματα ταῦτα ὁ θεὸς ἐπείραζεν τὸν Αβρααμ.[22]
– Vulgata: quae postquam gesta sunt, temptavit Deus Abraham.[23]

Nach dem jüdischen Philosophen und Theologen André Neher sieht die Struktur der Prüfung strukturell das Schweigen Gottes vor.[24] Tatsächlich wird Gott,

---

[19] *Ibid.*, S. 333–334.

[20] Vom hebräischen Verb עקד mit der Bedeutung ‚die Beine des Opfertieres zusammenbinden'. Es bezieht sich auf den Vers 9 der Perikope, in dem erzählt wird, dass Abraham Isaak bindet und auf den aufgeschichteten Holzhaufen legt.

[21] Genesis / בראשית 22,1 in: תורה נביאים וכתובים / *Biblia hebraica stuttgartensia*, hg. von Karl Elliger / Wilhelm Rudolph, Stuttgart ⁴1990.

[22] Genesis / ΓΕΝΕΣΙΣ 22,1 in: *Septuaginta. Id est Vetus Testamentum graece iuxta LXX interpretes*, hg. von Alfred Rahlfs, Stuttgart ⁷1962.

[23] Liber Genesis 22,1 in: *Biblia Sacra iuxta vulgatam versionem, Bd. I Genesis – Psalmi*, hg. von Robert Weber, Stuttgart ²1975.

[24] Vgl. André Neher, *L'exil de la parole. Du silence biblique au silence d'Auschwitz*, Paris 1970 (it. Übersetzung: *L'esilio della parola. Dal silenzio biblico al silenzio di Auschwitz*, Casale Monferrato 1983, S. 37).

nachdem er seine Forderung an Abraham gestellt hat, den Sohn als Brandopfer auf einem Berg im Lande Moriah darzubringen, die ganze Zeit schweigen, und zwar bis zum entscheidenden Augenblick, als das Messer bereits am Hals des Jungen ist. Das Schweigen – kommentiert Derrida – ist das Zeichen der überaus absoluten Andersheit Gottes, da er es weder für notwendig hält, einen Grund für die Opferung anzugeben, noch irgendeine Form von Verständnis für Abraham zeigt. Er ist vollkommen abgesondert, vollkommen verborgen. „Er wäre nicht Gott andernfalls", fügt Derrida hinzu, „und wir hätten nicht mit dem Anderen als Gott und mit Gott als dem *All-Anderen* zu tun."[25]

In dieser Erzählung erregen allerdings nicht nur die Forderung Gottes und sein absolutes Schweigen Anstoß, sondern auch das Verhalten Abrahams. Dieses lässt sich durch folgende drei Aspekte charakterisieren:

1) Jenseits des Wissens. In der biblischen Erzählung scheint Abraham angesichts des göttlichen Befehls fast automatisch zu handeln. Denn weder legt er auch nur das leiseste Zögern an den Tag, noch zeigt er an, darüber nachdenken zu wollen. Dies ist umso erstaunlicher, wenn man bedenkt, dass Abraham einige Kapitel zuvor eine zähe Verhandlung mit Gott aufnimmt, um diesen davon abzubringen, in Sodom alles Leben auszulöschen. Sein Handeln ist *jenseits des Wissens*. Wenn er wüsste, wäre seine Verantwortung nicht absolut, weil sie das Ergebnis bzw. die Folge dieses Wissens wäre. Von diesem Wissen wäre sie nämlich veranlasst, geführt und letztendlich kontrolliert. Sie wäre also nur eine relative Verantwortung. Abrahams Entscheidung dagegen ist „[s]trukturell im Bruch mit dem Wissen und damit der Nicht-Offenbarung überantwortet".[26] Davon rührt auch das Zittern, ja eigentlich das Beben, her, auf das der Titel von Kierkegaards Werk hinweist, indem er eine Passage des Briefs an die Philipper zitiert, in der der Apostel Paulus die Christen ermahnt, in Furcht und Zittern/Beben für die eigene Rettung zu arbeiten.[27] Für Derrida ist dieses Erbeben insofern das Zeichen einer Erfahrung des Mysteriums, als es jedes Sehen und jedes Wissen übersteigt:

> Ich zittere zunächst, weil ich mich noch vor dem fürchte, was mir bereits Furcht bereitet, und *was ich weder sehe noch voraussehe*. Ich zittere vor dem, *was über mein Sehen und mein Wis-*

---

[25] Derrida, „Den Tod geben", *op. cit.*, S. 384 (geänderte Übersetzung). Der Ausdruck ‚All-Anderer' scheint mir annähernd die Zweideutigkeit des französischen *tout autre* wiederzugeben, das sowohl *den ganz anderen* als auch *jeden anderen*, also *alle anderen* bezeichnet, und auf der Derrida seine ganze Argumentation aufbaut.

[26] *Ibid.*, S. 404.

[27] Vgl. Epistula ad Philippenses 2,12 in: *Nova Vulgata Bibliorum Sacrorum Editio*, Vatikanstadt ²1986.

*sen hinausgeht*, wiewohl es mich bis ins tiefste Innere betrachtet [...] Auf das hin gespannt, *was sowohl das Sehen wie auch das Wissen vereitelt*, ist das Zittern durchaus eine Erfahrung des Geheimnisses oder des Mysteriums [kursiv: E.B.].[28]

Das Erbeben gründet also nicht so sehr in der Angst als vielmehr in der totalen Unverhältnismäßigkeit zwischen mir und der absoluten Alterität, die mich im Inneren sieht.[29]

2) Jenseits der Ethik. Dies ist die zweite Eigentümlichkeit von Abrahams Handeln in der *'aqedâ*-Perikope. Wenn Gott nämlich gegenüber Abraham schweigt, so verhält sich Abraham gegenüber den anderen Akteuren des Dramas, Isaak in erster Linie, aber auch Sarah, Isaaks Mutter, genauso. Nicht nur Gott schweigt also, auch Abraham tut es. Gott schweigt als der All-Andere, Abraham tut es, um das Geheimnis dieses All-Anderen zu bewahren. Derrida zufolge besteht die wahre Prüfung Abrahams weniger in der Opferung des Sohnes als vielmehr in diesem Schweigen. Das Geheimnis selbst wird hier also auf eine Zerreißprobe gestellt. Man kann versuchen, sich vorzustellen, was passiert wäre, wenn Abraham Isaak oder den anderen Familienangehörigen die Forderung Gottes offenbart hätte. Vielleicht hätten sie ihn davon abzubringen versucht, Gott zu gehorchen, oder sie hätten ihn dazu ermutigt, es zu tun. Sie hätten Argumente dafür oder dagegen ins Feld geführt; auf alle Fälle hätte Abraham sein Verhalten, seine Entscheidung, mit einer sie begründenden Erklärung rechtfertigen müssen. Sowohl im einen als auch im anderen Fall wäre er in die Allgemeinheit der Ethik zurückgefallen, in die Verantwortung der Ethik, welche die Verantwortung gegenüber einer Gemeinschaft ist, also gegenüber einer Andersheit, die relativ ist. Es wäre nicht jene „absolute Verantwortung"[30] gewesen, welche allein das Ergebnis einer Entscheidung ist, die gegenüber einer absoluten Andersheit getroffen wird. Denn die Ethik – beteuern *unisono* sowohl Kierkegaard als auch Derrida – besteht grundsätzlich darin, die eigenen Handlungen zu rechtfertigen, sie zu *(ver)äußern*, indem für diese Taten – nicht zuletzt gegenüber sich selbst – Gründe genannt werden, die angenommen oder zurückgewiesen werden. So würde Abraham der Verantwortung der Ethik entsprechen. Aus ihr könnte aber nicht seine absolute Singularität entspringen. Die

---

[28] Derrida, „Den Tod geben", *op. cit.*, S. 381.
[29] Der Vergleich mit dem dänischen Originaltitel von Kierkegaards *Furcht und Zittern*, nämlich *Frygt og baeven*, unterstützt Derridas Auslegung, es handele sich um denselben *tremor* des *mysterium tremendum*. In der traditionellen deutschen Übersetzung geht dagegen diese Nuance verloren. Während das *Zittern* mit dem Wissen um die eigene Gefahr verbunden ist, geht es beim *Beben* vielmehr um ein unkontrolliertes und unerklärliches Erlebnis.
[30] Derrida, „Den Tod geben", *op. cit.*, S. 387.

Genese des Ich ist nur *jenseits der Ethik* möglich, jenseits ihrer relativen Verantwortung, nämlich durch ein Geheimnis (*secretum*), das von der Allgemeinheit und von ihren ethischen Normen absondert (*segregare*), indem es eine absolute Verantwortung fordert.

Abrahams Antwort an Gott ist auf Hebräisch zweimal dasselbe einzelne Wort, nämlich הִנֵּנִי / ἰδοὺ ἐγώ / adsum.[31] Bezüglich dieses Worts erweist sich der Kommentar des oben erwähnten jüdischen Theologen Neher im Hinblick auf Derridas Interpretation als besonders aufschlussreich. Nach Neher ist das hebräische Wort הִנֵּנִי ein Kompositum, das wortwörtlich ‚Ja, ich' bedeutet.[32] Nach dieser Lesart legt diese Antwort also Zeugnis ab für die Genese der Subjektivität in ihrer Wesentlichkeit, eine Genese, die nur durch die absolute Verantwortung in der Irreduzibilität des Geheimnisses möglich ist. So Derrida dazu:

> ‚Hier bin ich': die einzige und erste mögliche Antwort auf den Ruf des Anderen, der Ursprungsmoment der Verantwortung, insofern er mich dem einzigartigen Anderen, demjenigen, der mich ruft, aussetzt. ‚Hier bin ich' ist die einzige Selbst-Darstellung, die volle Verantwortung voraussetzt: Ich bin bereit zu antworten, ich antworte, dass ich bereit bin zu antworten.[33]

Dem Akt der absoluten Verantwortung wohnt allerdings auch ein grundlegender Widerspruch, eine unlösbare Antinomie der Verantwortung, inne; denn Abraham liebt Isaak, er opfert ihn nicht aus Hass, sondern aus Liebe. Indem er so handelt, entspricht er der geltenden Ethik, da er einem ihrer grundlegenden Prinzipien folgt. Auf der anderen Seite aber verlangt die Pflicht vor Gott, das Mysterium zu bewahren, es nicht preiszugeben. Er geht dadurch eine absolute Verantwortung ein, nicht gegen die Ethik, sondern jenseits ihrer, da die Pflicht, die ihn an den All-Anderen bindet, der Gott ist, nicht anders sein kann als absolut. Der verborgene Kern des הִנֵּנִי, des ‚Ja, Ich', ist also insofern ein Mysterium, als dieses verlangt, dass der Handelnde vor den Anderen dafür keine Rechenschaft ablegt.[34] Diese Gotteserfahrung im Verborgenen und die absolute Verantwortung, die sie mit sich bringt, sondern Abraham ab, sie entreißen ihn der Unbestimmtheit der Gemeinschaft, genauso wie die αἵρεσις den Häretiker von der Gemeinschaft absondert. Denn durch sie wird eine Grenze zwischen Abraham und den anderen gezogen, die Grenze seiner absoluten Singularität.

---

[31] Es sind die Verse 1 und 11.
[32] Vgl. Neher, *Il silenzio*, *op. cit.*, S. 181.
[33] Derrida, „Den Tod geben", *op. cit.*, S. 398.
[34] Vgl. *ibid.*

3) Abrahams Verhalten weist außerdem eine dritte Besonderheit auf, die aus der Struktur des Opfers entspringt. Im Zusammenhang mit diesem dritten Aspekt behauptet Derrida, dass „„Abrahams Opfer'" – in Wirklichkeit – „die alltäglichste und geläufigste Erfahrung der Verantwortung illustriert".[35] In einer weiteren Passage äußert er sich dazu folgendermaßen: der Berg Moria ist „unsere Wohnstatt [...] alle Tage und zu jeder Sekunde".[36] Die biblische Erzählung hat also keine moralische oder gar ermahnende Bedeutung in dem Sinne, dass sie an das Gewissen der Leser bzw. der Zuhörer appelliert, sich in einer genauso radikalen Weise zu verhalten. Diese Erzählung besitzt vielmehr eine ontologische Bedeutung, und zwar dahingehend, dass sie – wie Derrida in einer weiteren Passage unterstreicht – „die tatsächliche Struktur des Alltäglichen"[37] darstellt. Wie? In zweifacher Weise:

a) Die ‚De-finition' der Singularität, d.h. die Tatsache, ein Ich zu sein, bindet unauflöslich das Ich an jedes andere Ich, und zwar in der Dimension der Verantwortung und der Pflicht. Denn, wenn Gott der Name des All-Anderen ist, dann setzt dieser selbe Name voraus, dass Gott immer dort ist, wo es einen All-Anderen, d.h. eine absolute Singularität, gibt. Dieser Name gehört also auch jedem Anderen *qua* Ich, *qua* absolute Singularität. Und dennoch: Wenn der All-Andere *eo ipso* mit jedem Anderen gleichsetzbar ist, dann gibt es keinen Unterschied mehr zwischen der ethischen und der absoluten Verantwortung. In Wahrheit sind Sarah und Isaak keineswegs mit Iahvè gleichzusetzen, so wie auch die Anderen nicht mit Iahvè identifizierbar sind. Und dennoch ist es richtig, dass keine Singularität in ihrer Totalität erfassbar ist und daher *qua* Singularität immer auch einen All-Anderen darstellt. Man sieht: Es tut sich nochmals eine Antinomie auf, die zwei entgegengesetzte und dennoch gültige Lösungen vorsieht. Die erste gestattet, nur Gott als den All-Anderen zu verstehen, die zweite jeden Anderen.

Es ist aber ausgerechnet diese Antinomie, die einen neuen Begriff des Anderen ermöglicht, der den Weg zu einem neuen Subjekt/Objekt-Verhältnis eröffnet. Indem diese Antinomie „[d]ie Andersheit an die Einzigartigkeit [...] binde[t]",[38] wird jener hetero-tautologische Kreis der Hegel'schen Logik durchbrochen, in dem der Andere nur als Wiederholung des Selbst gedacht wird. So heißt es in der *Phänomenologie des Geistes*:

---

[35] *Ibid.*, S. 394 (geänderte Übersetzung).
[36] *Ibid.*, S. 396.
[37] *Ibid.*, S. 405.
[38] *Ibid.*, S. 413.

Der ausgeführte Zweck oder das daseiende Wirkliche ist Bewegung und entfaltetes Werden; eben diese Unruhe aber ist das Selbst; und jener Unmittelbarkeit und Einfachheit des Anfangs ist es darum gleich, weil es das Resultat, das in sich Zurückgekehrte, – das in sich Zurückgekehrte aber eben das Selbst, und das Selbst die sich auf sich beziehende Gleichheit und Einfachheit ist.[39]

Und am Ende der *Wissenschaft der Logik* im Kapitel über die absolute Idee ist u.a. zu lesen:

Dies Resultat hat nun als das in sich gegangene und mit sich *identische* Ganze sich die Form der *Unmittelbarkeit* wiedergegeben. Somit ist es nun selbst ein solches, wie das *Angefangene* sich bestimmt hatte. Als einfache Beziehung auf sich ist es ein Allgemeines, und die *Negativität*, welche die Dialektik und Vermittlung desselben ausmachte, ist in dieser Allgemeinheit gleichfalls in die *einfache Bestimmtheit* zusammengegangen, welche wieder ein Anfang sein kann.[40]

Hegels Begriff des Anderen, jene *Unruhe*, welche dem Werdeprozess, dem *entfalteten Werden*, eigen ist, gegenüber der *Ruhe* des Selbst, ist selbst das Selbst, so wie sowohl der *Anfang* als auch das *Resultat* – als *in sich Zurückgekehrtes* – immer nur das *Selbst* sind. Es handelt sich also um eine Heterologie, um einen Begriff des Anderen, der tautologisch ist. Solch ein hetero-tautologischer Satz kennt nicht die Möglichkeit des Mysteriums, da er vollendete Manifestation, eben Phänomenologie, ist. In Derridas Antinomie hingegen wird die absolute Singularität mit der absoluten Andersheit verknotet, der Andere ist immer auch der All-Andere, d.h. auch der unendlich Andere: „man verlässt die Tautologie, man spricht die radikalste Heterologie aus, schlicht den Satz der irreduktibelsten Heterologie."[41] Erst in der absoluten und asymmetrischen, ja antinomischen Heteronomie, die als solche das tautologische Subjekt/Objekt-Verhältnis übersteigt, ist die Verantwortung überhaupt denkbar, da nur in ihr die Möglichkeit eines unendlichen Blicks gegeben ist, der mich im Inneren sieht, ohne selbst gesehen zu werden.

  b) Die Verantwortung vor dem unendlich Anderen und vor jedem Anderen, also die Pflicht ihm gegenüber, kann sich nur in der *Struktur des Opfers* verwirklichen. In jedem Augenblick Ich sagen zu können, eine Singularität zu sein, bedeutet auch, den Anderen zu verraten, seine Negation zu sein, ihn zu opfern,

---

[39] Hegel, *Phänomenologie des Geistes*, *op. cit.*, S. 22.
[40] Georg Wilhelm Friedrich Hegel, *Wissenschaft der Logik II* (Werke 6), auf der Grundlage der *Werke* von 1832–1845 neu edierte Ausgabe, Redaktion Eva Moldenhauer und Karl Markus Michel, Frankfurt a. M. 2003, S. 566.
[41] Derrida, „Den Tod geben", *op. cit.*, S. 409.

ihm den Tod zu geben. Jeder Augenblick von Singularität setzt auch die Negation eines jeden Anderen und seiner relativen Andersheit voraus. Die einzige Möglichkeit, mit dem Anderen in eine wahre Beziehung über die Gegenseitigkeit der Subjekt/Objekt-Dimension hinaus zu treten, ist nur dann gegeben, wenn man eine Ökonomie einführt, die sich wesentlich von der logischen und geschlossenen Ökonomie des Tausches unterscheidet, und zwar so wie Abraham es tut. Abraham handelt nämlich ohne Hoffnung auf Entschädigung oder auf Wiederinbesitznahme des Verlorenen. Es darf nicht vergessen werden, dass Abrahams Hand erst dann von Gott zurückgehalten wird, als sich das Messer am Hals des Sohnes befindet. Das ist nicht der Moment der Entscheidung, sondern bereits der der Handlung. Das bedeutet, dass die Handlung – von der Perspektive Abrahams aus betrachtet – bereits stattgefunden hat. Gott hält in jenem Augenblick die Hand zurück, in dem die Handlung in Abrahams Augen bereits vollzogen ist. In jenem entscheidenden Augenblick erwartet Abraham keinen Ausgleich mehr; denn es kann keinen Ausgleich geben, der die Opferung des eigenen Kindes vergelten kann. Daher verkörpert seine Tat die vollkommene Gabe; sie lässt sich in keiner Weise der Logik der Berechnung und des Gütertausches unterordnen. Abrahams Handlung ist *jenseits jeder erdenklichen Gegenseitigkeit*. Genau in dem Augenblick des totalen Verlustes, in dem Augenblick, in dem die Ökonomie der Gabe von der ungeheuerlichen Tat Abrahams eingeführt wird, *gibt* ihm Gott den Sohn *zurück*.[42] Das ist die Gabe des Todes, das ist die Gabe an Gott von jenem Tod, den man dem Anderen durch die eigene Singularität zufügt. Sie ist möglich, weil man auf die Möglichkeit einer Rückgabe verzichtet und somit die Ökonomie der Gabe an die Stelle des Kalküls setzt.

Nicht von ungefähr betont Derrida die *Rückgabe* des Sohnes. Es handelt sich nämlich dabei um dasselbe *reddere*, von dem im sechsten Kapitel des Matthäusevangeliums die Rede ist, dort, wo – fast wie mit einer standardisierten Formel – dreimal beteuert wird, dass „dein Vater ist und sieht im Verborgenen" und „im Verborgenen" wird er dir die Almosen, das Gebet und das Fasten *zurückgeben*.[43] Es wird damit jede Symmetrie und jede hetero-tautologische Gegenseitigkeit aufgesprengt. Dieselbe Logik verbirgt sich in der Forderung Jesu, das Talionsystem („Auge um Auge, Zahn um Zahn") abzuschaffen, und im Gebot für die Jünger, die andere Wange darzubieten. Es handelt sich um Beispiele, in denen die Möglichkeit eines totalen Verlustes nicht nur in Kauf ge-

---

[42] Vgl. *ibid.*, S. 422.
[43] Vgl. Evangelium secundum Mattheum 6,4.6.17–18, *Nova Vulgata, op. cit.*

nommen werden muss, sondern – wie im Falle Abrahams – bereits als gegeben gilt. So Derrida:

> Es geht darum, die strenge Ökonomie, den Tausch, das Zurückgeben, das Geben/Zurückgeben, das ‚auf eine Rückgabe hin vorgestreckte' Eine und diese Art hasserfüllter Zirkulation in Gestalt von Vergeltung, Rache, das Zug um Zug, das Zug-um-Zug-Zurückgeben außer Kraft zu setzen.[44]

Nur eine Ökonomie der Gabe führt jenseits der Totalität des Berechenbaren, indem sie die Zirkularität der Gegenseitigkeit aushebelt. Auf dieselbe Art und Weise führt nur die Gabe des zugefügten Todes zum wahren Verhältnis mit dem Anderen, dem unendlich Anderen und jedem Anderen, jenseits der hetero-tautologischen Subjekt/Objekt-Dimension.

Zusammenfassend lassen sich auch bei Abraham jene drei ‚Jenseits' feststellen, welche bereits in Patočkas Analyse über die Entstehung der Religion aus der Erfahrung der Verantwortung auftauchen: das erste geht über das Wissens hinaus im Glauben, das zweite über die Normen (der Ethik) in der absoluten Verantwortung, das dritte über die Symmetrie und die Gegenseitigkeit der Handlung in der Gabe.

## 5. ‚Abraham teilen'. Für eine Philosophie des Monotheismus

Die Eindringlichkeit, mit der im sechsten Kapitel des Matthäusevangeliums beteuert wird, dass „dein Vater im Verborgenen ist und im Verbogenen sieht", und zwar in offener Polemik mit der Äußerlichkeit der Religiosität der Pharisäer, legt eine antiidolatrische und antiikonographische Interpretation dieses Passus nahe. In dieser standardisierten Formel könnte man sogar eine Art ‚Losungswort' der ersten Christen vermuten. In seinem reflektierten Ursprungsmoment[45] greift hier das Christentum auf eine originäre Erfahrung des Monotheismus als solchen zurück: die Überwindung der Idolatrie. In der Tat ist das Grundspezifische des Götzen seine Sichtbarkeit und Äußerlichkeit. Er wird in Prozession getragen und öffentlich zur Schau gestellt. Mag er auch versteckt oder verhüllt sein, er ist nicht wie der monotheistische Gott „im Verborgenen", ἐν τῷ κρυπτῷ, d.h. absolut unsichtbar, und zwar weil er strukturell anders als das Sichtbare ist. Indem er, ohne ihn zu erwähnen, seinen Landsmann Aurelius

---

[44] Derrida, „Den Tod geben", *op. cit.*, S. 428.
[45] Dieser Passus ist Bestandteil der ‚Bergpredigt', bekanntlich eine Art *Magna Charta* des Christentums.

Augustinus zitiert, betont Derrida, dass Gott „mächtiger und mir selbst innerlich näher [ist] als ich selbst".[46] Und er fügt unmittelbar anschließend nicht ohne Nachdruck hinzu:

> Man darf nicht länger an Gott als an jemanden denken, der dort, sehr weit oben, transzendent und mehr noch – eben noch obendrein – besser als jeder im Raum kreisende Satellit fähig ist, alles zu sehen bis in die geheimsten der innerlichsten Orte [...] Gott und den Namen Gottes [muss man] ohne diese Vorstellung und diese idolatrische Stereotypie denken – und nunmehr behaupten: Gott ist der Name der Möglichkeit für mich, ein Verborgenes, ein Geheimnis zu wahren, das im Inneren sichtbar ist, aber nicht im Äußeren. Sobald es diese Struktur eines Bewusstseins, eines Mit-Sich-Seins, eines Sprechens, das heißt einer Hervorbringung unsichtbaren Sinns gibt, sobald ich, *dank dem unsichtbaren Sprechen als solchem*, einen Zeugen in mir habe, den die anderen nicht sehen, und der folglich zugleich anders ist als ich und mir innerlich näher als ich selbst, sobald ich eine geheime Beziehung mit mir bewahren und nicht alles sagen kann, sobald es Geheimnis und einen geheimen Zeugen in mir gibt, gibt es das, was ich Gott nenne [...] Gott ist in mir, er ist absolutes ‚ich', er ist die Struktur der unsichtbaren Innerlichkeit, die man im Kierkegaardschen Sinne die Subjektivität nennt.[47]

Welche Folgen ergeben sich für die Religion und insbesondere für jene drei Religionen, die Abraham teilen? Was bedeutet eigentlich, Abraham ‚zu teilen'? Mit Sicherheit kann das nicht heißen, dass man den gleichen Glauben teilt. Aber nicht aus dem Grund, dass man unterschiedliche Traditionen, unterschiedliche *deposita fidei*, unterschiedliche Offenbarungen hat, sondern vielmehr deswegen, weil der Glaube – wie von Derrida ausgearbeitet – strukturell „eine Regung der absoluten Einzigartigkeit sein [muss]".[48] Selbstverständlich gilt dies auch innerhalb der eigenen Glaubensgemeinschaft, damit man nicht in jenes zirkuläre Verhältnis idolatrischer und ikonographischer Manifestation zurückfällt, in jenes Subjekt/Objekt-Verhältnis nämlich, in dem Gott zu einem um die Erde kreisenden Satelliten gemacht wird, in jenen engen Kreis einer Ökonomie der hetero-tautologischen Gegenseitigkeit also, die den Gott Abrahams aus Genesis 22 und den Vater im Verborgenen aus Matthäus 6 in einen Götzen verwandelt. Denn der Götze ist eigentlich nur die Projektionsfläche des Selbst, seiner Wünsche und Vorstellungen.[49]

---

[46] Derrida, „Den Tod geben", *op. cit.*, S. 434.
[47] *Ibid.*
[48] *Ibid.*, S. 406.
[49] In diesem Sinne gleicht die religiöse Haltung des Monotheismus der des Polytheismus, von dem hier die Idolatrie klar zu unterscheiden ist. Vielmehr ist es so, dass sowohl der Monotheismus als auch der Polytheismus die Idolatrie als Gegenpart haben, die auch deren immerwährende und größte Gefahr ist.

‚Abraham zu teilen' bedeutet ein Geheimnis zu teilen; das heißt allerdings nicht, das Geheimnis zu kennen und wie eine Art Staffelholz weiterzugeben. Vielmehr gibt es in der Erzählung aus Genesis 22 nichts, das gewusst werden muss, nichts, das weiter tradiert werden soll, kein *depositum fidei* zu verwahren, so wie es im sechsten Kapitel des Matthäusevangeliums keine Glaubens-wahrheit gibt, es sei denn jene geheime Wahrheit eines Vaters, der im Gehei-men sieht und im Geheimen die Almosen, das Gebet und das Fasten zurückge-ben wird. ‚Abraham zu teilen' heißt also, ein Geheimnis zu teilen, welches, genau weil es sich um ein Geheimnis handelt, *nicht* von Generation zu Genera-tion weitergegeben werden kann, sonst würde man in den dialektischen, aus-weg- und rettungslosen Kreis der Hegel'schen Spekulation zurückkehren. Jede Generation muss neu anfangen; das ist der neue, nicht dialektische, sondern offene Sinn von Geschichte und Tradition. Diese sollen jedes Mal neu erdacht und erfunden werden, und zwar ausgehend von jenem Geheimnis, von jenen *Jenseits* der absoluten Verantwortung, des Glaubens und der Gabe, die einzig über die Ethik, das Wissen und die Gegenseitigkeit hinauszugehen vermögen, damit man nicht in die Idolatrie verfällt, die *per definitionem* hetero-tautologisch ist und in der es für das Subjekt keine Rettung geben kann.[50]

---

[50] Vgl. Derrida, „Den Tod geben", *op. cit.*, S. 407.

ALEXANDER FIDORA

# Zweifel und Epoché: Eine Auseinandersetzung mit Panikkars Phänomenologie des religiösen Gesprächs

## 1. Einleitung

Wie kaum ein anderer hat der Philosoph und Theologe Raimon Panikkar (* 1918) sein Denken in den Dienst des religiösen Gesprächs gestellt und bereits zu einer Zeit, als der Dialog zwischen den Religionen in der Theologie und Religionsphilosophie noch längst nicht im Brennpunkt des Interesses stand, einen „neuen Weg"[1] in der religiösen Begegnung gefordert, der sich jenseits der traditionellen Alternativen versteht.[2]

Dabei hat Panikkar, der als Sohn einer katalanischen Mutter und eines indischen Vaters 1946 die Priesterweihe erhielt, diesen neuen Weg nicht nur von seinen diversen Lehrstühlen an nordamerikanischen, europäischen und indischen Universitäten aus vorgedacht, vielmehr hat er ihn im Gespräch zwischen Christentum, Hinduismus und Buddhismus auch selbst existenziell vollzogen. Panikkar beschreibt seinen eigenen religiösen Weg mit folgenden, unterdessen klassisch gewordenen Worten: „Ich bin als Christ gegangen, ich habe mich als Hindu gefunden und ich kehre als Buddhist zurück, ohne doch aufgehört zu haben, ein Christ zu sein."[3] In einzigartiger Weise verbindet Panikkar mithin in seiner Person und seinen unzähligen Veröffentlichungen Reflexion und Praxis des religiösen Gesprächs zwischen Christentum und den fernöstlichen Religionen. So zählen seine seit der Mitte des vergangenen Jahrhunderts erschienenen Arbeiten, wie *Der unbekannte Christ des Hinduismus*,[4] *Gottes Schweigen – Die Antwort des Buddha für unsere Zeit*[5] und *Der neue religiöse Weg – Im Dialog*

---

[1] So der deutsche Titel von Panikkars Hauptwerk zur Frage des Religionsdialogs: *Der neue religiöse Weg – Im Dialog der Religionen leben*, München 1990 (engl. Originalausgabe: *The Intra-Religious Dialogue*, New York 1978).

[2] Vgl. hierzu ausführlicher Alexander Fidora / Tilbert Stegmann, „Una conversa amb Raimon Panikkar, Tavertet, 22/04/2003", in: *Zeitschrift für Katalanistik* 17 (2004), S. 227–235.

[3] Panikkar, *Der neue religiöse Weg, op. cit.*, S. 51.

[4] Raimon Panikkar, *Der unbekannte Christ des Hinduismus*, Mainz 1986 (engl. Originalausgabe: *The Unknown Christ of Hinduism*, London 1964).

[5] Raimon Panikkar, *Gottes Schweigen – Die Antwort des Buddha für unsere Zeit*, München 1992 (span. Originalausgabe: *El silencio de Dios*, Madrid 1970).

*der Religionen leben,*[6] schon längst zu den Standardwerken des gelebten Religionsdialogs, die nicht nur unter Spezialisten des christlich-fernöstlichen Religionsgesprächs breite Aufnahme gefunden haben, sondern sich auch eines sehr großen Interesses seitens eines allgemein interessierten Publikums erfreuen.

Mit seiner jüngsten, auf Deutsch noch nicht in Buchform erschienenen Publikation zum Religionsdialog, *L'incontro indispensabile: Dialogo delle religioni,*[7] hat Panikkar seine Gedanken aus mehr als einem halben Jahrhundert gleichsam zu einer dichten Summe des religiösen Gesprächs zusammengefasst, die die wesentlichen Themen seiner früheren Schriften aufgreift und fortsetzt. Neben anderen Aspekten nimmt Panikkar in *L'incontro indispensabile* ein Thema aus seinen früheren Arbeiten auf, das seinen Ansatz von Anfang an mitbestimmt hat, das allerdings bislang nicht hinreichend gewürdigt wurde: seine Kritik und Weiterentwicklung der Religionsphänomenologie im Hinblick auf das religiöse Gespräch.

## 2. Panikkars Verhältnis zur Religionsphänomenologie: Kritik am Zweifel und der phänomenologischen Epoché im religiösen Gespräch

In einem kleinen, aber sehr dichten Kapitel aus *L'incontro indispensabile,* das den Titel „Der Dialog hat an den jeweiligen *pisteumata* teil" trägt,[8] schlägt Panikkar so vor dem Hintergrund seiner Beschäftigung mit der traditionellen (Religions-)Phänomenologie eine neue Phänomenologie des religiösen Gesprächs vor, dessen Inhalte nicht mit der klassischen Phänomenologie als *noêmata,* sondern als Inhalte *sui generis* zu verstehen seien, die der indische Religionswissenschaftler in Analogie zu jenen als *pisteumata* (von gr. *pistis*) fasst. Die gegenseitige Partizipation an diesen wiederum, so Panikkar, sei der Ermöglichungsgrund des religiösen Dialogs.

Um die Tragweite dieser zunächst nur terminologischen Innovation zu erklären, gilt es, Panikkars Verhältnis zur Religionsphänomenologie zumindest in seinen wichtigsten Etappen nachzuzeichnen – ein Verhältnis, das, wie bereits erwähnt, Panikkars Denken von Beginn an maßgeblich mitbestimmt. So lässt sich Panikkars kritisches Interesse an der Phänomenologie ab den 1950er Jahren

---

[6] Panikkar, *Der neue religiöse Weg, op. cit.*

[7] Raimon Panikkar, *L'incontro indispensabile: Dialogo delle religioni,* Mailand 2001; das Buch erweitert Überlegungen des Autors, die teilweise auf Deutsch erschienen sind in Raimon Panikkar, „Begegnung der Religionen: Das unvermeidliche Gespräch", in: *Dialog der Religionen* 1/1 (1991), S. 9–39.

[8] *Ibid.,* S. 54–56 („Il dialogo partecipa ai rispettivi *pisteumata*").

dokumentieren, in denen er mit einer ersten phänomenologischen Studie im *Philosophischen Jahrbuch* in Erscheinung tritt, die einen Entwurf für eine „existentielle Phänomenologie der Wahrheit" vorlegt, der sich von der klassischen Phänomenologie lösen will, indem er allen idealistischen Voraussetzungen entsagt.[9] Was Panikkar mit diesen ‚idealistischen Voraussetzungen' genauerhin meint, geht insbesondere aus seinen Arbeiten der 1960er Jahre hervor: Im Mittelpunkt seiner Beschäftigung mit der Phänomenologie und nun insbesondere der Religionsphänomenologie steht hier nämlich die in der Tat zentrale Frage nach der Angemessenheit der phänomenologischen Epoché im Umgang mit den Religionen.[10]

Damit greift Panikkar eine der methodologischen Kernaussagen des religionsphänomenologischen Programms auf, wie es v.a. von Gerardus van der Leeuw formuliert wurde. Im Epilog seines für die Religionsphänomenologie fundamentalen Werkes *Phänomenologie der Religion* von 1933 hatte dieser den Versuch unternommen, der Religionsphänomenologie eine systematische Gestalt zu geben, wobei er – anders als in seiner acht Jahre zuvor erschienenen *Einführung in die Phänomenologie der Religion* –[11] der husserlschen Epoché in Anknüpfung an dessen *Ideen zu einer reinen Phänomenologie und phänomenologischen Philosophie* von 1913 eine wichtige Aufgabe auch innerhalb der Religionsphänomenologie zuerkennt. Wie bekannt, entwickelt Husserl in den *Ideen* seine Lehre von der Epoché im Ausgang vom cartesischen Zweifel folgendermaßen:

> Wir knüpfen hier [d.h. bei Descartes] an, betonen aber sogleich, daß der universelle Zweifelsversuch uns nur als methodischer Behelf dienen soll [...][12]
> Wir greifen nur das Phänomen der ‚Einklammerung' oder ‚Ausschaltung' heraus, das offenbar nicht an das Phänomen des Zweifelsversuches gebunden ist, obschon aus ihm besonders leicht herauszulösen ist, vielmehr auch in sonstigen Verflechtungen und für sich allein auftreten kann. In Beziehung auf jede Thesis können wir in voller Freiheit diese eigentümliche ἐποχή, üben, eine gewisse Urteilsenthaltung, die sich mit der unerschütterten und ev. Unerschütterlichen Wahrheit verträgt. Die Thesis wird ‚außer Aktion gesetzt', eingeklammert, sie verwandelt sich

---

[9] Raimon Panikkar, „Die existentielle Phänomenologie der Wahrheit", in: *Philosophisches Jahrbuch* 64 (1956), S. 27–54.

[10] Siehe neben Panikkars Replik auf einen Aufsatz von Kurt Rudolph („Die Problematik der Religionswissenschaft als akademisches Lehrfach", in: *Kairos* 9 [1967]) im folgenden Jahrgang derselben Zeitschrift, S. 56–57, auch seinen Beitrag „The Internal Dialogue: The Insufficieny of the So-Called Phenomenological Epoché in the Religions", in: *Religion and Society* 15 (1968), S. 55–66.

[11] Vgl. Gerardus van der Leeuw, *Einführung in die Phänomenologie der Religion*, München 1925, siehe auch die entschiedene Distanzierung van der Leeuws von Husserl und anderen auf den S. 4, 5, 7 usw.

[12] Edmund Husserl, *Ideen zu einer reinen Phänomenologie und phänomenologischen Philosophie* (Husserliana III, 1–2), neu hg. von Karl Schuhmann, 2 Halbbde., Den Haag 1976, Halbbd. I, S. 62.

in die Modifikation ,eingeklammerte Thesis', das Urteil schlechthin ist das ,eingeklammerte Urteil'.[13]

Es ist eben diese „Einklammerung" des natürlichen Seinsglaubens, welche die Konzentration auf die Phänomene ermöglichen soll, die sich auch van der Leeuw in seiner *Einführung* zu eigen macht, indem er programmatisch von der Religionsphänomenologie behauptet, diese „beachtet die *Zurückhaltung*, die *Epoché*, und ihr Verständnis des Geschehens ist abhängig von seiner ,Einklammerung'".[14] Auch die Religionsphänomenologie hat es demnach nur mit den intentionalen Gehalten des Denkens, den sog. *noêmata*, zu tun.

Genau diese (religions-)phänomenologische „Einklammerung" hält Panikkar jedoch, mit einer Reihe weiterer Autoren,[15] für eine unzulässige ,idealistische Voraussetzung' der Phänomenologie, zumal der Religionsphänomenologie. Seine Gründe hierfür legt Panikkar in seinem 1970 erschienenen Aufsatz „Verstehen als Überzeugtsein" mit einer sehr detaillierten Analyse des Glaubensverstehens vor, die zeigt, dass Glaubensaussagen eine Struktur eigener Art haben, die die Anwendung der Epoché auf sie fraglich erscheinen lässt, da, so Panikkar, besonders bei Glaubensaussagen „das Verständnis der Wahrheitsfrage zur Aussage selbst gehört". Dies bedeutet nun nach Panikkar, dass der Epoché übende Phänomenologe das Phänomen ,M glaubt, dass A gleich P' zwar „wie ein Photograph wiedergeben [kann], übersehen wir jedoch die andere (tiefer liegende) Ebene, auf der der Wahrheitsanspruch sich erhebt, dann erreichen wir nicht wirklich die Sache, die wir beschreiben". „Mit anderen Worten: Die Gruppe M wird sich mit unseren rein phänomenologischen Erklärungen nicht zufrieden geben, welche die Wahrheitsfrage, welche sie für das Wichtigste hält, absichtlich ausgeklammert haben."[16] Panikkar folgert hieraus:

> Wenn ich nun den Anspruch erhebe, diese Aussagen in sich selbst zu verstehen, dann muß ich auch sagen, daß ich von ihrer Wahrheit überzeugt bin. Bin ich nicht davon überzeugt, daß sie

---

[13] *Ibid.*, S. 64.

[14] Gerardus van der Leeuw, *Phänomenologie der Religion*, Tübingen ²1956 (1933), S. 774. – Seine Hervorhebung.

[15] Vgl. etwa Andreas Becke, „Die Struktur der Religion. Oder: Ist die Phänomenologie eine Methode, die in der Religionswissenschaft zur Anwendung kommen kann?", in: *Zeitschrift für Missionswissenschaft und Religionswissenschaft* 83 (1999), S. 3–28, sowie Bernhard Casper, „Was kann ,Phänomenologie der Religion' heißen? – Versuch einer Erklärung", in: *Jahrbuch für Religionsphilosophie* 1 (2002), S. 171–194. – Eine analoge, wenngleich anders motivierte Kritik am „Aufschub" bzw. der „Einklammerung der Glaubensentscheidung" findet sich auch bei Hans Urs von Balthasar, *Cordula oder der Ernstfall*, Einsiedeln 1966, S. 80 und 109.

[16] Raimon Panikkar, „Verstehen als Überzeugtsein", in: Hans-Georg Gadamer / Paul Vogler (Hgg.), *Neue Anthropologie, Band VII: Philosophische Anthropologie, Zweiter Teil*, Stuttgart/München 1975, S. 132–167, hier S. 144–145.

wahr sind, dann mag ich zwar verstehen, warum manche Menschen sie für wahr halten, aber nicht die Aussagen selbst, so wie sie von denen verstanden werden, die sie für wahr halten – die an sie glauben.[17]

Für den Sinn religiöser Aussagen, so Panikkar, ist also der Bezug auf die extramentale Wirklichkeit des intentional Gemeinten konstitutiv. Wer diesen Bezug einklammert, so wie es die Phänomenologie bzw. die Religionsphänomenologie im Gefolge van der Leeuws tut, kann nach Panikkar nicht beanspruchen, zu echtem Fremdverstehen religiöser Aussagen zu gelangen.

Diese Kritik ergänzt und verschärft Panikkar in seinem bereits genannten Hauptwerk zum religiösen Gespräch *Der neue religiöse Weg – Im Dialog der Religionen leben*, indem er die Epoché und den cartesischen Zweifel, auf den er diese zurückführt, als einen „intellektuellen Kunstgriff" zu entlarven sucht, der nicht nur die dargelegten Bedingungen des religiösen Fremdverstehens unbeachtet lasse, sondern sich ferner auch über die eigene Vorurteilsstruktur täusche: Weder könne der Teilnehmer an einem religiösen Gespräch den Wirklichkeitsbezug der fremden Aussagen einklammern, wenn er tatsächlich beansprucht, den Vollsinn der Aussagen zu begreifen, noch dürfe er sich über seine eigenen Glaubensüberzeugungen täuschen, die er ebenso wenig einzuklammern vermöge. Angesichts dieser Tatsache formuliert Panikkar bereits in diesem Werk die weiter oben zitierte Lehre vom *pisteuma* als Schlüsselbegriff einer Phänomenologie des religiösen Gesprächs:

> Die besondere Schwierigkeit einer Phänomenologie der Religion liegt darin, dass sich das religiöse *pisteuma* vom husserlschen *noêma* wesentlich unterscheidet und nicht auf dieses zurückgeführt werden kann. Das *pisteuma* ist jenes Herz der Religion, das nur einer religiösen Phänomenologie offensteht und verständlich wird. Mit anderen Worten, der Glaube des Gläubigen gehört unabdingbar mit zum religiösen Phänomen. Es gibt keinen ‚nackten' oder ‚reinen' Glauben losgelöst von der Person des Glaubenden. Trifft dies aber zu, entspricht das *noêma* des religiös skeptischen Phänomenologen durchaus nicht dem *pisteuma* des Gläubigen. Das religiöse Phänomen erscheint nur als *pisteuma* und nicht als bloßes *noêma*. Wie das *pisteuma* zu fassen ist, das ist eine drängende Frage, die der religiösen Phänomenologie nicht wenig Kopfzerbrechen bereitet.[18]

Mit dem letzten Satz deutet Panikkar zugleich die entscheidende Frage an, auf die das zu Beginn dieses Abschnitts erwähnte Kapitel aus seinem jüngsten Werk *L'incontro indispensabile* eine Antwort geben möchte. Denn nach der Lehre vom *pisteuma* scheint jede religiöse Aussage in einem Zirkel solcher Art gefangen, dass ein Fremdverstehen überhaupt nicht möglich ist, denn es gilt zu

---

[17] *Ibid.*, S. 147.
[18] Panikkar, *Der neue religiöse Weg*, *op. cit.*, S. 116–117.

glauben, um zu verstehen, und zu verstehen, um zu glauben. Gleichwohl verwahrt sich Panikkar energisch gegen die Konsequenz aus dem *pisteuma*-Ansatz, „dass jeder Glaubensschatz (*thesaurus fidei*), wie einige Religionen behaupten, unvermittelt und unbegreifbar bleibt".[19] „Um zum *pisteuma* des Anderen vorzudringen", so Panikkar in Antwort auf diesen Vorwurf, „muss ich auf irgend eine Art dieses *pisteuma* als wahr annehmen, d.h., ich muss einen bestimmten Zugang zum mythischen Universum haben, an das der Andere."[20] Und scheinbar präzisierend fügt Panikkar hinzu: „Ich habe gesagt, dass ich auf irgend eine Art am Glauben des Gesprächspartners teilhaben muss, wenn ich ihm wirklich begegnen will. Dieses ‚auf irgend eine Art' bedeutet, dass ich Zugang zu seinem *mythos* haben muss. Der Dialog ist der Weg für eine neue wahrhaft religiöse Phänomenologie."[21] Es ist allerdings zu fragen, ob die letzte Bemerkung tatsächlich mehr erklärt als die vorausgehenden Aussagen, denn die grundlegende Frage nach dem Wie einer solchen Partizipation bzw. eines solchen Zugangs zum *pisteuma* des Anderen, die in dem Zirkularitätseinwand zum Ausdruck kommt, wird hierdurch in keiner Weise geklärt. Und auch der Verweis auf den Religionsdialog klingt eher wie eine *petitio principii* denn eine Explikation – denn gerade um die Begründung der Möglichkeit eines solchen Dialoges geht es hier!

Man wird also sagen müssen, dass Panikkar in seiner phänomenologischen Untersuchung der Grenzen der traditionellen Phänomenologie bzw. Religionsphänomenologie im Hinblick auf das religiöse Gespräch zwar einen wichtigen Beitrag zu einer gewandelten Form von Phänomenologie des religiösen Gesprächs geleistet hat, die die Eigentümlichkeit von Glaubensaussagen gegenüber anderen Aussagen hervorhebt. Gleichwohl bleibt die sich unausweichlich hieran anschließende Frage, wie nach der Zurückweisung jeder Form von Epoché und Zweifel dann ein Religionsgespräch überhaupt möglich sein soll, auch in seinem jüngsten Werk dunkel; ja es scheint, dass die Religionen letztlich inkommensurabel sind.

---

[19] Panikkar, *L'incontro indispensable*, op. cit., S. 55: „Ogni tesoro di fede (*thesaurus fidei*), come alcune religioni lo esprimono, rimarrà non mediato e incomprensibile."

[20] *Ibid.*, S. 55: „Per raggiungere il *pisteuma* dell'altro io devo in qualche modo assumere quel *pisteuma* come vero, cioè devo avere un certo accesso nell'universo mitico in cui l'altro crede."

[21] *Ibid.*, S. 56: „Ho detto que devo in qualche modo partecipare della fede dell'interlocutore se realmente lo voglio incontrare. Questo ‚in qualche modo' significa che devo avere accesso al suo *mythos*. Il dialogo è la via per una nuova fenomenologia veramente religiosa."

## 3. Zur Rehabilitierung des Zweifels im religiösen Gespräch: Zweifeln und transzendentale Epoché als existenzielle Vollzüge

Im Folgenden möchte ich dafür plädieren, den Zweifel und die Epoché nicht allzu schnell zu verabschieden. Denn es scheint mir, dass Panikkars neue Phänomenologie des religiösen Verstehensaktes durchaus kompatibel ist mit bestimmten Formen des Zweifels und der Epoché und seine kategorische Zurückweisung beider auf einem sehr engen Verständnis derselben beruht, nämlich dem cartesischen Zweifel und einer gleichsam cartesischen Epoché. Beide sind in der Tat immer wieder kritisiert worden, so etwa in Bezug auf den cartesischen Zweifel in Charles Sanders Peirces berühmter Invektive gegen den *paper doubt*:

> Viele Philosophen denken scheinbar, dass es reicht, ein Stück Papier zu nehmen und darauf zu notieren ‚ich zweifele‘, um zu zweifeln, oder das dies etwas ist, dass man von einer Minute auf die andere tun kann, sobald man nur entscheidet, woran man zweifeln will. Descartes überzeugte sich selbst, dass es der sicherste Weg sei, mit dem Zweifel an allem zu ‚beginnen‘, und so berichtet er uns, dass er dies ohne Umschweife tat, allerdings unter Ausnahme seines *je pense*, das er dem hl. Augustinus entlehnte. Nun, ich glaube, so einfach ist das nicht, denn der wirkliche Zweifel spricht nicht vom *Beginnen* des Zweifelns. Der Pragmatist weiß, dass Zweifeln eine Kunst ist, die mühsam erworben werden muss, und seine wirklichen Zweifel werden viel weiter gehen als die irgendeines Cartesianers.[22]

Panikkars Kritik scheint sich genau gegen einen solchen „intellektuellen Kunstgriff" zu richten, wie Peirce ihn hier Descartes vorwirft. Doch mit seinem Vorwurf macht der amerikanische Pragmatist zugleich deutlich: es gibt daneben noch andere Formen von Zweifel, die mehr sind als Geistesakrobatik, ja die letztlich Einübung in einen bestimmten Habitus verlangen und die ganze Existenz des Menschen betreffen.

Auch Husserl selbst scheint dieses Defizit des cartesischen Ansatzes und mithin auch seiner früheren Überlegungen zumindest in seinem Spätwerk deut-

---

[22] Charles Sanders Peirce, *Collected Papers – Vol. VI*, hg. von Charles Hartshorne / Paul Weiss, Cambridge (Ma.) 1935, S. 342–343: „Many and many a philosopher seems to think that taking a piece of paper and writing down ‚I doubt that‘ is doubting it, or that it is a thing that he can do in a minute as soon as he decides what he wants to doubt. Descartes convinced himself that the safest way was to ‚begin‘ by doubting everything, and accordingly he tells us he straightway did so, except only his *je pense*, which he borrowed from St. Augustine. Well I guess not; for genuine doubt does not talk of *beginning* with doubting. The pragmatist knows that doubt is an art which has to be acquired with difficulty; and his genuine doubts will go much further than those of any Cartesian."

lich erkannt zu haben. In *Die Krisis der europäischen Wissenschaften und die transzendentale Phänomenologie*, die zu Husserls Lebzeiten nur in Teilen erschien, überdenkt er seinen früheren cartesischen Ansatz und schreibt mit kritischer Distanz:

> Ich bemerke nebenbei, daß der viel kürzere Weg zur transzendentalen Epoché in meinen *Ideen zu einer reinen Phänomenologie und phänomenologischen Philosophie*, den ich den ,cartesianischen' nenne (nämlich als gewonnen gedacht durch bloße besinnliche Vertiefung in die Cartesianische Epoché der *Meditationes* und durch kritische Reinigung derselben von den Vorurteilen und Verirrungen Descartes') den großen Nachteil hat, daß er zwar wie in einem Sprunge schon zum transzendentalen ego führt, dieses aber, da jede vorgängige Explikation fehlen muß, in einer scheinbaren Inhaltslehre zur Sicht bringt, in der man zunächst ratlos ist, was damit gewonnen sein soll [...][23]

Gegen eine solche Form von Epoché macht Husserl nun ein Konzept derselben stark, das gerade die existenzielle und eben nicht rein intellektuelle Dimension derselben in den Mittelpunkt stellt:

> In weiterer Folge besagt das aber keineswegs, daß die lebensweltliche Epoché – zu welcher noch weitere bedeutsame Momente gehören, wie wir zeigen werden – für das menschliche Dasein praktisch-,existenziell' nicht mehr bedeutet wie die Berufsepoché des Schusters und daß es im Grunde gleichkommt, ob man Schuster oder Phänomenologe ist, aber auch, ob man Phänomenologe oder positiver Wissenschaftler ist. Vielleicht wird es sich sogar zeigen, daß die totale phänomenologische Einstellung und die ihr zugehörige Epoché zunächst wesensmäßig eine völlige personale Wandlung zu erwirken berufen ist, die zu vergleichen wäre zunächst mit einer religiösen Umkehrung, die aber darüber hinaus die Bedeutung der größten existenziellen Wandlung in sich birgt, die der Menschheit als Menschheit aufgegeben ist.[24]

Die hier von Husserl skizzierte sog. transzendentale Epoché ist alles andere als ein „intellektueller Kunstgriff", der bestimmte Teile des Menschen einfach abschaltet; sie reklamiert vielmehr den ganzen Menschen, und zwar nicht in einer privativ-negativen Haltung, sondern in einer „existenziellen" und „personalen Wandlung".[25] Es ist bezeichnend, dass Husserl diese Wandlung mit der religiösen Umkehr vergleicht: Hat Husserl hier vielleicht selbst gespürt, dass die Epoché eine religiöse Haltung ist, vielleicht sogar eine ausgezeichnete religiöse Grundhaltung vor der letztlich unumgreifbaren Geheimnishaftigkeit Gottes? Auf jeden Fall ist die Epoché bei Husserl, zumindest beim späten Husserl, viel enger mit dem religiösen Leben verknüpft, als dies Panikkar und einer Reihe

---

[23] Edmund Husserl, *Die Krisis der europäischen Wissenschaften und die transzendentale Phänomenologie* (Husserliana VI), hg. von Walter Biemel, Den Haag ²1962 (1954), S. 157–158.

[24] *Ibid.*, S. 140.

[25] Vgl. hierzu auch sehr scharfsinnig Elisabeth Ströker, „Das Problem der ἐποχή, in der Philosophie Edmund Husserls", in: *Analecta Husserliana* 1 (1971), S. 170–185.

weiterer Kritiker[26] der religionsphänomenologischen Epoché zunächst erscheinen mag.

In eine ganz ähnliche Richtung wie die eben dargelegte Position des späten Husserl weisen im Übrigen auch Martin Heideggers Überlegungen zur *Phänomenologie des religiösen Lebens*.[27] So hat Gianni Vattimo zeigen können, dass Heidegger in seiner *Einleitung in die Phänomenologie der Religion* von 1920/21 zwar durchaus eine methodische Skepsis gegenüber einem vermeintlichen „Blick von außen" auf die Religion hegt, so als gebe es ein „Erkennen der Wesen, das von der existentiellen Beziehung des ‚Subjektes' zu seinem ‚Objekt' absehen kann" – eine Skepsis, die auch hinter Panikkars Kritik steht. Anders als bei Panikkar aber führt dies bei Heidegger, in Vattimos Interpretation, nicht etwa zur Verabschiedung der Epoché, vielmehr erscheint diese von neuem auf einer anderen Ebene, nämlich jener des religiösen Daseinsvollzugs, wo sie geradezu als konstitutiv für die christliche Glaubenserfahrung aufgefasst wird. Die Epoché ist nach Heidegger-Vattimo das Modell des christlichen Lebens schlechthin.[28]

Ganz in diesem Sinne begegnen denn auch in den verschiedenen religiösen Traditionen selbst – und zwar nicht nur in der christlichen – eindrucksvolle Beispiele für die Bedeutung von recht verstandenem Zweifel bzw. Epoché. Es sei derer stellvertretend hier nur eines angeführt, nämlich die berühmte Hymne aus Ṛgveda X, 129, hier heißt es 6–7:

Wer fürwahr weiß es, wer mag es hier verkünden: Woraus entstanden (die Wesen)? Woher (stammt diese Schöpfung)? Erst nachher entstanden die Götter durch die Schöpfung dieser (Welt). Wer weiß da, woraus sie entstanden sind?
Woraus diese Schöpfung entstanden ist, ob er sie geschaffen hat oder nicht – der ihr Aufseher ist im höchsten Himmel: der nur weiß es! Oder ob er es auch nicht weiß?[29]

---

[26] Anders als Panikkar beziehen sich diese Kritiken der Epoché i.d.R. ausschließlich auf die Einklammerung der Vorurteilsstruktur; Panikkars zentrale Kritik epochalen Fremdverstehens thematisieren sie nicht.

[27] Vgl. die im gleichnamigen Band 60 der Martin Heidegger Gesamtausgabe zusammengestellten Texte, Frankfurt a. M. 1995.

[28] Vgl. zur dargelegten Heidegger-Interpretation Gianni Vattimo, *Jenseits des Christentums. Gibt es eine Welt ohne Gott?*, aus dem Italienischen von Martin Pfeiffer, München 2004, S. 167–185, hier bes. S. 168–169 und 184; siehe ferner auch seinen Beitrag in diesem Band. – Vincenzo Vitiello danke ich für seinen Diskussionsbeitrag und den Hinweis auf den Zusammenhang zwischen der Epoché und dem christlichen Kerngeheimnis der Kenosis, der an Vattimos Überlegungen anschließt.

[29] Vgl. Klaus Mylius (Hg.), *Älteste indische Dichtung und Prosa – Vedische Hymnen, Legenden, Zauberlieder, philosophische und ritualistische Lehren*, Leipzig 1978; zitiert wird im Folgenden nach der verdienstvollen Neuauflage dieses Werkes, das 2002 in Leipzig bei Edition Erata endlich wieder erschienen ist, hier S. 56. Siehe zu dieser Neuauflage auch meine Besprechung in der *Zeitschrift für Missionswissenschaft und Religionswissenschaft* 87 (2003), S. 236–237.

Die systematische Bedeutung des Zweifels in dieser Hymne hat der bekannte Orientalist Arthur Llewellyn Basham untersucht. Treffend schreibt er: „Diese Hymne ist wahrscheinlich der älteste Ausdruck des philosophischen Zweifels in der Weltliteratur, und sie ist ein Meilenstein für die Geschichte des indischen Denkens."[30] Dieser Zweifel ist gewiss philosophisch, wie Basham betont, allerdings in einem weiten, nicht exklusiven Sinne, denn er ist freilich auch und v.a. religiös.

Es ist eben jener in seiner Radikalität kaum zu überbietende Zweifel, der die Endlichkeit menschlicher Erkenntnis selbst nach der ergangenen Offenbarung nicht vergisst; ein Zweifel also, der trotz (oder gerade aufgrund) der Selbstmitteilung des Heiligen die Grenzen menschlicher Erkenntnis vor jenem Geheimnis, das die christliche Tradition als den *Deus maior* kennt, nicht aus dem Blick verliert.[31] Dieses ebenso philosophische wie theologische Bild eines Gottes, der stets größer ist als das, was der Mensch von ihm umgreifen kann, stellt den Glaubenden immer wieder und unausweichlich vor den Zweifel oder die epochale Zurückhaltung als ein Sich-Bereithalten für und ein Suchen nach der je größeren Wahrheit.

Angesichts dieser Formen des Zweifels aber greift Panikkars Zurückweisung von Zweifel und Epoché, aber auch die anderer Autoren, zu kurz, da sie nur ganz bestimmte, letztlich religionsphilosophisch in der Tat nicht vertretbare cartesisch verstandene Varianten von Zweifel und Epoché auszuschließen vermag. Der existenzielle und religiöse Zweifel bzw. die Epoché, wie sie aus Peirce, dem späten Husserl und Heidegger sprechen, und wie sie auch in den religiösen Traditionen fest verankert sind, lassen sich mit Panikkars Phänomenologie des religiösen Verstehens als Erfassen des *pisteuma* durchaus vereinbaren. Ja es scheint sogar, dass diese Form des Zweifels und der Epoché einen letztlich weitaus überzeugenderen Zugang zum „Universum" des Andersgläubigen eröffnet, als dies Panikkars Erklärungen zu leisten vermögen. Denn wenn der Zweifel existenziell-religiöse Dimensionen besitzt, ja sogar konstitutiv für die religiöse Erfahrung zu sein scheint, dann bricht in ihm der scheinbar unauflösliche Zirkel des *pisteuma* auf: Die Erfahrung des existenziell-religiösen Zweifels führt aus der eigenen Vorurteilsstruktur heraus, ohne dass das Individuum sein

---

[30] Arthur Llewellyn Basham, *The Origins and Development of Classical Hinduism*, hg. von Kenneth G. Zysk, Boston 1989, S. 24: „This hymn is possibly the oldest expression of philosophic doubt in the literature of the world, and it forms a landmark in the history of Indian thought."

[31] Ein Topos, der aus der anselmianischen Tradition und ihrem berühmten *aliquid quo nihil maius cogitari potest* herkommt. Siehe zur Bedeutung dieses Konzept für den Religionsdialog bei Raimundus Lullus etwa, Andreas Euler, *Unitas et pax. Religionsvergleich bei Raimundus Lullus und Nikolaus von Kues*, Würzburg 1990, S. 102–103.

eigenes *pisteuma* künstlich in Klammern setzen müsste, und bewahrt in eins damit eine sowohl praktische als auch theoretische Offenheit für andere religiöse Lebensformen und ihre *pisteumata*.

So wichtig Panikkars im Vorangegangenen dargelegte Analyse des Glaubensverstehens im Hinblick auf das Problem von Außen- und Innenperspektive auch sein mag,[32] seine uneingeschränkte Verabschiedung von Zweifel und Epoché als Grundlagen des religiösen Gesprächs erweist sich aufs Ganze gesehen letztlich als übereilt. Zwar scheint diese im Hinblick auf bestimmte Formen von Zweifel und Epoché, wie sie in der traditionellen Religionsphänomenologie z.T. durchaus begegnen mögen, mehr als berechtigt – doch eben längst nicht im Hinblick auf alle Formen derselben. Denn im Angesicht des Gottesbildes eines *Deus maior* lassen sich religionsphilosophisch überzeugende Konzepte von Zweifel bzw. transzendentaler Epoché rekonstruieren, die sich ihrerseits vom cartesischen Zweifel distanzieren und dagegen gerade an Formen der religiösen Erfahrung orientiert sind, womit sie zu einem neuen Verständnis und zu einer Rehabilitierung von Zweifel und Epoché in ihrer noch nicht hinreichend gewürdigten Bedeutung für den Dialog der Religionen dienen können.

So kann denn auch Panikkars Kritik und Weiterentwicklung der Phänomenologie des religiösen Gesprächs anhand der Analyse des *pisteuma* nicht nur mit einem erweiterten und von verhängnisvollen Engführungen befreiten Begriff des Zweifels und der transzendentalen Epoché gleichsam negativ vereinbart werden, vielmehr lässt sich diese Analyse selbst mit solchen Begriffen in systematisch interessanter Weise auch positiv fortführen. Denn eine solche Phänomenologie des religiösen Gesprächs kann, der verbreiteten Skepsis gegenüber der Religionsphänomenologie im Allgemeinen zum Trotz, einen oder besser: den entscheidenden Beitrag zur Begründung der Möglichkeit des interreligiösen Gesprächs leisten. Ein Gespräch, das letztlich allererst durch Zweifel und Zurückhaltung als zugleich praktischer und theoretischer Grundhaltungen vor der bleibenden Geheimnishaftigkeit des stets größeren Gottes möglich wird – und dies nicht nur im Hinblick auf Christentum und Hinduismus, wie in Panikkars Lebenswerk, sondern im Sinne eines universal(er)en Gesprächs der Weltreligionen.

---

[32] Vgl. zur Bedeutung dieses Problems für die Religionsphilosophie auch Friedo Ricken, *Religionsphilosophie*, Stuttgart 2003, bes. S. 16.

# Autorenverzeichnis

Ermenegildo Bidese, geb. 1970, Promotion 2001 in Philosophie an der J.W. Goethe-Universität Frankfurt am Main mit einer Arbeit über die Theorie des freien und kreativen Handelns entlang der sprachwissenschaftlichen Forschung Noam Chomskys und der ethischen Reflexion des Thomas von Aquin (*Die Struktur des freien und kreativen Handelns*, Würzburg 2002), 2007 Promotion in Linguistik an der Universität Verona mit einer Arbeit über die diachronische Syntax des Zimbrischen. Ricercatore am Fachbereich Philologie und Philosophie der Universität Trient und Lehrbeauftragter an der Philosophisch-Theologischen Hochschule Brixen. Forschungsschwerpunkte: Aristoteles (naturphilosophische Schriften); Thomas von Aquin (Ethik und Handlungstheorie); Philosophie der Differenz (Lyotard und Derrida). Ausgewählte Publikationen: *Ramon Llull und Nikolaus von Kues: Eine Begegnung im Zeichen der Toleranz*, Turnhout 2005 (hg. mit A. Fidora und P. Renner); „Das Naturgesetz als dialogische Emergenz des Ethischen", in: *Gregorianum* 86/4 (2005); „Kirche und Christentum bei Carl Dallago", in: K. Dalla Torre u.a. (Hgg.), *Carl Dallago. Der große Unwissende*, Innsbruck 2007.

Massimo Campanini, geb. 1954, Studium der Philosophie an der Universität Mailand la Statale (1977) und der arabischen Sprache am Istituto Italiano per il Medio ed Estremo Oriente in Mailand (1984). Lehrtätigkeit an den Universitäten Urbino und Mailand. Zurzeit Dozent für zeitgenössische Geschichte des Islam an der Universität Napoli l'Orientale. Seine Forschungsschwerpunkte liegen im Bereich der Gegenwartsgeschichte Ägyptens, der aktuellen radikalen islamistischen Bewegungen und der Koranforschung. Zu seinen jüngsten Publikationen zählen: *Il pensiero islamico contemporaneo*, Bologna 2005; *Storia del Medio Oriente*, Bologna ²2007; *Il profeta Giuseppe. Monoteismo e storia nel Corano*, Brescia 2007; *The Qur'an. The Basics*, London/New York 2007; *Arcipelago Islam. Tradizione, riforma e militanza in età contemporanea*, Rom/Bari 2007 (mit K. Mezran).

Piero Coda, geb. 1955, Studium der Philosophie in Turin und der Theologie an der Päpstlichen Universität Lateranense, an der er Professor für Trinitätstheologie ist. Prälat und Sekretär der Päpstlichen Theologischen Akademie sowie Vorsitzender der Associazione Teologica Italiana. Aktiv auf internationaler Ebene im Dialog zwischen Glauben und Kultur, dem Christentum und den Religionen. Jüngste Publikationen: *Se Dio c'è*, Mailand 2000 (mit S. Zavoli); *Il lógos e il nulla. Trinità, religioni, mistica*, Rom [2]2004; *Dizionario del cristianesimo*, 2 Bde., Turin 2006 (mit G. Filoramo); *La percezione della forma. Fenomenologia e cristologia in Hegel*, Rom 2007; *Dio che dice amore*, Rom 2007; *L'esistenza e il lógos. Filosofia, esperienza religiosa, rivelazione*, Rom 2007 (hg. mit D. Bubbio); *Dio-Trinità tra filosofi e teologi*, Mailand 2007 (hg. mit M. Donà); *Dov'è la famiglia? Un approfondimento tra teologia e filosofia*, Cinisello Balsamo 2008 (mit E. Severino).

Markus Enders, geb. 1963, philosophische Dissertation 1991 (*Das mystische Wissen bei Heinrich Seuse*, Paderborn 1993), theologische Dissertation 1997 (*Transzendenz und Welt. Das daseinshermeneutische Transzendenz- und Welt-Verständnis Martin Heideggers auf dem Hintergrund der neuzeitlichen Geschichte des Transzendenzbegriffs*, Frankfurt a. M. 1999), Habilitation im Fach Philosophie 1997 (*Wahrheit und Notwendigkeit. Die Theorie der Wahrheit bei Anselm von Canterbury im Gesamtzusammenhang seines Denkens und unter besonderer Berücksichtigung seiner antiken Quellen [Aristoteles, Cicero, Augustinus, Boethius]*, Leiden 1999). Seit 2001 Professor für Christliche Religionsphilosophie an der Albert-Ludwigs-Universität in Freiburg i. Br. Forschungsinteressen: Philosophie und Theologie des Mittelalters, Religionsphilosophie, Theologie der Religionen. Ausgewählte Veröffentlichungen: *Natürliche Theologie im Denken der Griechen*, Frankfurt a. M. 2000; Anselm von Canterbury, *Über die Wahrheit*, Hamburg 2001 (übers. u. eingel.). Herausgeber des *Jahrbuchs für Religionsphilosophie* (2002ff.) und der Schriftenreihe „Scientia & Religio. Schriften zur Philosophie und Religion".

Alexander Fidora, geb. 1975, philosophische Dissertation 2003 in Frankfurt am Main (*Die Wissenschaftstheorie des Dominicus Gundissalinus*, Berlin 2003). Researcher der Institució Catalana de Recerca i Estudis Avançats an der Universitat Autònoma de Barcelona, wo er ein Forschungsprojekt des European Research Council zur Rezeption lateinischer Philosophie im jüdischen Denken des Mittelalters leitet. Wissenschaftlicher Mitarbeiter am Institut für Philosophie sowie Mitglied des Direktoriums des Instituts für Religionsphilosophische Forschung der J. W. Goethe-Universität Frankfurt. 2004 und 2007 Visiting Professor an der Saint Louis University. Forschungsschwerpunkte: Philosophie und Theologie des Mittelalters, Religionsphilosophie, interreligiöser Dialog. Ausgewählte Publikationen: Raimundus Lullus, *Ars brevis*, Hamburg 1999 (übers. u. eingel.); *Juden, Christen und Muslime: Religionsdialoge im Mittelalter*, Darmstadt 2004 (hg. mit M. Lutz-Bachmann); *Politischer Aristotelismus und Religion in Mittelalter und Früher Neuzeit*, Berlin 2007 (hg. mit J. Fried u.a.); *Dietrich Bonhoeffer: Cartes des de Barcelona*, Barcelona 2008 (übers. mit J. M. Jaumà); Mit-Herausgeber von *Herders Bibliothek der Philosophie des Mittelalters*, 2005ff.

Winfried Löffler, geb. 1965, juristische Dissertation 1991, philosophische Dissertation in Innsbruck 1995 (*Wahrscheinlichkeitsargumente für die Existenz Gottes: Brentano und Swinburne*), Habilitation in Philosophie an der Hochschule für Philosophie München 2004. Seit 1988 Assistent, seit 2005 außerordentlicher Universitätsprofessor am Institut für Christliche Philosophie der Universität Innsbruck. Lehrveranstaltungen in München, Tübingen, Münster, Zagreb, Ljubljana, Brixen, Linz, Krakau und Uppsala; Adjunct Faculty der University of Notre Dame. Forschungsinteressen: Religionsphilosophie, Metaphysik (besonders die Naturalismusproblematik), Wissenschaftstheorie und Logik (insbesondere das Verhältnis von natürlichsprachlicher Argumentation und logischer Formalisierung), die Philosophie Bernard Bolzanos. Ausgewählte Publikationen: *Einführung in die Logik*, Stuttgart 2008; *Einführung in die Religionsphilosophie*, Darmstadt 2006; *Bernard Bolzanos Religionsphilosophie und Theologie*, St. Augustin 2002 (Hg.). Mitglied der wissenschaftlichen Beiräte der Zeitschriften *Philosophisches Jahrbuch*, *Metaphysica*, *Acta Analytica*, *Meinong Studies* und *European Journal for Philosophy of Religion*.

Gabriel Motzkin, geb. 1945, Studium der Geschichte, Philosophie und Germanistik von 1967 bis 1982 in Harvard, Yale und Berkeley. 1982 Promotion in der Geschichtswissenschaft an der Universität Berkeley mit der Arbeit *The Problem of Transcendence in the Secular World: from Kant to Heidegger*. Direktor des Van Leer Jerusalem Institute und Ahad Ha'am Professor Emeritus für Philosophie an der Hebräischen Universität Jerusalem. Forschungsschwerpunkte: Geschichtsphilosophie, Theorie der Säkularisierung, Kognitionswissenschaften, Gedächtnistheorie und Heidegger. Publikationen in Auswahl: *Time and Transcendence: Secular History, the Catholic Reaction and the Rediscovery of the Future*, Dordrecht 1992. Mit-Herausgeber von *Hermann Cohens ‚Religion der Vernunft aus den Quellen des Judentums'*, Hildesheim 2000; *Jüdisches Denken in einer Welt ohne Gott. Festschrift für Stephane Moses*, Berlin 2001; *The Lesser Evil: Moral Approaches to Genocide Practices*, London 2004.

Marcello Neri, geb. 1965, promovierte 2000 in Theologie an der Albert-Ludwigs-Universität in Freiburg i. Br. mit einer Arbeit über das Zeugnis als Struktur der historischen Vermittlung christlicher Gottesoffenbarung. Seit 2000 ist er Professor für Systematische Theologie an der Facoltà Teologica dell'Emilia-Romagna (Bologna) und Redakteur der Zeitschrift *Il Regno*. Seit 2004 Adjunct Professor für Theologie und Philosophie an der Sacred Heart School of Theology (Hales Corners, WI, USA). 2007 Gastprofessor an der Katholisch-Theologischen Fakultät in Wien. Seine Forschungsfelder: das Verhältnis zwischen Phänomenologie und Theologie vor allem aus der christologischen Perspektive, der theologische Humanismus Francesco Petrarcas als theologische Wegweisung für die Gegenwart (Publikation für 2009 vorgesehen), die affektive Dimension des christlichen Glaubens. Er ist Autor von zwei Monographien: *La testimonianza in H. U. von Balthasar*, Bologna 2001; *Gesù. Affetti e corporeità di Dio*, Assisi 2007.

Thomas Rentsch, geb. 1954, Dissertation 1982 (*Heidegger und Wittgenstein*, Stuttgart 1982, [2]2003), Habilitation 1988 (*Die Konstitution der Moralität*, Frankfurt a. M. 1990, [2]1999). Seit 1992 Professor für Philosophie am Lehrstuhl für Philosophie mit Schwerpunkt praktische Philosophie/Ethik der Technischen Universität Dresden. Forschungsinteressen: Heidegger und Wittgenstein, praktische Philosophie und philosophische Anthropologie, religionsphilosophisch-theologische Forschungen, Ästhetik und Philosophie der Kunst sowie die Mitherausgabe des *Historischen Wörterbuches der Philosophie*. Ausgewählte Veröffentlichungen: *Martin Heidegger – Das Sein und der Tod*, München 1989; *Die Gegenwart der Gerechtigkeit*, Berlin 1995 (hg. mit Ch. Demmerling); *Negativität und praktische Vernunft*, Frankfurt a. M. 2000; *Gott*, Berlin/New York 2005.

Thomas M. Schmidt, geb. 1960, Studium der Philosophie und Katholischen Theologie an der Philosophisch-Theologischen Hochschule Sankt Georgen und an der J. W. Goethe-Universität Frankfurt am Main, dort 1995 Promotion und 2000 Habilitation in Philosophie. 2001–2002 Assistant Professor am Department of Philosophy an der California State University, Long Beach, USA. Seit 2003 Professor für Religionsphilosophie am Fachbereich Katholische Theologie der Goethe-Universität; Geschäftsführender Direktor des Instituts für Religionsphilosophische Forschung der Goethe-Universität. Forschungsinteressen: Religionsphilosophie des deutschen Idealismus, Postanalytische Religionsphilosophie, Religion in der pluralistischen (Welt-)Gesellschaft. Publikationen in Auswahl: *Anerkennung und absolute Religion. Formierung der Gesell-*

*schaftstheorie und Genese der spekulativen Religionsphilosophie in Hegels Frühschriften*, Stuttgart/Bad Cannstatt 1997; Mit-Herausgeber: *Religionsphilosophie – Historische Positionen und systematische Reflexionen*, Würzburg 2000; *Scientific Explanation and Religious Beliefs. Methodological, Practical and Political Issues*, Tübingen 2005; *Religion und Kulturkritik*, Darmstadt 2006; *Metaphysik heute – Probleme und Perspektiven der Ontologie*, Freiburg i. Br. 2007.

Yossef Schwartz, geb. 1965, Promotion 1996 in Philosophie an der Hebräischen Universität Jerusalem mit einer Arbeit über die Rezeption von Maimonides' *Dux neutrorum* bei Meister Eckhart (*Dein ist die Stille. Meister Eckhart bei der Lektüre des Maimonides*, Tel Aviv 2002 [hebräisch]). Seit 2002 Professor für Scholastik am Cohn Institut an der Universität Tel Aviv. Forschungsinteressen: Philosophie, Theologie und Wissenschaft des Mittelalters, Christlicher Hebraismus in Mittelalter und Früher Neuzeit, Christliche Kabbala, Religionsphilosophie. Ausgewählte Publikationen: *Vom Kloster zur Universität: Zwischen Theologie und Philosophie im Mittelalter*, Tel Aviv 1999 (hebräisch); *„Innerlich bleibt die Welt eine": Ausgewählte Texte von Franz Rosenzweig über den Islam*, Berlin 2003 (hg. mit G. Palmer); Mit-Herausgeber des *Lexikons jüdischer Philosophen*, Stuttgart 2003; *Religious Apologetics – Philosophical Argumentation*, Tübingen 2004 (hg. mit V. Krech); *Ein Maskenfest im Gottesstaat: Pluralismus und Toleranz im Mittelalter*, Tel Aviv 2006 (hebräisch).

Carlo Sini, geb. 1933, Professor für Theoretische Philosophie an der Universität Mailand la Statale. Seine Forschungsinteressen und -beiträge reichen von der griechischen Philosophie bis zu Peirce, von Nietzsche zur Phänomenologie und Hermeneutik. Seine jüngsten Forschungsprojekte und Publikationen untersuchen die Praxen und die Schreibformen, die der abendländischen Wissenskultur zugrunde liegen: *Figure dell'enciclopedia filosofica*, 6 Bde., Mailand 2004–2005; *Il gioco del silenzio*, Mailand 2006; *Eracle al bivio*, Turin 2007.

Gianni Vattimo, geb. 1936, Studium der Philosophie an der Universität Turin und in Heidelberg bei H.-G. Gadamer und K. Löwith. Seit 1964 Professor für Theoretische Philosophie an der Universität Turin und Visiting Professor an den Universitäten Yale, Los Angeles, New York University und State University of New York. Zahlreiche Ehrendoktorwürden. Im Zentrum seines aus der Auseinandersetzung mit Nietzsche und Heidegger hervorgegangenen Ansatzes stehen die hermeneutische Ontologie und das „schwache Denken". Veröffentlichungen in Auswahl: *Le avventure della differenza*, Mailand 1980; *Al di là del soggetto*,

Mailand 1981 (dt. 1986); *Il pensiero debole*, Mailand 1983 (mit P. A. Rovatti); *Credere di credere*, Mailand 1996 (dt. 1997); *Dopo la cristianità. Per un cristianesimo non religioso*, Mailand 2002 (dt. 2004); *Il futuro della religione. Carità, ironia, solidarietà* (mit R. Rorty), Mailand 2005 (dt. 2006). In seinen neuesten Schriften widmet er sich dem Entwurf eines libertären und authentischen Kommunismus als Gegenpol zum Kapitalismus nordamerikanischer Prägung: *Il socialismo ossia l'Europa*, Turin 2004; *Ecce comu. Come si ri-diventa ciò che si era*, Rom 2007.

Hansjürgen Verweyen, geb. 1936, Promotion zum Dr. theol. 1969 bei Prof. Ratzinger in Tübingen (*Ontologische Voraussetzungen des Glaubensaktes. Zur transzendentalen Frage nach der Möglichkeit von Offenbarung*, Düsseldorf 1969), Habilitation zum Dr. phil. habil. 1974 in München (*Recht und Sittlichkeit in J. G. Fichtes Gesellschaftslehre*, Freiburg i. Br. 1975). 1984 bis zur Emeritierung 2004 Professor für Fundamentaltheologie an der Albert-Ludwigs-Universität in Freiburg i. Br. Forschungsschwerpunkte: Glaubensverantwortung vor der historischen und philosophischen Vernunft; Unbedingtheitsannahmen in Ethik und Religion im Spannungsfeld von Pluralismus und Fundamentalismus; Verhältnis von Exegese und Fundamentaltheologie. Ausgewählte Veröffentlichungen: *Joseph Ratzinger – Benedikt XVI., Die Entwicklung seines Denkens*, Darmstadt 2007; *Philosophie und Theologie. Vom Mythos zum Logos zum Mythos*, Darmstadt 2005; *Gottes letztes Wort. Grundriß der Fundamentaltheologie*, Regensburg [4]2002; *Theologie im Zeichen der schwachen Vernunft*, Regensburg 2000.

Vincenzo Vitiello, geb. 1935, ab 1970 Privatdozent, ab 1980 Professor für Theoretische Philosophie an der Universität Salerno. Daneben Professor für Politische Theologie an der Universität Vita-Salute San Raffaele in Mailand (2006–). In seinen Arbeiten zum Denken der Neuzeit und der Gegenwart – v.a. zu Vico, Kant, dem klassischen deutschen Idealismus, Nietzsche und Heidegger – entwickelt Vitiello in kontinuierlicher Auseinandersetzung mit der griechischen Philosophie und der christlichen Tradition seinen eigenen hermeneutischen Ansatz, die „Topologie", die in einer Reinterpretation des Raumbegriffs gründet. Zu seinen Publikationen, die in zahlreiche Sprachen übersetzt wurden, zählen: *Elogio dello spazio. Ermeneutica e topologia*, Mailand 1994 (dt. 1993); *Cristianesimo senza redenzione*, Rom 1995 (span. 1999); *La Favola di Cadmo. La storia tra scienza e mito da Blumenberg a Vico*, Rom 1998; *Il Dio possibile*, Rom 2002; *Hegel in Italia. Dalla storia alla logica*, Mailand 2003; *Dire Dio in segreto*, Rom 2005; *I tempi della poesia. Ieri/Oggi*, Mailand 2007. Herausgeber

*greto*, Rom 2005; *I tempi della poesia. Ieri/Oggi*, Mailand 2007. Herausgeber der Zeitschrift *Il Pensiero*.

Silvano Zucal, geb. 1956, Promotion 1980 (*La teologia della morte in Karl Rahner*, Bologna 1982). Seit 1987 Ricercatore, ab 2001 Professor für Theoretische Philosophie und Religionsphilosophie an der Universität Trient. Forschungsschwerpunkte: Rahner, Guardini, Balthasar, Bonhoeffer, Ebner, Zambrano, Landsberg, Dallago, „Brenner-Kreis", Philosophie der Stille, Dialogisches Denken, Philosophische Angelologie, Philosophische Christologie. Ausgewählte Veröffentlichungen: *L'interpretazione teologica di Hegel nel primo Balthasar*, Genua 1985; *Romano Guardini e la metamorfosi del 'religioso' tra moderno e post-moderno. Un approccio ermeneutico a Hölderlin, Dostoevskij e Nietzsche*, Urbino 1990; *Romano Guardini, filosofo del silenzio*, Rom 1992; *Ali dell'invisibile. L'Angelo in Guardini e nel '900*, Brescia 1998; *Ferdinand Ebner. La nostalgia della parola*, Brescia 1999; *Lineamenti di pensiero dialogico*, Brescia 2004.

# Studieren mit Lust und Methode
## Die preisgünstigen WBG-Studientitel

**Das WBG-Programm umfasst rund 3500 Titel aus mehr als 20 Fachgebieten.
Aus der Programmlinie Studium empfehlen wir besonders die Reihe:**

## EINFÜHRUNGEN PHILOSOPHIE
Herausgegeben von DIETER SCHÖNECKER und NIKO STROBACH

**Grundlagenwissen auf dem
neuesten Stand der Forschung:**

- *Die wesentlichen Theorien und Probleme
  werden verständlich dargestellt*
- *Hervorragende didaktische Aufbereitung
  und übersichtliche Gliederung*
- *Kurze Zusammenfassung am Beginn und*
- *Übungsaufgaben am Ende eines jeden Kapitels*
- *Weiterführende Literaturhinweise*

### Eine Auswahl der Bände der Reihe:

| Titel | Autor | ISBN-Nr. |
| --- | --- | --- |
| ›Einführung in die philosophische Ästhetik‹ | Maria Elisabeth Reicher | 978-3-534-15469-2 |
| ›Einführung in die Logik‹ | Niko Strobach | 978-3-534-15460-9 |
| ›Einführung in die Philosophie des Geistes‹ | Dieter Teichert | 978-3-534-15463-0 |
| ›Einführung in die philosophische Anthropologie‹ | Christian Thies | 978-3-534-15470-8 |
| ›Einführung in die Angewandte Ethik‹ | Andreas Vieth | 978-3-534-15465-4 |
| ›Einführung in die Erkenntnistheorie‹ | Gerhard Ernst | 978-3-534-15473-9 |
| ›Einführung in die Religionsphilosophie‹ | Winfried Löffler | 978-3-534-15471-5 |

**Weitere Informationen zum WBG-Programm:**

WISSENSCHAFTLICHE
BUCHGESELLSCHAFT

**wbg**

**WISSEN**VERBINDET

🖥 **www.wbg-darmstadt.de**

📞 **(0 61 51) 33 08 - 330** (Mo.-Fr. 8-18 Uhr)

📠 **(0 61 51) 33 08 -277**

✉ **service@wbg-darmstadt.de**